PEDRO CATERIANO

—BIOGRAFÍA POLÍTICA—

VARGAS LLOSA,

su otra gran pasión

Planeta

Obra editada en colaboración con Editorial Planeta – Perú

Vargas Llosa. Su otra gran pasión

Corrección de estilo: Jorge Coaguila y Elizabeht Bautista
Diseño de portada: Moisés Díaz Bruno
Diseño de interiores: Departamento de Arte y Diseño de Editorial Planeta Perú
Fotografía de portada: Felix Clay
Fotografías de interior: Archivo fotográfico de Mario Vargas Llosa

Bajo el sello editorial PLANETA M.R.
Avenida Presidente Masarik núm. 111,
Piso 2, Polanco V Sección, Miguel Hidalgo
C.P. 11560, Ciudad de México
www.planetadelibros.com.mx

Primera edición impresa en Perú: febrero de 2025
ISBN: 978-612-332-061-4

Primera edición impresa en México: julio de 2025
ISBN: 978-607-39-3190-8

Impreso en los talleres de Operadora Quitresa, S.A. de C.V.
Calle Goma No. 167, Colonia Granjas México,
C.P. 08400, Iztacalco, Ciudad de México
Impreso en México – *Printed in Mexico*

Índice

A mis queridos hermanos Pablo Andrés y Diego Alonso Cateriano Bellido, por su incondicional afecto y apoyo en los momentos buenos y los difíciles.

La libertad es un derecho fundamental
que debemos defender y preservar.
Isaiah Berlin

Introducción

Esta biografía política es una deuda que tenía pendiente con Mario Vargas Llosa. Por varias razones. Pero dos, principalmente. La primera, porque fui testigo directo de su campaña presidencial, así como del arrojo y de su valiente conducta en uno de los momentos más trágicos de nuestra historia reciente. Corría el año 1989. Estaba por terminar el calamitoso primer gobierno aprista presidido por el joven e inexperto Alan García. El país de entonces no solo vivía amenazado por el terrorismo de Sendero Luminoso y el Movimiento Revolucionario Túpac Amaru (MRTA), sino que el populismo, el estatismo y la demagogia de García habían quebrado al Estado, y vivíamos en medio de una incontrolable hiperinflación, la más alta del mundo en esa coyuntura. Era el colapso del modelo económico que había implantado la dictadura izquierdista del general Juan Velasco Alvarado, ocasionando un gravísimo daño al país, y que García había llevado a niveles apocalípticos.

Creí en ese momento —y sigo creyendo— en la sinceridad de Vargas Llosa. No lo percibí como un hombre, como algunos dicen, con el fuego necesario para ser presidente, pero sí puedo dar fe de su ejemplar compromiso cívico con el Perú, a pesar de que, como él mismo lo ha reconocido, en algunos momentos ha tenido sentimientos encontrados por el país. Se vio obligado, en una circunstancia dramática, a asumir el reto de liderar un movimiento político y postular a la presidencia. No fue nada fácil tomar la decisión de poner entre paréntesis la creación literaria para descender al mundo de la política. Pero, una vez que la tomó, se entregó por completo a la tarea con la misma espartana dedicación con la que a lo largo de su vida ha realizado todos sus emprendimientos.

La derrota electoral en 1990 me causó una tristeza profunda, porque veía en ese momento que el país estaba perdiendo una oportunidad determinante para cambiar de rumbo y reconstruirse. Fui testigo del inmenso sacrificio personal de un hombre que, en la recta final, perdió doce kilos, que enfrentó las amenazas del terrorismo y la virulencia de una pérfida campaña de demolición. Incluso, luego de las elecciones, también asistí a la continuación de la vil campaña que contra él, preliminarmente, había diseñado Alan García, con astucia y el uso impune de la mentira. Cosas para las que, hay que reconocerlo, el aprista tenía una singular e inigualable habilidad, inversamente proporcional (al menos en esos años) a la de gobernar.

Todo ello me abrió los ojos sobre cómo en política resulta a veces tan simple falsificar hechos, tergiversar situaciones, imputar falsedades de carácter penal contra las personas y utilizar maquiavélica e ilícitamente la maquinaria del Estado y los medios de comunicación con fines protervos. Fue, en suma, una campaña malévola que alcanzó en la segunda vuelta electoral el mayor nivel de cinismo —aunque ciertamente en la primera no dejó de haber contra el escritor un ataque constante—, pero que se prolongó más allá de las elecciones y llegaría a niveles de éxtasis luego del golpe de Estado de Alberto Fujimori, en 1992.

Vargas Llosa fue un adversario leal. Reconoció inmediatamente el inesperado triunfo de Alberto Fujimori, un ingeniero que llegó a la campaña presidencial sin plan de gobierno y cuyo verdadero objetivo era ser senador. Durante su etapa constitucional, de 1990 a 1992, Mario mantuvo un cauto silencio, una distante expectativa, porque era consciente de que debía enfrentar una tarea titánica: salir del desastre ocasionado por el APRA en el poder, levantar un país casi destruido. Pero, naturalmente, su actitud cambió cuando Fujimori abandonó el cauce constitucional. Es a partir de ese momento, como lo cuento en el libro, que sin tener la necesidad Fujimori tomó por asalto todos los poderes del Estado (Congreso, Poder Judicial, Fiscalía de la Nación, Tribunal de Garantías Constitucionales, entre otras instituciones) y los medios de comunicación. Estos últimos no los confiscó como el anterior dictador, el general Juan Velasco, sino que, a través del uso siniestro de un capitán del Ejército condenado por traición a la patria y abogado de narcotraficantes, Vladimiro Montesinos, los sobornó y los sumó a una campaña de destrucción de la figura de Vargas Llosa.

Ciertamente, tuvo gran acogida el golpe de Estado perpetrado por Fujimori, cuando no había llegado a los dos años de su mandato. Y es que, al igual que en muchos países latinoamericanos, en el Perú no había —ni hay— una asentada cultura democrática. Ni en el sector ilustrado y menos aún en los sectores populares. Por eso, lo que ha predominado en el tiempo han sido las dictaduras. Nuestro récord de continuidad democrática no excede los veinte años continuos. La conciencia de que la Constitución debe limitar el ejercicio del poder, de que debe imperar el Estado de derecho, de que se deben acatar las resoluciones judiciales, entre otros principios democráticos, lamentablemente no forma parte de nuestra educación ni cultura. Pero, además, había un estado de desesperación producto de la situación en la que estábamos y, quizá por eso, considerando también nuestra escasa tradición democrática, la gente apoyó la ruptura del orden constitucional de Fujimori.

La condena del golpe por parte de Vargas Llosa fue acaso de las más firmes que se produjeron en aquellos días. Y como su figura tenía una presencia internacional verdaderamente importante, cuando tomó la decisión de pedir sanciones económicas para que no se consolidara la dictadura, el ataque se volvió brutal. No poco tiempo ha transcurrido desde entonces. Pero en este y otros casos que han sido materia de trascendentales tomas de posición en la carrera de Vargas Llosa, y que abordo con detalle en las siguientes páginas, subsiste una falta de comprensión sobre los principios que han inspirado y guiado sus posturas políticas. Esta es la segunda razón por la que creo que era necesario dejar un testimonio de parte en el que se relataran los hechos y se desbarataran las mentiras. Entre ellas, las de quienes dijeron que Vargas Llosa era un traidor a la patria por pedir sanciones para el Perú. Hoy, esos mismos piden sanciones (o las justifican) para la Venezuela de Maduro o la Nicaragua de Ortega. Y les parece bien que se mantengan las de Estados Unidos contra Cuba. Todas las dictaduras hay que combatirlas. No solo las de nuestros enemigos. Por eso, era justo y necesario escribir este libro.

Debo reconocer que intenté hacerlo varias veces. En 2008, la Universidad Peruana de Ciencias Aplicadas (UPC) publicó *Veinte peruanos del siglo XX*, libro que les propuse editar y que, como su nombre indica, reúne las biografías de peruanos destacados, entre ellos Mario Vargas Llosa, cuya semblanza estuvo a mi cargo. El libro acaba de ser reeditado en 2024, esta vez por la Editorial Planeta, con dos nombres más y bajo el título de *Peruanos ejemplares del siglo XX*. Aparece la misma reseña actualizada, que incluye algunos puntos de la tesina que escribí cuando hice mis estudios de doctorado en España. Mi trabajo se centró entonces en un aspecto de la campaña electoral peruana de 1990 poco profundizado y documentado: el vil espionaje telefónico y el seguimiento o reglaje que se le aplicó a Vargas Llosa. Cuando acabé mis funciones como ministro de Defensa, en 2015, luego de casi tres años en el cargo, y después de la segunda interpelación que se realizó en una legislatura extraordinaria, en la que enfrenté abiertamente al fujimorismo, lo primero que me dije es que era ya una persona poco útil para el Gobierno porque no me había callado y había denunciado los latrocinios de lo que en ese momento llamé el «fujiaprismo». Así que vi que era el momento apropiado para retomar la redacción de la investigación sobre Vargas Llosa. Se lo señalé también al presidente Ollanta Humala y me dijo: «Hay razones de Estado para continuar. ¿Qué es más importante, continuar como ministro de Defensa en la recta final del litigio entre el Perú y Chile, en la que la Corte Internacional de Justicia de La Haya fijará el límite marítimo, o tu doctorado?». No fue una decisión sencilla. Me mantuve en el cargo. Tiempo después, cuando se agudizó la crisis política, terminé asumiendo el cargo de presidente del Consejo de Ministros. Ocurrió en un contexto en el que parecía poco probable que me dieran el voto de confianza, dada la correlación de fuerzas parlamentarias, pero lo obtuve. Lo que me permite hacer una digresión. Conmigo ha ocurrido algo curioso y no sé si también excepcional: me otorgaron la confianza para ser presidente del Consejo de Ministros en 2014, cuando la mayoría pensaba que no me la iban a dar, y para el mismo cargo me la negaron en 2020, en la situación de grave emergencia sanitaria nacional e internacional por la COVID-19.

Una vez que concluyó mi labor como ministro de Estado, quise retomar el proyecto de sustentación de mi tesis doctoral, pero en España habían cambiado las normas a nivel universitario. Se estableció que, para ser doctor, previamente se tenía que seguir una maestría. De modo que, si bien acabé mis estudios de doctorado y avancé un texto preliminar, no pude presentar ni sustentar la tesis sobre la campaña presidencial de Vargas Llosa. Sin duda, esa desilusión es otra de las razones que me animaron a escribir este libro.

Afortunadamente, a lo largo de estos años, he tenido la oportunidad de ser testigo de muchos acontecimientos importantes relacionados con la trayectoria de nuestro mayor escritor. Y, con el paso del tiempo, hemos ido desarrollando una cercana relación de amistad y respeto. Fundamentalmente, se ha basado en coincidencias ideológicas y políticas que se remontan a la gesta que inició él en 1987 contra la estatización de la banca, en un apoteósico mitin en la plaza San Martín de Lima. Al poco tiempo, y cuando nuestro escritor decidió fundar el Movimiento Libertad como la organización independiente que lo ayudaría en su aventura electoral, me afilié a él. Y como tal participé en cuanta actividad se organizó en la larguísima campaña. Pero también he estado presente en los grandes momentos que ha vivido nuestro escritor luego de su aventura electoral.

Uno de ellos ocurrió en Estocolmo, en 2010, cuando recibió el Premio Nobel de Literatura. Más recientemente, cuando fue incorporado a la Academia Francesa, en 2023, algo con lo que él ni siquiera soñó. O cuando los alemanes le dieron el Premio de la Paz de los Libreros, en 1996. Gracias a ocasiones como estas he podido conocer más de cerca la calidad personal y el buen humor de Mario. Por ejemplo, cuando estábamos alojados en el emblemático hotel Frankfurter Hof, en Alemania, fui testigo de un divertido diálogo que mantuvo con Carmen Balcells, la mítica agente literaria de los escritores del *boom*, que Mario bautizó como Mamá Grande. «La verdad, Carmen, es que tú solo trabajas para tu engreído García Márquez», le dijo Mario, tomándole el pelo. También en esa ocasión departí con el escritor turco Orhan Pamuk, quien ganaría el Premio Nobel de Literatura en 2006, y con el gran escritor español Jorge Semprún, durante un almuerzo que ofreció el presidente de Alemania y en el cual bebí el vino blanco más rico que recuerde. Gracias a Mario he conocido a mucha gente notable, cuya amistad luego he cultivado. Podría mencionar a mi apreciado José Luis García Delgado, quien fue rector de la Universidad Internacional Menéndez Pelayo en Santander, y a su esposa Raquel; a Juancho Armas Marcelo, quien es su más conocido biógrafo, y a su esposa Sazo; al gran escritor liberal y valiente periodista cubano Carlos Alberto Montaner y a su esposa Linda; al conocido escritor y periodista Arturo Fontaine y a su esposa Tamara, que también se dedica al periodismo. Además de todo el conjunto de liberales iberoamericanos, entre ellos, Lorenzo Bernaldo de Quirós y su esposa María, Gerardo Bongiovanni, Dora de Ampuero, Ian Vásquez y su esposa Lesley, Rocío Guijarro y el intelectual argentino Alberto Benegas Lynch (h). Y, en el Perú, a Diana Álvarez Calderón, a Miguel Cruchaga y a su esposa Cecilia, a Eva Arias, a Roberto Dañino, a Luis Bustamante Belaunde y a su esposa Inés, a George Gruenberg y a su esposa Teresa, a Rogelio Fernández y a su esposa Rosario, a Fernando de Szyszlo y a su esposa Lila, a Luis Miró Quesada Garland, a Lucía Muñoz-Nájar, a Rosario de Bedoya, a Ramón Barúa, a Luis Llosa y a su esposa Roxana.

También por Mario he tenido la oportunidad de conocer a grandes personajes y escritores como Nélida Piñón, María Kodama, Jean-François Revel, José Emilio Pacheco, Plinio Apuleyo Mendoza, Jorge Edwards, Enrique Krauze, entre otros. Y a periodistas, como Luis María Anson, legendario exdirector del diario *ABC* de España, quien me abrió las puertas para colaborar con el diario *El Imparcial*; y Juan Cruz Ruiz, estudioso de la vida y obra del escritor arequipeño y amigo cercano del nobel, y al mediático Federico Jiménez Losantos, organizador de ilustrativas jornadas liberales. Al francés Jean-François Revel, uno de los siete intelectuales liberales que Vargas Llosa aborda en *La llamada de la tribu* (2018), pude invitarlo a Lima para participar de una jornada académica en la Universidad de Lima, cuando fui director de Asuntos Internacionales y Cooperación Externa de esa casa de estudios. Lo nombramos profesor honorario y me tocó pronunciar el discurso de orden.

He sido invitado, además, a eventos en los que ha participado el rey de España, presidentes de distintos países como José María Aznar, Julio María Sanguinetti, Sebastián Piñera, Álvaro Uribe, Iván Duque y Luis Alberto Lacalle, entre otros. Y eso, sin duda, me ha enriquecido en lo personal y me ha motivado a seguir el trabajo de Mario como difusor del pensamiento liberal en América Latina, que es algo que siempre destaco. Mario ha sido un hombre de acción en el ámbito literario y también en el campo político, que es el aspecto central de este libro. Pero, sobre todo, siempre ha sido muy generoso con sus amigos.

Nunca ha dejado de impresionarme el abrumador reconocimiento internacional que recibe por donde va. He caminado con él por las calles de París, Madrid, Buenos Aires y Nueva York, entre otras ciudades, y he sido testigo de que efectivamente es un peruano universal. Lo detienen para pedirle autógrafos, lo interrumpen mientras cena o lo saludan afectuosamente. Y también he asistido a sus reconocimientos, a significativos y emotivos eventos académicos en los que le han conferido doctorados *honoris causa*. Por ejemplo, en la Universidad de Harvard, donde se realizó una ceremonia realmente impresionante por su gran y multitudinaria organización, a la cual concurrimos varios de sus amigos peruanos. Para entonces, la academia peruana no lo había reconocido en la misma dimensión. Las principales universidades del mundo le habían conferido doctorados, pero ninguna de su propio país. Un día de 1997 se lo comenté a la rectora de la Universidad de Lima, Ilse Wisotzki, y ella tomó la valiente decisión de plantearlo en el Consejo Universitario. Y obtuvo el voto aprobatorio. No fue fácil dar ese paso, porque eran los años de esplendor y conducta hostil contra Mario durante la dictadura de Fujimori y Montesinos. Por entonces, Fujimori, entre otras artimañas, usó a la Superintendencia Nacional de Aduanas y de Administración Tributaria (Sunat) para intentar amedrentarlo. También se denunció la desaparición de la correspondencia del escritor, que enviaba desde Europa al Perú. Su experimentado abogado y amigo Enrique Ghersi puede dar fe de ello. A tal punto que algunos de sus amigos más cercanos le sugirieron que mejor no viniera, que podría ser muy riesgoso.

Recuerdo que, por esa misma época, asaltaron mi despacho en el estudio de mi querido tío José Andrés Bellido, donde también trabajaba como abogado en ese momento. No me robaron nada, solo fueron a rebuscar papeles. Como suele ocurrir en esta clase de incursiones, dejaron todo regado por el piso simulando un caos. Me aconsejaron que no presentara una denuncia, para no armar un escándalo que hiciera peligrar el reconocimiento a Mario, y no la presenté. El hecho ocurrió unos cuantos días antes de la ceremonia del doctorado en la Universidad de Lima, y tuve la convicción de que fue una amenaza del fujimontesinismo. Le advertí a la rectora lo que estaba sucediendo. Ella me dijo: «Hasta los matrimonios se suspenden o cancelan. Seguimos adelante con el evento».

La ceremonia en la Universidad de Lima tuvo un cariz especial. Fue un momento cívico de adhesión a Vargas Llosa. Además, en un pasaje de su sentido discurso agradeció el reconocimiento, pero dijo, con la fina ironía que lo caracteriza, que la decisión que había tomado la rectora no dejaba de tener una «pizquita de temeridad». Luego, otras universidades siguieron el ejemplo de la de Lima. La Universidad Nacional de San Agustín de Arequipa (UNSA) y la Universidad Nacional Mayor de San Marcos (UNMSM), su casa de estudios, que por prejuicios ideológicos y políticos no había reconocido a su alumno más ilustre, hicieron lo mismo. En ambos actos académicos también estuve presente.

Los mejores momentos en que he tenido el tiempo y espacio para dialogar con él han ocurrido en las largas caminatas por el malecón de Barranco o en el Club de Regatas Lima, donde luego nos quedábamos a nadar un rato, durante el verano limeño. Pero ha sido en estos últimos meses, cuando regresó a vivir a Lima y se produjo el reencuentro con su familia, que he tenido la oportunidad de caminar más seguido con él. Además, con el conocimiento de su parte de que estaba escribiendo este libro. Así, lo que empezó como un permanente diálogo sobre temas políticos generales a lo largo de los años, últimamente derivó en un repaso pormenorizado de su trayectoria y la evolución de su pensamiento, sabiendo que todo lo que me estaba contando sería recogido en estas páginas.

Todo empezó cuando un día, por sugerencia de mi hermano Pablo, me animé a preguntarle a Mario si podía grabar las conversaciones que veníamos sosteniendo para poder llevar un mejor registro de nuestros diálogos. Le dije que hacía años venía trabajando en ello, y que pensaba escribir y publicar un texto sobre su otra gran pasión, la política. Habiéndolo terminado ya de escribir, me animo a afirmar que esa es quizá la mayor novedad de este libro. Naturalmente, hay referencias a su obra literaria, pero la intención principal ha sido y es dar a conocer su pensamiento político e ideológico en el devenir de los años y abordar temas, muchos de ellos polémicos, que acaso no se han explicado suficientemente, o no de un modo documentado y sistemático.

Es necesario señalar que la mayor parte de las conversaciones que he tenido con Mario a lo largo de los años han sido fundamentalmente políticas. No solo de intercambio de ideas, de escuchar su punto de vista, de pasar revista a la actualidad, sino de detenernos también en las anécdotas. Y es que Mario es un gran narrador no solo cuando escribe, sino también cuando habla. Le interesa toda clase de detalles. Me acuerdo de que cuando estudiaba el doctorado en Madrid alquilé un departamento cerca de su casa. Entonces salíamos a caminar muy temprano, en medio del frío madrileño, y como a veces se iba de viaje, a su regreso siempre quería conocer todo lo que había sucedido, con la mayor meticulosidad posible. Eran los años del caótico gobierno del socialista José Luis Rodríguez Zapatero, que a veces me recordaba a Alan García por su irresponsabilidad y demagogia. Sosteníamos diálogos políticos de todo calibre. Los grandes temas y los pormenores del momento.

Aquel año que viví en Madrid, Mario y Patricia me acogieron. Yo soy un inútil absoluto en las labores de cocina, razón por la cual Patricia me entregaba todos los jueves una olla de arroz para mi semana, porque, como la mayoría de los peruanos, lo como casi a diario. Ellos no solo me invitaron a casi todos sus eventos, almuerzos y cenas, sino que me compartieron todas sus aventuras. Entre ellas el fútbol, sobre todo su fanatismo por el Real Madrid. Afortunadamente, y gracias a mi dilecto amigo Lorenzo Bernaldo de Quirós, tuvimos acceso al estadio Santiago Bernabéu y pudimos disfrutar juntos varias victorias del Real Madrid. Recuerdo también las generosas invitaciones que él me hizo para asistir a eventos importantes relacionados con el equipo de sus amores, porque Mario tiene una vinculación muy cercana con el Real Madrid. Cuando ganó el Premio Nobel, por ejemplo, le hicieron un homenaje en el que Mario bajó a la cancha a dar el *play* de honor con Iker Casillas. En el palco de honor lo acompañaron Florentino Pérez y las máximas figuras del club. Yo nunca he sido hincha de la U, pero también fue un momento de gran emoción el haberlo acompañado al Estadio Monumental y asistir al gran homenaje que le tributaron. Pronunció unas emocionadas palabras que hasta hoy retumban en los oídos de todo hincha crema.

Tiempo después tuve un diálogo académico con él, en la ciudad de Logroño, España, invitado por el grupo Vocento. El único que he podido tener. Mi gran amigo José Luis García Delgado me dijo que había la oportunidad de organizar un evento en La Rioja en el que yo podría entrevistar a Mario. Fue una jornada muy significativa para mí. No había tenido antes la oportunidad de dialogar públicamente con él cumpliendo un rol periodístico. Resultó excepcionalmente enriquecedor para mí el intercambio de pareceres ante un auditorio ávido de información sobre el nobel.

Con Mario y Patricia también he visitado museos en distintos países. Y a veces ocurrían hechos muy curiosos que reflejan la personalidad del escritor y la excepcional perspicacia de ella. Recuerdo que estábamos en Boston y Patricia le dijo: «Mario, llévate este billete de cincuenta dólares». Entonces le pregunté por qué se lo daba. «Es que Mario, cuando va a los museos, a veces se abstrae tanto cuando lo impresiona un cuadro que pierde el sentido del momento y se extravía, sobre todo cuando hay mucha gente. Entonces, una manera que tengo para que regrese a casa es precisamente darle un dinero», me respondió. Fue muy gracioso, porque en un momento en que había muchísimas personas en el museo, pasaron tres minutos y perdimos de vista a Mario. Ocurrió lo que Patricia había anticipado: no estaba. Cuando regresamos a la casa en el metro, lo encontramos bien sentado. «¿Qué pasó? No los vi y me vine», nos dijo.

Otro rasgo de ellos, como ya advertí, es su generosidad. Han sido espléndidos conmigo. Y siempre me han tenido presente para las grandes ocasiones. Las he mencionado: el Premio Nobel, la Academia Francesa, el doctorado *honoris causa* en Harvard, el Premio de la Paz de los Libreros en Fráncfort. Todos momentos muy intensos y significativos. Y, en cada uno de ellos, siempre Mario y Patricia han tenido detalles. Al poco tiempo de participar en la ceremonia en Estocolmo, me llegó a Lima una edición especial de la Real Academia Española de la Lengua del discurso que pronunció Mario. Venía con una dedicatoria muy sentida y fraterna. Dicho sea de paso, la mayor parte de su obra la tengo dedicada con similar generosidad.

Recuerdo también que luego de haber recibido el Nobel viajamos a Arequipa. Fue inmensa la alegría de su pueblo. Lo recibió con un entusiasmo desbordante y pletórico de afecto. Eso lo impresionó tanto que tomó la determinación de donar su valiosa biblioteca a la tierra que lo vio nacer. En varias ocasiones, durante las caminatas que habíamos tenido en Madrid, había hecho presente sus dudas respecto a qué lugar o institución debía donar su biblioteca. Otros escritores prefirieron venderla para obtener un beneficio económico. Pero, en un momento tan excepcional como ese, él tomó la determinación de donársela a Arequipa, ciudad en la que si bien no vivió más de un año, lo marcó siempre a través de la historia familiar. En ese aspecto, la influencia de sus ancestros fue fundamental para que adquiriera la admiración y devoción que siente por la Ciudad Blanca.

Vargas Llosa ha vivido etapas y momentos de una gran y trepidante intensidad. Viajar con él podía llegar a ser una experiencia exigente y agotadora. Uno se pregunta cómo era capaz de tener ese ritmo: conferencias de prensa, debates, entrevistas, discursos y, al mismo tiempo, leer y escribir (literatura y sus columnas quincenales). No se detenía. Siempre medía el tiempo y, en algún momento, decía: «Bueno, bueno» o «Listo», y eso quería decir que el tiempo se había vencido y que tenía que ir a otra cosa. Muchas veces, esa otra cosa era leer o escribir. No dejó de llamarme la atención que, en medio de la convulsión de la campaña electoral de 1990, no haya dejado de apartar un tiempo para la reflexión y la lectura. Se lo criticaron más de una vez. Decían que cómo era posible que en plena campaña tuviera esos momentos de labor intelectual. No cabe duda de que esa disciplina explica cómo ha llegado adonde llegó. La aprendió en el colegio militar y le sumó al rigor académico que le inculcó su admirado Raúl Porras Barrenechea.

Fue precisamente el ver los frutos de esa vida intensa lo que me animó a visitar la Universidad de Princeton, como parte final del trabajo de elaboración de este libro. Ahí están todos sus archivos personales: correspondencias, artículos, lo que escribía a mano y luego recién tipeaba, en épocas anteriores al uso de la computadora y al internet. Quería verificar datos y buscar todo lo que fuera necesario en la gigantesca documentación de Mario que obra en esa casa de estudios. La idea también era evitar cometer error alguno y hacer un trabajo responsable.

Los días en Princeton significaron para mí, tal como lo había imaginado, una especie de oasis que me alejó de la virulencia y la anarquía política del Perú. Lo que no sospeché en ningún momento es la gran intensidad emocional que implicaría la labor de sumergirme en los archivos de Vargas Llosa. De pronto, cuando tuve en mis manos las cartas de Octavio Paz y García Márquez, no solo ratifiqué la importancia que tenía para Vargas Llosa la amistad y lealtad con las ideas, sino también trajo el recuerdo de mi querido padre y su gran admiración por Mario, Paz y García Márquez. En ese instante, pensé en él y en cuánto le hubiera gustado que le contara la experiencia de revisar los originales de cartas escritas por genios de las letras que había leído con pasión a lo largo de su vida. Fue inevitable que derramara unas lágrimas ante las miradas sorprendidas e incrédulas de las pocas personas que se encontraban en la impecable sala de lectura.

También pude constatar lo fácil que era caer en la tentación de escudriñar en la vida novelesca de Mario Vargas Llosa. Pero pronto retorné al cauce del trabajo: la biografía política. Y me encontré con impactantes misivas que Octavio Paz le cursó a Mario, su compañero de batalla cuando rompieron con la Revolución cubana y empezaron a defender los valores y principios democráticos. En una de ellas, fechada el 4 de febrero de 1974, el premio nobel mexicano describió con claridad el enorme costo personal que aquella defensa trajo consigo: «Creo que estamos muy solos y que la perversión del socialismo —la lepra autoritaria— ha contagiado a muchos de nuestros amigos».

La correspondencia entre Mario Vargas Llosa, Gabriel García Márquez y Octavio Paz no solo refleja el afecto y la gran amistad que los unía en ese entonces, también demuestra la admiración que el colombiano y el mexicano le tenían al novelista arequipeño. Fueron múltiples las ocasiones en las que ellos le requirieron a Mario su participación en conferencias, artículos y opiniones.

También fue muy ilustrativa la lectura del intercambio epistolar entre Vargas Llosa y José María Arguedas. Estas misivas demuestran la profundidad de la amistad que hubo entre ellos, además del respeto y la gratitud que Arguedas le tuvo a Vargas Llosa a lo largo de su azarosa vida literaria.

La revisión de esta documentación también ratifica la convicción de Vargas Llosa como escritor comprometido y a dedicación exclusiva. El premio nobel, por ejemplo, declinó ser embajador del Perú ante el Reino Unido cuando el presidente Fernando Belaunde le ofreció el cargo, al inicio de su segundo gobierno. Fueron similares las decisiones que adoptó cuando los presidentes Alan García, durante su primer gobierno, y Alejandro Toledo le ofrecieron coincidentemente la embajada del Perú en el reino de España. Y en el ámbito internacional, actuó de la misma forma cuando en España, los presidentes del Gobierno, José María Aznar y Mariano Rajoy respectivamente, le propusieron ser director del prestigioso Instituto Cervantes.

Haber revisado esos papeles me ha ratificado, por si hacía falta, por qué no me olvido que mi padre, cuando yo era muchacho, me hablaba de la disciplina de Vargas Llosa. Ya entonces era uno de sus distintivos. Mi padre contaba la anécdota de un famoso viaje a la playa de los escritores del *boom*, donde todos fueron a divertirse y que, cuando se inició la francachela, Vargas Llosa se retiró, tomó su máquina de escribir y se puso a trabajar. Yo también he sido testigo de ello. Lo he visto en las ocasiones en que él y Patricia han ido a la casa de playa que tengo en el sur de Lima, en Lomas del Mar, Cerro Azul. Mario se levantaba muy temprano, porque siempre ha sido madrugador. Salíamos a caminar, entraba al mar y mientras se alistaba el desayuno leía los periódicos. Luego, el resto de personas bajábamos a la playa hasta las dos de la tarde, para regresar a almorzar. Él recién salía, pues se había quedado leyendo. En alguna ocasión, Juancho Armas Marcelo me dijo: «¡Qué necesidad tiene de no detenerse y trabajar sin descanso!». Y entonces, uno deduce que esta obsesión por el trabajo, por la labor intelectual, que tiene sus raíces en la disciplina militar, evidentemente va más allá, refleja su esencia como persona, intelectual y escritor. Por eso, pudo potenciar ese rigor y llevarlo a niveles verdaderamente estratosféricos e indetenibles.

La voluminosa documentación ilustra la agitada agenda internacional que tuvo Vargas Llosa. Por ejemplo, uno encuentra en su archivo en Princeton invitaciones para participar en eventos firmados por el expresidente de los Estados Unidos Gerald Ford, el expresidente de la República Portuguesa Mario Soares, el ex primer ministro de Israel Shimon Peres y de numerosos exmandatarios latinoamericanos para asistir a sus ceremonias de asunción de mando, tales como Patricio Aylwin y Sebastián Piñera de Chile, Óscar Arias y Rafael Calderón de Costa Rica, y Juan Carlos Wasmosy de Paraguay. El último encuentro que tuvo Mario con un jefe de estado fue con motivo de su incorporación a la Academia Francesa. Fue con el presidente de Francia Emmanuel Macron, en una cena en la que también participó el rey emérito de España Juan Carlos I.

Sin duda, Patricia ha sido una persona fundamental en su vida. Era la que dirigía toda la parte administrativa, una suerte de CEO de la actividad empresarial y productiva que rodeaba su literatura. Esa labor implicaba que Mario viajara permanentemente por todo el mundo. Sus horas de vuelo han sido impresionantes. No era fácil ubicarlo. No se sabía si estaba en Madrid, París, Washington o Buenos Aires. La vida de este hombre ha sido efectivamente la de un ciudadano del mundo. Pero, en un momento determinado, todo eso cambió notoriamente cuando se divorció de ella. Fue en esa etapa cuando empezó a usar un teléfono celular. Nunca había tenido uno. Repentinamente, un día, me llamó a contarme que había terminado un ensayo sobre el escritor español Benito Pérez Galdós (*La mirada quieta*, 2022), escrito en plena pandemia. «Te lo he dedicado», me anticipó. Para mí representó un honor y un compromiso a la vez. La amistad, para él, siempre ha significado lealtad. Y siempre ha sido muy importante escucharlo destacar ese aspecto.

Cuando iba a presentar *La mirada quieta* en Madrid, viajé con mi hermano Diego, pero lamentablemente no se pudo realizar la presentación porque Mario se contagió de COVID-19 y tuvo que ser internado de emergencia en el hospital Ruber. Pero a los pocos días de haberse recuperado, tomó la decisión de ir a la Feria del Libro de Buenos Aires para presentar el libro ahí. Por supuesto, estuve presente. También Mario tuvo la generosidad de escribir un breve prólogo para mi libro titulado *Sin anestesia. Una década de lucha por la democracia.*

En la capital argentina nos dijo a Rafael Belaunde Llosa, Diana Álvarez Calderón y a mí que se iba a inscribir en Libertad Popular, el partido político que habíamos fundado los tres en compañía de un vasto grupo de jóvenes y amigos, y que estábamos en trámite de inscribir ante el Jurado Nacional de Elecciones, hecho que afortunadamente logramos. Esa adhesión ha sido su último y simbólico acto político, que obviamente nos honró, llenó de emoción e hicimos público.

Siempre me ha impresionado la manera como toma decisiones y las pone en práctica. Evalúa las cosas de acuerdo con sus convicciones, pero una vez que decide el curso de acción, no se detiene. Es como un tractor: solo avanza. Y esto, cuando lo traslada al campo político, a veces, la gente no lo comprende. Por ejemplo, su manía por la puntualidad. Generalmente, los mítines en el Perú nunca empiezan a la hora. Es una costumbre no escrita que todos entendemos. Sin embargo, durante su campaña, como era un maniático de la hora, quería ajustarse al pie de la letra al programa y salir a hablar a la hora señalada en el papel. Era muy difícil convencerlo de lo contrario.

Otro aspecto destacado es su capacidad pedagógica. No recuerdo una campaña presidencial en la que un programa de gobierno se haya elaborado con la disciplina y el profesionalismo que él propició ni que haya sido explicado a los electores con amplitud y sin el uso de mentiras. Creo, por eso mismo, que al final su participación fue decisiva para el giro ideológico que tomó el Perú. Lo que expuso en su campaña tenía fundamento. Realmente creía en las ideas de la libertad y sabía por qué. No repetía un libreto estratégicamente diseñado para seducir a los electores. Y, al final, si bien no ganó en las urnas, venció ideológicamente tanto a Alberto Fujimori como a Alan García, sus dos más grandes rivales. Fujimori rectificó dramáticamente su oferta electoral ni bien llegó al Gobierno, aunque luego traicionó —él ejecutaba un plan económico en el que no creía realmente— esa libertad política que es indivisible de la económica, como todo verdadero liberal conoce y sostiene. Y García, hay que decirlo, de qué manera cambió de rumbo en su segundo gobierno, comparado no solo con el primero, sino también con lo que pregonó durante la campaña electoral, en la que prometió derogar el tratado de libre comercio (TLC) con Estados Unidos, que afortunadamente no se le ocurrió tocar.

Si algo se puede concluir de la trayectoria de Vargas Llosa, es que siempre ha librado una franca batalla ideológica y política, defendiendo las ideas en las que cree. En ese sentido, no solo ha exhibido una disciplina excepcional, sino también una conducta irreductible. No ha dado un paso atrás. Y ha demostrado, contra viento y marea, en las circunstancias más críticas, que siempre mantiene su punto de vista, no lo trasiega ni adapta al gusto del auditorio. Esta labor también se ha visto favorecida por su independencia. Vargas Llosa no se ha subordinado a un sector al que supuestamente se ha vendido, como la izquierda sostiene. Siempre ha actuado con criterio de conciencia e independencia. En ese sentido, se debe rescatar su contribución pedagógica como difusor del pensamiento liberal.

Así ha sido siempre, incluso en los años en que militó en el socialismo, y abogaba por la libertad de prensa y denunciaba los actos de censura. Sin embargo, Vargas Llosa se desilusionó y tomó distancia de la Revolución cubana que lideró Fidel Castro porque no representaba el socialismo en libertad, de inspiración sartreana, en el que él creía. Y cuando el tirano Castro violó los derechos humanos, el novelista no guardó silencio ni obvió esas acciones como otros escritores lo hicieron, midiendo sus declaraciones, tratando de no perder el cobijo ni los beneficios de ser parte de la élite intelectual de la izquierda latinoamericana de las décadas de 1960 y 1970. Él, en cambio, denunció las tropelías y los abusos de la Revolución cubana (ya antes lo había hecho con el estalinismo soviético, a raíz de la invasión a Checoslovaquia) y rompió con ella cuando se conoció el famoso e ignominioso caso del poeta Heberto Padilla.

Vargas Llosa no solo es el peruano más universal, sino uno que ha vivido la gloria en vida. Llegar a ese punto es sumamente complicado. No es sencillo ser siempre el centro de atracción. Pero ha convertido esa fama, ese poder mediático del que goza, en un capital para influir en el campo de las ideas. Así ha sido desde que ganó el Premio Internacional de Novela Rómulo Gallegos por *La casa verde*, en 1967, y pronunció el recordado discurso «La literatura es fuego», en el que abogó por la libertad de pensamiento y creación de los escritores.

Mario no ha sido fácil para el elogio, como lo menciona Luis Bedoya Reyes cuando le manda una carta de felicitación. Inclusive, le pregunté una vez si José Luis Bustamante y Rivero era el político que más había admirado, y me respondió con laconismo: «Probablemente». Pero con quien no ha tenido ninguna duda es con Margaret Thatcher, quien fue primera ministra del Reino Unido de 1979 a 1990. Su admiración y devoción por la Dama de Hierro es excepcional. Ciertamente, también reconoce el papel que cumplió Churchill durante la Segunda Guerra Mundial y, en otro contexto, el de Nelson Mandela[1]. En ese sentido, fue interesante que, cuando

1 Vargas Llosa considera a Nelson Mandela como un caso excepcional y extraordinario en medio de tantos políticos corruptos. Señala que, tras practicar el terrorismo, el nobel de la paz reflexionó durante los veintisiete años que pasó en la cárcel y llegó a la conclusión de que se había equivocado. Renunció entonces a la idea de expulsar a los blancos de Sudáfrica e inició la difícil tarea de persuadir y convencer a sus seguidores de cambiar radicalmente. Señala Vargas Llosa:

viajó a Sudáfrica, visitara la celda que este ocupó y ponderara el papel que jugó. Mario siempre ha tenido esta especie de fetichismo por visitar las tumbas de los personajes que han tenido algún peso en su recorrido vital o en la historia. Lo atestigua su foto con Julia Urquidi en la tumba de Marx que se incluye en este libro. Es decir, a lo largo del tiempo ha tenido una suerte de conexión con aquellas personas que han influido notoriamente. Pero, sin duda, en el ámbito político la Thatcher ocupa un lugar prominente. Y, en lo que toca a la doctrina liberal, destacan los siete pensadores que más han influido en él y que reseña y analiza en *La llamada de la tribu*.

En lo personal, en los momentos difíciles siempre estuvo presente la voz de Mario. Me acuerdo que recibí una llamada suya cuando ocurrió el golpe del 5 de abril y Fujimori cerró inconstitucionalmente el Parlamento (yo era entonces diputado por el Movimiento Libertad, que él fundó). Entonces no existían las comunicaciones ni la tecnología que hoy tenemos. En algunas otras oportunidades me ha enviado faxes, por intermedio de Patricia. Recuerdo, sin embargo, un consejo que me dio en Madrid y que tomé como un reto. Fue luego de que le contara los detalles de lo que viví como integrante de la comisión investigadora sobre el supuesto enriquecimiento ilícito del expresidente Alan García, que formó la Cámara de Diputados apenas concluyó su mandato. Me dijo: «Pedro, las palabras pasan, los libros quedan. Creo que estás obligado a escribir una crónica que deje constancia de este trabajo. No solo porque es la primera vez que acusan constitucionalmente sobre un supuesto enriquecimiento a un presidente, sino porque a lo largo del tiempo se cambian y se tergiversan los hechos; la

---

Ese caso demuestra que la política también puede hacerse con altruismo, con sensibilidad social. Mandela no usó la política para enriquecerse ni para aferrarse al poder; la usó para producir un cambio radical que mejoró esa sociedad tan compleja y tan enconada como era la sudafricana. Fue un gran político que además nació en el Tercer Mundo. Nos dio un gran ejemplo de lo que debe ser la política (Vargas Llosa, 2017, p. 193).

polarización y el enfrentamiento político tienden a cambiar las cosas. Por eso, la importancia de los libros». Fue a raíz de esta recomendación que tomé la decisión de escribir *El caso García*, un libro que cumplió a cabalidad lo que Mario me propuso: dejó constancia de un dramático y vergonzoso hecho para nuestra historia republicana, el de un presidente embarrado en la corrupción. Y cuando estalló el caso Lava Jato, el libro, cuya primera edición se publicó en 1994 con gran éxito, se reeditó por iniciativa de Editorial Planeta, alcanzando una mayor acogida y divulgación hasta convertirse en un *longseller*. No cabe duda de que Vargas Llosa me aconsejó con una visión prospectiva y olfato político certero.

Otro momento difícil para mí fue cuando, en 2020, asumí por segunda vez el reto de ser presidente del Consejo de Ministros, y el Congreso no me extendió el voto de confianza. Recuerdo que llegué al Parlamento a las nueve de la mañana y salí a las seis y media de la mañana del día siguiente, luego de exponer mi programa de gobierno y ver cómo las fuerzas políticas se alineaban para crear un clima de inestabilidad política en el Gobierno, que meses después derivaría en una inconstitucional vacancia presidencial. Cuánto le ha costado al país la irresponsabilidad política de aquellos sectores que maltratan la Constitución y han envilecido la institución presidencial. En aquella ocasión, la primera llamada que recibí fue la de Mario para preguntarme cómo me había ido. Al responderle que no había recibido el voto de confianza, se quedó en silencio por un breve lapso, quizá unos pocos segundos, y luego me dijo: «Es el país que nos ha tocado, pero tenemos que seguir dando la brega». Eran momentos en que me estaba recuperando del golpe recibido y sentí en él la solidaridad y el dolor del amigo, como cuando se da un pésame sentido. Para mí, esa llamada tuvo un gran significado. Fue una nueva ocasión en que me demostró su aprecio.

Recuerdo también cuando, muchos años antes, lo visité en Boston, había terminado de escribir *El pez en el agua* (1993) y me entregó el texto que iba a publicar. Confieso que no dormí en toda la noche. Leí con pasión y voracidad ese libro, que es un testimonio de su vida y también de su campaña electoral. Me demostró con ello la confianza que me tenía. No recuerdo haberle hecho ninguna crítica o recomendación, pese a que me dijo que si veía que algo se le hubiera pasado, se lo dijera. *El pez en el agua*, además de ser un testimonio personal, es una obra que ayuda a comprender la complejidad del Perú en el contexto de una campaña presidencial. Ese es también un aporte de Mario. Él trabajó con disciplina, no se corrió de los debates, enfrentó la maquinaria aprista con todo su ejercicio brutal e ilícito desde el poder, a un Alan García frenético y desorbitado que a toda costa buscaba la impunidad, y no se rindió, no transó, no pactó, no aceptó una presidencia sometida. Es el mejor ejemplo de que nunca hay que rendirse ni claudicar en la defensa de los principios. En política, lo mostró Mario y yo he tratado de seguir su ejemplo: nunca hay que correrse.

A lo largo del tiempo, su compromiso político y cívico con el Perú ha sido activo y permanente. No ha eludido dar a conocer sus opiniones en contextos electorales, pero lo ha hecho con extrema fidelidad a sus principios, sin el menor cálculo personal, pidiendo el voto por aquellos candidatos que, considerando las opciones disponibles, no ponían al país al borde del abismo o a merced de una dictadura comunista. En algunas de esas ocasiones, ante el clásico dilema de una segunda vuelta electoral, llegó a solicitar que nos tapáramos la nariz al momento de votar o señaló cuál era el mal menor.

En varios procesos electorales sus intervenciones han sido determinantes, hecho que han usado sus enemigos o adversarios para criticarlo, especialmente cuando los presidentes traicionaron a sus electores cometiendo actos delictivos. ¿Los millones de electores son los responsables o las personas elegidas? Sin duda, son los presidentes elegidos quienes cometen la traición. Si bien es cierto, el voto es un acto de responsabilidad y confianza, los causantes de la convulsión política de los últimos años, por actos de corrupción, son los mandatarios. Fueron ellos los que incumplieron sus compromisos y deberes constitucionales.

Mario ha tenido conmigo muchas demostraciones de confianza. Pero la mayor ha sido cuando se divorció de Patricia Llosa, la mujer más importante de su vida. En un contexto en que su trámite de divorcio no se lograba concretar, me contactó en Madrid, donde yo estaba de paso, y me dijo que quería hablar conmigo urgentemente. Fui a la casa de Isabel Preysler y me contó el caso. Yo le dije que no veía divorcios, que esa área del derecho nunca la había manejado, pero podía recomendarle a un abogado para que lo asesorara en Lima. Entonces, me dijo que previamente quería que conversara con el abogado que veía el tema en Madrid y que tenía el contacto con el estudio de abogados en Lima. A él le manifesté lo mismo que a Mario, que iba a contactar a un abogado de mi confianza. Y fue así como en un tema tan delicado y duro confió en mí. Es en esas ocasiones difíciles que uno llega a comprender el comportamiento de las personas. Esa etapa felizmente ya pasó. Luego ha venido el reencuentro con Patricia, que me alegró mucho, y la unión nuevamente con su familia.

En los últimos años, su comportamiento ha sido más afectuoso. Él siempre ha sido muy formal en el trato, pero en tiempos recientes lo he sentido más próximo. Ha sido un privilegio y un honor tener una relación de cercanía con él, al mismo tiempo que de goce intelectual. A veces, cuando caminábamos y la gente lo interrumpía para tomarse fotos y perdíamos un poco la ilación del diálogo, veía que él la recuperaba rápidamente. Estaba verdaderamente interesado en el trabajo que venía haciendo y eso me estimulaba a seguir en el proyecto de este libro. Tengo la convicción —los lectores lo juzgarán más apropiadamente— de que valió la pena.

Aún es muy prematuro juzgar en toda su magnitud la labor de Vargas Llosa en el ámbito ideológico y político. Este libro tiene un propósito más modesto: ayudar a comprenderlo. Al mismo tiempo, busca acercar a los lectores a la vida y la obra de Vargas Llosa. Tengo, en ese sentido, la satisfacción personal de haber pagado una deuda a un queridísimo amigo que tanto me ha dado y tanto ha dado a sus millones de lectores, no únicamente en el terreno literario, sino en el de las ideas políticas. Los juicios históricos son difíciles de realizar sin la suficiente distancia temporal, pero creo firmemente, ahora que su obra está completa, que la historia le guardará un espacio de especial consideración a Mario.

Ciertamente, esta no es una biografía política autorizada. Mis opiniones reflejan los juicios de valor y la crítica —en algunos casos como actor, en otros como observador o testigo— de hechos políticos sobre los cuales existen coincidencias y, a veces, también diferencias. Sin duda, las primeras son mayores que las segundas, pero sobre todo lo son el aprecio y la admiración que guardo por un entrañable amigo, que no solo es el mayor escritor que el Perú ha dado a las letras universales, sino que es, sobre todo, un valiente defensor de la cultura de la libertad. Por ello, cuestiona permanentemente a aquellos que emplean el término *neoliberalismo.* Según el novelista arequipeño, es utilizado como una etiqueta para caricaturizar y atacar el liberalismo y hacerlo responsable de todas las calamidades.

La inagotable tarea pedagógica de defensa y promoción de la libertad es un aporte fundamental de Vargas Llosa, quien sin duda ha contribuido en el proceso de formación de una cultura democrática.

Lima, 1987. Mario Vargas Llosa en la plaza San Martín, en su primer mitin político.

Robben Island, Sudáfrica, 1990. Con sus hijos Álvaro y Gonzalo en la celda de Nelson Mandela.

Fráncfort, 1996. Con el presidente de Alemania, Roman Herzog, cuando Vargas Llosa recibió el Premio de la Paz de los Editores y Libreros Alemanes, en la Feria del Libro de Fráncfort. *Archivo fotográfico* Caretas.

Lima, 1987. La primera foto con Vargas Llosa, tomada en casa de mis padres, luego de la manifestación de la plaza San Martín.

Con los expresidentes del Gobierno de España, José María Aznar y Mariano Rajoy.

Lerma 143-601, México 5, D. F.

A 4 de febrero de 1974.

Querido Mario:

Volví a México hace una semana y una de las primeras cosas que hago es contestar a tu carta del 11 del mes pasado. No sabes la alegría que me causa saber que tú apruebas a veces mis ideas. Creo que estamos muy solos y que la perversión del socialismo -la lepra autoritaria- también ha contagiado a muchos de nuestros amigos. Casi desde que tengo uso de razón me preocupa y me angustia ese problema: la transformación del marxismo de levadura de libertad en ideología opresora- y la fascinación que ejercen las filosofías autoritarias sobre los poetas y los artistas. Ayer Neruda, Aragón, Eluard y tantos otros. Hoy, como si nada hubiera pasado, muchos de nuestros amigos aplauden a los nuevos césares. Lo peor es que la enfermedad afecta sobre todo a los jóvenes.

Muchísimas gracias por el envío de <u>Postdata.</u> La revista es muy interesante. La vuelta al pensamiento libertario -incluso si los planteamientos anarquistas resultan a veces simplistas e ingenuos- me parece saludable. El tema del Estado nunca fue explorado por Marx y sus sucesores. Estaban cegados por su economismo. Creían que la esfera de lo político no era sino una superestructura de las relaciones económicas y sociales. Ahora sabemos que no es cierto. Y lo más curioso es que la refutación de esta idea marxista ha corrido a cargo de los "socialismos" contemporáneos; lo mismo en la Rusia de Stalin que en la China de Mao o en la Cuba de Castro, la nota distintiva ha sido y es la primacía de lo político sobre lo económico.

El fragmento sobre Madame Bovary me interesa muchísimo, como todo lo que haces. Lo espero. Tu colaboración en Plural es <u>esencial</u>.

Carlos salió ayer rumbo a Washington. Le han dado una beca que le permitirá terminar su novela. Está encantado, como siempre, y muy feliz con la aparición -habría que decir quizá:epifanía- de su hijo Carlos Rafael. ¡Ahora sí ya se completó la Santísima Trinidad de los Fuentes!

Saludos a los dos, de Marie José y de tu amigo que te admira y te quiere

Octavio

Carta del premio nobel de literatura Octavio Paz a Vargas Llosa, en la cual hace referencia a lo que él denomina «la lepra autoritaria», luego de que ambos rompieran con la Revolución cubana.

Con la rectora de la Universidad de Lima Ilse Wisotzki y con el autor de esta biografía política, el día que Vargas Llosa recibió el primer doctorado *honoris causa* que le concedió una casa de estudios en el Perú.

CAPÍTULO 1

Primeras reacciones contra el autoritarismo

Muy tempranamente, desde que Mario Vargas Llosa empieza a tener uso de razón, su madre (Dora Llosa, la señora Dorita, como la llamaban cariñosamente) le dice que no tiene papá. Todas las noches, antes de dormir, Mario toma el retrato que está en el velador y, con inocente devoción, lo besa y se despide de quien —le han dicho— está en el cielo. Años atrás, Ernesto J. Vargas había abandonado abruptamente a su esposa Dora y a su hijo en camino, por lo que ella decidió convertirlo en una figura espectral. Ahora, con el pequeño Mario en brazos, Dora se ha ido a vivir con la familia Llosa a Cochabamba, Bolivia.

Aunque Vargas Llosa nació en Arequipa, vivió muy poco tiempo en esta ciudad. Pese a ello, nunca dejará de tener el sello arequipeño, forjado en la tradición, educación y cultura de la familia materna. Hablará el castellano remarcando la doble ele, tendrá los gustos gastronómicos del sur del Perú (el chupe de camarones se convertirá en su plato favorito), será tributario del carácter fuerte y decidido de los arequipeños, que en otras partes del país se conoce como nevada, y cultivará la herencia democrática de la región. Arequipa, donde han nacido ilustres juristas, es reconocida fundamentalmente por su férrea defensa del orden democrático y constitucional.

En las reuniones familiares en casa del abuelo Pedro Llosa Bustamante, en Cochabamba, Mario empieza a conocer y apreciar a Arequipa y sus insignes personajes. Y, entre ellos, a uno en particular: el tío José Luis Bustamante y Rivero, entonces embajador del Perú en Bolivia. Cuando este ocasionalmente viaja de La Paz a Cochabamba, se aloja en la casa de Pedro Llosa e incluso, como demostración de cercanía y afecto, le deja una propina al niño Mario. Vargas Llosa siempre recordará el respeto y la admiración que sus parientes le profesaban a Bustamante y Rivero.

Como hijo de arequipeños, me consta que ese aprecio a su figura no era exclusivo de la familia de Mario. A lo largo de los años, mi padre también lo inculcó en nuestra casa. Clara, mi mamá, le tenía un afecto especial, porque cuando su madre enviudó tempranamente, la ayudó a conseguir un trabajo.

Casualidades de la vida, al expresidente Bustamante y Rivero lo conocí cuando estaba por terminar el colegio. Mi padre lo había invitado a una muestra retrospectiva que organizó sobre la obra del prestigioso acuarelista y muralista arequipeño Teodoro Núñez Ureta. Recuerdo que llegó puntualmente a la exhibición. Su ingreso a la sala inmediatamente llamó la atención de todos. Su imagen coincidía con la descripción de sus admiradores: fino, de buenas maneras y dueño de una sobria elegancia. Lo rodeaba, además, una aureola de excelente reputación en el campo jurídico, no en vano había llegado a ocupar la presidencia de la Corte Internacional de Justicia de La Haya. Todo lo cual, por cierto, irritaba a militares como el dictador Juan Velasco. «El presidente Bustamante ha sido un luchador por la democracia y el más honrado que hemos tenido», me dijo mi padre al presentarnos.

En 1945, el tío José Luis, orgullo de la familia Llosa, resultó elegido presidente de la República. Había participado en las elecciones generales como candidato del Frente Democrático Nacional, con el apoyo del APRA. Una vez en el Gobierno, le ofreció a Pedro Llosa el consulado del Perú en Arica o la prefectura en Piura. Él declinó el cargo diplomático y optó por ir al cálido norte del Perú, en esa época, un bastión electoral del llamado «partido del pueblo» de Víctor Raúl Haya de la Torre. Este hecho tuvo un impacto inmediato en el resto de la familia. Todos, incluidos Dorita y Mario, se mudaron a esa ciudad, y él concluyó la educación primaria en el colegio Salesiano. Este fue su primer contacto directo y consciente con el Perú de todas las sangres, como lo llamaría el escritor José María Arguedas.

Alrededor de un año después de llegar a Piura, se produjo una inesperada y terrible conversación con su madre. Mario la recuerda así en su libro de memorias (Vargas Llosa, 1993, p. 9):

> —Tú ya lo sabes, por supuesto —dijo mi mamá, sin que le temblara la voz—. ¿No es cierto?
>
> —¿Qué cosa?
>
> —Que tu papá no estaba muerto. ¿No es cierto?
>
> —Por supuesto. Por supuesto.

Esta dramática noticia, que estaba muy lejos de haber sido anticipada por Mario, va a cambiar radicalmente su vida. Sus estudiosos sostienen que, a partir de ese momento, él empezaría a conocer de un modo directo lo que era el ejercicio autoritario. Él no lo afirma, pero en este hecho algunos identifican el germen de su rechazo visceral al autoritarismo.

Hasta entonces, Mario, hijo único, había sido el niño engreído de los Llosa en pleno. Todo ello cambió de manera absoluta y radical a sus diez años, cuando supo que su padre estaba vivo y lo conoció personalmente. Para empezar, de un momento a otro, se mudó de Piura a Lima. Pero lo más terrible es que, conviviendo con su padre, aprendió a sentir miedo a su autoridad. Supo lo que era el uso de la violencia contra él y también contra su querida madre. Como es natural, todo ello produjo aversión a la figura paterna, además de frustración, sensación de impotencia y una irrefrenable necesidad de retraerse.

Tuvo, sin embargo, un efecto positivo: lo acercó a la literatura. Como él mismo lo ha señalado en reiteradas ocasiones, lo más importante que le ocurrió en esos años fue aprender a leer. La lectura se volvió un refugio maravilloso. Acabó convirtiéndose en un lector voraz de toda clase de relatos, pero especialmente de los de aventuras. Y aquello que en un inicio se presentó como una válvula de escape, fue transformándose en un hábito y, más adelante, en un amor por los libros y las historias que eran capaces de cautivarlo.

La primera dictadura

En el breve lapso que vivió en Piura, tuvo ocasión de ver la acción política de su abuelo como prefecto, las actividades protocolares, lo que significaba representar al Gobierno. Pero también fue testigo de las disputas políticas en la provincia y de la influencia del APRA. Por entonces, se comentaba en los almuerzos familiares y en las reuniones amicales cómo este partido, a pesar de haber llevado al tío José Luis al poder, empezaba a cuestionarlo de una manera excesiva e incluso a atacarlo.

Cuando llegó a Lima, había una gran efervescencia y conmoción política. Si bien Bustamante y Rivero era respetuoso de todas las libertades que habían estado ausentes durante las dictaduras anteriores, empezando por la libertad de prensa, se vivía una crisis económica muy severa y profunda, que algunos calificaban de desastrosa. Había escasez de productos de primera necesidad y manipulación en la entrega de los alimentos. Esto motivó al APRA a hostigar políticamente al presidente. Y el ataque fue de tal magnitud que terminó debilitándolo. Hubo una excesiva cantidad de interpelaciones y censuras a los ministros. Esto generó una tremenda inestabilidad política en el país. Hasta hoy se recuerda que, en 1945, apenas iniciado el mandato gubernativo, durante una implacable interpelación al ministro de Agricultura y Alimentación, Enrique Basombrío, le preguntaron cuál era el precio de los pallares en Ica. El hombre no supo responder y, para evitar una inminente censura, presentó su dimisión.

La consecuencia inevitable de aquellos años fue que, en octubre de 1948, el general Manuel Odría dio un golpe de Estado y acabó con el precario orden constitucional que había en el país. En ese momento, se produce el primer acercamiento de Vargas Llosa con el peor de los rostros de la política: el ejercicio abusivo del poder y la dictadura. Su reacción naturalmente es adversa y radical. Y a ello también colaboran la reverencia y estima que Bustamante y Rivero despertaba en la familia Llosa como hombre defensor del estado de derecho[2], y la afectación directa, pues el abuelo Pedro, en una actitud principista, renuncia a la prefectura y empiezan los aprietos económicos.

El connotado dirigente aprista Manuel «Cachorro» Seoane solía decir, intentando justificar el golpe: «Nosotros creíamos haber elegido al capitán del equipo. Bustamante creyó que habíamos elegido al árbitro del juego» (Chirinos Soto, 1977, p. 489). En realidad, Bustamante y Rivero cumplió cabalmente con el rol de arbitrar y moderar el funcionamiento del Estado, que es precisamente la tarea del presidente de la República.

Agravó la crisis un mal diseño del sistema político establecido en la Constitución de 1933. Este posibilitó al Congreso ejercer, sin limitación alguna, mecanismos de control político propios del parlamentarismo, como la interpelación, el voto de censura y la negación de confianza. Dado que el presidente de la República no contaba con mecanismos de defensa, como la facultad de disolver el Parlamento, ni tenía mayoría en el Poder Legislativo, este último incurrió en el filibusterismo[3].

---

2 Tiempo después, le pregunté: «Mario, ¿acaso Bustamante y Rivero ha sido el político peruano que más has admirado?». Y él me respondió: «Probablemente».

3 Más adelante, durante el primer gobierno de Fernando Belaunde Terry, el APRA siguió teniendo este mismo tipo de prácticas, y lo atacó tanto que lo debilitó y facilitó el golpe del general Juan Velasco. En años recientes, aliado con el fujimorismo, forzó la renuncia de Pedro Pablo Kuczynski, malinterpretando la Constitución sobre la vacancia por incapacidad moral

También influyó la muy pobre relación personal y política del presidente Bustamante y Rivero con el fundador y líder máximo del APRA. Una anécdota la grafica: se cuenta que Haya de la Torre fue a visitar a Bustamante y Rivero en el hotel Bolívar, tras una masiva manifestación en la plaza San Martín, y este, «en vez de recibirlo con histéricas frases de adulación, le dijo poniéndole una mano en la espalda: "¡Qué cansado debe estar usted, Víctor Raúl!"». Se trató de un gesto humano y tierno, pero «Haya, lejos de interpretarlo de esta manera, sintió verdadero furor» (Palacios Rodríguez, 2005, p. 36).

El escritor y constitucionalista arequipeño Enrique Chirinos Soto (1997) señala que esto se debió a una incompatibilidad psicológica:

> Bustamante es introvertido. Haya, extrovertido. Bustamante es de Arequipa. Haya, de Trujillo. Ambos son provincianos aristócratas, escasos de medios de fortuna. Bustamante no conoce Lima. Haya reside en Lima desde 1917. Bustamante es hombre de gabinete. Haya es un conductor de multitudes. Intelectualmente, el género de Bustamante es la prosa poética o el análisis jurídico. El de Haya es la oratoria. Bustamante está mejor que nunca cuando escribe. Haya, cuando habla. Bustamante propende acaso a creer que Haya quiere mandarlo. Haya propende tal vez a creer que Bustamante no le es leal (p. 490).

Aunque puede ser discutible que Bustamante no conociera o no se sintiera cómodo en el ámbito limeño, puesto que ya había sido ministro de Estado, lo cierto es que la nula empatía con Haya ahondó la crisis política.

---

permanente. Luego se sumó al grupo de partidos que vacó en el cargo a Martín Vizcarra. Lamentablemente, la conducta del APRA, desde la oposición en el Parlamento, ha sido irresponsable y destructiva.

Acerca de esta trágica coyuntura, nuestro historiador más reputado y prolífico, el tacneño Jorge Basadre (2007), que fue ministro de Educación de Bustamante en 1945, dijo:

> Hubo un exceso de aturdimiento en este ensayo de verdadera orientación democrática que apareció en nuestra historia del siglo XX. El partido victorioso en 1945 se lanzó a una implacable lucha contra el gobernante que contribuyera a elegir, sin percatarse de que ahí estaban, agazapados, otros (p. 696).

Por su parte, el expresidente Bustamante y Rivero (1949) remarcó:

> Muy otro habría sido el resultado si el partido [APRA], abandonando intenciones que ocultó en 1945, hubiera actuado con mayor lealtad y mesura, emprendiendo una tarea más patriótica, paciente y tesonera, quizá menos espectacular y llamativa, pero no menos fundamental. No habría suscitado la reacción violenta de las fuerzas e intereses regresivos o del pasado, y habría nada menos que evitado la actual vergüenza del Perú (pp. 70-71).

Bustamante y Rivero enfáticamente también precisó: «No soy yo, pues, quien ha vuelto la espalda a sus aliados. Son estos los que se han apartado de la ruta que habían aceptado expresamente. Al atajar su desviación, he cumplido un deber» (pp. 70-71).

Si bien se suele afirmar que el rol del APRA en esta coyuntura se circunscribió a crear las condiciones para la ruptura constitucional a través de una oposición destructiva desde el Parlamento, el historiador Iñigo García-Bryce (2024) revela que el partido habría querido ir más allá. «En enero de 1948, antes de viajar a Estados Unidos, para iniciar una gira de conferencias, Haya supuestamente dio luz verde a un levantamiento armado, con apoyo militar, contra el Gobierno de Bustamante» (p. 151), señala en su documentada biografía sobre el líder aprista.

El hecho es que el golpe de Estado contra Bustamante y Rivero fue una verdadera tragedia nacional. Representó el retorno a la barbarie. Volvimos a probar, una vez más, que el Perú carece de cultura democrática y conciencia constitucional. El célebre y excéntrico poeta Martín Adán (seudónimo de Rafael de la Fuente Benavides) sentenció con corrosiva ironía: «Hemos vuelto a la normalidad» (Chirinos Soto, 1997, p. 497).

En medio del caos político nacional, el único que vio con agrado el rompimiento del orden constitucional, en el entorno de Mario, fue Ernesto Vargas. «Mi padre celebró el golpe como una victoria personal: los Llosa ya no podían jactarse de tener un pariente en la presidencia» (Vargas Llosa, 1993, p. 71). La primera reacción que ve en él es de resentimiento. Socialmente, se sentía menos que la familia de Dorita, pero no por el color de la piel. El señor Ernesto Vargas tenía la piel blanca y los ojos claros, pero había en él un marcado resentimiento que afloraba en esta clase de ocasiones. Fue un hecho más que distanció a Mario de su padre.

Ernesto Vargas percibía y resentía la fervorosa relación de Mario con la literatura. Para él, era algo aborrecible; temía que lo pudiera acercar a lo que entonces se denominaba la «mariconería». Era la mentalidad de la época, y especialmente la del padre, machista convicto y confeso. Fue así, con la intención de alejarlo de la literatura, que tomó la decisión de matricularlo en el Colegio Militar Leoncio Prado. Su padre creía que los duros métodos de los militares eran la mejor cura contra el amor a las letras. La paradoja fue total. En el colegio militar, el cadete Vargas Llosa fortaleció su vocación literaria.

Literatura y periodismo

El ingreso de Vargas Llosa al Leoncio Prado representa su primer contacto con la complejidad del Perú. Había estudiantes de clase media —de Miraflores, un grupo relativamente pequeño, y en mucho menor grado, de San Isidro—, pero sobre todo una gran mayoría proveniente de diferentes regiones del interior del país. También estaban aquellos adolescentes indisciplinados a quienes sus padres, generalmente como último recurso, ponían en manos de los militares para que los enrumbaran con su vertical e implacable sistema. Todo ello conformaba lo que en algún momento él ha llamado el microcosmos del Perú. «Era muy interesante esa mezcla porque generaba mucha violencia. Cada uno llevaba allí sus prejuicios, y sus odios y sus resentimientos y todo eso se presentaba como aprisionado dentro de una estructura militar» (Cueto, 2003, p. 27).

Ahí tomó una cabal conciencia de la diversidad del país, no solo racial, sino también económica y social. Pudo compenetrarse con un país heterogéneo en sus costumbres, su historia, sus diferencias y sus contrastes. Y eso es algo que él siempre ha sostenido y lo afirmaría en la campaña presidencial, acaso porque desde joven lo percibió: la diversidad cultural del Perú enriquece nuestro país. «Entrar al Leoncio Prado fue descubrir el verdadero Perú» (Mujilla *et al.*, p. 51), afirmaría años después con rotundidad.

En el colegio militar es también donde Mario Vargas Llosa profundiza en la literatura. Ahí lee a los clásicos, como Jules Verne, Emilio Salgari, Alexandre Dumas, Charles Dickens, Honoré de Balzac y Victor Hugo, quienes despiertan en él la vocación literaria. Además, en esa época, los alumnos internos solo podían conectarse con las enamoradas que habían dejado en sus provincias a través de cartas, pero no todos sabían cómo escribirlas. Entonces, a través de un compañero, Víctor Flores, empieza a hacerlo por encargo. A este personaje de *La ciudad y los perros* (1963) lo conocí circunstancialmente en el Club de Regatas Lima, en Chorrillos. Había ido a caminar con Mario y a nadar en la piscina olímpica[4]. Repentinamente, cuando

4 Sergio Vilela (2003) consigna:

> Solían fugarse a la piscina —que estaba lejos de las aulas— a nadar un rato. Destinaban tanto tiempo a la natación y tan poco a algunas materias como matemáticas, que los dos llegaron a ser destacados nadadores

terminamos uno de los deportes que le apasionaba practicar, un señor relativamente delgado y con aspecto atlético se acercó a saludarlo. Era Víctor Flores, su viejo compañero leonciopradino. «Te presento a mi primer agente literario», me dijo sonriendo, mientras ambos se abrazaban afectuosamente, como si el tiempo no hubiera transcurrido.

Pero más allá de las cartas y de sus inicios como escritor de «novelitas eróticas», durante la estada estudiantil en el Leoncio Prado, Vargas Llosa tiene un fruto literario. Cuando está en cuarto de media, escribe *La huida del inca*, su primera obra teatral, y la presenta a un concurso organizado por el Ministerio de Educación. Al año siguiente, durante su segunda etapa en Piura, lograría ponerla en escena hasta en dos oportunidades y se enteraría de que obtuvo el segundo lugar en el certamen.

Solo estuvo dos años en el Leoncio Prado, cursó tercero y cuarto de secundaria, pero bastó ese tiempo para marcarlo definitivamente. Tuvo espacio para leer y conocer de primera mano una suerte de Perú en miniatura. Y en ese contexto fue consciente de que, como muchacho de clase media, tenía oportunidades que estaban negadas a la mayoría de sus compañeros. Todo ello se convertiría en la materia prima de su primera y premiada gran novela, *La ciudad y los perros*.

En esa época ocurrió otro hecho significativo. Cuando tenía quince años, su padre le consiguió un empleo en la empresa donde trabajaba, la International News Service. Todos los días tenía que llevar boletines informativos y *flashes* noticiosos a la oficina del diario *La Crónica*. El continuo contacto con el medio periodístico despertó su interés y, gracias a una gestión de su padre, entró a trabajar en este periódico. Este hecho marcó su ingreso al periodismo, otra de las pasiones que lo acompañarán el resto de su vida. En *La Crónica*, Vargas Llosa no solo empezó a ser un observador de la realidad social desde

del Leoncio Prado. Cuentan que a Vargas Llosa nadie le ganaba en estilo libre y que Víctor Flores era el mejor en espalda (p. 65).

la tribuna periodística, a conocer la efervescencia de este oficio, sino también a experimentar la bohemia, la vida disipada y desordenada que se practicaba en ese entonces en la prensa.

Alrededor del trabajo en *La Crónica* también se producía un vivo debate intelectual y político. En ese contexto, el periodista Carlos Ney lo acercó a escritores como André Malraux y poetas peruanos como Martín Adán, pero particularmente a Jean-Paul Sartre, pues Ney le entregó los primeros libros del filósofo existencialista y escritor francés. Sartre se convirtió en el guía intelectual, el principal referente ideológico y político del primer Vargas Llosa. Especialmente en un aspecto en particular: la idea del escritor comprometido. Sartre lo convenció de que un escritor no debía estar aislado de la realidad política y social de su país. Una idea que Vargas Llosa nunca abandonaría, incluso cuando, más adelante, se distanció de Sartre y se acercó a las ideas de Albert Camus.

En el colegio militar, Mario aprendió también la férrea disciplina en el trabajo[5], hábito que nunca ha abandonado, pero en el periodismo la acrecentó. La puso en práctica para escribir, corregir, leer, informarse, ser curioso y observar la complejidad de la realidad social peruana.

Su padre facilitó el acceso de Mario a dos de las más importantes actividades de su vida: la literatura en el Leoncio Prado y el periodismo en el diario *La Crónica*. En el primer caso, lo hizo buscando exactamente el efecto contrario, pues tenía el deliberado propósito de alejarlo de las letras. En el segundo, creía conectarlo con una actividad que ayudaría a hacerlo más responsable, sin sospechar que sería un espacio de mayores descubrimientos literarios.

5 También desarrolló una manía innegociable por la puntualidad, el orden y el estricto cumplimiento de los horarios de trabajo.

La otra gran pasión

La experiencia en *La Crónica* se interrumpió intempestivamente cuando Ernesto Vargas se enteró de los excesos bohemios de su hijo. Mario entonces toma la decisión de liberarse de su padre y regresar a Piura para terminar la secundaria. Ingresa al colegio estatal San Miguel gracias a una gestión de su tío Lucho, con quien lo unía una relación casi paternal, y años después se convertiría en su suegro. Ahí hace y retoma una serie de amistades, entre ellas la de Javier Silva Ruete, que por entonces era ya un joven con vocación y ambiciones políticas, cercano del Partido Socialista del piurano Luciano Castillo. En esta segunda estancia en Piura busca también desarrollar la actividad periodística en el diario *La Industria*, de propiedad de Miguel Cerro, y construye una visión diferente de lo que ocurría en el entorno, lo que alimentará su creatividad literaria, como se aprecia en su segunda y monumental novela, *La casa verde* (1966).

Cuando acaba el colegio y quiere presentarse a estudiar Literatura, se produce una oposición en la familia. Al final, opta por la Facultad de Derecho, pero en la Universidad Nacional Mayor de San Marcos. ¿Por qué San Marcos y no la Católica? Este fue también un tema de debate familiar y de decisión personal.

> Desde esos últimos meses en Piura comencé a pensar, en secreto, que en la universidad procuraría ponerme en contacto con los revolucionarios y ser uno de ellos. Y decidí también presentarme a la Universidad de San Marcos y no a la Católica, universidad de niñitos bien, de blanquitos y de reaccionarios. Yo iría a la nacional, la de los cholos, ateos y comunistas (Vargas Llosa, 1993, p. 203).

Un convencimiento que, sin duda, responde a su formación, sus lecturas, su experiencia en el Leoncio Prado y en *La Crónica,* en Piura en distintos momentos, y, además, a la influencia vital de Sartre, definitiva para él en este primer momento.

El joven Vargas Llosa sabe de la importancia de cultivar su vocación por la literatura, pero también de participar activamente en la vida política y social del país. Esas experiencias le abren los ojos de una realidad que no podía apreciar desde una visión miraflorina o la del niño que fue al colegio La Salle. Ahora tiene otras fuentes literarias y políticas, como *La noche quedó atrás* (1940), de Jan Valtin, que despiertan en él una preocupación por las injusticias sociales. Empieza a diferir del modo de pensar de la gente que lo rodea, de sus amigos de Miraflores, de los compañeros del quinto media del San Miguel de Piura y, notoriamente, de su conservadora familia materna.

En esos primeros años, Vargas Llosa profundiza y perfecciona su vocación como lector y escritor, como estudiante y periodista. Y en todos esos escenarios tiene siempre presente la dura realidad política y social del Perú y el rechazo al uso despótico del poder. Es desde entonces un perspicaz observador y crítico de nuestra enrevesada sociedad.

Pero también influyen otros aspectos. Uno de ellos es el religioso. Él provenía de una familia profundamente católica. Su madre era muy devota. Pero Mario tiene una experiencia traumática con el hermano Leoncio, de los hermanos de La Salle, quien intentó abusar de él. Esto produjo un contundente y precoz rompimiento con la Iglesia católica y un alejamiento de la fe. Con el tiempo, se acerca al agnosticismo. ¿Este agnosticismo ha facilitado la adhesión posterior a ideas de izquierda y sociales, además de las liberales más adelante? Él lo niega. Sin embargo, en temas como el apoyo al matrimonio *gay*, la muerte asistida y el aborto, le ha dado una mayor flexibilidad de pensamiento.

Esos años anteriores al ingreso a la universidad de San Marcos marcan un antes y un después en la vida de Vargas Llosa. En ellos vive una suma de experiencias: conoce a su padre, que hasta los diez años creía que estaba muerto; presencia el golpe de Estado de Odría y las consecuencias tremendas y definitivas que trae para el país y su familia, y finalmente rompe con la Iglesia luego de ser víctima de un intento de abuso sexual. Tres manifestaciones diferentes de un mismo guion autoritario.

Todo ello acaba por convertir al joven Vargas Llosa en una personalidad compleja, independiente y con un claro acercamiento al mundo intelectual, que cuestiona las injusticias. Al punto que algunos en su entorno no alcanzan a comprenderla. En los años siguientes, ya en San Marcos, se producirá su incursión en la acción política. Y ahí se consolida la otra gran pasión de Vargas Llosa.

Con su madre Dora Llosa en Cochabamba, Bolivia.

Primera comunión.

A los quince años, iniciando su carrera en el periodismo en el diario *La Crónica*.

Vargas Llosa en el Colegio Militar Leoncio Prado.
Fotografía proporcionada por Sergio Vilela, autor de El cadete Vargas Llosa.

CAPÍTULO 2

La rebeldía juvenil y la opción por San Marcos

Mario Vargas Llosa logra, finalmente, su ansiado cometido: ingresa a San Marcos, lo que para él representaba la universidad de los cholos, de las clases populares y —supuestamente— de los revolucionarios. Inicia sus estudios en la Facultad de Derecho, pero prontamente se acerca a la de Letras, respondiendo a su irrenunciable vocación por la literatura.

En Derecho tuvo profesores importantes, como José León Barandiarán y Mario Alzamora Valdez, pero es en Letras donde conoce a aquellos que influirán más decididamente en su formación. Asiste a las clases de Augusto Tamayo Vargas, «un pariente y amigo» del tío Lucho (Vargas Llosa, 1993, p. 203), quien conocía a su madre y le tenía un aprecio especial. También a las del intelectual y dirigente aprista Luis Alberto Sánchez, que eran muy amenas y llenas de anécdotas. El nivel de Vargas Llosa como estudiante universitario era especialmente bueno, incluso había ingresado a San Marcos con excelentes notas. En virtud de su desempeño académico, otro de sus profesores de aquella época, Jorge Puccinelli, le comentaría años después a mi padre que sus exámenes le parecían sorprendentemente buenos. De modo que, avizorando un futuro en el joven universitario, decidió conservarlos.

Pero además de la literatura, Vargas Llosa tiene un acercamiento a la historia. A ello contribuye el curso Fuentes Históricas Peruanas, que dictaba con singular maestría y brillo Raúl Porras Barrenechea. Este docente era una especie de fenómeno en San Marcos. Sus clases siempre estaban abarrotadas de estudiantes, incluso de otras facultades. «Ese curso, y lo que de él se derivó, justifica para mí los años que pasé en San Marcos», reconocería años después (Vargas Llosa, 1993, p. 235). Y es que Vargas Llosa tuvo un verdadero aprecio intelectual por Porras; una profunda admiración por su erudición, su capacidad para la pedagogía y su enorme rigor académico, casi una manía por la perfección, una cualidad que Vargas Llosa también imitará y cultivará a lo largo de toda su vida. Pese a ello, de Porras se esperaba la publicación de una gran biografía sobre Pizarro, tema del que conocía como nadie, pero nunca llegó a escribir el libro que todos aguardaban. Vargas Llosa dice que acaso se debió a ese perfeccionismo obsesivo, que a veces puede llegar a bloquear la producción intelectual. En este aspecto, podemos afirmar que el alumno superó largamente a su maestro. Pero lo cierto es que también se interpusieron otras ocupaciones, como el trabajo diplomático y político.

La influencia de Porras llegó a tal punto que en algún momento Vargas Llosa contempló la posibilidad de dejar la literatura y pasar a estudiar historia. Él quiso persuadirlo en ese sentido, pero el amor por las letras pudo más. Aun así, la cercanía con el historiador se mantuvo y también su veneración. Sería una sincera relación de amistad que duraría años. Incluso, Porras jugaría un papel muy importante como facilitador de los primeros y numerosos trabajos que Mario tuvo que cumplir cuando se casó, en medio de un gran alboroto, con la tía Julia Urquidi.

Camarada Alberto

En respuesta a la concepción ideológica que traía consigo, ni bien ingresó a San Marcos, Vargas Llosa buscó acercarse a lo que pensaba que debía ser su militancia política. Entró entonces al Partido Comunista, puntualmente a la célula clandestina Cahuide[6], cuya acción se dirigía a los grupos obreros. Incluso fue redactor del boletín de la agrupación y asumió el seudónimo de Alberto. Y a tono con el carácter secreto de la militancia, no se lo contó a nadie, ni a su familia ni a sus amigos más cercanos de entonces, Luis Loayza, Abelardo Oquendo y José Miguel Oviedo. En la célula tuvo una mayor cercanía con dos compañeros de estudio, a quienes había conocido durante los exámenes de ingreso: Félix Arias Schreiber y Lea Barba. Desarrolló, además, una simpatía particular por ella, como lo ha relatado en *El pez en el agua* y lo ha recreado literariamente en *Conversación en La Catedral* (1969), en el personaje de Aída.

El grupo Cahuide marcó también el inicio del adoctrinamiento marxista. Este se desarrollaba bajo la jefatura de un instructor, papel que en ese momento desempeñaba Héctor Béjar, un radical de izquierda que nunca abandonó el comunismo[7]. Vargas Llosa lo recuerda «como un sectario, una persona absolutamente cuadriculada»[8]. La preparación incluía lecturas de los clásicos marxistas (el propio Marx, Engels, Lenin) y también de autores peruanos, como José Carlos Mariátegui e Hildebrando Castro Pozo. Era un adoctrinamiento vertical, sin posibilidad de discrepancia ni debate democrático. Metodología que, poco a poco, cuestionará Vargas Llosa, por su carácter asfixiante y totalitario. Y cuando exteriorizó

6 Nombre con el que se conoció a un jefe de la realeza inca que participó en múltiples acciones durante la guerra civil inca y la conquista española. Se dice que fue de carácter combativo y tuvo gran arrojo.

7 Béjar participaría en las guerrillas de mediados de la década de 1960, desarrolladas durante el primer gobierno de Fernando Belaunde. Más recientemente, en 2021, integraría, de manera efímera y poco afortunada, el primer gabinete ministerial del Gobierno de Pedro Castillo como ministro de Relaciones Exteriores. Castillo dio un golpe de Estado que fracasó y terminó en prisión.

8 Conversación personal del autor con Mario Vargas Llosa para este libro.

sus reparos, ello le valió ser calificado por su amigo Félix Arias Schreiber como «subpersona».

Su paso por Cahuide involucra un hecho que, tal como lo califica en *El pez en el agua*, tuvo «consecuencias novelescas». Como representante del Centro Federado de Estudiantes, participa en una colecta para proporcionar mantas y frazadas a los alumnos encarcelados por la dictadura de Odría (1948-1956). Y como no las podían entregar (se necesitaba una autorización expresa del entonces director de Gobierno y bestia negra de régimen, Alejandro Esparza Zañartu), deciden gestionar una audiencia con este funcionario. No fue una decisión sencilla, hubo largas deliberaciones en el seno de Cahuide y del propio centro federado. Pero cuando concedieron la cita, comisionaron, entre otros, a Vargas Llosa y a un estudiante de Antropología apellidado Martínez. Es ahí cuando por primera vez se produce un contacto directo con la mano dura del régimen, con el lado más oscuro del poder. El relato, tal como se registra en sus memorias, resulta una radiografía de aquellos personajes que, a contrapelo de una apariencia personal más bien insignificante, llegan a ejercer un poder desmesurado e implacable[9].

> Ahí estaba Esparza Zañartu [...]. Esa cara apergaminada y aburrida nunca se me olvidó. Era un hombrecillo adefesiero, cuarentón o cincuentón, o, más bien, intemporal, vestido con modestia, de cuerpo estrecho y hundido, la encarnación de lo anodino, del hombre sin

---

9 En *Conversación en La Catedral*, Vargas Llosa recrea el encuentro entre Santiago Zavala y Cayo Bermúdez (*alter ego* literario de Esparza Zañartu) en una situación diferente a la testimoniada en *El pez en el agua*. En la novela, la policía detiene a los estudiantes sanmarquinos que participan en una huelga, entre ellos a Zavalita. El empresario Fermín Zavala, padre del personaje y amigo del régimen, intercede para que lo liberen. «Vea en qué lío se ha metido, joven», le dice Bermúdez a Zavalita. Y remata: «Por dedicarse a la política en vez de a los estudios» (p. 207).

> cualidades (al menos físicas) [...]. No movía un músculo y parecía estar con la mente en otra parte, pero nos escrutaba como a insectos. Por fin, con la misma expresión de indiferencia, abrió un cajón, levantó un alto de papeles y los agitó en nuestras caras murmurando: ¿Y esto? En su mano bailoteaban varios números del clandestino *Cahuide* (Vargas Llosa, 1993, p. 245).

Vargas Llosa y sus camaradas de Cahuide apoyaron una huelga de los trabajadores tranviarios. Tal como lo recuerda en *El pez en el agua*, fue «el único episodio que me dio la sensación de estar trabajando por la revolución» (p. 249). Las coordinaciones y actividades preparatorias, el contacto con otros integrantes de Cahuide que no había conocido hasta entonces, por una vez le hizo sentir que era parte de algo de mayor envergadura que las pequeñas reuniones clandestinas dedicadas por entero al rígido aleccionamiento político y al lavado de cerebro. Pero fue un hecho aislado. Las cosas regresaron a su cauce habitual. El carácter subterráneo de la célula parecía ser un mecanismo inevitable para intentar sobrevivir a la represión de la dictadura, pero en el fondo era también un elemento intrínseco a su propia naturaleza: «Su predisposición conspirativa, esa vocación clandestina que nunca le había permitido —pese a que hablábamos tanto de ello— ser un partido de masas», explica Vargas Llosa (1993, p. 250). Y fue esta suerte de «inanidad de lo que hacíamos» lo que terminó por hartarlo de Cahuide. Y, finalmente, sucedió lo inevitable. A mediados de 1954, dejó de asistir a las reuniones de la célula y, cumplido un año de su ingreso, mandó su carta de renuncia.

Pero detrás del rompimiento con Cahuide también subyacen profundas discrepancias ideológicas que se volvieron cada vez más evidentes, producto de su adhesión a Sartre y a los planteamientos desarrollados en *Les Temps Modernes* (en sus memorias, reconoce que era un devoto lector de esta revista). Él creía en la opción ideológica y política, absolutamente sartreana, del socialismo en libertad. En esa línea, Vargas Llosa postula que al escritor se le debe garantizar la libertad de pensamiento y de creación. Por tanto, es contrario del uso político partidario de la literatura, de aquello que más adelante, con el establecimiento de la Revolución cubana, se pensó que debía ser el papel de los escritores: una herramienta de propaganda.

La normalidad dictatorial

El telón de fondo de la militancia política de Vargas Llosa (y de la célebre novela *Conversación en La Catedral*), en los años de San Marcos, es la dictadura del general Manuel A. Odría. Duró ocho años, por eso es conocida en la historia del Perú como el ochenio[10].

Odría, quien había sido ministro de Gobierno durante el mandato de Bustamante y Rivero, protagonizó un levantamiento militar desde Arequipa, desconociendo la autoridad del legítimo presidente de la República. Al golpe coadyuvó el clima de inestabilidad política que padecía el país, prácticamente desde el inicio de la gestión de Bustamante, a consecuencia de la cerrada oposición que el APRA ejerció desde el Parlamento.

10 Tras el golpe del 27 de octubre de 1948, el general Odría gobernó dos años a la cabeza de una junta militar de gobierno. En 1950, para darle una pátina democrática al régimen, convocó a elecciones. En los tres meses previos a los comicios, encargó momentáneamente la presidencia al general Zenón Noriega, quien había apoyado el levantamiento de Arequipa desde la guarnición de Lima. Lo hizo supuestamente para ajustarse a la Constitución de 1933, que paradójicamente había violado con el golpe y no consideraba la reelección presidencial inmediata. Antes de los comicios, mandó a detener y desterrar al único candidato opositor, Ernesto Montagne Markholz, bajo la acusación de conspirar con el APRA, partido proscrito desde el inicio del régimen. Odría fue entonces el candidato único de las elecciones de julio de 1950 y, como supuesto «presidente constitucional», gobernó hasta 1956. En las siguientes elecciones, cuando su gobierno acusaba un evidente desgaste, no se volvió a presentar. Fue sucedido entonces por el candidato ganador, Manuel Prado Ugarteche, quien había gobernado de 1939 a 1945.

Luis Bedoya Reyes, fundador del Partido Popular Cristiano, lúcido defensor de los valores democráticos, señaló lo siguiente:

> [...] a pocas semanas del «cuartelazo» de Odría, retornó la acostumbrada resignación popular ante los regímenes de facto. Cuanto más duros, más obedecidos [...]. Fue chocante nuestra conducta colectiva de esos años, pasando de la violencia exacerbada al silencio resignado (2018, p. 265).

Esta dramática aseveración de Bedoya Reyes, quien también fue colaborador del Gobierno de Bustamante y Rivero, además de su abogado defensor, corrobora una vez más la fácil acogida de los golpes de Estado en el país como consecuencia de nuestra incultura democrática. Con tristeza se debe reconocer que casi todos los golpes en el Perú, por no decir la totalidad de ellos, han sido populares.

Pero también hubo otras fuerzas que contribuyeron a socavar el Estado de derecho. El historiador Raúl Palacios Rodríguez se pregunta si el éxito del Movimiento Restaurador de Arequipa, como ampulosamente llamó Odría a su levantamiento, fue exclusivamente un producto de la acción personal del caudillo militar. La respuesta descarta esa posibilidad y acusa la existencia de «un poder que, oculta y astutamente, maniobró en esa dirección». Se trató de un poder fáctico que, como en muchos otros contextos de la historia peruana, anteriores y posteriores a este evento, actuó con inocultable entusiasmo a favor de la consolidación de la dictadura.

> Aunque se manifestó aquel 27 de octubre, su acción erosiva había empezado tiempo atrás. Ese poder estuvo encarnado por los más poderosos sectores económicos que la extrema derecha aglutinaba en beneficio de sus propios e inmediatos intereses [...]. Entonces, prefirieron financiar el golpe militar encabezado por Odría en Arequipa y Noriega en Lima», concluye Palacios Rodríguez.

Y, citando a Víctor Villanueva y Jorge Basadre, advierte que se invirtieron los términos de la alianza entre oligarquía y militares, de vieja data para entonces. Con Odría ya no eran los aristócratas quienes gobernarían bajo el apoyo castrense, a la usanza del siglo XIX, sino que «eran los militares que, estando en el poder, firmaban los decretos que les alcanzaba a la clase dominante» (Palacios Rodríguez, 2005, p. 108).

En *Conversación en La Catedral*, Vargas Llosa retrata esta cuestionable conducta de la clase empresarial en el personaje de Fermín Zavala, padre del protagonista, Santiago Zavala (Zavalita); un empresario que apoya con entusiasmo al Gobierno y que, a partir de su cercanía con él, obtiene beneficios particulares. Mercantilismo a toda regla.

En un pasaje del extenso diálogo entre Ambrosio (el chofer de Fermín) y Zavalita, que entrecruza toda la novela, el primero intenta deducir por qué el joven periodista abandonó la casa paterna: «Entonces, ¿no se fue porque tenía distintas ideas políticas que su papá?», le pregunta. Y Zavalita responde algo que refleja el rol y las motivaciones del empresariado en el ochenio y lamentablemente en otros periodos de la historia del país, incluso recientes: «El pobre no tenía ideas políticas. Solo intereses políticos, Ambrosio» (p. 179).

Esta afirmación que Vargas Llosa pone en boca de quien quizá sea su personaje más emblemático, *alter ego* de sí mismo en muchos aspectos, refleja también una línea política principista contraria a todo tipo de ruptura del orden constitucional que él va a mantener a lo largo del tiempo, inclusive cuando asume las banderas liberales. Esto se evidenció de manera enfática, por ejemplo, cuando Alberto Fujimori dio el golpe del 5 de abril de 1992 y el escritor tuvo una posición de rechazo absoluto y sin reservas, la cual fue totalmente contraria a la que adoptaron la casi totalidad de gremios empresariales, que se subieron al carro del golpe. Con Odría, los empresarios también se pusieron del lado del golpista, respondiendo a sus propios intereses económicos y creyendo que esa conducta los beneficiaría, cuando al final solo perjudicó al país. Es un drama que persiste hasta hoy. Y es también una línea política continua a lo largo del tiempo, contra viento y marea, contra toda corriente y visión pragmática, en el pensamiento político de Vargas Llosa.

Pero si hay algo que caracterizó la dictadura de Odría, fue el aparato represivo que desplegó y la conculcación de libertades que ello trajo consigo. En ese sentido, la figura tristemente célebre es la del mencionado Esparza Zañartu, personaje que actuaba tras bambalinas y se encargaba del trabajo sucio, primero como jefe de Gobierno y luego como ministro de Gobierno. Él fue el responsable de la persecución de estudiantes universitarios, de obreros, apristas[11], comunistas, entre otros[12]. Lo hizo gracias al decreto ley denominado Seguridad Interior de la República, dictado en 1949, que normalizó el estado de suspensión de garantías, estableciendo penas de destierro, cárcel y muerte a quienes calzaban en el calificativo de «terrorista». Para ello, la policía gozaba de las facultades propias de los jueces, se redujo el derecho de defensa e incluso se desconoció el de *habeas corpus*. Este dispositivo fue «una de las mayores aberraciones jurídicas que se han producido en la zigzagueante vida política de nuestro país», e incluso

---

11 Un caso particularmente escandaloso de la persecución de esos años fue la que padeció el líder del APRA, Víctor Raúl Haya de la Torre. Luego de vivir un tiempo en la clandestinidad, como su propio partido, se asiló en la embajada de Colombia en Lima, pero la Junta de Gobierno se negó a reconocerle el derecho de asilo diplomático y a extenderle el salvoconducto. En consecuencia, de manera injusta, tuvo que vivir en la residencia del embajador de Colombia durante sesenta y tres meses (del 3 enero de 1949 hasta el 5 de abril de 1954). Por último, la presión internacional hizo que el régimen cediera a su manera: lo deportó y despojó arbitrariamente de su derecho humano a la nacionalidad.

12 Otro caso especialmente arbitrario fue el del expresidente José Luis Bustamante y Rivero, quien, después de ser deportado a Argentina tras el golpe, fue impedido de retornar al país, a pesar de la eficaz defensa de su abogado y excolaborador Luis Bedoya Reyes.

mayores a «toda la legislación represiva del continente, incluyendo la de Venezuela, de Pérez Jiménez, y la de Cuba, de Fulgencio Batista» (Palacios Rodríguez, 2005, p. 110).

Y como contraparte de la represión, los medios de comunicación optaron por el silencio voluntario. Ya fuera por temor preventivo o para no afectar sus propios intereses, decidieron autocensurarse. Esto es algo que impactó al joven Vargas Llosa. Y si bien Odría persiguió toda forma de oposición política, no tuvo que hacer demasiado con los medios. No los confiscó, como Velasco, ni los compró mediante sobornos, como Fujimori[13].

A tenor de lo excesivo de su poder, la corrupción no fue un hecho ajeno al régimen. Comparándola con la de hoy puede parecer cuantitativamente menor, pero siguió rutas y mecanismos similares. Alfonso W. Quiroz (2013), en su *Historia de la corrupción en el Perú*, señala que el régimen la enmascaraba bajo las medidas represivas ya reseñadas, la limitada libertad de prensa y el Parlamento títere, pero una vez concluido el ochenio comenzaron a emerger. En este sentido, cita un despacho diplomático de la época que señala: «Odría ha adquirido al menos tres casas como regalos por parte de calculadores adherentes» (p. 280), lo que se utilizó como sustento para investigaciones congresales tras el cambio de gobierno. Igualmente, se descubrió que Antonio Ipinza Vargas, exedecán de Odría y asistente personal (en 1958 sería elegido diputado), había adquirido propiedades en Washington, Estados Unidos, por 265 mil y 55 mil dólares, respectivamente, cifras considerables para la época. La sospecha en ese caso fue que «podría

13 La compra de los medios de comunicación, principalmente de televisión, durante la dictadura de Fujimori se pudo conocer gracias a los llamados «vladivideos». Estos fueron filmaciones secretas realizadas por su asesor de inteligencia y hombre fuerte del régimen, Vladimiro Montesinos, de los pagos de sobornos que hacía en efectivo y con pilas de billetes de dólares a los propietarios de la mayor parte de medios. Fue una versión más siniestra del nulo apego a la ley que también caracterizó a Esparza Zañartu.

estar llevando a cabo algunas transacciones financieras privadas del presidente». Es decir, actuó como un testaferro del dictador.

Desde el exilio, Bustamante y Rivero envió un mensaje a la nación denunciando estos estropicios morales del Gobierno:

> El país ha descendido no pocos grados en el nivel de la ética social —eso que siempre habíamos llamado la «corrección» y «decencia»—. Son notorios en altas personalidades del régimen casos de enriquecimiento ilícito. Se han improvisado grandes fortunas a la sombra de la posición e influencia política. Esta mugre ha salpicado a los institutos armados.

La denuncia del exmandatario señalaba pago de comisiones, participaciones y primas, todas ilícitas. Como remarca Quiroz (2013), «gracias a este tráfico de favores se trocaba la adhesión política por fáciles ganancias: el político se convertía en comerciante y el hombre de negocios en político» (p. 282).

En líneas generales, la situación económica internacional fue un elemento propicio para la dictadura, especialmente en sus primeros años. «La favorable coyuntura económica mundial, marcada por la guerra de Corea (1950-1953) y la reconstrucción de Europa después de la Segunda Guerra Mundial, estimuló en el Perú el vigoroso crecimiento de las exportaciones y la inversión extranjera», señalan Carlos Contreras y Marcos Cueto (2013, p. 311). En este contexto, contó con los recursos suficientes para hacer una importante obra física (hospitales, grandes unidades escolares, unidades vecinales, el Estadio Nacional)[14]. Pero, al mismo tiempo, montó una farsa. Creó un Parlamento fantoche, totalmente sometido y controlado, para dar la apariencia de ser un gobierno democrático. Y cuando decidió

14 Curiosamente, durante el segundo gobierno de Alan García, muchas de estas obras, entre ellas el Estadio Nacional y las grandes unidades escolares, fueron reformadas e inclusive, en algunos casos, presentadas —por ejemplo, el estadio— no como refacciones, sino como si fueran obras nuevas.

postularse y dejó la presidencia durante tres meses, terminó apresando al candidato opositor, lo que sin duda invalidó los comicios.

Por último, las condiciones internacionales variaron y «los ingresos por exportaciones empezaron a declinar, producto del fin de la guerra de Corea y de la reconstrucción europea» (Contreras y Cueto, 2013, p. 316). En consecuencia, creció la inflación y el desempleo, así como una mayor intolerancia frente a los excesos represivos del régimen. A tal punto que, en diciembre de 1955, se produjo la caída del inefable Esparza Zañartu, como resultado de un levantamiento en Arequipa[15]. En las elecciones de 1956, un desgastado Odría decidió no presentarse, ya desprovisto del poder oscuro de su ministro de Gobierno y distanciado del general Zenón Noriega, el socio militar de gran parte del ochenio, a quien había acusado de conspirador y desterrado a Estados Unidos.

Siete trabajos alimenticios

En plena etapa estudiantil universitaria va a ocurrir un hecho que transformará la vida de Vargas Llosa. A los diecinueve años se enamora de Julia Urquidi, diez años mayor que él, y se casa secretamente en 1955, gracias al apoyo de su amigo Javier Silva Ruete. Era nada menos que la cuñada del tío Lucho, hermana de la mamá de su prima hermana Patricia, futura segunda esposa. Como es natural, fue un escándalo de magnitud, que desató la furia de su padre, entre otros.

Vargas Llosa pasa de ser el sobrino protegido que vivía en la casa de los Llosa, sin mayores o ninguna obligación económica, a

15 Si bien Odría inició el golpe de Estado contra Bustamante y Rivero en Arequipa, esta no fue una plaza que siempre le fue afín. Antes de las protestas que condujeron a la caída de Esparza Zañartu, en 1950, cuando el dictador «bajó al llano» para postularse a la presidencia, se produjo otra revuelta en esa ciudad protagonizada por estudiantes universitarios. En ella murieron los jóvenes Arturo Villegas y Enrique Bellido.

una persona independiente, que debe trabajar (más de lo que lo hacía hasta entonces) para mantener el flamante matrimonio. Nuevamente, recurre a Raúl Porras y este le consigue un conjunto de trabajos alimenticios. Llega a tener siete al mismo tiempo. Uno de ellos como ayudante de la biblioteca en el Club Nacional; otro como registrador en el cementerio, fichando las lápidas, labor en la que también contó con el apoyo de Julia.

Para entonces ya estaba en Radio Panamericana, donde escribía los comentarios y donde conoció a Genaro Delgado Parker, hijo del dueño de la estación, quien más tarde se convertiría en el principal *broadcaster* del país. Y, más adelante, cuando eligen senador a Porras, este logra que el Congreso autorice las transmisiones de sus sesiones plenarias, por lo que Mario se convierte, circunstancialmente, en cronista parlamentario. Aunque los debates de entonces eran de nivel (sobre todo comparados con los de hoy, que son paupérrimos), a él le resultaron soporíferos y no fue una labor especialmente enriquecedora.

También en ese tiempo ejerce el periodismo, con nombre propio o seudónimo, en publicaciones de diverso tipo. Abelardo Oquendo lo convoca para «El Dominical» de *El Comercio*. Precisamente aquí empieza a mostrar su habilidad para la polémica. En un momento, escribe una columna sobre poesía combinando algunas apreciaciones políticas. Esta es respondida de manera furibunda por el poeta Alejandro Romualdo. Publica también en este diario el cuento «El abuelo». Igualmente, colabora escribiendo artículos para *Cultura Peruana* y *Turismo*, y narraciones para la revista *Mercurio Peruano*, entre ellas el famoso cuento «Los jefes». Y demostrando que es capaz de manejar diversos registros periodísticos, escribe crónicas en el diario popular *Extra*, así como notas políticas, firmadas con el nombre de Oiram en el boletín partidario de la Democracia Cristiana (Oviedo, 1982, p. 26).

En 1958, Vargas Llosa presenta el relato «El desafío» al concurso de cuentos de la revista *Revue Française* y lo gana. El premio consiste en un viaje de quince días a París. El hecho conmociona a su amigo

Luis Loayza («¡Por fin vas a ir a París!»), y es que Vargas Llosa tenía una ruta trazada y esta miraba a Europa, especialmente a la capital francesa. Durante todo el periodo universitario, estudia francés en la Alianza Francesa. Ahí conoce a la profesora *madame* Del Solar, por quien guardará especial afecto y gratitud, porque también le suministró libros y artículos de Sartre; pero las cosas no son fáciles. La vida es singularmente complicada para quien ya tiene veintidós años, está casado y sueña con vivir en París. Pero aún a esa corta edad, Vargas Llosa pone en práctica aquella espartana disciplina que lo distinguirá durante el resto de su vida y que le ha permitido cristalizar todos sus proyectos.

Son el trabajo incansable y la constancia los que le permiten vivir casi sin tiempo para nada y ganar un premio que lo conduce al país de Sartre. El Sartrecillo Valiente (apodo que le pone su amigo Luis Loayza) podrá estar más cerca del filósofo francés, pero sobre todo del lugar y entorno que considera indispensables para cumplir el sueño de ser escritor. Por eso, estas dos primeras semanas en París representan otro parteaguas en el recorrido vital del escritor. Ratifica el sueño de vivir allá. Y, al regresar al Perú, tiene la absoluta y resuelta convicción de volver. Lo que sin duda hará.

¿Comunista o socialcristiano?

Poco antes del fin del régimen de Odría y la convocatoria a las elecciones de 1956, Porras le consigue otro trabajo: colaborar en la redacción de discursos para la campaña de Hernando de Lavalle. En un comienzo, el APRA se iba a entender con Lavalle, dado que no podía actuar libremente al estar proscrita por la dictadura, pero al final los apristas pactan con Manuel Prado Ugarteche. Porras es elegido en la lista parlamentaria de este candidato.

Con el apoyo del Partido Demócrata Cristiano, Lavalle terminó siendo el candidato oficialista (el Partido Restaurador devendría más adelante en la Unión Nacional Odriista). Prado, por su parte, bajo el membrete del Movimiento Democrático Peruano, fue el depositario de los votos apristas. Y un joven Fernando Belaunde, la novedad en la escena política de entonces, postuló en representación del Frente Nacional de Juventudes Democráticas, agrupación que se considera antecesora del partido Acción Popular, que en las décadas de 1960 y 1980 lo llevaría al poder.

Convocado por Luis Jaime Cisneros, Vargas Llosa se inscribe en la Democracia Cristiana y empieza a participar en la redacción del periódico de esta agrupación. El hecho no significa que Vargas Llosa se hubiera convertido del comunismo al socialcristianismo, pues para entonces ya se consideraba agnóstico, sino que buscaba apuntalar, desde el interior de la Democracia Cristiana, la candidatura presidencial de José Luis Bustamante y Rivero. Pero esta no se concretó, dado que el político arequipeño rehusó volver a postular. Cuando eso sucede, Vargas Llosa se retira paulatinamente de la Democracia Cristiana y más tarde renuncia desde Europa.

Hay quienes presentan su paso por la Democracia Cristiana como un gesto acomodaticio, así como los izquierdistas y sanmarquinos afirman que su salida del grupo Cahuide es una prueba de que nunca fue un verdadero marxista. En realidad, estudiaba el marxismo como todos los miembros de la célula, pero tenía una contradicción interna que nacía de la influencia del pensamiento de Sartre. Ese influjo, al final, representó una suerte de muro que evitó el adoctrinamiento asfixiante que inundaba el grupo Cahuide. Fue comunista, pero en el fondo su pensamiento guía, su mayor influencia ideológica y política, fue Sartre. Tampoco su paso por la Democracia Cristiana fue un acto de oportunismo o sinuosidad ideológica. Él creía en Bustamante y Rivero y lo respetaba por sus credenciales democráticas y consideraba que era una reivindicación necesaria el hecho de que pudiera retornar al poder. Lo sacaron los militares, lo debían poner los civiles. Salvando las distancias y los contextos históricos, fue lo que ocurrió con Belaunde en 1980.

Por último, en las elecciones en que gana Manuel Prado Ugarteche, el joven Vargas Llosa no vota por él ni por Lavalle. Su sufragio es por

Fernando Belaunde. Se siente más próximo a los aires reformistas del arquitecto, a la iniciativa audaz en el tema agrario, a sus propuestas de justicia social y a todo lo que era su preocupación desde los años en el Leoncio Prado.

Cartógrafo del poder

La dictadura, el despotismo, la censura, la corrupción y el autoritarismo que marcaron los ocho años que Odría detentó el poder tienen una influencia decisiva y fundamental en la vida y producción literaria de Vargas Llosa. Es el periodo que retrata magistralmente en la que acaso sea, según la crítica unánime, su obra más célebre y ambiciosa: *Conversación en La Catedral*.

Se trata de la novela más importante sobre el Perú escrita por un peruano. No hay otra de tal magnitud y originalidad, ni mucho menos que haya sido capaz de retratar la compleja realidad política del país, al punto que, aunque se refiera a un momento histórico específico, sea extrapolable a cualquier otro.

En el ochenio de Odría, Vargas Llosa se inicia en el rol de agudo observador de la realidad, indispensable en la lógica sartreana del escritor comprometido. Así como en el periodo anterior hubo hechos de carácter personal que lo marcaron definitivamente, el uso brutal del poder que presencia durante el régimen de Odría representa otro hito capital de su trayectoria y, en esa medida, deviene en la materia prima, el magma creativo de sus primeras obras.

Conversación en La Catedral es, en esa dimensión, su novela más compleja y, al mismo tiempo, como lo ha declarado en numerosas ocasiones, aquella que más le costó escribir. Es la novela total, como la califican sus críticos y estudiosos. E igualmente es una prueba fehaciente de su precoz genialidad como escritor, pues la publicó cuando tenía treinta y tres años.

A partir de ese momento, los temas del empleo ilimitado del poder, de las dictaduras y de los golpes de Estado en sus diversas formas serán recurrentes. Por lo pronto, darán pie a otras obras capitales: *La guerra del fin del mundo* (1981), *La fiesta del Chivo* (2000) y *Tiempos recios* (2019). Junto con *Conversación en La Catedral* (1969)[16], tienen en común la temática del autoritarismo, ya sea en la política peruana, el sectarismo religioso y la política internacional[17]. Es justamente por ello que la Academia Sueca, al concederle el Premio Nobel, calificó su obra como «la cartografía del poder».

Si bien la vida de Vargas Llosa, en distintos periodos, ha estado marcada por una separación física del Perú, esta no ha significado una ruptura mental ni emocional con el país. El Perú siempre ha estado presente y le ha interesado todo lo que ocurre en él. Como lo ha dicho más de una vez, el Perú le duele, lo conmueve. Y ese es también otro de los aspectos destacables de *Conversación en La Catedral.* Más allá de lo estrictamente literario, de su indudable complejidad y sorprendente técnica narrativa, constituye una mirada profunda y crítica, severa y acertada, sobre la sociedad peruana. Esta se expresa admirablemente en la pregunta existencial que inquieta a Zavalita: «¿En qué momento

16 José Miguel Oviedo, uno de los principales críticos y estudiosos de su obra, en *Dossier Vargas Llosa* (2007, pp. 21-22), señala una evolución intelectual y política en estas tres novelas. En *Conversación en La Catedral*, el dictador no es personaje como tal, sino que es presentado a través de un «retrato hipertrofiado como símbolo monstruoso del poder absoluto». Los que aparecen directamente son quienes conforman «una oscura y sumisa galería de serviciales intermediarios ejecutores». Para Oviedo, el asunto político «cobraría creciente importancia» en las otras dos novelas. *La guerra del fin del mundo,* como retrato de «las grandes tensiones sociales, culturales e ideológicas» del continente, y *La fiesta del Chivo,* como una pieza más ajustada al modelo clásico de la denominada novela de la dictadura. «Las tres novelas [...] siguen sin excepción el régimen de constante crecimiento hasta llegar a su punto de máxima expansión».

17 Marie-Madeleine Gladieu (2014) considera: «El poder político que seduce al pueblo para aprovecharse y destruirlo es el de las dictaduras, idea que Mario Vargas Llosa desarrolla en *Conversación en La Catedral* y en *La fiesta del Chivo*» (p. 98).

se había jodido el Perú?». Una pregunta que inicialmente se enfoca en el país, pero que alcanza a las personas que lo habitan y padecen («Era como el Perú, Zavalita, se había jodido en algún momento»; «Yo haría cualquier cosa por saber en qué momento me jodí») e impregna las relaciones interpersonales («Y en este país el que no se jode, jode a los demás»). Refleja a una sociedad imperfecta, incompleta, sin cultura democrática y con una profunda injusticia social. Los peruanos nos reconocemos invariablemente en aquella búsqueda esencial de la raíz de los males que nos aquejan. Sospechamos que, de encontrarla, podremos por fin progresar como país. En este sentido, es una pregunta que aspira a un descubrimiento liberador, a una epifanía. Y si bien aparece en la primera página de la novela, se trata en el fondo de una pregunta conclusiva. Una que marca toda la historia de Zavalita, toda nuestra historia, de principio a fin.

Alumno sanmarquino.

Lima, 1956. Actividad proselitista de Vargas Llosa, cargando a uno de los fundadores del Partido Demócrata Cristiano, Luis Jaime Cisneros. *Archivo fotográfico* Caretas.

Con amigos íntimos de la juventud: Luis Loayza, Abelardo Oquendo y su esposa Pupi Heraud.

José Luis Bustamante y Rivero, expresidente de la República y expresidente de la Corte Internacional de Justicia de La Haya, gobernante de honradez comprobada.

Raúl Porras Barrenechea, el admirado profesor de la Universidad Mayor de San Marcos, quien inculcó al novelista arequipeño el rigor académico.

CAPÍTULO 3

La Revolución cubana: ¿socialismo en libertad?

Vargas Llosa logra el ansiado objetivo de ir a Europa. Obtiene la beca Javier Prado y, con su esposa Julia Urquidi, se traslada a Madrid a seguir un doctorado. Fiel a su estilo, se dedica con constancia y disciplina al estudio, a la lectura y a elaborar su tesis doctoral, que más tarde publicaría con el título *García Márquez: historia de un deicidio* (1971), acaso el análisis y juicio literario más importante sobre *Cien años de soledad*, según los especialistas. Aunque en Lima había publicado algunos cuentos en revistas y suplementos, es en Madrid donde empieza a trabajar como escritor, al mismo tiempo que vislumbra las posibilidades de concretar el sueño de vivir en París.

Cuando acaba los estudios doctorales, se muda a la capital francesa, donde experimenta un cambio radical. Salvo el inconcluso periodo de Bustamante y Rivero y brevemente durante el gobierno de Manuel Prado, hasta entonces solo había vivido bajo las dictaduras de Odría en el Perú y de Franco en España. A Francia arriba en la posguerra, en el periodo inmediatamente posterior a la llamada Cuarta República, y se encuentra con un régimen democrático, liderado por el general Charles de Gaulle, por lo que vive una libertad más amplia de la que conocía. Sin embargo, no simpatiza con el gobernante. Lo ve como un «militarote». En 1991, con ocasión del centenario del nacimiento del militar francés, escribiría un artículo en el que expresa sus reservas: «Me irritaba su caudillismo —que respetaba las formas democráticas, pero era caudillismo y crudo— y, sobre todo, su nacionalismo, una de las formas más obtusas, a mi entender, de encarar la vida, la cultura y la política» (Vargas Llosa, 1994, p. 21). En una oportunidad, le pregunté si en esa etapa en Francia fue alguna vez a la Asamblea Nacional para ver algún debate, alguna polémica o intervención. Y él me respondió: «No, en ese entonces yo consideraba que esos eran temas burgueses».

Su llegada a Francia también representó el contacto directo, *in situ*, con su cultura. En particular con Gustave Flaubert y la lectura de *Madame Bovary*, que fue capital, tal como él lo ha reconocido varias veces. También se acerca a la obra de André Malraux, Maurice Merleau-Ponty, entre otros escritores. El París que conoce Vargas Llosa coincide con la imagen soñada que abrigaba desde su infancia y que siguió alimentando. Décadas después recordaría lo siguiente:

> El año en que llegué era todavía una ciudad muy rica, con una enorme vida intelectual. Se debatían temas que me interesaban muchísimo; la guerra de Argelia, el colonialismo, la América Latina, la revolución; eran todos temas de los tiempos modernos. Además, siempre tuve mucha afición por la literatura francesa. Ese fue realmente un sueño realizado (Cueto, 2003, p. 129).

Ese encuentro vital ocurre simultáneamente con la búsqueda de consagrarse como escritor y la necesidad de conseguir un trabajo que le permita sostenerse. Obtiene entonces un puesto en la Radiotelevisión Francesa (RTF) y continúa con la creación de su primera novela, *La ciudad y los perros*, que había empezado a escribir en Madrid y que recoge la experiencia leonciopradina que lo marcó profundamente. Es, sin duda, la obra que lo catapultará a la primera línea de la literatura hispanoamericana. Cuando la concluye, la envía al editor catalán

Carlos Barral, pero este al comienzo no le da importancia. Cuando finalmente la lee, queda atrapado, como lo cuenta el biógrafo y perspicaz estudioso vargasllosiano Juan Jesús Armas Marcelo, quien también fue muy cercano a Barral[18]. Gracias a esta novela, Vargas Llosa obtiene en 1962 el Premio Biblioteca Breve, la distinción que lo lanza a la fama.

El premio se otorga en la etapa dura del franquismo, por lo que la obra, antes de publicarse en España, obligatoriamente tiene que pasar por la estricta censura de la dictadura. Es un trámite totalmente nuevo para el escritor y nada fácil de procesar. Sin embargo, obligado y sin otra opción, con desagrado tolera la imposición y la novela se publica con gran éxito. En el Perú también se produce un hecho de carácter netamente político que influye para que la obra adquiera una publicidad inimaginable. Los militares consideraron que era un ataque directo al Ejército y en especial al Leoncio Prado, así que, fuera sí y emulando actos de barbarie imperdonables, se denunció una quema de ejemplares. Fue un escándalo vergonzoso que tuvo alcance internacional y ayudó a disparar más las ediciones y las ventas del libro, pero sobre todo fue un acto de totalitarismo absurdo y salvaje, que institucionalmente no se desmintió y que reveló la incultura democrática del momento, algo con lo que Vargas Llosa ha tenido que lidiar a lo largo de su vida.

---

18 Armas Marcelo en *El vicio de escribir* (1991) cuenta que el propio Barral le comentó que descubrió la novela una tarde que había decidido pasarla leyendo los originales que aspirantes a escritores enviaban a su editorial. «Me bastaron solo unas páginas para comprender que estaba frente a una gran novela, ante un gran descubrimiento», le confesó. Al mismo tiempo, refiere un pintoresco relato, en clave de humor, sobre la impresión inicial que Vargas Llosa le causó al editor cuando este lo fue a visitar a París: «Cuando lo vi por primera vez, con aquel bigote ocupándole casi todo el gesto y una mirada profunda y desconfiada al mismo tiempo, creí que estaba ante un tanguista argentino más que ante un escritor» (p. 34).

A partir de ese momento, despierta por igual el interés de la prensa peruana y latinoamericana. A los veintisiete años se convierte tempranamente no solo en un escritor respetado, sino también en una celebridad mediática.

Del entusiasmo a la decepción

El triunfo de la Revolución cubana lo impactó desde el primer momento. Interpretó que ese era el movimiento político cuya implantación había soñado para el Perú y el resto de América Latina, para conseguir la justicia social y el socialismo en libertad en el que creía firmemente. Entonces, se adhirió públicamente al régimen encabezado por Fidel Castro. Recordando la travesía ideológica de esos años, Vargas Llosa (2018) señala que, si bien se alejó del grupo Cahuide a fines de 1954, continuó siendo socialista («por lo menos en mis lecturas») y que «con la lucha de Fidel Castro y sus barbudos en la Sierra Maestra y la victoria de la Revolución cubana en los días finales de 1958» esa postura «se reavivaría notablemente» (p. 13). Entre otras razones, porque vio en ese movimiento una independencia de la esfera soviética, sin la participación del Partido Comunista, pero no solo se trató de una reacción personal. Como lo advierte el novelista arequipeño, para su generación, incluso más allá de América Latina, Cuba marcó un antes y un después ideológico.

En 1962 tiene un acercamiento directo con el proceso político que se desarrolla en la isla. Como periodista de la Radiotelevisión Francesa, es enviado a Cuba para cubrir la crisis de los misiles. Ahí es testigo de la desmedida devoción que suscita la figura de Fidel Castro. Los cubanos lo ovacionan irremediablemente cada vez que su imagen aparece en la pantalla de una función cinematográfica a la que tiene la oportunidad de asistir. En el artículo «Crónica de la revolución», que publica a su regreso en la revista uruguaya *Marcha*, muestra un marcado entusiasmo por el régimen cubano y da cuenta de las esperanzas que cifra en él:

> Acabo de pasar dos semanas en Cuba, en momentos que parecían críticos para la isla, y vuelvo convencido de dos hechos que me parecen fundamentales: la revolución está sólidamente establecida y su liquidación solo podría llevarse a cabo mediante una invasión directa y masiva de Estados Unidos [...] y, en segundo lugar, el socialismo cubano es profundamente singular, muestra diferencias flagrantes con el resto de los países del bloque soviético y este fenómeno puede tener repercusiones de primer orden en el porvenir del socialismo mundial (Vargas Llosa, 1983, p. 30).

Cuando gana el Premio Biblioteca Breve, Vargas Llosa se convierte en uno de los principales intelectuales y escritores que apoya la Revolución cubana, con una notoria presencia en la prensa peruana y latinoamericana. Esto revive en él aquella acción política que había dejado de lado cuando renunció a Cahuide y luego a la Democracia Cristiana. Había ido París para dedicarse exclusivamente a la literatura, pero, al final, congruente con su concepto del escritor comprometido, trabaja activamente en la promoción y difusión de los ideales de la Revolución cubana, con un grupo de escritores y amigos cercanos, que a partir de esos años se va a conocer como el *boom* latinoamericano. Aunque esta adhesión se percibe en Vargas Llosa desde el inicio de la revolución y el primer viaje periodístico de 1962, José Miguel Oviedo (2007) ubica el inicio de «su relación solidaria con Cuba», por lo menos en la formalidad de la colaboración institucional, en enero de 1965, cuando el escritor fue a La Habana invitado como miembro del jurado de novela de los premios Casa de las Américas. Fue gracias a ese rol y, además, al de miembro del consejo de redacción de la revista *Casa de las Américas* que volvió varias veces más a la isla (pp. 105-106).

En medio de su entusiasmo, declara: «Yo soy escritor, no político, mi posición es socialista, pero con ciertas reservas» (Coaguila, 2019, p. 41). Medio siglo después escribirá:

> Muchos, como yo, vimos en la gesta fidelista no solo una aventura heroica y generosa, de luchadores idealistas que querían acabar con una dictadura corrupta como la de Batista, sino también un socialismo no sectario, que permitiría la crítica, la diversidad y hasta la disidencia. Eso creíamos muchos y eso hizo que la Revolución cubana tuviera en sus primeros años un respaldo tan grande en el mundo entero (Vargas Llosa, 2018, p. 13).

Durante su relación con la Revolución cubana, realiza hasta cinco viajes a ese país. Su simpatía era tal que él y su esposa Julia alojan durante diez días, en su pequeño departamento en París, a la madre del Che Guevara, Celia de la Serna, a pedido de Hilda Gadea, la primera mujer del Che, porque doña Celia no tenía dinero para pagar un hotel. Ella regresaba de Cuba y buscaba llegar a Argentina.

El novelista arequipeño públicamente respalda a la guerrilla que encabezaba Luis de la Puente Uceda en el interior del Perú. Suscribe en 1965, desde París, el manifiesto «Toma de posición», en que se señala lo siguiente:

> Para que el campesino disfrute de la tierra que trabaja, para que el obrero lleve una vida digna, para que las clases medias no vivan bajo un complejo permanente de frustración, para que el país sea beneficiario de sus riquezas y para que el Estado sea el árbitro de su destino no queda otro camino que la lucha armada. Por ello, aprobamos la lucha armada iniciada por el MIR...[19].

Dos años después, interviene públicamente en un acto en La Mutualité, en París, con Jean-Paul Sartre y Simone de Beauvoir,

19 Al incluirlo en *Contra viento y marea (1962-1982)* (pp. 75-76), Vargas Llosa señala en un pie de página que, «aunque firmamos este texto ocho peruanos, creo recordar que su redacción fue obra de Hugo Neira, de Julio Ramón Ribeyro y mía».

entre otros, en defensa de Hugo Blanco, quien estaba acusado de asesinato y condenado a la pena de muerte en el Perú, pero al que ellos consideraban un preso político. Acaso estamos aquí ante dos de los pronunciamientos políticos más furibundos y antidemocráticos del Vargas Llosa revolucionario, que a su vez reflejan las contradicciones de un ideario que se dejaba vencer por el apasionamiento y no era congruente con el pensamiento sartreano ni con el anhelo de un socialismo en libertad del que no dudaba. Más adelante, el propio Vargas Llosa reconoció públicamente sus excesos y errores de esta etapa. Cuando reunió el pronunciamiento de 1965 y diversos textos periodísticos en *Contra viento y marea (1962-1982)* (1982), escribió a modo de introducción:

> Se trata de textos de circunstancias, sin mérito literario y a los que, en la mayoría de los casos, el tiempo ha maltratado sin piedad. ¿Por qué resucitarlos, entonces? Porque otros lo hacen, aquí y allá, de manera siempre trunca y a veces malintencionada. Si no pueden descansar en paz, en las difuntas publicaciones donde aparecieron, prefiero que reaparezcan tal como fueron escritos y en el mismo orden (Vargas Llosa, 1982, p. 9).

Un gesto no solo transparente, sino de honestidad intelectual y enmienda política.

Son años en los que Vargas Llosa apoya abiertamente lo que podríamos denominar como la primera etapa de la promesa de cambio de la Revolución cubana. También constituye un periodo en que profundiza en la lectura de intelectuales y escritores marxistas, no solo los clásicos, que había leído durante su paso por Cahuide, en un contexto más bien dogmático, sino también contemporáneos, europeos en su mayoría, que representan la vanguardia del pensamiento de izquierda de aquel momento, entre ellos Georg Lukács, Antonio Gramsci, Lucien Goldmann, Frantz Fanon, Régis Debray, Louis Althusser y el propio Ernesto «Che» Guevara (Vargas Llosa, 1982, pp. 14-15).

Con el paso del tiempo, va abriendo los ojos ante la realidad, no solo de Cuba, sino también de su entorno inmediato. En Francia, casi a escondidas, empieza a comprar *Le Figaro*, seducido por los artículos del destacado liberal Raymond Aron. También se acerca a las ideas de Albert Camus, a quien inicialmente no había valorado en su cabal dimensión. Son estos intelectuales los que le dan una perspectiva diferente a la de su pensamiento guía, expresado en las lecturas y el compromiso con Sartre. Particularmente, los artículos de Aron lo desafían intelectualmente y le suscitan cuestionamientos. Al tiempo que observa incongruencias en la conducta y las posturas de su maestro Sartre. En una entrevista hecha por la periodista Madeleine Chapsal para *Le Monde*, el existencialista francés declara comprender a los escritores africanos que optan por renunciar a la literatura «para hacer primero la revolución y crear un país donde ella fuera posible» (Vargas Llosa, 1982, p. 16). Admite incluso que, frente a un niño que muere de hambre, *La náusea*, una de sus principales obras literarias, «no sirve para nada». Estas declaraciones causan un impacto negativo en Vargas Llosa, porque implican una renuncia a la libertad creativa para abrazar el trabajo político. Ello está totalmente en contra de la esencia del pensamiento sartreano sobre el escritor comprometido. Años más tarde, escribiría lo siguiente:

> ¿Cómo podía afirmar eso quien nos había hecho creer que escribir era una forma de acción, que las palabras eran actos, que escribiendo se influía en la historia? Ahora resultaba que la literatura era un lujo que solo podían permitirse los países que habían alcanzado el socialismo (Vargas Llosa, 2018, p. 16).

También en Cuba se producen hechos que paulatinamente van revelándole aspectos hasta entonces desconocidos para él e incómodos a la vez. Por ejemplo, la existencia de las Unidades Militares de Ayuda a la Producción (UMAP), que eran campos de concentración establecidos por la dictadura cubana para «corregir» a los contrarrevolucionarios, a los que se apartaban de la línea de la revolución, a los delincuentes comunes y a los homosexuales. Esto lo ve muy mal desde el comienzo[20] y lo verá aún peor cuando el tema sea motivo, pocos años después, de una decepcionante reunión con Fidel Castro, en su quinto y último viaje a Cuba.

En 1967, Vargas Llosa recibe el premio Rómulo Gallegos por su segunda novela, *La casa verde*. En la ceremonia de entrega del galardón, en Caracas, pronuncia el famoso discurso «La literatura es fuego», que fue sobre todo un pronunciamiento público a favor del socialismo en libertad y en contra de la injusticia social que imperaba en América Latina. Pero antes de la entrega del premio ocurre un inesperado y desagradable incidente que inicia el proceso de distanciamiento con el régimen cubano. El escritor Alejo Carpentier, quien entonces era agregado cultural de la embajada de Cuba en Francia, viajó a Londres, donde vivía Mario, con la intención de hacerle llegar una propuesta de Haydée Santamaría, presidenta de la Casa de las Américas. Le leyó entonces una carta en la que le pedía donar el monto del premio a la causa revolucionaria. Decía que el Rómulo Gallegos le daba

---

20 Vargas Llosa envió una carta privada a Fidel Castro, en la cual le expresó su total desacuerdo y preocupación por las UMAP. Un hecho motivó esta misiva: entre los detenidos abusivamente estaban varios integrantes de un grupo de jóvenes artistas (pintores, músicos y poetas) llamado El Puente, dirigido por el poeta Jorge Mario, grupo con el que el escritor tenía vinculación. En 2016, en la conferencia titulada «De la utopía a la libertad», que pronunció en la Universidad Diego Portales en Chile, cuando le otorgaron el doctor *honoris causa*, reseñó este hecho:

> Fue una de las tremendas injusticias que se cometieron en esa época [...]. Esos muchachos estaban muy identificados con la revolución y creían que la revolución no solo traería justicia social, la liberación del campesino, la justicia para el obrero, sino también para las minorías sexuales, de las que efectivamente muchos de los miembros de El Puente formaban parte. Pues no ocurrió así. Muchos de ellos fueron a los campos de concentración con contrarrevolucionarios (los famosos gusanos) y con delincuentes comunes. Hubo hasta suicidios entre ellos... (26 de abril de 2016).

«la gran oportunidad de hacer un gran gesto a favor de la revolución en América Latina [...], hacer un donativo al Che Guevara, que estaba en ese momento no se sabía dónde». Y añadió: «Si yo lo hacía, tendría una gran repercusión en América Latina» (Setti, 1988, p. 148). Pero inmediatamente formulaba una propuesta indecorosa que lo ofendió mucho. Tras señalar que comprendía las necesidades del escritor y que no tenía por qué perjudicarse por esta acción, le prometía que «la revolución le devolverá a usted el dinero discretamente sin que esto se sepa» (Setti, 1988, pp. 148-149). Vargas Llosa le expresó su inmediato rechazo e indignación a Carpentier:

> Alejo, mira, esta es una cosa muy ofensiva. ¡Tú imagínate lo que Haydée me propone! Que yo haga la farsa de, primero, recibir el premio. Luego, irme de Caracas a La Habana, donde vamos a montar una farsa extraordinaria donde voy a aparecer como un héroe que dona 25.000 dólares a la revolución. Y luego me vengo a Londres, y la embajada cubana, discretamente, me devuelve mis 25.000 dólares. O sea, yo un farsante, actuando realmente con una duplicidad extraordinaria [...]. Esa no es la manera de tratar a un escritor que tiene respeto por su trabajo» (Setti, 1988, pp. 148-149).

Naturalmente, Vargas Llosa no aceptó el trato. En el discurso «La literatura es fuego» hizo una sola y breve mención laudatoria hacia Cuba[21]: «Pero dentro de diez, veinte o cincuenta años habrá llegado a

---

21 Carlos Alberto Montaner, ejemplar defensor de la causa cubana para su libertad y lúcido vocero de los exiliados, trata en sus memorias (*Sin ir más lejos*, p. 336) la mención a Cuba en el discurso «La literatura es fuego». Recuerda que muchos años después del hecho tuvo la ocasión de preguntarle a su amigo Vargas Llosa:

> Por qué había escrito y leído esa indigna subordinación al totalitarismo cubano en la recepción de Rómulo Gallegos, y me dio una respuesta que me convenció, paradójicamente, de que estaba ante una persona

todos nuestros países, como ahora a Cuba, la hora de la justicia social, y América Latina entera se habrá emancipado del imperio que la saquea, de las castas que la explotan, de las fuerzas que hoy la ofenden y reprimen» (Vargas Llosa, 1982, p. 135). Luego recibió otra carta de Haydée Santamaría (esta sí impresa y no leída por un intermediario), en la que lo felicitaba por «el grito de Caracas» (Setti, 1988, p. 150). Pero no cabe duda de que el hecho lo alertó y decepcionó moralmente. «Creó un distanciamiento, un enfriamiento», le confesaría años después al periodista brasileño Ricardo A. Setti (1988). Fue como abrir el telón y ver las entrañas de la Revolución cubana, así como los métodos vedados que ponían en práctica. Para un hombre de principios como Vargas Llosa, no era algo menor que le hubieran propuesto un procedimiento absolutamente antiético, sobre todo porque en ese momento creía genuinamente en la superioridad moral del socialismo.

En lo que el discurso «La literatura es fuego» sí fue un genuino grito fue en la defensa de la libertad de pensamiento de los escritores e intelectuales y de cuán incómodos podrían convertirse para los regímenes autocráticos, así como para sus cortesanos que alimentaban el ego y poder omnímodos de los dictadores. Viéndolo de forma prospectiva, aquel contundente discurso anticipaba las fuentes de contradicción con el llamado socialismo realmente existente y, en especial, con el castrismo. José Miguel Oviedo (2007) lo califica como profético respecto de lo que cuatro años después se conocería como el caso Padilla, pero, al mismo tiempo, advierte que en ese momento sus palabras no fueron tomadas como una crítica o advertencia al régimen cubano, sino al venezolano, que por entonces no tenía buenas relaciones con Cuba (p. 107).

En la parte central de su exposición, Vargas Llosa (1982) señaló:

absolutamente íntegra y honorable: «Me juré nunca más decir algo en lo que no creía». Lo ha cumplido a rajatabla.

> Es preciso, por eso, recordar a nuestras sociedades lo que les espera. Advertirles que la literatura es fuego, que ella significa inconformismo y rebelión, que la razón de ser escritor es la protesta, la contradicción y la crítica. Explicarles que no hay término medio: que la sociedad suprime para siempre esa facultad humana que es la creación artística y elimina de una vez por todas a ese perturbador social que es el escritor, o admite la literatura en su seno y en ese caso no tiene más remedio que aceptar un perpetuo torrente de agresiones, de ironías, de sátiras, que irán de lo adjetivo a lo esencial, de lo pasajero a lo permanente, del vértice a la base de la pirámide social (p. 134).

Sin duda, más pronto que tarde el propio Vargas Llosa comprobaría que la Revolución cubana había tomado el primero de los caminos, no solo por las propuestas indecentes que buscaron instrumentalizar a los escritores y utilizarlos como herramienta de propaganda, como él mismo había experimentado poco antes de recibir el premio, sino por su condición totalitaria.

Contra los tanques

Pero la discrepancia mayor ocurrió a raíz de la repudiable invasión de la Unión Soviética a Checoslovaquia. Vargas Llosa condenó la intervención militar de la dictadura soviética. Sobre todo, porque él había estado en Checoslovaquia y apreciado el socialismo con rostro humano que venía impulsando Alexander Dubcek[22]. Por ello, consideraba que la intromisión de los soviéticos era una afectación a un

22 Dubcek gobernó Checoslovaquia de 1968 a 1969. El proceso reformista que buscó impulsar, conocido como la Primavera de Praga, fue combatido por el ala conservadora y de orientación estalinista del comunismo checo y, en 1968, desencadenó la invasión soviética. En 1989, en el contexto de una revolución pacífica que acabó con el dominio de cuarenta y cinco años del Partido Comunista de Checoslovaquia, Dubcek ocupó la presidencia del Parlamento

proceso que veía con expectativa y buenos ojos. De modo que no se podía quedar callado. Así, expresa su punto de vista en el célebre artículo «El socialismo y los tanques», publicado en el Perú en la revista *Caretas,* en setiembre de 1968. Ahí califica la intervención militar contra Checoslovaquia como «pura y simplemente una agresión de carácter imperial que constituye una deshonra para la patria de Lenin, una estupidez política de dimensiones vertiginosas y un daño irreparable para la causa del socialismo en el mundo» (Vargas Llosa, 1982, p. 160). Igualmente sale al frente de quienes consideraban que las iniciativas de Dubcek ponían en riesgo el socialismo:

> Lo que estaba amenazado en Checoslovaquia no era el «socialismo» [...]. Lo que estaba amenazado en Checoslovaquia era un socialismo de robots teledirigidos desde Moscú, la censura de prensa, el abuso policial, la falta de crítica interna y una burocracia cancerosa que había sofocado toda iniciativa individual y a cuya sombra proliferaba la inmoralidad (Vargas Llosa, 1982, p. 161).

Esta es la primera discrepancia pública y abierta respecto de la Revolución cubana. A contramano de lo que Vargas Llosa había escrito en 1962, luego de su primera visita a Cuba, sobre la singularidad del socialismo cubano y su distancia de la dictadura soviética, Castro decide apoyar públicamente (e increíblemente para el escritor) la invasión a Checoslovaquia. Por ello, le destina un espacio al dictador en la parte final de «El socialismo y los tanques»:

> ¿Qué pensar de las palabras de Fidel justificando la intervención militar? [...] ¿Cómo puede respaldar una invasión militar destinada a aplastar la independencia de un país que, al igual que Cuba, solo pretendía

federal de su país, año en que también recibió el premio Sájarov de manos del Parlamento Europeo.

> que lo dejaran organizar su sociedad de acuerdo con sus propias convicciones? Resulta lastimoso ver reaccionar a Fidel de la misma manera condicionada y refleja que los mediocres dirigentes de los partidos comunistas latinoamericanos que se precipitaron a justificar la intervención soviética [...]. A muchos amigos sinceros de la Revolución cubana las palabras de Fidel nos han parecido tan incomprensibles y tan injustas como el ruido de los tanques que entraban a Praga (Vargas Llosa, 1982, p. 163).

Esta crítica fue un abierto desafío a la figura de Fidel Castro, respecto del que se estaba iniciando el largo proceso de construcción del culto a la personalidad, rasgo distintivo de las dictaduras y del comunismo en especial, en todas sus variantes. Además, fue la primera reacción discrepante de uno de los más notables intelectuales de izquierda, quien desde sus inicios había apoyado la causa cubana.

Castro avaló impúdica e interesadamente la invasión porque su régimen dependía de la Unión Soviética, que durante todos los años en que estuvo vigente e imperó fue el gran soporte económico para que la Revolución cubana pudiera sobrevivir. En otras palabras, estaba completamente hipotecado a la Unión Soviética. Eso fue de mayor conocimiento público e irrefutable años después, pero en el debate político internacional de entonces todavía no era tan apreciada la verdadera razón por la que Fidel Castro daba un apoyo incondicional y unánime a la brutal acción soviética. No había globalización ni los medios de comunicación se habían desarrollado como hoy para informarse en su cabal magnitud de lo ocurrido. Además, se vivía en plena Guerra Fría y eso condicionaba los alineamientos. Pero lo que es un hecho es que, a partir de ese momento, de aquella toma de posición tan claramente expresada en «El socialismo y los tanques», Vargas Llosa recibe ataques de los partidarios de la Revolución cubana.

Meses antes de la publicación del artículo sobre Checoslovaquia, en mayo de 1968, Vargas Llosa hizo un viaje a la Unión Soviética. Lo invitaron a un festival en homenaje al famoso poeta Aleksandr

Pushkin. Pero, en realidad, ese viaje era para tratar el tema de la censura que le iban a aplicar a *La ciudad y los perros* de cara a la edición que se publicaría en este país. Lo sorprendente —a ojos del joven escritor— es que esta censura resultó peor que la del franquismo: «En España, que es un país fascista, me cortaron ocho palabras, mientras que los soviéticos me sacaron cuarenta páginas»[23]. También se vio el problema del pago de regalías. Le dijeron: «Bueno, le vamos a pagar, pero todo lo que usted va a ganar lo tiene que gastar acá en la Unión Soviética». Él ya sabía que el único escritor que tenía la consideración de la dictadura soviética era Pablo Neruda, quien podía disponer libremente de las regalías fuera del país, pero el régimen consideraba que todos los demás debían alinearse y cooperar con la «causa revolucionaria».

La estancia en Moscú lo impresiona por otros aspectos. El comunismo empieza a adoptar medidas de persecución contra los escritores, lo que va en contra de la manera de pensar de Vargas Llosa. El caso más notorio es el de Aleksandr Solzhenitsyn, sobre el que escribe desde Londres, en 1967, un artículo («La censura en la URSS y Aleksandr Solzhenitsyn») que también se publica en la revista uruguaya *Marcha*. Otro hecho que lo impacta son los signos de abandono social. Observa en las calles de Moscú a vagabundos y borrachos, y ve a través de ellos a una sociedad enferma, muy lejana al socialismo en el que creía. Por el contrario, tiene ante sí a una dictadura represiva y burocrática en extremo, así como perfectamente inútil para resolver los más elementales problemas sociales.

23 Conversación personal del autor con Mario Vargas Llosa para este libro. Sin embargo, después de nuestro diálogo, fue publicado el libro *Cinco días en Moscú. Mario Vargas Llosa y el socialismo soviético (1968)*, en el que los autores, Carlos Aguirre y Kristina Buynova (2024), realizan una investigación más exhaustiva sobre la censura soviética a la obra de Vargas Llosa y detectan una mutilación aún mayor.

El caso Padilla

Lo que marca definitivamente el rompimiento con la Revolución cubana es el caso del poeta cubano Heberto Padilla, excolaborador cercano del régimen, que inclusive ocupó el cargo de viceministro de Comercio Exterior, y que había expresado críticas a la política cultural de su país. Por ello, en 1971 fue encarcelado arbitraria y absurdamente bajo el argumento de ser un hombre de la CIA. Vargas Llosa conocía perfectamente a Padilla, lo había tratado y sabía que esta acusación era un embuste, un acto absolutamente condenable que debía ser rechazado con firmeza. Entonces, con los hermanos Goytisolo y un grupo de escritores, publica un pronunciamiento de protesta. Frente a ello, Fidel Castro no responde, y Padilla es obligado a simular una «autocrítica» en la que admite ser agente de la CIA y acusa a los escritores de lo mismo. Se trató de una maniobra burda, carente de credibilidad, que probó el ejercicio brutal del poder castrista, igual al bárbaro sistema soviético. Frente a ello, los autores del pronunciamiento deciden redactar una carta de protesta para publicarla en el diario francés *Le Monde*[24].

En «Carta a Fidel Castro», los firmantes le comunican al dictador cubano su vergüenza y cólera por lo ocurrido con Heberto Padilla, una supuesta autocrítica que «solo puede haberse obtenido mediante métodos que son la negación de la legalidad y la justicia revolucionarias» y lo exhortan a «evitar a Cuba el oscurantismo dogmático, la xenofobia cultural y el sistema represivo que impuso el estalinismo en los países socialistas, y del que fueron manifestaciones flagrantes

24 Vargas Llosa señala, en un pie de página a la publicación de la carta en su libro de artículos periodísticos *Contra viento y marea (1962-1982)*, que la iniciativa nació en Barcelona entre Juan y Luis Goytisolo, José María Castellet, Hans Magnus Enzensberger, Carlos Barral (quien después no firmaría la carta) y el propio Mario. Cada uno redactó por separado un borrador y, por votación, se eligió el de Vargas Llosa, el cual fue publicado con la enmienda de un adverbio por parte del poeta Jaime Gil de Biedma.

sucesos similares a los que están ocurriendo en Cuba» (Vargas Llosa, 1982, pp. 166-167).

Y aquí ocurre un incidente que inicialmente parecía menor, pero que al final resultó revelador. El periodista y escritor colombiano Plinio Apuleyo Mendoza, amigo de Gabriel García Márquez, pone el nombre de su compatriota entre los firmantes del primer pronunciamiento. Inmediatamente, la reacción de García Márquez es pedir que se retire su firma. Armas Marcelo (2002) explica que, aunque el escritor colombiano no había tomado partido por Fidel Castro en la dimensión en que lo haría en años posteriores, su abstención de firmar la carta pública tenía un sentido táctico.

> Es posible que tratara con su actitud de evitar la ruptura que el caso Padilla venía a provocar. Probablemente, avezado lince de las agencias de prensa, se quedó al margen no dando pábulo a las noticias que llegaban de Cuba y circulaban por todos los periódicos del mundo (p. 108).

En 2017, tres años después del fallecimiento de García Márquez, Vargas Llosa ofreció una interpretación de por qué el colombiano habría decidido mantenerse al margen de la protesta de los escritores por el caso Padilla y poco a poco acercarse de una manera más intensa a la dictadura cubana[25].

> Yo creo que García Márquez tenía un sentido muy práctico de la vida, que descubrió en ese momento fronterizo. Era mucho mejor para un escritor estar con Cuba que estar contra Cuba. Se libraba del baño de mugre que recibimos todos los que adoptamos una postura crítica. Si estabas con Cuba, podías hacer lo que quisieras y jamás ibas a ser

25 Fue en el cierre del curso sobre *Cien años de soledad*, organizado por la Universidad Complutense de Madrid. El entrevistador fue Carlos Granés, director del curso.

atacado por el enemigo verdaderamente peligroso para un escritor, que no es la derecha, sino siempre la izquierda. Es la izquierda la que tiene el control de la vida cultural en todas partes del mundo. Y, entonces, de alguna manera enemistarse con Cuba, criticar a Cuba, era echarse encima un enemigo muy poderoso y además exponerse a tener que estar en cada caso, en cada situación, tratando de explicarse y justificarse, demostrando que no eras un agente de la CIA, que ni siquiera eras un reaccionario o un proimperialista. Es decir, tener la vida mucho más difícil. Mi impresión es que, de alguna manera, la amistad con Cuba, la amistad con Fidel Castro a él lo vacunó en cierta forma contra todas esas molestias que podían ser muy largas, muy pesadas, como fueron las que tuvimos que enfrentar quienes a partir de entonces comenzamos a criticar muy directa y severamente a la Revolución cubana (*El País*, 6 de julio de 2017).

Y así fue. La protesta tuvo gran repercusión en toda América Latina y fue interpretada como un rompimiento[26]. El propio Castro respondió a los firmantes de la carta acusándolos alegremente «de servir al imperialismo y afirmando que no volveríamos a pisar Cuba por "tiempo indefinido e infinito" (es decir, toda la eternidad)» (Vargas Llosa, 2018, p. 17). Evidentemente, para Vargas Llosa supuso el distanciamiento mayor frente a su adhesión inicial a la Revolución cubana. Pese a ello, no produjo un cambio inmediato en su filosofía política ni en su

26 Luego de la carta pública a Fidel Castro, el entonces joven periodista peruano César Hildebrandt, quien más adelante tendría una importante presencia mediática, entrevistó a Vargas Llosa para la revista *Caretas* y una de sus primeras preguntas fue: «¿No cree usted que su actitud, que nos parece intelectualmente justa, ha mellado de alguna manera la imagen de la Revolución cubana?». Vargas Llosa respondió, entre otras cosas: «Yo no he hecho más que protestar por estos sucesos que contradicen lo que siempre he admirado en la Revolución cubana: haber mostrado que la justicia social era posible sin despreciar la dignidad de los individuos, sin dictadura policial o estética» (Vargas Llosa, 1982, p. 179).

manera de pensar. Siguió creyendo en la posibilidad de que existiera un socialismo en libertad, aunque rechazó una vez más la censura y represión que se multiplicaban cada vez más en los países socialistas alineados con la todopoderosa dictadura soviética.

Antes de la publicación del artículo «El socialismo y los tanques» y del caso Padilla, Vargas Llosa hizo un último viaje a Cuba, en el que junto con un grupo de intelectuales sostuvo una larguísima reunión con Fidel Castro. En ella este «habló varias horas sin parar durante toda la noche»[27]. Vargas Llosa dice que el dictador cubano no solo no lo convenció, sino que la reunión tuvo como efecto en él un alejamiento emocional e intelectual con el régimen cubano:

> Yo salí de La Habana muy decepcionado. Ya no sentía esa ilusión y esa solidaridad que había sentido antes con la Revolución cubana y era evidente que las instituciones culturales y políticas de Cuba ya no me veían a mí como uno de los suyos[28].

Oviedo (2007) considera el periodo que arranca con el caso Padilla como uno de «desilusión, crítica y distanciamiento ideológico», en el que «Vargas Llosa se coloca a la cabeza de quienes ya no verán a la revolución castrista como un modelo posible». El estudioso de la obra de Vargas Llosa le otorga un peso en la acentuación del proceso de ruptura con Cuba a la lectura de *Persona non grata*, el testimonio personal que el escritor chileno Jorge Edwards publica en 1973 sobre sus años como representante diplomático en la isla. Le mostró «la cara oculta del sistema cubano», añade Oviedo (p. 106).

A partir del caso Padilla también se produce un rompimiento con el círculo de escritores que formaban parte del *boom* latinoamericano. Julio Cortázar, quien a diferencia de García Márquez había firmado

---

27 «Cómo y por qué me volví liberal». Discurso inédito en Puerto Rico.

28 *Op. cit.*

el pronunciamiento inicial de protesta por la detención de Padilla, declinó de hacerlo en la carta pública, mientras que Carlos Fuentes y Octavio Paz relacionaban la autocrítica del poeta cubano con las prácticas opresivas contra los disidentes de la dictadura soviética.

La izquierda no perdona a Vargas Llosa la postura adoptada y la dictadura cubana utiliza en su contra toda la maquinaria que tenía muy bien estructurada a través de la Casa de las Américas. A partir de ese momento, e incluso hasta nuestros días, el *establishment* cultural y mediático de la izquierda cubana y sus adláteres no dejará de atacar a Vargas Llosa.

Esto lo advirtió claramente el escritor, en abril de 1971, al renunciar oficialmente al consejo de redacción de la revista de la Casa de las Américas a través de una carta dirigida a su directora, Haydée Santamaría, por el caso Padilla y el discurso de Fidel Castro contra «los escritores latinoamericanos que viven en Europa», a quienes les prohibió la entrada a Cuba y los calificó de canallas. Le dijo: «Sé que esta carta me puede acarrear invectivas: no serán peores que las que he merecido de la reacción por defender a Cuba» (Vargas Llosa, 1982, pp. 164-165).

Hay un sector importante de izquierdistas que ve en la toma de distancia de Vargas Llosa del régimen cubano una determinación acomodaticia, pero es exactamente lo contrario. Lo hace debido a una posición principista, que va en contra de lo que en ese momento era la corriente predominante entre los escritores. Y es esa la razón por la que claramente García Márquez, desde una postura opuesta, no rompe con la Revolución cubana, porque la pertenencia a ese *establishment* lo beneficiaba. Para Vargas Llosa representa el punto final de un proceso de evolución que lo lleva a la conclusión de que no podía seguir apoyando al régimen cubano. Por ello, años después, en un discurso en el que rememora su paso por la izquierda, señala:

> Esta ruptura me valió una andanada de ataques furibundos y campañas de desprestigio terribles, pero yo sentí, en cierta forma, una liberación:

había recuperado mi libertad, es decir, la libertad de decir exactamente lo que pienso y de no hacer concesiones en las cosas importantes ni aceptar el chantaje de que ejercer la libre expresión es una forma de dar armas al enemigo (Vargas Llosa, 1982, pp. 164-165).

Tiempo después, su meticuloso biógrafo Armas Marcelo me dijo, recordando los años de adhesión a la Revolución cubana: «Fidel Castro nos engañó a todos». Pero yo diría que engañó a casi todos o a los que se dejaron engañar por conveniencia. El caso de Vargas Llosa es ilustrativo. A diferencia del nobel colombiano, no actuó por conveniencia política, sino como consecuencia de una paulatina y constante decepción. A él la Revolución cubana lo había entusiasmado como un proceso político de cambio, dentro de lo que creía que era el socialismo en libertad o un modelo político para lograr la justicia social en América Latina y en el Perú. En este sentido, el escandaloso caso Padilla «vino a consumar todo un proceso de desencanto» (Setti, 1988, p. 142). Pero le tomó años; poco a poco fue recuperando su independencia y acercándose a los valores y principios democráticos. Hasta que llegó el momento en que se convirtió en un activo participante de los eventos organizados por los exiliados cubanos, que procuraban el fin de la longeva y criminal dictadura que padecía su país. Por ello, como también señala Oviedo (2007), «su desengaño fue proporcional a su fe revolucionaria» (p. 106). Un testimonio de ello lo da en sus memorias Carlos Alberto Montaner (2019), valiente escritor y agudo observador de la política latinoamericana, cuando recuerda que, en los años en que Vargas Llosa presidía la asociación mundial de escritores, el PEN Club Internacional, le escribió una carta pidiéndole el respaldo de la institución a favor de intelectuales cubanos presos en la isla. «Inmediatamente respondió volcando todo el peso de la institución en esa dirección», cuenta Montaner (p. 336). Lamentablemente, esta y otras acciones de Vargas Llosa en apoyo del exilio cubano, para lograr la liberación del yugo dictatorial del comunismo, no han dado frutos hasta hoy. Sin duda, el principal perjudicado es el propio pueblo cubano, que vive en una situación de extrema necesidad, casi de hambruna, pagando caro, con la vida o la libertad, cualquier atisbo de independencia política.

También en sus memorias, un Montaner consciente de la enfermedad terminal que padecía, lamentó este hecho. Cabe citarlo en este punto, porque en este sentido su firme y decidida lucha fue también la de Vargas Llosa:

> ¿Algún lamento especial antes de partir? Sí, no haber visto una Cuba libre y encaminada hacia la prosperidad. Me habría gustado cerrar los ojos por última vez en la isla en que nací. Para lograrlo «hice lo que pude», leyenda que el filósofo Julián Marías sugirió que le pusieran en su tumba. Me gustaría reproducir ese epitafio en la mía. «Hice lo que pude». Sin duda, no fue suficiente (p. 396).

Defensa de la libertad

Si bien en el curso de aproximadamente diez años, Vargas Llosa pasó del apoyo a la oposición a la dictadura cubana, y durante todo ese proceso, y aun después, no puso en cuestión sus convicciones socialistas, lo que siempre tuvo en claro y reiteró en diversas instancias con absoluta firmeza es la defensa de la libertad de expresión e incluso de la necesidad de preservar la pluralidad política, aun en sociedades donde hubiera gobiernos socialistas.

Un año antes del discurso «La literatura es fuego», en 1966, a propósito del enjuiciamiento y condena en la Unión Soviética a los escritores Andrei Siniavski y Yuli Daniel, acusados de publicar textos antisoviéticos a través de editoriales extranjeras, publicó el artículo «Una insurrección permanente», en el que expresó una visión del socialismo que cada vez tenía menos correlato con la realidad de los regímenes que preconizaban esta ideología, aunque él aún sentía que podía rescatar, como excepciones, los casos italiano y francés:

> En el socialismo que nosotros ambicionamos, no solo se habrá suprimido la explotación del hombre; también se habrá suprimido los últimos obstáculos para que el escritor pueda escribir libremente lo que le dé la gana y comenzando, naturalmente, por su hostilidad al propio socialismo. Varios partidos comunistas, como el italiano y el francés, admiten el principio de que una sociedad socialista consienta en su seno prensa libre y partidos de oposición. Nosotros queremos, como escritores, que el socialismo acepte la literatura. Ella será siempre, no puede ser de otra manera, de oposición (Vargas Llosa, 1982, p. 88).

En 1967, Vargas Llosa concedió una entrevista al periodista Maynor Freyre para el semanario peruano *Unidad*, que llevó por título «Así piensa Mario Vargas Llosa: el escritor debe sentirse solidario con los desposeídos y amar la revolución por sobre todas las cosas». A raíz de ello, envió una carta al director de la publicación, Edmundo Cruz, en la que aclaró que esa frase no había sido dicha por él y que contradecía su verdadero pensamiento. Es decir, «un escritor profundamente comprometido con su vocación amará la literatura por encima de todas las cosas». Pero, sobre todo, en esta carta lamenta que el periodista no haya incluido en la entrevista una observación central:

> La de que el régimen socialista, cuando se instaure en el Perú, admita la libertad de prensa y la oposición política organizada. Pienso que el derecho a disentir y de oponerse al sistema no debe ser un privilegio de los escritores, sino un derecho común a todos los miembros de una sociedad (Vargas Llosa, 1982, pp. 138-139).

Pronunciamientos como estos, en defensa de las libertades, aún sin abdicar del socialismo, se replicaron en años posteriores al caso Padilla. En 1974 protestó por la clausura de dos semanarios por la prepotente dictadura de Velasco en el Perú, *Oiga* y *Opinión Libre*:

> Es una lástima que una revolución que se ha mostrado audaz e imaginativa en el dominio de las reformas económicas y sociales, buscando soluciones propias para nuestros problemas, sea incapaz de consentir la discrepancia y la crítica y se acerque cada vez más, en lo que respecta a los medios de comunicación, al sombrío modelo de los países socialistas (Vargas Llosa, 1982, p. 225).

Y, al año siguiente, hizo lo propio en «Carta abierta al general Juan Velasco Alvarado», protestando por el cierre de la revista *Caretas* y la deportación de su director, Enrique Zileri, quien fue un valiente opositor a todas las dictaduras que le tocó enfrentar.

El socialista que había en él se dolía de muchas injusticias e inequidades que afectaban al Perú, pero no como un hombre de partido, sino como alguien cercano a la literatura. Lamentó el golpe contra Fernando Belaunde en 1968, a quien consideraba como una opción de cambio. Había apoyado su propuesta de reforma agraria y veía en él una posibilidad de lograr la justicia social. Belaunde, en aquel contexto político, era considerado un hombre de izquierda, y algunos conservadores lo calificaban de «comunista». Sin embargo, Vargas Llosa se opuso al modo como combatió las guerrillas de 1965 y suscribió un manifiesto que las apoyaba. Ya con el sátrapa Juan Velasco Alvarado en el poder, a la cabeza de una dictadura que tomaba el nombre de las Fuerzas Armadas, vio con simpatía lo que se dio en llamar la «revolución peruana», sobre todo por su propuesta de reforma agraria. Para Vargas Llosa, la reforma agraria era un acto de justicia social.

En su compleja forma de interpretar el socialismo en libertad, apoyó algunas medidas sociales impulsadas por Velasco al tiempo que protestó radicalmente cuando este impunemente cerró revistas, deportó periodistas y, finalmente, confiscó los medios de comunicación. En este aspecto, acabó convirtiéndose en un crítico notorio de las dictaduras de Velasco y Morales Bermúdez. Y fue ahí cuando volvió a tener otra discrepancia con García Márquez, porque el escritor colombiano defendió y apoyó el asalto a los medios de comunicación en el Perú.

Vargas Llosa mantiene una misma línea en lo que toca a la defensa de la libertad de creación de los escritores, de prensa, de opinión y de expresión, que es algo que abiertamente empezará a defender cuando ocupe la presidencia del PEN Club. En ese contexto, sostendrá un debate con el escritor alemán Günter Grass que ilustra perfectamente las diferencias entre la posición de Vargas Llosa y la de la mayoría de intelectuales de izquierda europeos. El novelista peruano acusa la incongruencia de Grass, quien es un socialdemócrata que quiere para América Latina las recetas de la dictadura cubana y no las de la socialdemocracia que goza en su propio país y se aplican en la mayoría de naciones europeas. Este debate tuvo tal repercusión internacional que produjo un intercambio de puntos de vista en distintos medios, y fue en esta coyuntura que el poeta y ensayista mexicano Octavio Paz, posteriormente premio nobel de Literatura, apoyó con claridad la postura del peruano.

Para el Vargas Llosa socialista y para el liberal que vendrá después, los principios no se adaptan ni trasiegan según conveniencias políticas y personales. La democracia no es un sistema de gobierno indispensable para unos países, los del primer mundo europeo, y prescindible para otros, los del tercer mundo latinoamericano. Las dictaduras son igualmente recusables y se deben combatir en cualquier lugar del planeta, sin importar su orientación política, así como se deben exigir los mismos parámetros de separación de poderes y respeto del Estado de derecho a las democracias europeas y a los países de otros hemisferios. Igualmente, la libertad de expresión y de creación literaria es un derecho que hay que defender a cualquier costo, sin excepciones. Así lo ha demostrado Vargas Llosa en todas sus etapas, no solo cuando abrazó las ideas liberales, sino desde que era un socialista sartreano que veía con expectativa los primeros años de la Revolución cubana como si fueran la materialización de los ideales del socialismo en libertad. Y cuando fue evidente que estaban muy lejos de serlo, no le temblaron la voz ni el pulso para denunciarlo públicamente.

Desde la juventud revolucionaria de Vargas Llosa y su adhesión a la Revolución cubana han transcurrido varias décadas, mientras que la dictadura que estableció Fidel Castro lamentablemente sigue vigente. Sus facinerosos sucesores, Raúl Castro y Miguel Díaz-Canel, han mantenido el modelo político opresivo y violador de los derechos humanos. Hoy se puede afirmar, de forma objetiva y contundente, que su modelo económico mantiene en condiciones inhumanas a millones de cubanos.

El día que falleció el déspota Fidel Castro, en 2016, por una invitación de Mario Vargas Llosa, estuve con él participando en la Feria del Libro de Guadalajara en México, impulsada por Raúl Padilla. La expectativa de la prensa por conocer la opinión del premio nobel era impresionante. Cuando estuvo ante los periodistas, el novelista arequipeño fue implacable en su juicio: «Fidel Castro no será absuelto por la historia», sentenció[29].

29 La frase de Vargas Llosa alude implícitamente al título del libro de Fidel Casto (*La historia me absolverá*) y a la frase que este supuestamente pronunció, en 1953, en un juicio en su contra.

Londres, Inglaterra. Con su primera esposa Julia Urquidi, ante la tumba de Karl Marx.

Caracas, 1967. Con el presidente de Venezuela Raúl Leoni y Rómulo Gallegos.

Con el expresidente de Venezuela Rómulo Betancourt, en Caracas.

Barcelona, 1970. Con Gabriel García Márquez.

Nueva Jersey, 1993. Con el poeta cubano Heberto Padilla en Princeton.
Fotografía tomada por Rosario Muñóz-Najar de Bedoya.

CAPÍTULO 4

Ser latinoamericano

Como otros intelectuales latinoamericanos de su generación y aun de anteriores, en París Mario Vargas Llosa descubrió América Latina. La capital francesa curiosamente no solo lo acercó al ambiente cultural europeo, sino también al heterogéneo mundo latinoamericano. Ahí conoció y trabó amistad con destacados escritores de otros países que habían mudado su residencia a París o visitaban la ciudad con relativa frecuencia, como Julio Cortázar, Pablo Neruda[30], Jorge Edwards, Carlos Fuentes, Octavio Paz, entre otros. Fue entonces cuando tomó conciencia de su condición, no solo de peruano, sino de latinoamericano. Amplió su perspectiva de la enorme riqueza cultural del continente, de su herencia y diversidad racial, lingüística, geográfica, religiosa y de cómo ella era capaz de enriquecer ese rol de observador de la realidad social y política latinoamericana que no dejaría de cumplir a partir de entonces.

A Pablo Neruda lo conocía desde su infancia. Como cuenta en *El pez en el agua*, mientras su abuelo lo hacía memorizar versos de Campoamor y Rubén Darío, veía sobre el velador de su madre un

30 Cuyo nombre de nacimiento es Neftalí Ricardo Reyes Basualdo.

ejemplar de *Veinte poemas de amor y una canción desesperada* que le estaba prohibido leer. Pero la censura materna no hizo más que excitar la curiosidad infantil, de modo que leía el poemario a escondidas, sin entenderlo del todo, convencido de que había algo pecaminoso por descubrir y, por ello, misterioso e irresistible, en las metáforas nerudianas, inasibles para la mente de aquel niño. Más adelante, se convirtió en un ferviente admirador de la poesía de Neruda e, incluso, siendo adolescente memorizó algunos de sus versos (Vargas Llosa, 2005, p. 254).

Gracias al escritor chileno Jorge Edwards[31], quien trabajaba en París como secretario en la embajada de su país, pudo conocerlo personalmente, e incluso tuvo un trato cordial y franco con él[32], aunque no llegó a ser su amigo íntimo. Décadas después, Vargas Llosa lo recordaría como una persona alejada de todo tipo de privación:

> Neruda era un gozador de la vida. Era un hombre al que realmente le gustaban las cosas, los cuadros, los objetos de arte en general, los libros, las ediciones raras, la comida y la bebida, que para él era una experiencia casi mística [...]. Vivía en una especie de mundo que era casi feudal, un gran aparato donde todo concurría para su felicidad, para su gustación de la vida (Setti, 1988, pp. 21-22).

31 Edwards escribiría luego *Persona non grata*, un libro fundamental para ampliar más la difusión de las atrocidades de la dictadura castrista. Efraín Kristal (2018) califica a Edwards como el aliado más importante de Vargas Llosa durante la campaña de demolición que organizó la izquierda contra él, luego de su rompimiento con la Revolución cubana. Varias veces, yo fui testigo del aprecio que Mario le tenía a Edwards.

32 Vargas Llosa contó que, en una oportunidad, a raíz de un artículo agraviante contra él, el nobel chileno le advirtió sobre el costo de la fama: «Mira, tú estás empezando a ser famoso. Entonces, quiero que sepas lo que te espera: cuanto más famoso seas, más ataques de estos vas a recibir. Por cada elogio, vas a recibir dos o tres insultos de estos» (Setti, 1988, p. 23).

Con Neruda le ha ocurrido a Vargas Llosa lo mismo que con otros artistas: las diferencias políticas que han ido gestándose con el tiempo no han impedido que continúe valorando su obra. Pero ello tampoco ha implicado que soslaye los atavismos políticos que llegaron a invadir la poesía del premio nobel chileno, como aquella desmedida e inexplicable oda a Stalin[33] que escribió cuando ya eran conocidas e indefendibles las atrocidades de la dictadura soviética[34]. Eso lo señalaría Vargas Llosa, con firmeza y claridad, a mediados de la década de 1980, en el artículo «Entre tocayos», en el contexto de una polémica con el escritor uruguayo Mario Benedetti:

> ¿Cómo pudo ser la misma persona que revolucionó de este modo la poesía de la lengua el disciplinado militante que escribió poemas en loor de Stalin y a quien todos los crímenes del estalinismo —las purgas, los campos, los juicios fraguados, las matanzas, la esclerosis del marxismo— no produjeron la menor turbación ética, ninguno de los conflictos y dilemas en que sumieron a tantos artistas? Toda la dimensión política de la obra de Neruda se resiente del mismo esquematismo conformista de su militancia. No hubo en él duplicidad moral: su visión

33 Fue incluida en el poemario *Las uvas y el viento* (1954). Algunos de los versos lamentan la muerte del genocida: «Camarada Stalin, yo estaba junto al mar en la Isla Negra, / descansando de luchas y de viajes, / cuando la noticia de tu muerte llegó como un golpe de océano». Y otros le atribuyen inexplicables virtudes aleccionadoras: «Hay que aprender de Stalin / su intensidad serena, / su claridad concreta».

34 *El libro negro del comunismo* (1997), editado por Stéphane Courtois, que da cuenta de genocidios, ejecuciones extrajudiciales, deportaciones y muertes en campos de trabajo en los países comunistas, fija la cantidad de víctimas mortales en la Unión Soviética en 20 millones de personas, dos millones de las cuales corresponden a los años de Stalin en el poder. Aunque hay otros balances aún mayores: el politólogo estadounidense Zbigniew Brzezinski calcula la totalidad de víctimas del régimen soviético en 50 millones, y Aleksandr Solzhenitsyn, en *Archipiélago Gulag* (1973), en 88 millones.

del mundo, como político y como escritor (cuando escribía de política) era maniquea y dogmática. Gracias a Neruda, incontables latinoamericanos descubrimos la poesía; gracias a él —su influencia fue gigantesca— innumerables jóvenes llegaron a creer que la manera más digna de combatir las iniquidades del imperialismo y de la reacción era oponiéndoles la ortodoxia estalinista (Vargas Llosa, 14 de junio de 1984).

La dictadura perfecta

En París, Vargas Llosa también trabó amistad con Octavio Paz, el gran poeta y ensayista mexicano. Su relación tuvo un comienzo muy peculiar, porque inicialmente el mexicano fue trotskista, no propiamente un marxista leninista ortodoxo. Y luego también tuvo una evolución, pero lo llevó a apoyar la causa del Partido Revolucionario Institucional (PRI) en México[35]. Y, más adelante, migró hacia una posición crítica respecto de la administración estatal de ese partido, que se evidenció en el ensayo *El ogro filantrópico* (1979), el cual Vargas Llosa calificó como una «autopsia del Estado». Pero el proceso evolutivo de uno y otro fue distinto. El peruano se encaminó hacia una concepción liberal, mientras que el mexicano no creía en el libre mercado, sino que era más bien un socialdemócrata. Ambos coincidieron en alejarse de sus posturas iniciales de izquierda. Sus puntos de vista de esos años (finales de la década de 1970, comienzos de 1980) reflejaron visiones diferentes sobre el mundo latinoamericano y europeo que precedió a la caída del muro de Berlín. Era un momento en el que la palabra de personajes como ellos tenía un peso específico, gracias a la importancia de su obra, a su prestigio intelectual y a su frecuente presencia mediática. Sus opiniones y artículos movilizaban el gran debate intelectual.

35 De 1962 a 1968, Octavio Paz fue embajador de México en India y renunció a raíz de la masacre de Tlatelolco.

Con el transcurso del tiempo, la amistad y el respeto mutuo continuaron, aunque las diferencias y los matices no se disiparon. En 1990 invitaron a Vargas Llosa a participar, con un grupo de intelectuales entre los que se encontraba Octavio Paz, en un encuentro organizado por la revista mexicana *Vuelta,* que fue transmitido por la cadena Televisa bajo el título «El siglo XX: la experiencia de la libertad». Ahí fue donde el escritor peruano calificó al Gobierno mexicano del PRI, con la precisión de un neurocirujano, como una «dictadura perfecta». Dijo enfáticamente:

> México es la dictadura perfecta. La dictadura perfecta no es el comunismo, no es la Unión Soviética, no es Fidel Castro, es México. Porque es la dictadura camuflada, de tal modo que puede parecer no ser una dictadura, pero tiene de hecho, si uno escarba, todas las características de la dictadura (Sánchez, 28 de diciembre de 2020).

Sin duda, esta calificación sísmica no será borrada de la historia. En la transmisión televisiva del evento se observó la incomodidad de Paz frente a la firmeza y rotundidad de la intervención de Vargas Llosa. Luego, el mexicano pidió la palabra y afirmó que no se podía hablar de dictadura para calificar al régimen del PRI y optó por llamarlo «sistema hegemónico de dominación». En el artículo «La dictadura perfecta», escrito en mayo de 1992, Vargas Llosa (1994) reveló que, por haber calificado con esos términos al sistema político del PRI, recibió «numerosos jalones de oreja, incluido el de alguien que yo admiro y quiero mucho, como Octavio Paz» (p. 127).

Pero este hecho no produjo un distanciamiento entre ambos escritores. Es más, cuando Mario fue candidato a la Presidencia de la República[36], Paz anunció que iría al Perú para apoyar con otros inte-

36 Es importante señalar que Octavio Paz le recomendó a Vargas Llosa que no fuera candidato presidencial.

lectuales su candidatura en un encuentro por la libertad. Al final no pudo viajar a Lima, pero mandó un mensaje a través de un video que se transmitió en la conferencia.

Vargas Llosa y Paz versus Neruda y García Márquez

Si bien es cierto siguieron rutas diferentes —Paz se convirtió en socialdemócrata y Mario, en liberal—, lo destacable es que ninguno de los dos permaneció ciego ni cruzado de brazos ante la realidad oprobiosa de las dictaduras latinoamericanas, especialmente de la cubana. Eso es algo que claramente los diferenció de Neruda y García Márquez. Cabe preguntarse entonces por qué ni Neruda ni García Márquez tuvieron la capacidad intelectual y honestidad de la autocorrección frente a dictaduras criminales y las violaciones de derechos humanos que estas perpetraron y que fueron plenamente documentadas.

No solo fue que el dictador Fidel Castro engañó a todos. Hubo también una ceguera política voluntaria sobre hechos que podían apreciarse perfectamente. Mucho tuvo que ver que Neruda y García Márquez, aunque en contextos diferentes, actuaran casi como operadores políticos idolatrados por la izquierda internacional y que se beneficiaran de su pertenencia al *establishment* cultural que esta había construido con su poder político y económico. En el caso de Neruda, el beneficio era material, pues no solo los soviéticos le permitían disponer de las regalías de las ventas de sus libros fuera de su país, como a ningún otro escritor afín, sino que fue remunerado por el Estado chileno durante el catastrófico gobierno socialista de Salvador Allende.

Un caso también diferente al de Neruda y García Márquez, pero menos enfático que el de Vargas Llosa y Paz frente a la dictadura cubana, fue el de Carlos Fuentes. El autor de *La muerte de Artemio Cruz* (1962) tomó distancia de Cuba en 1966, antes de que lo hiciera el peruano, pero luego decidió nunca más pronunciarse sobre el régimen de la isla y guardó notorio silencio al respecto, incluso cuando los excesos represivos del castrismo eran inocultables o su dependencia de la esfera soviética devino en parasitaria. Acaso para no tener que enfrentarse al *establishment* cultural mexicano, optó por dejar de combatir activamente contra la dictadura cubana.

Otro caso igualmente llamativo entre los escritores del *boom*, y triste para Vargas Llosa, es el de Julio Cortázar. El nobel peruano tenía un aprecio especial por el escritor argentino y, de algún modo, siempre lamentó haberlo persuadido de acercarse a la causa cubana, cuando él tenía un marcado desinterés por la política (Setti, 1988, p. 33). A esa persuasión obedeció el viaje que Cortázar realizó a Cuba en 1963, de donde volvió entusiasmado por los supuestos logros de la revolución. Fue, en realidad, un viaje sin retorno, desde el punto de vista ideológico. Unos veinte años después, señalaría Vargas Llosa en una entrevista:

> Después estuvimos juntos en el Comité de la Casa de las Américas [principal institución de Cuba], hicimos viajes juntos a Cuba, compartimos incluso muchas dudas, muchas reservas [sobre Cuba] en un momento dado, y luego se produjo un distanciamiento político con Julio porque optamos por posiciones muy distintas, muy discrepantes (Setti, 1988, p. 33).

Cuando se produjo el caso Padilla, en 1971, aceptó suscribir el primer comunicado que elaboró Vargas Llosa con los hermanos Goytisolo, entre otros escritores, pero, para el segundo pronunciamiento, la «Carta abierta a Fidel Castro», que tenía un tono mucho más enfático, Cortázar[37] se echó para atrás y decidió no suscribirlo. Y a fin de evitar acusaciones de indefinición desde el frente cubano, escribió un

37 Ayen (2019) cita la opinión de María Pilar Donoso, esposa del escritor chileno José Donoso, sobre Cortázar:

> Lo define políticamente como «un caballo con anteojeras», pero anteojeras que se ponía él mismo con conocimiento de causa: [...] En Polonia, una vez su traductora, que volvía de Praga, donde había presenciado la entrada de

manifiesto personal titulado «Policrítica en la hora de los chacales», en el que se decantó por un apoyo explícito a la Revolución cubana.

Sin embargo, la amistad entre el peruano y el argentino se mantuvo, aunque no el contacto personal que tuvieron durante la década de 1960. En todo caso, las discrepancias no empañaron la buena imagen que Mario tuvo de él:

> Julio fue siempre una persona muy... creo que ingenua, no solo equivocada, sino ingenua muchas veces en sus tomas de posición política, pero al mismo tiempo fue siempre de una gran autenticidad. En su caso, no hubo nunca oportunismo, no hubo utilización de esas posiciones políticas para provecho personal (Setti, 1988, p. 33).

En ese momento, era inocultable el fracaso del modelo económico cubano. Su fragilidad financiera era tan grave que a Fidel Castro no le quedó más remedio que entregarse a la dictadura soviética para poder sobrevivir. A partir de este vergonzoso momento, la consigna de los defensores del tirano cubano fue echarle la culpa al embargo económico dispuesto por Estados Unidos y presentarlo engañosamente como si fuera un bloqueo. Este escape de la propia responsabilidad, atribuyendo sus culpas a otros, define la característica primordial de lo que Álvaro Vargas Llosa, Plinio Apuleyo Mendoza y Carlos Alberto Montaner han llamado «el perfecto idiota latinoamericano».

La condena a la criminal dictadura de Fidel Castro no solo era un acto de honestidad intelectual, también una obligación política en defensa de los derechos humanos, sobre todo para aquellos que se proclamaban escritores comprometidos, enemigos de la opresión y defensores de la causa del pueblo.

---

los tanques rusos, se lo comentó dolida. Él se negó a escucharla porque, le dijo, necesitaba mantener su fe revolucionaria pura «para poder vivir» (p. 228).

El inmortal

En la etapa parisina, Mario concibe su novela *Historia de Mayta*, luego de leer en la prensa francesa una noticia proveniente del Perú, ocurrida en Jauja, pero recién la publicaría en 1984. Es también cuando empieza el fin del matrimonio con Julia Urquidi. Curiosamente, fue en esta misma ciudad, pero durante su primer viaje, cuando Mario puso en cuestión aquella relación:

> Por primera vez comencé, muy en secreto, a preguntarme si no había sido una precipitación el haberme casado. No porque nos lleváramos mal [...] sino porque aquella pasión del principio se había apagado y la había reemplazado una rutina doméstica y una obligación que, a ratos, yo empezaba a sentir como esclavitud (1993, p. 465).

Esas reflexiones también fueron motivadas («de rebote», señala Vargas Llosa) por el *flirt* (para utilizar el mismo calificativo que el escritor le atribuye en sus memorias) que sostuvo con Geneviève, una joven francesa que hizo las veces de guía durante el mes que pasó en París.

Más adelante, por esas cosas tan llamativas y ruidosas que tiene la vida personal de Vargas Llosa, termina enamorándose perdidamente de su prima hermana Patricia, la hija de su querido tío Lucho. En 1965, al año siguiente de la solicitud de divorcio, deja París y viene a Lima a casarse por segunda vez. Y se casa no solo civilmente, sino también ante la Iglesia, porque la familia Llosa era católica practicante[38]. Toda esta experiencia vital, sentimental y matrimonial con

38 Recuerdo que, durante su campaña presidencial, cuando lo acusaban de ateo, de agnóstico, de enemigo de la Iglesia, tuve la ocasión de conversar con Harold Griffiths, que fue el sacerdote que los casó. En ese momento, él era vicerrector de la Universidad de Lima y lo veía con frecuencia, porque yo enseñaba ahí. El padre Harold me dijo: «Pedro, no se preocupen, la Iglesia no tiene ningún problema con Vargas Llosa, porque para nosotros está casado católicamente. Desde el punto de vista del derecho canónico es inobjetable.

Julia Urquidi termina siendo el material para *La tía Julia y el escribidor* (1977), otra de sus grandes novelas y la que acaso sea su obra más traducida y vendida en Estados Unidos[39].

Casi de inmediato, Mario y Patricia se establecen en París. Él continúa sus actividades y quehaceres literarios, y, debido al aumento de su fama, empieza a viajar, dar conferencias y participar en foros. Es decir, poco a poco inicia el camino para convertirse en lo que él más tarde definiría como ser «ciudadano del mundo». En numerosas entrevistas empiezan a preguntarle sobre su candidatura al Premio Nobel de Literatura. Una interrogante que será reiterativa durante largos años. En ese contexto, la reconsideración acerca de Camus es gravitante en su transformación ideológica y política. En su ensayo «Albert Camus y la moral de los límites», Vargas Llosa se arrepiente de sus críticas al escritor francés y de su apoyo a las dictaduras comunistas, aunque continúa considerándose socialista.

Y es precisamente cuando Patricia sale embarazada y está punto de dar a luz, que Mario recibe una invitación para ir a Buenos Aires. Como ella no se podía quedar sola en París, viaja a Lima, que es donde nace Álvaro. De modo que Álvaro pudo ser parisino, pero nació en el Perú, y más adelante Gonzalo, su segundo hijo, pudo ser londinense, pero, debido a otro viaje de Mario, también nació en el Perú. Ello no sucedió con Morgana, quien nació en Barcelona.

Con Vargas Llosa han ocurrido cosas excepcionales en Francia, en una vida que bien podemos calificar de novelesca. Ha recibido el doctorado *honoris causa* de la Universidad Sorbona y de otras importantes

Acá no hay nada malo». Esta postura me la señaló también, por la misma época, el entonces arzobispo de Arequipa, el jesuita Fernando Vargas Ruiz de Somocurcio.

39 Más adelante, en 1983, Julia Urquidi publicaría *Lo que Varguitas no dijo*, un libro testimonial que narra, desde su punto de vista, los años de relación matrimonial con Mario Vargas Llosa.

casas de estudio de ese país, así como también la Legión de Honor, que es la máxima condecoración que concede el Estado francés. Pero, además, sucedieron dos hechos muy significativos y relevantes que representan la coronación de su relación con la cultura francesa.

El primero de ellos ocurrió en 2016, cuando la editorial Gallimard publicó una selección de sus obras como parte de su célebre colección La Pléiade, destinada solo a autores notables. Así, se convirtió en el primer escritor extranjero cuya obra fue parte de una colección que hasta entonces solo había reunido a figuras universales ya fallecidas, como el caso de Jorge Luis Borges, el otro latinoamericano que de manera póstuma precedió a Mario en dicho honor. Ese hecho, qué duda cabe, le pareció un sueño. Pude presenciar directamente su inmensa felicidad, porque estuve en París en aquella época. Recuerdo que, tras la ceremonia de presentación, me confesó: «Este es uno de los días más fantásticos de mi vida».

El segundo hecho jamás lo soñó. En noviembre de 2021 fue elegido (por dieciocho de los veintidós miembros electores) para ocupar el asiento número 18 en la Academia Francesa, la misma que fundó el cardenal Richelieu en 1635. Por primera vez en su historia, la Academia Francesa incorporó a un escritor de habla hispana; es decir, alguien que no era francés, tampoco europeo de nacimiento ni había escrito en francés. Había publicado ensayos destacados sobre literatura y cultura francesa, como *La orgía perpetua. Flaubert y «Madame Bovary»* (1975) y *La tentación de lo imposible. Victor Hugo y «Los miserables»* (2004), por citar solo dos, pero no cumplía con los requisitos, en el sentido estatutario. Pese a ello, la Academia lo incorporó al selecto grupo de intelectuales que los franceses llaman «los inmortales». También tuve la suerte de asistir a la ceremonia de incorporación y creo que el discurso que pronunció en aquella oportunidad reflejó con claridad tanto la devoción y gratitud que Vargas Llosa guarda por Francia como los gestos que este país ha tenido con él.

El balance de Vargas Llosa (2023) de sus años en París da cuenta de un periodo de búsqueda y transición en el recorrido vital e intelectual del escritor, que lejos de ser lineal, conoció de claroscuros, pero que fue indispensable para su consolidación personal y literaria.

> Mis siete años parisinos fueron los más decisivos de mi vida. Aquí me hice escritor, en efecto, aquí descubrí el amor-pasión de que hablaban tanto los surrealistas y aquí fui más feliz, o menos infeliz, que en ninguna otra parte. Aquí me impregné de esa literatura francesa del XIX cuya fulgurante variedad y riqueza —Balzac, Flaubert, Stendhal, Baudelaire, Lautréamont, Rimbaud— todavía me sigue pareciendo sin parangón, ni en su tiempo ni en los venideros. Y aquí, en París, crecí, maduré, me equivoqué y rectifiqué, y estuve siempre tropezando, levantándome y aprendiendo, ayudado por libros y autores que, en cada crisis, cambio de actitud y opinión, vinieron a echarme una mano y a guiarme hacia un puerto momentáneamente seguro en medio de las borrascas y la confusión (p. 21).

Primera etapa londinense

En 1967, Vargas Llosa recibe una oferta para enseñar literatura latinoamericana en el Queen Mary College de Londres y también en el King's College London. Y él acepta porque ve en ella la oportunidad para dedicarse a un trabajo —la docencia universitaria— que le dejaba tiempo para escribir. Y si bien a la postre no se convertirá en un académico de tiempo completo, a partir de ese momento mantendrá un vínculo con la cátedra universitaria, a la que volverá con cierta regularidad en varios momentos de su vida y en prestigiosas casas de estudio alrededor del mundo. La vocación pedagógica, que descubrió en aquella estada en Londres, siempre estará presente en la vida del escritor, una faceta que no suele destacarse suficientemente al momento de reseñar su actividad. Vargas Llosa será profesor visitante, entre otras universidades, en Princeton, en Georgetown, en la Universidad de Puerto Rico (donde conoce a Carlos Alberto Montaner, quien años después sería un valiente defensor de la causa cubana por la libertad) e incluso dictará cursos sobre su propia obra para estudiantes de literatura. Yo recuerdo, por ejemplo, su larga estada como docente en Harvard, institución que más adelante le concederá el doctorado *honoris causa*, al lado del destacado economista estadounidense Alan Greenspan. Dicho sea de paso, también tuve la oportunidad de asistir a la ceremonia en que le confirieron esta distinción.

Se trata, pues, de un rol no menos importante que otros que también han acompañado su actividad literaria. Sobre todo, porque, siendo un escritor mundialmente reconocido, una personalidad de la intelectualidad y la cultura, ha continuado desarrollándose en el ambiente universitario, y más aún luego de haber tomado distancia de las posiciones de izquierda que abrazó en sus primeros años. Aunque la intelectualidad universitaria está más cercana a la izquierda que al liberalismo, Vargas Llosa, en una muestra más de su talante democrático y su sólida formación académica, siempre ha tenido una civilizada y fructífera relación con las universidades. De lo que deja constancia, entre otros textos, *Conversación en Princeton con Rubén Gallo* (2017), que recoge las clases que dictó en esta universidad sobre literatura y política durante un semestre de 2015.

Como lo cuenta el propio Vargas Llosa, Londres le proporcionó un entorno muy diferente al de París, menos político y más cercano a las profundas transformaciones que experimentaba la cultura popular a finales de la década de 1960.

> Allá se hablaba de marxismo y revolución, de defender a Cuba contra las amenazas del imperialismo, de acabar con la cultura burguesa y reemplazarla por otra, universal, en la que toda la sociedad se sintiera representada. En Gran Bretaña, los jóvenes se desinteresaban de las ideas y de la política, y la música pasaba a liderar la vida cultural, eran los años de los Beatles y los Rolling Stones, de la marihuana y el atuendo extravagante y llamativo, de los cabellos hasta los hombros, y una nueva palabra, los *hippies*, se había incorporado al vocabulario universal (Vargas Llosa, 16 de marzo de 2019).

Tal como lo había anticipado, en Londres tuvo más tiempo para escribir. Fue en esa ciudad y en esa época, cuando aún mantenía su posición socialista, que escribió el discurso «La literatura es fuego», que leyó en Caracas con ocasión de la entrega del Premio Rómulo Gallegos. También fue en la capital británica donde escribió *Conversación en La Catedral*. De alguna forma, ese trabajo de medio tiempo en la universidad le dio el espacio necesario para acometer una de sus novelas más complejas desde el punto de vista de la técnica literaria, como dicen los críticos. Y eso fue posible gracias a la tranquilidad de la que gozaba, pero también gracias a las habilidades de Patricia, su esposa, que desde ese momento se convertirá en una figura fundamental para garantizar y proteger su trabajo como escritor.

En Londres, su fama no se detuvo, sino todo lo contrario. Con la publicación de *Conversación en La Catedral* su notoriedad se multiplicó exponencialmente, lo lanzó a un ámbito mucho mayor y lo convirtió, junto con García Márquez, en uno de los escritores latinoamericanos más célebres. Fue en ese contexto que la agente literaria catalana Carmen Balcells lo buscó para llevárselo a Barcelona e integrarlo a tiempo completo a lo que ya se conocía como el fenómeno literario del *boom* latinoamericano. Balcells viajó especialmente a Londres con ese propósito.

> Y, en eso, sin anunciarse, como un ventarrón apabullante, tocó la puerta de mi casa Carmen Balcells. Me la había presentado Carlos Barral en Barcelona, explicándome que ella se ocuparía de vender al extranjero mis derechos de autor. Muy poco después la propia Carmen me contó que había renunciado a trabajar en la editorial Seix Barral porque la misión de una agente literaria era representar a los autores ante (contra) el editor y no al revés. ¿Quería yo que ella fuera mi agente? Por supuesto. Las cosas habían quedado más o menos ahí. ¿Qué venía a hacer en Londres? «A verte», me respondió. «Quiero que renuncies de inmediato a la universidad y a Inglaterra. Y que todos ustedes se vengan a vivir a Barcelona. El King's College te quita mucho tiempo.

> Te aseguro que tú podrás vivir de tus libros. Yo me encargo» (Vargas Llosa, 16 de marzo de 2019).

Aunque inicialmente tomó la propuesta como si fuera una idea descabellada, luego, con el apoyo de Patricia, terminó aceptando la oferta. Así concluyó, antes de lo previsto, su primera etapa en Londres.

La capital del *boom*

En Barcelona, Vargas Llosa profundiza la amistad con Carmen Balcells, quien será una figura central para el crecimiento editorial y la difusión de su obra a nivel internacional. Barcelona va a representar la ciudad donde gozará de tranquilidad económica, así como de una libertad absoluta para cumplir con esa espartana disciplina militar que cultivó desde el Leoncio Prado y el meticuloso rigor académico que le inculcó Raúl Porras. Con ese equipaje escribirá todos los días de ocho de la mañana a dos de la tarde, hábito que ha practicado desde entonces hasta que en 2023 decidió retirarse de la creación literaria y el periodismo. En Londres había tenido la fantástica experiencia de escribir en los espacios silenciosos y respetuosos de la Biblioteca Británica, así como de integrarse al ambiente universitario, pero aquí se intensificará con la dedicación absoluta a la producción literaria.

Al mismo tiempo, estrechará su relación con otros miembros del *boom*, aunque no todos residían permanentemente en Barcelona. Como cuenta Armas Marcelo, solo en una ocasión, en agosto de 1970, Vargas Llosa, García Márquez, Cortázar y Fuentes estuvieron juntos al mismo tiempo, en compañía de algunos de sus familiares, en Aviñón, con ocasión del estreno de la obra *El tuerto es rey,* de Carlos Fuentes, en el festival de teatro de dicha ciudad. Por lo general, los escritores viajaban a otras ciudades y países debido a sus compromisos académicos. Pero con el que establece una relación de franca amistad es con Gabriel García Márquez. Ambos vivían de manera permanente en Barcelona y la cercanía terminó convirtiéndolos en amigos íntimos. En honor al escritor colombiano, el segundo hijo de Mario se llama Gonzalo Gabriel[40].

Vargas Llosa reside en Barcelona en una etapa en que empieza la llamada «dictablanda» del régimen franquista. En ese contexto histórico, Barcelona era la ciudad cosmopolita de España y se había convertido en la capital del *boom*[41]. Se accedía con mayor facilidad a la prensa francesa y a la cultura en general. Y, entonces, como él lo ha confesado en más de una oportunidad, vivió años de gran felicidad ahí. Y, como también dice Armas Marcelo, su poder y su fama se incrementaron mucho más. No solo a raíz de su consagración máxima y los elogios a *Conversación en La Catedral*, sino porque ya fue visto como un escritor plenamente consolidado. A partir de entonces, su producción no se va a detener. A veces, con los logros la gente se duerme sobre sus laureles, pero en Vargas Llosa sucede lo contrario: la pasión por la literatura sumada a su férrea disciplina dará lugar a una obra que permanentemente ratificará aquellos bien merecidos laureles.

También Vargas Llosa vive entonces en la capital catalana una situación totalmente diferente a la que caracteriza a la Barcelona de

40 Luego, en México, en 1976, ocurrió el quiebre definitivo con Gabriel García Márquez. Sobre este punto, en reiteradas ocasiones Vargas Llosa ha señalado que la tarea de descifrar las razones de este rompimiento la deben realizar sus biógrafos. Lo que sí se sabe es que no se trató de un motivo político y, no siendo tal, su dilucidación escapa a mi tarea en lo que toca a este libro. Le dije a Vargas Llosa que eso iba a consignar en este trabajo. Él me respondió lacónicamente: «Me parece muy bien».

41 Ayén (2019) señala:

> Barcelona dejaba de ser una urbe sometida a la pacata moral franquista para convertirse en un referente de aire fresco y de vitalidad para los escritores en español del planeta. Un foco capaz de proyectarse hacia América Latina, que invertía la dirección de las corrientes del prestigio cultural. Sus calles parecían un Monopoly del canon latinoamericano. Un tablero en que se cruzaban los residentes Gabriel García Márquez, Mario Vargas Llosa, José Donoso, Jorge Edwards... (p. 56).

hoy, nacionalista e independentista. Por ello, en más de una oportunidad, cuando tiene encuentros con la prensa, compara a una y otra Barcelona, y señala esta involución que ha experimentado la ciudad. A raíz del incremento de la crisis política en Cataluña, como consecuencia del avance demagógico del nacionalismo y el independentismo, en 2017, Vargas Llosa, quien se había prometido nunca más hablar en una plaza pública luego de la campaña electoral peruana de 1990, tomaría la decisión de adherirse, con un grupo importante de líderes políticos e intelectuales españoles, a una manifestación pública a favor de la unidad de España, convocada por la Societat Civil Catalana. «Gracias, Barcelona, por no atender la llamada de la tribu», diría al momento de cerrar su intervención.

Hala, Madrid

Luego de vivir varios años en Barcelona, se muda a Madrid, aunque regularmente viaja al Perú entre enero y marzo. En esta etapa madrileña no solo va a ser el escritor consagrado, sino un activo partícipe de la vida cultural y política española. Dan cuenta de ello sus reconocimientos a través de doctorados *honoris causa* y su incorporación a la Real Academia Española. También la adopción de la nacionalidad española, que —como relata en *El pez en el agua*— se debió a que el general peruano Hermoza Ríos[42], soporte castrense de la dictadura de Fujimori, declaró que él había nacido por un accidente geográfico en el Perú, lo que significó una agresión, una limitación y una amenaza mayor al ejercicio de la libertad individual; sobre todo para viajar al país, pues renovar el pasaporte y cumplir con trámites de ese tipo se convertiría en una pesadilla.

42 Cuando fui viceministro de Justicia, colaboré con la repatriación de los 21 millones de dólares que Hermoza Ríos había robado y depositado en Suiza. Fue la fiscal helvética Cornelia Cova quien descubrió el acto delictivo.

Más adelante, obtiene el Premio Príncipe de Asturias y luego gana el famoso Premio Cervantes, el máximo galardón literario para Hispanoamérica. Inclusive, José María Aznar, cuando llegó a la presidencia del Gobierno español, le ofreció la dirección del Instituto Cervantes, a la que él declinó porque su tarea era —así le respondió— la creativa y literaria. Igualmente, en 2011, al año siguiente de haber obtenido el Nobel de Literatura, el rey Juan Carlos I le concedió un marquesado[43], título nobiliario que representó un reconocimiento de la Corona española a la vida y obra del escritor.

También va a convertirse en un juicioso observador y participante del debate político español. Además, con conocimiento de causa, porque él vivió en la etapa del franquismo duro, en la fase blanda y en todo el difícil proceso de transición a la democracia y su consolidación. Vargas Llosa ha podido elaborar diferentes apreciaciones políticas sobre numerosos países, pero acerca de España su análisis lo ha hecho como testigo de excepción.

Con ocasión de la presentación de su novela *Tiempos recios*, en 2019, ante la pregunta de una periodista de la Cadena SER, hizo un certero balance de lo atestiguado a través de los años en torno a la política española:

> España salió de la dictadura hace ya muchos años. Yo conocí la España de la dictadura. Yo llegué aquí como estudiante, el año 58, y España era un país subdesarrollado. Era un país que se parecía muchísimo a América Latina. Tenía una dictadura feroz. Vivía completamente aislado. Nosotros en la Universidad de San Marcos, allá lejos, en Lima, teníamos más información sobre lo que ocurría en el mundo que aquí en la Complutense. Había una especie de aislamiento terrible. Esa España

43 Los adversarios de Vargas Llosa en el Perú intentaron caricaturizar este acto excepcional del rey de España presentándolo como una frivolidad, cuando, en realidad, era otro reconocimiento obtenido por el más célebre de nuestros escritores.

> se ha transformado extraordinariamente, gracias a la transición, maravillosa transición, que admiró al mundo entero. Cómo se pusieron de acuerdo los españoles de unos extremos a otros extremos y optaron por la democracia, por integrarse a Europa, por abrir las fronteras. El progreso que eso trajo a España ha sido absolutamente extraordinario. Entonces, hoy en día, España es un país moderno, una democracia moderna, con los problemas que tienen las democracias modernas, pero ha dejado atrás la tribu, la caverna. Ojalá América Latina hubiera avanzado tanto como ha avanzado España desde la transición (Casa de América, 9 de octubre de 2019).

Cuando estuve en Madrid estudiando mi doctorado, ocurrió un hecho curioso que muestra la dimensión de la figura de Vargas Llosa, así como su interés en la cotidianidad política española. Mi gran amigo el economista liberal Lorenzo Bernaldo de Quirós me llamó para decirme que Mariano Rajoy quería tener una reunión con el escritor, porque solo lo había tratado protocolarmente. Se lo comenté al nobel y él, de muy buena gana, aceptó la invitación a cenar en el departamento de Lorenzo. Pasamos una velada estupenda con Rajoy, que en ese momento era el candidato del Partido Popular al Gobierno[44].

La participación de Vargas Llosa en la política española se evidenció igualmente en el apoyo que le brindó al partido de la exsocialista Rosa Diez y del lúcido filósofo Fernando Savater, Unión Progreso y Democracia (UPyD). Por otro lado, siempre ponderó públicamente la figura de Felipe González como un socialista moderno en materia económica, a diferencia de los latinoamericanos, con la excepción de los chilenos, especialmente de Ricardo Lagos. A lo largo del tiempo, tuvo cercanía y respaldó la gestión de Esperanza Aguirre,

44 Muchos años después fue muy grato para mí recibir a Mariano Rajoy como presidente del Gobierno de España, en mi condición de encargado de la Presidencia del Consejo de Ministros.

eficaz dirigente del Partido Popular y presidenta de la Comunidad de Madrid. Tiempo después, también apoyó a Isabel Díaz Ayuso, quien se desempeñó en el mismo cargo. A nivel del Congreso, en diferentes ocasiones ha destacado la actuación de Alejo Vidal-Quadras, Cayetana Álvarez de Toledo, entre otros.

Pero con quien a lo largo de los años ha tenido una fructífera vinculación ha sido con José María Aznar, expresidente del Gobierno español y quien ha participado en numerosas ocasiones en eventos organizados por la Fundación Internacional para la Libertad, institución fundada por el premio nobel para defender la cultura de la libertad, especialmente en Hispanoamérica.

A raíz de su larga y rica vinculación con España, Vargas Llosa cultivó una cálida y respetuosa relación con el rey Juan Carlos I. Su abdicación al trono, por las razones que son de dominio público, no debe hacer olvidar el decisivo papel que cumplió en beneficio de la democracia española, según el novelista arequipeño. Por ello, tuvo un audaz y agradecido gesto político con el rey emérito al invitarlo a la ceremonia por su incorporación a la Academia Francesa.

En una de nuestras caminatas matutinas en el Club de Regatas Lima, le dije a Mario: «En lo político, España te ha tratado mejor que el Perú, ¿no es así?». Y no me respondió con la conocida frase «nadie es profeta en su tierra», solo sonrió.

La señora Thatcher

Tras vivir entre España y el Perú, Vargas Llosa retorna a Londres. Esta segunda estada en la capital británica será fundamental porque sucede cuando el escritor transita por el camino ideológico que lo conduce al liberalismo. Además, coincide con el gobierno de Margaret Thatcher, una figura clave en su transformación ideológica y política, pues, como residente en Londres, es testigo de excepción de los profundos cambios que encabeza ella al poner en práctica sus ideales liberales. Varios años después, en una conversación personal y a solas en

Downing Street, tuvo la oportunidad de manifestarle su admiración y el valor que le otorgaba a las reformas que emprendió.

El hecho lo relató en el artículo «Elogio de la Dama de Hierro», publicado en noviembre de 1990:

> Aproveché para decirle lo que hoy creo con más fuerza que entonces. Que lo ocurrido en Gran Bretaña en estos últimos once años es probablemente la revolución más fecunda que haya tenido lugar en la Europa de este siglo y la de efectos más contagiosos en el resto del mundo. Una revolución sin balas y sin muertos, sin discursos flamígeros ni operáticos mítines, hecha con votos y con leyes, en el más estricto respeto de las instituciones democráticas, e incapaz, por tanto, de despertar el entusiasmo y ni siquiera la comprensión de la *intelligentsia*, esa clase que fabrica las mitologías y dispensa las aureolas revolucionarias (Vargas Llosa, 1994, p. 13).

En Londres también tiene la oportunidad de conocer a Hugh Thomas, el gran historiador e intelectual británico. Thomas había recibido el encargo de Thatcher de acercar su Gobierno a la realidad latinoamericana. Y como sabía que Mario estaba viviendo en Londres, entabló una amistad muy sólida con él, de modo que recurrió al escritor para concretar algunos de estos acercamientos. Con ese propósito, Vargas Llosa hizo las coordinaciones necesarias para que Manuel Ulloa, entonces presidente del Consejo de Ministros y ministro de Economía del segundo gobierno de Belaunde, tuviera un encuentro con Thatcher, pero Ulloa nunca llegó. «Hugh Thomas me llamó desesperado y me dijo: "No ha venido el señor que tiene una cita con Thatcher, pero me ha llamado desde una *boîte* en Madrid"», me contó el propio Mario[45]. Era tal la irresponsabilidad de Ulloa que dejó plantada a la Thatcher.

45 Conversación personal del autor con Mario Vargas Llosa para este libro.

Durante la estancia londinense, Vargas Llosa apreció el capitalismo popular, la difusión de la propiedad, la privatización de las empresas públicas, los beneficios al sector privado, el crecimiento económico, el libre mercado; es decir, todo lo que lo persuadió de convertirse en liberal. Pero dicha conversión no solo se basó en experiencias fácticas, sino en un estudio de los autores capitales del liberalismo. Se acercó a la obra de Karl Popper, Friedrich von Hayek, Jean-François Revel, Isaiah Berlin, quien será otro escritor fundamental para él. Ya había leído a Adam Smith, José Ortega y Gasset y Raymond Aron, este último, especialmente importante durante su etapa parisina. Todos ellos son, precisamente, los autores a los que hace referencia en su autobiografía intelectual *La llamada de la tribu*.

La primera vez que tuvo la oportunidad de tratar a Thatcher fue en una cena en casa de Hugh Thomas, en donde también estuvieron presentes varios intelectuales británicos. Vargas Llosa refiere que quedó muy impresionado por la brillantez intelectual para el debate ideológico y político de la Thatcher. «La había visto aprobar con soberbia desenvoltura el examen al que la sometieron una decena de invitados implacables del historiador, entre los que se encontraban algunas luminarias académicas y literarias como Isaiah Berlin, Stephen Spender y el poeta Philip Larkin» (Vargas Llosa, 1994, p. 13).

La segunda oportunidad, que ya he referido, sucedió cuando era candidato presidencial. Como explica también en el «Elogio de la Dama de Hierro», se propuso visitar a varios jefes de Gobierno porque esperaba rescatar de su conocimiento y experiencia elementos de juicio importantes que «favorecerían el empeño en el que andaba», pero de todos ellos solo por Thatcher «profesaba una admiración sin reservas». En aquella ocasión, ella le advirtió con claridad sobre la complejidad de la tarea que estaba asumiendo al buscar cambiar el Perú, que en ese momento era un estado fallido, quebrado económicamente, con violencia terrorista. Le dijo que, para acometerla, necesitaría contar con un puñado de leales colaboradores, pues los que lo iban a apoyar serían muy pocos. Sin duda, lo decía por la experiencia vivida. Ese encuentro quedó graficado con una foto con la Thatcher.

La estada de Vargas Llosa en Londres representó para él una constatación de primera mano de lo que significaba vivir en un país desarrollado, donde se respetaban leyes (en el Reino Unido, como se sabe, no hay una Constitución escrita). Y eso lo marcó tanto que a veces cuando algún periodista le ha preguntado dónde le gustaría morir o que lo entierren, él ha dicho que en Londres. Esa cultura de la libertad y la democracia, que la vio reflejada día a día y que es precisamente lo que hace del Reino Unido un ejemplo de democracia en el mundo occidental, contribuyó a fortalecer aún más sus convicciones democráticas y consolidó su ingreso en las filas del liberalismo.

A Thatcher le atribuye una influencia decisiva en los cambios de finales del siglo XX que marcaron el fin de la Unión Soviética:

> ¿Hubiera sido posible, sin el ejemplo de lo ocurrido en Gran Bretaña de 1978 a 1990, esta formidable renovación de la cultura política de nuestro tiempo? Yo lo dudo. Como estoy seguro, también, de que la revitalización que la señora Thatcher dio a las tesis centrales del liberalismo clásico fue un factor decisivo para los cambios del Este [...]. En el increíble proceso que ha cambiado la historia contemporánea, el liderazgo político lo tuvo, por razones obvias, Estados Unidos. Pero el liderazgo moral y cultural no fue el de Ronald Reagan, sino el de Margaret Thatcher, del mismo modo que la gran figura de la Segunda Guerra Mundial no fue Roosevelt, sino Churchill. Porque ningún otro de los líderes occidentales vio tan lúcidamente lo que estaba en juego ni asumió con tanta claridad y resolución —temeridad, a veces— las reformas y decisiones a nivel interno e internacional necesarias para acelerar y asegurar la irreversibilidad de los cambios (Vargas Llosa, 1994, pp. 15-16).

En efecto, la gestión gubernativa de Thatcher no solo revolucionó Gran Bretaña, sino que, además, le dio un gran impulso al pensamiento liberal y al concepto económico del capitalismo popular. La difusión de la propiedad privada ejecutada durante su administración impactó favorablemente en Vargas Llosa. Tanta fue la influencia política en este aspecto que, en su campaña presidencial, acuñó como uno de sus lemas: «Perú, país de propietarios».

El escritor arequipeño también consideró relevante el exitoso gobierno de Ronald Reagan y su gran aporte para difundir la economía libre. Pero acaso la contribución más determinante en defensa de los valores democráticos fue la acción política y diplomática conjunta de Margaret Thatcher, Ronald Reagan y el papa Juan Pablo II para la caída del muro de Berlín y, en consecuencia, para la desaparición del comunismo totalitario en los países de la Europa oriental. Se trató de una gesta descomunal en materia de relaciones exteriores que merece un estudio riguroso que nos acerque a la verdad y al rol que jugaron estos líderes.

Pero lo que queda claro es el enorme valor que Vargas Llosa le otorga a la histórica primera ministra británica, como lo evidencia el texto que acompañó las flores que le envió con ocasión de su caída: «Señora: no hay palabras bastantes en el diccionario para agradecerle lo que usted ha hecho por la causa de la libertad» (Vargas Llosa, 1994, p. 18).

El joven Vargas Llosa iniciando sus labores periodísticas en París.

Con su segunda esposa Patricia Llosa Urquidi.

Con el premio nobel de literatura Octavio Paz. Observa la escena su esposa Patricia.

Con Jorge Edwards, célebre autor del libro *Persona non grata* y ganador del Premio Cervantes 2010.

Londres, Inglaterra, 1989. Con la exprimera ministra británica Margaret Tatcher, figura admirada por Mario y personaje de este libro.

Con Carmen Balcells, su agente literaria, a quien bautizó con el apelativo de «Mamá Grande».

París, 2023. Con Mario el día de su impensada y merecida incorporación a la Academia Francesa. *Archivo personal del autor.*

CAPÍTULO 5

Derechos humanos: una firme e incomprendida lucha

Mario Vargas Llosa rompió drásticamente con la Revolución cubana porque era una dictadura que, de manera persistente y con impunidad, violaba los derechos humanos, situación que colisionaba con el socialismo en libertad en el que él creía. Fue algo que otros escritores no quisieron ver o constatar por conveniencia, pero que él sí tomó la firme decisión de denunciar y poner en cuestión. En ese franco y meditado camino de transformación ideológica y política, que más adelante lo llevó a abrazar el liberalismo, Vargas Llosa se fue acercando cada vez más a una posición que desde entonces ha caracterizado su actuación pública: la defensa de los derechos humanos.

Esto más de una vez le ha valido ser objeto de reproches y agresiones, en el Perú y fuera de él, desde los dos extremos de la cuerda política, la izquierda y la derecha radicales. Por lo general, ambos frentes políticos se han mostrado incapaces de entender y aceptar la independencia de criterio del escritor, su ausencia de todo tipo de cálculo político en cuanto al respeto irrestricto de las libertades individuales, lo que abarca obviamente la defensa de los derechos humanos. Del mismo modo que Vargas Llosa se ha opuesto a las autocracias de cualquier signo político, también ha defendido los derechos humanos sin importarle si el régimen o gobernante que atentaba contra ellos había tenido mayores o menores afinidades en el pasado con su posición a favor del libre mercado o cualquier otra consideración que, frente a la vida humana, la verdad y la libertad, devienen en menores.

En el Perú, en la primera mitad de la década de 1980, Vargas Llosa tuvo una primera oportunidad, más allá de las tomas de posición expresadas en pronunciamientos y artículos previos, de probar la profundidad y certeza de esta posición, así como de mostrar su gran disposición cívica a colaborar con el fortalecimiento del sistema democrático en su país, que renacía con innumerables dificultades tras doce años de dos destructivas dictaduras militares. En un contexto de violencia por la aparición y el escalamiento del terrorismo, así como de incertidumbre por la falta de una respuesta adecuada y eficaz de parte del Estado, Vargas Llosa asumió el espinoso rol de presidir la comisión investigadora de la masacre de ocho periodistas en la comunidad ayacuchana de Uchuraccay. Un trabajo delicado e incomprendido que acabaría trayéndole más sinsabores que beneficios.

El peor de los legados

Se vivía entonces una grave situación política ante el ataque repentino y organizado del terrorismo. Tres años antes de los hechos que motivaron su participación, Fernando Belaunde había llegado a la Presidencia de la República, como líder del partido Acción Popular, tras ganar las elecciones de 1980. La votación que alcanzó le permitió tener una amplia mayoría en la Cámara de Diputados, y en el Senado la consiguió gracias a una alianza con el Partido Popular Cristiano. Inicialmente, eso le trajo una fortaleza política, porque durante su primer gobierno (1963-1968), que fue interrumpido inconstitucionalmente por el golpe de Estado del general Juan Velasco, no contó con mayoría parlamentaria propia y eso lo puso a merced de las estratagemas de una terca oposición encabezada por el APRA en alianza con el partido del dictador Odría. Además, el triunfo electoral de 1980 tuvo elementos de simbolismo: los militares habían derrocado abusivamente a Belaunde a través de un golpe de Estado y la civilidad, a través del voto, lo restituyó en el poder.

El presidente Belaunde recibió un país endeudado, en severa crisis económica, con un Estado gigantesco, elefantiásico, lleno de empresas públicas ineficientes y en una situación financiera muy delicada, cuando no deplorable[46]. Si bien todo ello configuró una grave problemática para su administración —que, por cierto, él no encaró debidamente, pues, salvo la devolución de los medios de comunicación confiscados a sus legítimos propietarios por la dictadura, no desmontó nada del aparato empresarial del Estado, creado con irresponsabilidad y demagogia por los militares golpistas—, no fue la peor herencia que recibió tras los doce años de dictadura. El peor legado fue el terrorismo. Un fenómeno que no pudo ser percibido a cabalidad en ese momento, entre otras razones, porque desde Velasco los militares habían capturado los medios de comunicación. La prensa confiscada y al servicio de la dictadura no solo nunca pudo ser veraz en su información sobre el devenir político, sino que fue incapaz de revelar lo que realmente acontecía en el país, tanto durante el septenio de Velasco como en los cinco años de Morales Bermúdez, quien en 1975 destituyó a Velasco con otro golpe de Estado, después de haber colaborado cercanamente con él y avalado todas las tropelías del tirano norteño.

La aparición de Sendero Luminoso y, posteriormente, del Movimiento Revolucionario Túpac Amaru (MRTA) no fue un hecho

46 Las consecuencias económicas de la dictadura militar en el periodo de Velasco fueron nefastas para el Perú. El déficit fiscal en su último año fue de –10.4 %. Las 175 empresas públicas acumularon pérdidas por 2500 millones de dólares. Se incrementó también la planilla del Estado en 83 %. Para financiar el mayor gasto estatal, la deuda pública pasó del 15 % al 48 % del PBI, y la inflación aumentó del 6 % al 74 %. (Informe «Consecuencias económicas de la "revolución" de Velasco», elaborado por el Instituto Peruano de Economía, basado en cifras del Banco Central de Reserva del Perú).

fortuito ni espontáneo. Respondió a procesos políticos plenamente planificados y forjados por los terroristas a lo largo de años de sigilosa labor. Su acción criminal, delictiva y demencial fue el resultado de un trabajo organizado ideológica y políticamente que, precisamente, pudo desarrollarse a escondidas, por lo menos ante la opinión pública, debido a la carencia de fiscalización y a la inexistencia de libertad de prensa. Las Fuerzas Armadas y la Policía Nacional se habían dedicado a apoyar a las dictaduras de Velasco y Morales Bermúdez como tarea preferente o única y, por lo tanto, abandonaron sus deberes y obligaciones, entre ellas las tareas de inteligencia.

En la dictadura de Velasco, la izquierda gozó de apoyo oficial e impulsó todas las reformas del régimen. Eso le dio un espacio político a las organizaciones terroristas para que desarrollaran con absoluta tranquilidad sus acciones sin ninguna vigilancia o fiscalización. Tanto así que, en la Universidad Nacional San Cristóbal de Huamanga de Ayacucho, Abimael Guzmán, en su condición de profesor, inició secretamente la organización de Sendero Luminoso, acaso el proyecto terrorista criminal más sanguinario de nuestra historia. Y esto ante la pasividad absoluta de las dictaduras de Velasco y Morales Bermúdez.

¿Pero los partidos de izquierda y las Fuerzas Armadas conocían lo que estaba ocurriendo en torno a la gestación del terrorismo? Sí, pero decidieron mirar al costado, tuvieron reparos en denunciarlo o simplemente lo subestimaron. En *Sendero. Historia de la guerra milenaria en el Perú* (1990), el periodista Gustavo Gorriti, estudioso del proceso terrorista, relata una serie de enfrentamientos que se produjeron en el contexto de la campaña electoral de 1980 entre candidatos de los partidos de izquierda y militantes de Sendero Luminoso, mientras estos últimos se preparaban para iniciar la escalada de violencia que arrancarían desde el mismo día de los comicios:

> La campaña electoral de los grupos de izquierda hubo de desarrollarse junto a otra paralela de gritos, insultos, pedradas y golpizas con los miembros de Sendero (y de grupos cercanos, como Puka Llacta) que se mantenían en

> la semilegalidad [...]. Y, sin embargo, en medio de esos incidentes, toda la organización senderista se preparaba intensamente para la guerra. Y las células de la UDP [Unidad Democrática Popular] en los pueblos y provincias de Ayacucho fueron luego barridas por la insurrección; a veces por Sendero, más frecuentemente por las fuerzas de seguridad (pp. 32-35).

Gorriti narra también una anécdota que refleja claramente la situación de mutua desconfianza que reinaba en el proceso de transferencia al gobierno democrático, lo que contribuyó a la opacidad que tuvieron sobre el fenómeno terrorista aquellos que estaban a punto de asumir el poder. El historiador Héctor López Martínez, quien sería viceministro del Interior y encargado de las gestiones en esta cartera antes del cambio de mando, supo que «entre las cosas que le tocaba heredar al nuevo gobierno no figuraban los archivos de inteligencia del Ministerio del Interior» (p. 78). Cuando preguntó por ellos, le dijeron que los habían evacuado. Esa misma noche le comunicó el asunto al electo presidente, pero la reacción de Belaunde abonó aún más en el desconocimiento de la naturaleza del fenómeno terrorista:

> Genuinamente preocupado por la posibilidad de que los militares dieran paso atrás en la transferencia democrática (temor que estos aprovecharon con habilidad entonces y en el futuro inmediato), le indicó que era mejor «no hacer olas». Y así, no se volvió a mencionar el asunto de los archivos de inteligencia hasta 1983, cuando su existencia o inexistencia no tenía ya utilidad práctica (p. 78).

Gorriti se pregunta cuánto sabían los militares sobre Sendero Luminoso y la inminencia de su insurrección terrorista, y lo hace en el contexto en que presenta una serie de notas de inteligencia (de la Marina, de la Guardia Civil, del Servicio de Inteligencia del Ejército) en las que se califica a Sendero, entre otras cosas, como una organización peligrosa y subversiva, y no se descarta una posible acción de guerrilla. La conclusión es lamentable:

> Hubo, en lo que respecta a la insurrección de Sendero, un desastre de los servicios de inteligencia, que tuvo las características clásicas de este tipo de eventos: la información básica existió y fue transmitida, pero no se le dio importancia (p. 80).

Mario Vargas Llosa (2024), en el artículo «El Perú en llamas», que escribió en 1991 a raíz, precisamente, de la publicación del libro de Gorriti, corrobora esta tesis de la subestimación y la escandalosa inoperancia de parte de quienes detentaban el poder:

> Dos peligros acechan a quien se enfrenta, como adversario o como tema de estudio, a Sendero Luminoso: la subestimación y la sobrestimación. La primera actitud es la que ha caracterizado a los gobiernos peruanos. Desde un año antes de que estallara, el levantamiento estaba anunciado y podía enterarse de lo que se venía todo el que tuviera ojos para ver y oídos para oír. Pese a ello, la dictadura militar —la del general Velasco y la del general Morales Bermúdez— bajo la cual se gestó, planeó y anunció la rebelión se mantuvo ciega y sorda y no movió un dedo para conjurarla. Y ni siquiera se dio por aludida cuando sus propios agentes policiales de Ayacucho —que, aunque parezca mentira, tenían infiltrado a Sendero en sus organismos de dirección— le hacían llegar informes precisos sobre los lugares donde los senderistas hacían prácticas militares y las acciones que premeditaban. El país que dejó la dictadura en 1980 estaba ya minado (p. 329).

Por todo ello, se puede afirmar con veracidad y evidencia que los sistemas de inteligencia durante el ejercicio del poder de los dos dictadores militares, de 1968 a 1980, fueron incapaces de sopesar la aparición y el peligroso avance del terrorismo, aunque tuvieron todos los elementos de juicio a la mano para poder hacerlo. Así, dejaron el peor y el más terrorífico de los legados a los gobiernos democráticos que los sucedieron.

La comisión Uchuraccay

Tras el restablecimiento de la democracia, la clase política en general no estaba preparada para enfrentar una guerra criminal como la que protagonizó Sendero Luminoso contra el Estado peruano. Al poco tiempo de iniciado el gobierno de Belaunde, cuando ya se había producido la quema de ánforas electorales en la localidad ayacuchana de Chuschi, el mismo día de las elecciones, empezaron las demenciales acciones terroristas de Sendero Luminoso, primero con actos impactantes de perros colgados en los postes de las ciudades y luego con atentados que empezaron a cobrar vidas. Ahí se inició una acción demencial y sanguinaria que lamentablemente Belaunde no supo enfrentar. El ministro del Interior que designó, José María de la Jara, un demócrata reconocido y opositor de la dictadura de Velasco, simplemente no observó ni tuvo conciencia cabal de la descomunal gravedad del problema. Y el avance del terrorismo inevitablemente empezó a desgastar al Gobierno con extremada rapidez y a minar la confianza de la población en el sistema democrático.

El 26 de enero de 1983 se produjo un hecho luctuoso que remeció profundamente al país y tuvo una impactante repercusión internacional: el asesinato de ocho periodistas que viajaron en comisión de servicios a la localidad de Uchuraccay, en Ayacucho. Pocos días antes, el 21 de enero, pobladores de las comunidades de Huaychao y Macabamba habían asesinado a golpes a siete senderistas y, al día siguiente, en la propia Uchuraccay, había ocurrido lo mismo con otros cinco terroristas. Ambos hechos fueron de algún modo convalidados por el general del Ejército Clemente Noel[47], quien era el jefe del primer comando político-militar de Ayacucho que se había instaurado a fines del año anterior, cuando el presidente Belaunde autorizó la intervención de

47 Godoy (2023) cita al general Clemente Noel en los siguientes términos: «Con esta acción, los hombres y mujeres están demostrando coraje y virilidad para no ser mancillados por un grupo con ideas descabelladas» (p. 101).

las Fuerzas Armadas en la lucha contra el terrorismo. En ese contexto, un grupo de periodistas decidió viajar a la zona para investigar estos hechos *in situ.* La prensa de izquierda dudaba de la veracidad de la versión oficial y creía que las Fuerzas Armadas perpetraban ejecuciones extrajudiciales. Cuando los periodistas llegaron a Uchuraccay, se encontraron con una comunidad temerosa y enardecida, al mismo tiempo, que discutía cómo contrarrestar una inminente represalia de Sendero Luminoso por la muerte de sus militantes. No llegaron siquiera a entablar ningún diálogo con los comuneros, simplemente fueron atacados y muertos con piedras, palos y hachas (Godoy, 2023, p. 101), porque creían que eran los senderistas que venían a vengar a sus muertos.

El catastrófico hecho causó tal conmoción que la sociedad en su conjunto pidió aclarar lo ocurrido. Pero se vivía entonces una falta de confianza en el Poder Judicial y el Ministerio Público, entre otras razones, porque a lo largo de la dictadura habían estado sometidos y recién empezaban a reformarse dentro del cauce democrático. Y como no había fe en las instituciones democráticas ni en la propia gestión gubernativa, un grupo de parlamentarios apristas encabezados por el senador Luis Alberto Sánchez propuso conformar una comisión investigadora independiente para aclarar los hechos. Belaunde acogió con sagacidad la sugerencia y convocó a Mario Vargas Llosa, sin duda por su prestigio internacional e independencia, para ofrecerle la presidencia de dicha comisión, que también integraron el jurista Abraham Guzmán Figueroa y el experimentado periodista Mario Castro Arenas. La misión encomendada fue indagar e informar al país desde un punto de vista neutral sobre lo ocurrido en Uchuraccay con la muerte de los ocho hombres de prensa.

El diálogo entre Mario Vargas Llosa y el presidente Belaunde, cuando este lo convocó para presidir la comisión Uchuraccay, muestra lo difícil de la situación que enfrentaba el gobernante y lo complejo del encargo recibido por el escritor. Vargas Llosa lo narró unos cuantos años después al periodista brasileño Ricardo A. Setti (1988):

> Me dijo: «Bueno, usted defiende mucho la democracia, usted dice que las instituciones deben ser defendidas. Pues lo llamo ahora para que demuestre en la práctica que una manera de ejercer la democracia es decir la verdad. ¡Diga usted lo que ha pasado! [...] Como el proceso judicial va a demorarse un año o dos años, digan ustedes al público la verdad en un mes. Si la verdad compromete a los militares, pues compromete a los militares» (pp. 167-168).

El periodista le pregunta por qué aceptó, si presumiblemente el encargo traería más contratiempos que satisfacciones. La respuesta de Vargas Llosa revela su alto sentido del deber: «Mire, no me hace usted un favor llamándome para eso. Me dijo: "No lo he llamado para hacerle un favor, lo he llamado para que usted le haga un favor al país". Por eso, era muy difícil no aceptar» (p. 168).

La única condición que Vargas Llosa le planteó a Belaunde fue libertad para designar a sus colaboradores. Por ello, convocó a un amplio grupo de prestigiosos personajes y de un nivel académico pocas veces visto en nuestra historia política para que asesoraran a los miembros de la comisión. Llamó a los antropólogos Fernando Fuenzalida, Juan Ossio y Luis Millones, al jurista Fernando de Trazegnies, al psicoanalista Max Hernández y a los lingüistas Rodolfo Cerrón-Palomino y Clodoaldo Soto. Todos de diversas áreas y tendencias que garantizaban y generaban credibilidad. El trabajo no sería el de un fiscal (acusar) ni el de un juez (administrar justicia, encontrar a los culpables), sino echar luces, buscar los hechos y darlos a conocer con absoluta transparencia y franqueza en el plazo perentorio de un mes.

Como en todas las actividades que realiza, Vargas Llosa puso su mayor esfuerzo y viajó con la comisión a Uchuraccay. Se reunieron con los comuneros, hicieron el análisis de la cultura de la comunidad, del modo en que entendían y aplicaban el derecho de defensa, de lo que en ese momento se denominaba justicia popular, entre otros elementos. Días después de presentado el informe, el 7 de marzo de

1983, concedió una entrevista al periodista Uri Ben Schmuel, de la revista *Oiga*, y describió la intensidad del trabajo realizado.

> Tengo la impresión de haber trabajado en este mes 24 horas al día, y en un sentido creo que es verdad porque pasamos muchas horas entrevistando gente, revisando documentos o cambiando ideas entre nosotros —Guzmán Figueroa, Mario Castro y yo— y luego buena parte de la noche a mí se me iba tratando de organizar mentalmente todo lo que había visto y oído. Al mismo tiempo, he vivido con una enorme angustia, no tanto a causa de los hechos que íbamos descubriendo, sino por la necesidad de jerarquizar los hechos [...]. Estoy seguro de que a la distancia todo esto va a ser una experiencia muy importante en mi vida, pero todavía no tengo distancia suficiente como para poder juzgarla (Vargas Llosa, 1990, pp. 115-116).

Tras el trabajo de campo, concluyeron que la responsabilidad de las muertes de los ocho periodistas recaía en los comuneros de Uchuraccay. Se lee en el «Informe sobre Uchuraccay», presentado por la comisión en marzo de 1983 al presidente Belaunde, lo siguiente:

> La Comisión ha llegado a la *convicción absoluta* de que los comuneros que se encontraban en ese momento en Uchuraccay —y que eran tanto miembros de esa comunidad como, posiblemente, de otras comunidades iquichanas— confundieron a los ocho forasteros que se aproximaban con un destacamento de senderistas que venía, sin duda, a escarmentarlos por el linchamiento de varios de los suyos perpetrados en esa misma comunidad en los días anteriores. Esta operación de represalia era temida y esperada en las comunidades iquichanas que habían matado senderistas y mantenía a los comuneros en un estado de ánimo sobresaltado, medroso y furibundo a la vez [...]. Ese estado de ánimo excepcional, exacerbado por una suma de circunstancias [...] es, a juicio de la Comisión, un factor que debe ser considerado como primordial para entender lo que ocurrió (Vargas Llosa, 1990, pp. 90-91).

El «Informe sobre Uchuraccay» va más allá de dilucidar lo que pasó y señalar sus causas inmediatas y mediatas. A partir del motivo del viaje de los periodistas (indagar sobre las muertes de senderistas perpetradas por algunas comunidades ayacuchanas, entre ellas la de Uchuraccay), reflexiona sobre el deber moral del sistema democrático de enfrentar el terror con las armas de la ley y no mimetizándose con la barbarie que busca combatir.

> Nadie, sin embargo, en el país, planteó antes de la muerte de los periodistas, el grave problema jurídico y moral que esos linchamientos constituyen para el sistema democrático. En efecto, ¿pueden justificarse estos asesinatos en el principio de la legítima defensa? Aceptar o alentar a las comunidades campesinas a hacerse justicia por sus manos contra los abusos y crímenes de Sendero Luminoso significaba también socavar íntimamente el ordenamiento jurídico de la república y proveer, sin quererlo, una cobertura al amparo de la cual se podían cometer toda clase de venganzas personales, desquites regionales y étnicos, además de accidentes terribles. La matanza de los periodistas ha venido a recordar dramáticamente al país que un sistema democrático no puede olvidar jamás, ni siquiera cuando lucha por su supervivencia, que su superioridad moral sobre los sistemas autoritarios y totalitarios radica en que, en su caso, como dijo Albert Camus, son los métodos los que justifican los fines (p. 106).

Sin embargo, desde un comienzo, el *establishment* de la izquierda internacional —aún no había caído el muro de Berlín y existía una presencia oficial e institucional de la izquierda en distintas partes del mundo— se dedicó a cuestionar la actuación de la comisión con escepticismo y actitud opositora. Y, sin mayores elementos de juicio, sino sobre la base de prejuicios, quería que de todas maneras la comisión acusara a las Fuerzas Armadas y de manera especial a los infantes de Marina como responsables de las ejecuciones de los periodistas, pero, como los hechos revisados y los testimonios recogidos no permitieron concluir ello, se desató una campaña implacable de demolición. En el Perú, *El Diario de Marka*, que era acaso en ese momento el principal medio de comunicación de la izquierda, fue el que desde un inicio tergiversó los hechos y el informe. Pero la oposición a la postura de Vargas Llosa y de la comisión no fue solo a nivel nacional. En Londres, el periodista Colin Harding, de *The Times,* le dedicó una crítica feroz, y esto motivó que Vargas Llosa le respondiera con el brillante artículo «El periodismo como contrabando». Harding («propagandista disfrazado de periodista, escriba que hace pasar sus opiniones por informaciones», como lo definió Vargas Llosa) afirmaba que los periodistas habían sido asesinados para que no denunciaran a los grupos paramilitares que, según él, operaban en la región de Ayacucho, responsabilizando de ese modo al Gobierno por las muertes de los hombres de prensa. Vargas Llosa lo desnudó exhibiendo el inocultable sesgo ideológico de izquierda radical que subyacía tras su postura, así como la escasa seriedad y objetividad para sustentar con datos sus temerarias afirmaciones.

> ¿Existen esos grupos paramilitares en la sierra peruana? El señor Colin Harding aseguró en la BBC que la región donde murieron los periodistas «estaba sembrada de grupos paramilitares». La Comisión Investigadora buscó afanosamente pruebas de la presencia de estos grupos en la región y no las encontró. No digo que no existan: digo que no solo los militares que interrogamos, sino también los propios civiles, los propios campesinos de la región, negaron su existencia [...]. ¿Cuáles son, pues, las fuentes en las que el señor Harding fundamenta su acusación? Primero, no quiso decírmelas. Ante mi insistencia, indicó que era *El Diario de Marka*. Tener como única fuente de información para los sucesos políticos peruanos a *El Diario de Marka* es como basarse exclusivamente en el *Morning Star* para conocer la realidad política británica [...]. Aun así, el señor Harding tiene todo el derecho del mundo de compartir las tesis marxistas leninistas de *El Diario de Marka.* Lo que es deshonesto es no decirlo y, más bien, ocultarlo, y valerse de tribunas

> como *The Times* o la BBC para difundir como hechos incontrovertibles lo que, en verdad, son presunciones e hipótesis ideológicas (Vargas Llosa, 1990, pp. 173-174).

Fue un momento en que se usaron todos los medios legales e ilícitos para atacar e intentar cercar políticamente a Vargas Llosa. Es más, en el Perú se dio el vergonzoso hecho de una citación judicial del juez ayacuchano Hermenegildo Ventura Huayhua, quien lo convocó prácticamente responsabilizándolo penalmente por el informe que había emitido la comisión. Y Vargas Llosa, respetuoso de la legalidad, acató la orden judicial, viajó a Ayacucho, estuvo presente en la diligencia y respondió todas las preguntas. Pero fue sometido a un trato vejatorio por parte de Ventura Huayhua, lo cual, de alguna manera, también evidenció el uso abusivo del poder que tenía en ese momento un sector de la izquierda para intentar destruir la reputación y el trabajo de la comisión que presidió el novelista arequipeño. El hecho fue motivo de otro artículo («Las bravatas del juez»), en el que el escritor denunció el hecho de que el juez Ventura Huayhua concedía entrevistas a periodistas extranjeros y, violando la ley, les adelantaba la sentencia que dictaría por el caso de los ocho periodistas asesinados en Uchuraccay, asegurando que sus hallazgos remecerían a la opinión pública mundial.

> Estos hallazgos no resultan novedosos para los peruanos pues son los mismos que la prensa extremista proporciona desde que ocurrió el crimen, en una campaña de tergiversación de los hechos que, por desgracia, ha llegado a tener eco en el exterior (Vargas Llosa, 1990).

Pero lo más grave fue el tratamiento que dicho magistrado dio a los miembros de la comisión y, en particular, a Vargas Llosa. Este lo relató en la entrevista con Ricardo A. Setti (1988):

> Durante 15 horas se dedicó a preguntarme si había recibido dinero del gobierno, cuánto pagaba yo por mi casa mensualmente, cuántos ingresos había hecho yo en mis cuentas bancarias después de haber sido miembro de la comisión. ¡Y eso durante dos días seguidos, mediante toda clase de vejaciones! ¡Y todo eso celebrado y exaltado por la prensa de extrema izquierda como una gran victoria! ¿Usted se da cuenta hasta qué punto servir a su país, en países como los nuestros, es tremendamente riesgoso? También entenderá por qué muchos escritores en América Latina prefieren mil veces asumir las causas de la extrema izquierda, porque por lo menos allí tienen la vida mucho más tranquila y garantizada (p. 165).

Ciertamente, la participación en la comisión Uchuraccay tuvo un altísimo costo político y personal para Vargas Llosa, pero, al mismo tiempo, representó un servicio cívico invalorable al país, aunque poco agradecido, porque la izquierda no dejaría de criticar la labor de Vargas Llosa en defensa del orden democrático y constitucional. Y a lo largo de los años nunca dejó de atacarlo por esa difícil labor. Tanto pesó esto que el propio Vargas Llosa en *El pez en el agua* menciona que, en 1987, cuando evaluaba la decisión de participar en el mitin contra la estatización de la banca impulsada por Alan García, su esposa Patricia, con la intención de persuadirlo en lo que estimaba como un ingreso a la política activa, aludió a lo vivido en torno al caso Uchuraccay:

> Si subes a ese estrado terminarás haciendo política y la literatura se irá al diablo. Y la familia se irá al diablo también. ¿Acaso no sabes lo que es hacer política en este país? [...] ¿Vas a dejar tus libros, la vida cómoda que ahora tienes, por hacer política en el Perú? ¿No sabes cómo te lo van a pagar? ¿Te has olvidado de Uchuraccay? (p. 42).

Es decir, fue algo realmente infame desde el punto de vista personal y político. Un hecho que a lo largo del tiempo la izquierda ha tenido presente siempre para intentar desnaturalizar el aporte de Vargas Llosa. Pero, en el fondo, él actuó de esta forma porque era consciente en ese momento de que la defensa de los derechos humanos en democracia era fundamental y que, por lo tanto, si había dudas respecto de lo ocurrido y no había confianza en la labor gubernativa ni judicial, esa comisión independiente cumplía un rol necesario, aunque fuera tergiversada e incomprendida.

Ha sido acaso esta la etapa más agraviante contra nuestro premio nobel. Si podemos hacer una evaluación o comparación de los ataques a Vargas Llosa de la izquierda en general, este fue un momento de una virulencia casi tan feroz como la que padeció cuando rompió con la Revolución cubana, a raíz del caso Padilla.

La matanza de los penales

Con el tiempo, Vargas Llosa no dejará de defender la vigencia de los derechos humanos dentro de nuestro débil sistema democrático. El final del gobierno de Belaunde fue crítico desde este punto de vista, porque el avance del terrorismo no se detuvo. Ya en la siguiente elección, en 1985, en la que gana Alan García, Vargas Llosa mantiene una postura vigilante respecto del joven e inexperto presidente. Esto, producto no solo de su conocimiento de la historia del APRA, sino del hecho de que el propio personaje no le generaba confianza. Y es precisamente durante el primer gobierno de Alan García que ocurre otro hecho espantoso de violación de los derechos humanos.

En junio de 1986, en momentos en que se realizaba en Lima el XVII Congreso de la Internacional Socialista, evento presidido por el reconocido líder socialdemócrata alemán Willy Brandt y en el que García aspiraba a destacar como un nuevo líder de la izquierda democrática latinoamericana, Sendero Luminoso organizó motines en tres cárceles: Santa Bárbara, en el Callao; San Pedro, en el distrito de San Juan de Lurigancho, y San Juan Bautista, en la isla El Frontón. Abimael Guzmán, el sanguinario líder máximo de la organización terrorista, buscaba con estas acciones no solo capitalizar para sí la atención que suscitaba el evento internacional en Lima, sino «inducir al genocidio al Gobierno, es decir, provocar una respuesta brutal por parte de las fuerzas del orden» (Godoy, 2023, p. 180). Y, desde ese punto de vista, logró su demencial cometido. El Gobierno tomó la decisión de encargar a la Guardia Republicana el develamiento del motín en Lurigancho, y los de Santa Bárbara y El Frontón a la Marina y la Fuerza Aérea. Tal como señala el politólogo José Alejandro Godoy (2023), «desde Palacio, existía una fuerte presión para que el develamiento de los motines fuera rápido y enérgico» (p. 181). En el primer caso, 126 reos fueron ejecutados extrajudicialmente tras haberse rendido; en El Frontón, donde se produjo enfrentamientos de mayor magnitud y más prolongados que en el penal de Lurigancho, los terroristas rendidos también fueron ejecutados.

Fue precisamente en esta terrible coyuntura que Vargas Llosa (1990) le dirigió una carta pública a García titulada «Una montaña de cadáveres», acaso el texto más contundente y enérgico que se escribió sobre la matanza de los penales inmediatamente después de que esta ocurrió.

> Digo «montaña de cadáveres» porque no sé cuántos son. Pienso que usted tampoco lo sabe y que la cifra exacta la ignoran, incluso, los oficiales que dirigieron el asalto a las cárceles, y que ella nunca se sabrá. ¿Trescientos, cuatrocientos? En todo caso, una cifra atroz que nos obliga a usted, a mí, y a todos los peruanos que queremos unas formas de vida civilizadas para nuestro país, a preguntarnos si una matanza semejante era necesaria para preservar este sistema democrático gracias al cual ocupa usted ahora el Palacio de Gobierno. Mi opinión es que no era necesaria y que hubiera podido y debido ser evitada. También, que esos cientos de cadáveres en lugar de consolidar nuestro sistema democrático lo debilitan y que, en vez de significar un golpe de muerte a la subversión y al terrorismo, tendrá el efecto de una poda de la que rebrotarán, multiplicados, el fanatismo y los crímenes de Sendero Luminoso y el Movimiento Revolucionario Túpac Amaru (p. 346).

Es en esta circunstancia que nuevamente Vargas Llosa, de manera pública, sale en defensa de los derechos humanos con una denuncia firme y rotunda respecto de un hecho absolutamente condenable y vergonzoso. Será otro punto de inflexión respecto de la defensa de los derechos humanos. Y, una vez más, tal como lo hizo en el «Informe sobre Uchuraccay», postulará que el sistema democrático, en el modo en que enfrenta la subversión, debe exhibir una pulcritud que lo distinga de la barbarie terrorista. Sobre Uchuraccay, lo señaló a propósito de los mecanismos de autodefensa de la población; en el caso de los penales, lo hizo sobre los métodos de las fuerzas del orden, es decir, del Estado. Unos y otros deben actuar bajo el imperio de la ley. Nadie está eximido de hacerlo, ni aún para enfrentar a uno de los grupos terroristas más sanguinarios que ha conocido la humanidad.

> Usted y yo sabemos, de sobra, las crueldades y las ignominias sin nombre que vienen cometiendo en nuestro país los terroristas. Pero sabemos, también, que lo que da superioridad moral y legitimidad a un gobierno representativo frente a quienes se creen autorizados a matar, dinamitar o secuestrar en nombre de un ideal, es que los métodos de aquel y de estos son esencialmente distintos (Vargas Llosa, 1990, p. 347).

Alan García, después de ocho días de la sanguinaria masacre, visitó los penales y ofreció justicia, despojándose de toda culpabilidad. Acusó de criminales a los guardias republicanos que custodiaban las cárceles. Con un falso tono melodramático y cínico aseveró: «O se van ellos o me voy yo». Nunca nadie se fue ni se investigaron las despiadadas matanzas carcelarias durante su mandato. García usó todo su poder político para obstruir la acción de la justicia[48].

48 En mi libro *El caso García* (2017), en el capítulo «O se van ellos o me voy yo», detallo el proceso de acusación constitucional contra Alan García por

Las salvajes ejecuciones extrajudiciales en las prisiones naturalmente causaron un repudio casi generalizado y polarizó al país. Luego fue también motivo de un farragoso procedimiento judicial a nivel nacional e internacional[49]. Sin duda, marcó un hito de descrédito y descomposición en el gobierno de García.

Mario Vargas Llosa no tendrá en cuenta las ventajas políticas de los gobiernos al momento de expresar una toma de posición. Él hará una crítica principista y una valerosa defensa de los derechos humanos sobre la base de sus convicciones democráticas. Y estamos hablando de 1986, cuando no tenía ninguna aspiración presidencial, ni había surgido ningún movimiento político bajo su liderazgo.

Luego, durante el primer quinquenio de García, se produciría otro caso que marcó muy cercanamente a Vargas Llosa. Fue cuando el MRTA secuestró a un amigo íntimo del escritor, el empresario Carlos Ferreyros. A diferencia de Sendero Luminoso, de tendencia maoísta, el MRTA, cercano al pensamiento político de la Revolución cubana, no solo perpetraba atentados y asesinatos selectivos, sino también realizaba secuestros con salvajes procedimientos de tortura. Entonces, Vargas Llosa tuvo una participación en pro de la liberación de Ferreyros. No dudó en llamar a Carmen Balcells, su agente literaria y persona de absoluta confianza, para que intercediera ante Gabriel García Márquez y este, a su vez, con Fidel Castro para lograr la liberación. Poco tiempo después, el MRTA liberó al acaudalado empresario.

Posteriormente, el avance del terrorismo será de una magnitud alarmante. El Gobierno de García demostró una ineptitud absoluta

---

la matanza de los penales, el cual no prosperó porque fue bloqueado por los votos de los parlamentarios de Cambio 90, el partido del entonces presidente Alberto Fujimori.

49 Muchos años después, el procurador Julio Quintanilla encontró los restos de los que fueron ejecutados extrajudicialmente cuando estaban rendidos con balazos en la nuca y enterrados clandestinamente en las cercanías de Lima.

para enfrentarlo. La sociedad se sentía cercada por el avance de las acciones terroristas. En síntesis, era la inacción de un Estado fallido.

En ese espeluznante contexto, Vargas Llosa asumió el reto de ser candidato a la Presidencia de la República. Y en su campaña electoral manifestó públicamente que el presidente debía liderar la lucha contra el terrorismo. Algo que lo distinguió claramente de lo que había ocurrido durante los gobiernos de Belaunde y García. Hoy es muy difícil aquilatar verdaderamente lo que significó esa valiente postura, o, tal vez, se pueda entender muy a la ligera, pero quienes vivimos aquella negra etapa de la historia del Perú, con atentados, asesinatos, secuestros, muertes, derribamiento de torres de alta tensión, terrorismo urbano, etcétera, sabemos que ser candidato a la presidencia en ese momento y ponerse en la primera fila de la lucha contra el terrorismo constituía un gesto de arrojo y valentía[50].

Defensa de la verdad y la memoria

Cuando en 1990 fue elegido de manera inesperada Alberto Fujimori, gracias a los votos de la izquierda y del APRA, inmediatamente Vargas Llosa reconoció su victoria con lealtad y sin rencor alguno, a pesar de

50 El informe final de la Comisión de la Verdad y la Reconciliación (www.cverdad.org.pe/ifinal), con un nivel de confianza del 95 %, estima que la cantidad total de muertos y desaparecidos por efecto del terrorismo y su combate, de 1980 a 2000, asciende a 69 280 personas. El 46 % de las víctimas habría sido provocado por la acción directa de Sendero Luminoso; el 30 %, por agentes del Estado, y el 24 %, por otros agentes o circunstancias (rondas campesinas, comités de autodefensa, MRTA, grupos paramilitares, agentes no identificados o víctimas ocurridas en enfrentamientos o situaciones de combate armado). Hasta 1982, según el «Informe sobre Uchuraccay» (Vargas Llosa, 1990, p. 102), elaborado por la comisión presidida por Vargas Llosa, había 166 víctimas (veintinueve guardias civiles, dos PIP [policías de investigación], seis guardias republicanos, un soldado, nueve autoridades civiles, setenta y un civiles y cuarenta y ocho senderistas).

la escandalosa intervención de Alan García en el proceso electoral, quien había roto la neutralidad que debió haber respetado por mandato legal. El escritor optó por retornar al mundo de la literatura. Era consciente de la mayúscula gravedad de la situación en la que Fujimori recibía el país, y se apartó del escenario político a fin de darle el aire y espacio suficientes para iniciar su gobierno.

A los parlamentarios del Movimiento Libertad nos recomendó hacer una oposición responsable y constructiva. Vargas Llosa, por su parte, mantuvo su actitud prudente hasta el 5 de abril de 1992, en que Fujimori dio un golpe de Estado. Fue a partir de ese momento que empezó a combatir radicalmente la dictadura que se estableció en el país.

Una de las críticas frecuentes, además de la naturaleza inconstitucional del régimen de Fujimori, fue la forma como este decidió enfrentar el terrorismo. Es decir, a través de la guerra sucia y sin respetar los derechos humanos. Vargas Llosa en todo momento mantuvo la postura principista de que el Gobierno debía luchar contra el terrorismo respetando la Constitución y la ley; es decir, no podía el Estado utilizar métodos ilícitos y demenciales similares a los del terrorismo.

Y es, precisamente, a lo largo de la década de 1990, en que hubo denuncias a nivel nacional e internacional de violaciones de derechos humanos en la lucha contra el terrorismo, que Vargas Llosa fue un férreo y consecuente crítico de la acción gubernativa de Fujimori. Una posición que mantuvo a lo largo del tiempo, pese a haber sido de manera minoritaria y con un alto costo para él. Pero fue consecuente con lo que dijo desde el comienzo, incluso desde que fue candidato presidencial. Se opuso firmemente al procedimiento empleado por Fujimori de usar la fuerza bruta al margen de la legalidad, con jueces sin rostro, tribunales militares y otros métodos que fueron motivo de condena internacional.

En 2007, cuando la Corte Interamericana de Derechos Humanos emitió una sentencia en contra del Estado peruano por la matanza de cuarenta y un presos senderistas en el penal Castro Castro, ocurrida en mayo de 1992, y esta motivó «una tempestad de protestas», como la calificó Vargas Llosa, el escritor fue firme una vez más en condenar el uso de la violencia por parte de las autoridades, al margen de la ley, para combatir la violencia insana y criminal del terrorismo.

> La violencia no es excusa para la violencia, y que los senderistas, sus congéneres, fueran unos homicidas despreciables —yo lo sé muy bien, pues también a mí trataron de desaparecerme— no justifica en modo alguno que fueran torturados, asesinados y las senderistas violadas (como dice la sentencia de la Corte Interamericana que ocurrió en Castro Castro en aquella ocasión) por las fuerzas del orden (Vargas Llosa, 2024, p. 459).

Al mismo tiempo, delineó con idéntica claridad la naturaleza del régimen que ejecutó actos que suscitaron la sentencia supranacional:

> El Gobierno que perpetró esa matanza no era democrático ni constitucional. Era el Gobierno autoritario de Fujimori, nacido de un autogolpe, que, apenas un mes antes de aquella matanza, clausuró el Parlamento e inauguró un periodo siniestro de crímenes y robos vertiginosos en los que centenares de millones de dólares mal habidos fueron a parar a cuentas secretas de medio mundo y en el que, con el pretexto de la lucha contra el terror, se violaron los derechos humanos de los peruanos con una ferocidad y alevosía sin precedentes en la historia del Perú (p. 459).

Tras la vergonzosa caída y fuga de Fujimori, felizmente se restableció la democracia con el acceso constitucional de Valentín Paniagua a la Presidencia de la República. Durante su presidencia, se formó la Comisión de la Verdad y Reconciliación (CVR), cuyo fin fue indagar e informar al país de lo que había ocurrido en todo el periodo en el que los distintos Gobiernos habían enfrentado al terrorismo. Y la comisión documentó una serie de casos de violación de derechos humanos que cometió la dictadura en la década de 1990 para enfrentar al terrorismo, lo que a la larga fue un elemento fundamental para las acusaciones contra Fujimori, el trámite de extradición y el largo proceso de administración de justicia contra él en el que participaron tres Cortes: la Interamericana de Derechos Humanos y las supremas de Chile y del Perú.

Vargas Llosa, congruente con su crítica permanente a la acción gubernativa de Fujimori, apoyó con fundamento el informe de la Comisión de la Verdad. Este aval generó a nivel internacional un respaldo al trabajo realizado. Algunos de sus adversarios sostuvieron malévolamente que Vargas Llosa hizo un uso político de este informe para beneficiarse personalmente, con el fin de abrirse el camino para ganar el Premio Nobel. Pero no fue así. Como en casos anteriores, el apoyo a la actuación de la Comisión de la Verdad fue producto de un convencimiento genuino.

Reelegido Alan García por segunda vez en 2006, de una manera increíble luego de su calamitoso primer gobierno, Vargas Llosa apoyó la iniciativa alemana de construir un museo o lugar de la memoria en el Perú. La canciller germana Angela Merkel le ofreció a García financiar el museo, pero el Gobierno rechazó la oferta. El entonces ministro de Defensa, Ántero Flores-Aráoz, declaró públicamente que no era una prioridad tener un museo y, de ese modo, manifestó abiertamente la oposición del régimen[51]. Ante ello, Vargas Llosa publicó en su columna quincenal «Piedra de toque» una respuesta cuyo irónico título fue «El Perú no necesita museos»:

> El autor de esta teoría —que el Perú no necesita museos mientras sea pobre y con carencias sociales— es el señor Ántero Flores-Aráoz,

51 En una entrevista con RPP, el inefable ministro señaló: «Si las personas quieren ir al museo, pero no comen, van a morir de inanición». Dijo que, si tuviera frente a frente a la entonces canciller alemana Angela Merkel, le agradecería por el ofrecimiento, pero le haría otra propuesta. «Le diría: ¿Qué te parece si empleamos esto en algo más necesario para el país?», señaló (26 de febrero de 2009).

> ministro de Defensa del Gobierno peruano. No se trata de un gorila lleno de entorchados y sesos de aserrín, sino de un abogado que, como profesional y político, ha hecho una distinguida carrera en el Partido Popular Cristiano, del que se separó hace algún tiempo para representar al Perú como embajador ante la OEA (Organización de Estados Americanos). ¿Qué puede inducir a un hombre que no es tonto a decir tonterías? (2009, p. 621).

Y, más adelante, en el mismo artículo, mostró la inconsistencia del planteamiento ministerial, que apuntaba a justificar el desaire al donativo alemán:

> El ministro ha explicado que en un país donde faltan tantas escuelas y hospitales y donde tantos peruanos pasan hambre, un museo no puede ser una prioridad. Según esta filosofía, los países solo deberían invertir recursos en defensa de su patrimonio arqueológico, monumental y artístico una vez que hubieran asegurado la prosperidad y el bienestar para toda su población. Si semejante pragmatismo hubiera prevalecido en el pasado, no existirían el Prado, el Louvre, la National Gallery ni el Hermitage, y Machu Picchu hubiera debido ser rematado en subasta pública para comprar lápices, abecedarios y zapatos (p. 624).

Vargas Llosa se convirtió a partir de ese momento en el principal defensor y propulsor de lo que más tarde se llamaría el Lugar de la Memoria, la Tolerancia y la Inclusión Social (LUM). Y es ahí cuando inesperadamente recibió una propuesta de Alan García para que presidiera la Comisión de Alto Nivel para la constitución del Lugar de la Memoria. Acaso García se lo propuso pensando que declinaría, sobre todo después de aquel artículo furibundo con el que trituró a Ántero Flores-Aráoz. Pero, contra todo pronóstico, Vargas Llosa aceptó el reto. Otra vez asumió un compromiso cívico.

A partir de ese momento se inició el proyecto, no exento de dificultades, al punto que no se inauguró durante el gobierno de García.

En setiembre de 2010, Vargas Llosa presentó su renuncia irrevocable a la presidencia de la comisión. El Gobierno de García, al amparo de una delegación de facultades legislativas concedida por el Congreso, dictó un decreto que consagraba el archivamiento de los procesos judiciales por violaciones a los derechos humanos contra militares y policías si carecían de sentencia tras treinta y seis meses de realizados los procesos. En el mismo dispositivo legal también dispuso la imprescriptibilidad de los delitos de lesa humanidad solo a partir del 9 de noviembre de 2003, fecha en que el Perú ratificó la Convención sobre la Imprescriptibilidad de los Crímenes de Guerra y de los Crímenes de Lesa Humanidad.

Vargas Llosa, en la carta de renuncia que le dirigió a García, una vez más fue concluyente en la precisión del motivo de su dimisión:

> La razón de mi renuncia es el reciente Decreto Legislativo 1097, que, a todas luces, constituye una amnistía apenas disfrazada para beneficiar a buen número de personas vinculadas a la dictadura y condenadas o procesadas por crímenes contra los derechos humanos —asesinatos, torturas y desapariciones—, entre ellos, al propio exdictador y a su brazo derecho [...]. Hay, a mi juicio, una incompatibilidad esencial entre, por una parte, auspiciar la erección de un monumento en homenaje a las víctimas de la violencia que desencadenó el terrorismo de Sendero Luminoso a partir de 1980 y, de otra, abrir mediante una triquiñuela jurídica la puerta falsa de las cárceles a quienes, en el marco de esa funesta rebelión de fanáticos, cometieron también delitos horrendos y contribuyeron a sembrar odio, sangre y sufrimiento a la sociedad peruana (Vargas Llosa, 2024, pp. 687-688).

El decreto legislativo finalmente no se promulgó[52], entre otras razones, gracias a protestas como la de Vargas Llosa, pero su renuncia se

52 En 2024, uno de los Congresos con mayor desaprobación popular de la historia volvió a la carga con una ley calcada de la de 2010 y consiguió aprobarla

mantuvo y fue sucedido en el cargo por el prestigioso pintor Fernando de Szyszlo, amigo íntimo del escritor. Quien también se vio obligado a dejar el cargo, aunque en su caso por ser uno de los promotores del desaguisado legislativo, fue el ministro de Defensa, Rafael Rey[53], quien para entonces ya había sustituido en el cargo a Flores-Aráoz.

Pero Vargas Llosa le dio el impulso inicial al proyecto del museo. Viajó a Alemania y logró concretar su financiamiento. Los liberales alemanes lo apoyaron. La acción de Harald Klein fue vital. La culminación ocurrió durante la presidencia de Ollanta Humala, pero ello no necesariamente facilitó las cosas. Humala tenía reparos, producto de su condición de militar en retiro y de las críticas que recibía por parte de sus colegas de armas. Al interior de las Fuerzas Armadas no había consenso en torno al museo. En ese momento, me desempeñaba como ministro de Defensa y propicié una reunión entre los representantes del Lugar de la Memoria y de las Fuerzas Armadas. Consideré que era una oportunidad para que cada uno dijera abiertamente lo que pensaba y expresara, y absolviera reparos y cuestionamientos.

---

en una segunda votación efectuada en la Comisión Permanente, durante el receso legislativo en que no se producen sesiones plenarias. En consecuencia, solo quince legisladores, desconociendo pronunciamientos de la Corte Interamericana de Derechos Humanos y la opinión contraria de amplios sectores de la población, determinaron que la imprescriptibilidad de los delitos de lesa humanidad solo rige a partir de la suscripción de los tratados correspondientes por parte del Perú.

53 Rafael Rey fue militante del Movimiento Libertad y ocupó la secretaría departamental de Lima. Fue elegido diputado en la lista del Fredemo. Como tal, integró la comisión que acusó de supuesto enriquecimiento ilícito a Alan García. En su segundo gobierno fue su embajador en Italia (2009) y ministro de Defensa (2009-2010). Tras el golpe del 5 de abril de 1992, se convirtió en aliado del fujimorismo y en las elecciones generales de 2011 integró la fórmula presidencial encabezada por Keiko Fujimori como candidato a la primera vicepresidencia.

Entre otras cosas, gracias a ello, se desbloqueó el proyecto, como lo cuento en detalle en mi libro *Sin anestesia* (2021, pp. 163-166).

Ad portas de la inauguración, gracias a la infatigable labor de la ministra de Cultura, Diana Álvarez Calderón, el presidente de Alemania, Joachim Gauck, anunció su visita al Perú. Entonces, teniendo en cuenta su cercanía con Vargas Llosa, ella le pidió al novelista que viniera desde Europa para recibir al mandatario germano y acompañarlo en una visita guiada por el museo. Así ocurrió, pero inesperadamente el presidente Ollanta Humala decidió no acompañar a su homólogo alemán. Recuerdo que aquella vez Vargas Llosa me dijo con cierto laconismo: «Qué lástima que el presidente no haya venido». Pero no solo era un asunto protocolar, en el fondo, fue un desaire político. Por eso, el día de la fiesta nacional de Alemania, acudí como presidente del Consejo de Ministros y públicamente anuncié que el Gobierno peruano cumpliría su compromiso de inaugurar el Lugar de la Memoria. El embajador alemán, Jörg Ranau, me agradeció con expresión de alivio. Me dijo: «Es la primera vez que el Gobierno, de manera pública y oficial, anuncia la inauguración». El día esperado llegó y no teníamos la certeza de si Humala asistiría o no, pero finalmente lo hizo y el museo vio la luz con la bendición del obispo jesuita Luis Bambarén.

Una auténtica postura liberal

El compromiso de Vargas Llosa en la defensa de los derechos humanos no solo se ha limitado al Perú. Desde que rompió con la Revolución cubana, ha sido un crítico permanente de diversas dictaduras: la de los hermanos Castro, las que ha padecido y hoy sufre Nicaragua, la de Pinochet, la de Videla, la de Hugo Chávez y Nicolás Maduro, y otras que han sometido a distintos pueblos de América Latina.

Como defensor de los derechos humanos, ha sido y es un firme defensor de la democracia e implacable crítico de la dictadura como forma de gobierno, prescindiendo de su tendencia ideológica y política.

Para Vargas Llosa, no hay dictadura buena, sea esta de izquierda o de derecha. Y, por lo tanto, todo proceso tiránico debe ser condenado con idéntica firmeza. También ha suscrito diversos pronunciamientos a nivel internacional que han tenido que ver con la persecución contra periodistas y escritores, así como amenazas a medios de comunicación. A nivel mundial, el caso más notorio fue la defensa que hizo de Aleksandr Solzhenitsyn en la época de la Unión Soviética. Y durante su periodo como presidente del PEN Club (1977-1979) desplegó una constante acción en defensa de las libertades, en países e instituciones amenazadas por tentativas totalitarias.

Por ello, en su última «Piedra de toque», del 17 de diciembre de 2023, señaló:

> Nunca he dejado de decir mi verdad, en la que hay un margen de error, a veces grande, y que puede ir evolucionando, incluso de manera drástica. Cuando he publicado compilaciones de artículos, como *Contra viento y marea*, en la que se puede seguir mi trayectoria del socialismo al liberalismo en textos de hace muchos años, he querido que mis lectores asistan a través de esos artículos contradictorios y discrepantes entre sí a mi propio aprendizaje moral y político. Aquí, en mi «Piedra de toque», he opinado sobre todas las cosas que me favorecían o perjudicaban, siempre de buena fe, coincidiera o discrepara de la línea del periódico. En muchas cosas he sido consistente a lo largo de las décadas, y en otras he ido variando mi manera de pensar. Y quizá ese es el mérito de las columnas que duran tantos años: transparentar el debate que un columnista tiene consigo mismo a lo largo del tiempo cuando se esfuerza por acercar sus ideas a la realidad, que es siempre cambiante en función del contexto (Vargas Llosa, 18 de diciembre de 2023).

Como él mismo lo advierte, a lo largo del tiempo ha podido cometer errores, excesos verbales, lingüísticos o periodísticos, pero si algo puede calificarse como signo distintivo en él es, sin duda, la defensa de los derechos humanos. Lo que en algunas ocasiones ha determinado que la derecha lo critique y, en otras, que la izquierda haga lo mismo. Porque para él la libertad es una sola en su contenido político y económico. Y eso es algo que no se suele advertir y comprender con facilidad. Y, desde ese punto de vista, Vargas Llosa ha sido una especie de predicador ante auditorios adversos de las libertades políticas y económicas, así como de los derechos humanos.

El liberalismo de Vargas Llosa no solo ha sido una consecuencia de observar la realidad política, sino que ha respondido a un proceso de estudio serio y concienzudo de sus principales autores y exponentes teóricos, como lo relata en su autobiografía intelectual *La llamada de la tribu*. En esa medida, Vargas Llosa ha observado, sobre todo en América Latina, que el liberalismo se suele interpretar solo desde una perspectiva económica, e incluso no pocos lo circunscriben a la defensa de la economía de mercado, la propiedad privada, el libre fomento de las inversiones nacionales y extranjeras. Pero esa es solo una parte de la concepción liberal. La otra corresponde a las libertades políticas, el respeto a la Constitución y la ley, la vigencia del sistema democrático y la defensa de los derechos humanos. Esta es una prédica constante e irrenunciable en Vargas Llosa, y, al mismo tiempo, incomprendida, precisamente en países donde se han padecido dictaduras o gobiernos autoritarios que han avalado economías de mercado, como el caso de Pinochet en Chile. Durante la dictadura del general chileno hubo un innegable desarrollo en el ámbito económico, pero no ocurrió lo mismo en el de las libertades políticas y el respeto de los derechos humanos. Y es precisamente en este campo donde hay una diferencia notoria entre los que apuestan por economías de mercado con autoritarismo y el pensamiento genuinamente liberal de Vargas Llosa. Para él, el liberalismo no solo se reduce a garantizar la libertad económica para que funcione una economía de mercado; sino que necesariamente tiene que estar vigente un Estado de derecho, la democracia como forma de gobierno con equilibrio entre los poderes del Estado, cumplimento de la ley y acatamiento de las resoluciones judiciales, irrestricta libertad de prensa, opinión e información, y obviamente un respeto pleno de los derechos humanos.

El renombrado escritor español Javier Cercas, en un artículo publicado a raíz de la concesión del Premio Nobel de Literatura al escritor arequipeño, advierte que la postura libertaria de Vargas Llosa, que solo recaba críticas en los sectores de izquierda, debería ser vista con ojos de mayor apertura mental, pues su lucha por los derechos y las libertades individuales o de sectores minoritarios es realmente genuina.

> No todas las ideas de Vargas Llosa —y en particular su liberalismo económico, por cierto menos radical y desde luego mucho menos ingenuo y más elaborado de como lo pintan sus detractores— parecen inmediatamente útiles o aceptables para la izquierda; pero lo que me parece seguro es que es imposible que la izquierda salga del atasco ideológico y la consiguiente parálisis práctica en que lleva mucho tiempo metida si no es capaz de discutir con seriedad ideas como las de Vargas Llosa, si no deja de demonizarlas sin esforzarse en entenderlas, si no olvida sus nostalgias autoritarias y su complacencia con tiranías y nacionalismos, si no acepta sin resignación que no hay justicia sin libertad y no entiende con entusiasmo que la democracia debe conseguir que libertad y justicia, esas dos verdades contradictorias —por usar la expresión de Isaiah Berlin que aprendimos en Vargas Llosa—, acaben conviviendo con armonía. Regalarle Vargas Llosa a la derecha es un pésimo negocio para la izquierda, igual que fue un pésimo negocio regalarles Orwell y Camus, que nunca quisieron saber nada de la derecha. De ahí, me parece, vienen muchos de los males del pensamiento de la izquierda: de su sectarismo, de su rigidez, de su miedo a salirse del camino trillado, de su miedo a afrontar la realidad como es para cambiarla, de su miedo a la izquierda autoritaria, obsoleta, fracasada y cerril que parece la mala conciencia de la mejor izquierda (Cercas, 17 de octubre de 2010).

En ese sentido, el discurso político de Vargas Llosa es esclarecedor, no solo para las posiciones extremas de izquierda, que es donde apunta

Javier Cercas, sino también para los radicalismos de derecha, que el baqueano periodista liberal Juan Carlos Tafur califica como «derecha bruta y achorada[54]». Para este último sector, *democracia* es sinónimo únicamente de libertad económica, pero no les interesa la defensa de las libertades políticas ni de los derechos humanos. En cambio, la postura de Vargas Llosa, que ha sido clarísima a lo largo de su trayectoria, plantea que la libertad económica y la política son indivisibles, que no se puede concebir la una sin la otra. Lo que lo ha llevado a tener un liderazgo en este ámbito en Hispanoamérica. Su autoridad y prestigio como escritor e intelectual, ganados legítimamente, los ha usado, sin importar el costo de ser atacado desde uno y otro extremo de la política, en la difícil e incomprendida tarea de defender los derechos humanos.

54 El *Diccionario de Americanismos* de la RAE define el término *achorada* como «referido a persona, insolente, atrevida, desafiante».

Vargas Llosa con los comuneros de Uchuraccay en Ayacucho, cumpliendo las labores de investigación que le encomendó el entonces presidente Fernando Belaunde Terry.

Con el expresidente Alan García durante su primer gobierno, antes del rompimiento político que se dio a raíz del intento totalitario del mandatario aprista de estatizar la banca, las instituciones financieras y las compañías de seguros. *Archivo fotográfico* Caretas.

Lima, 1990. Con el destacado escritor y periodista liberal cubano Carlos Alberto Montaner en la Reunión Mundial para la Libertad, que se desarrolló en Lima durante la campaña presidencial.

Con el presidente de Alemania Joachim Gauck durante su visita al LUM, que Vargas Llosa impulsó. *Archivo fotográfico de Diana Álvarez Calderón.*

CAPÍTULO 6

La llamada de la tribu

Dos libros son fundamentales para conocer la impactante vida y acción de Vargas Llosa en el ámbito político: *El pez en el agua* y *La llamada de la tribu*. En el primero, que son sus memorias, relata su infancia, juventud y el comienzo de la adultez, interpolado con capítulos que narran todo lo que vivió durante la campaña presidencial de 1990. El segundo es un testimonio que él mismo ha llamado acertadamente «su autobiografía intelectual». Esto es, el proceso evolutivo de cambio político e ideológico que lo llevó del socialismo en libertad o con rostro humano al liberalismo. Un libro que prueba, además, que esta transformación no surgió de una pasión súbita e impensada, ni de un encandilamiento de hechos políticos, como acaso ocurrió con su ferviente adhesión a la Revolución cubana, sino que fue el resultado de un prolongado y meditado estudio de los autores más importantes y representativos del pensamiento liberal.

Esta obra revela también otro aspecto central en Vargas Llosa: no solo es un extraordinario escritor de ficción, capaz de construir en sus novelas universos complejos y al mismo tiempo cautivantes sobre las pasiones humanas (entre ellas, la búsqueda del poder), sino también un estudioso, serio y disciplinado, del mundo de las ideas. Esta labor lo diferencia claramente de otros escritores del *boom*, como

García Márquez, quien sin duda fue un genio literario y excepcional creador, pero no un intelectual.

Además del cotejo ideológico, la progresiva evolución de Vargas Llosa se basó en una confrontación con la realidad. En sus dos estadas en Londres tuvo la oportunidad de absorber la cultura democrática imperante en el Reino Unido, especialmente durante la exitosa acción gubernativa de Margaret Thatcher. Fue ella quien puso en práctica las ideas liberales que el escritor iba descubriendo en sus lecturas. Por lo general, la doctrina política y la gestión de gobierno (la teoría y la acción) son dos elementos difíciles de conciliar, especialmente en un político, pero él tuvo la oportunidad de apreciarlos y valorarlos en Thatcher.

El juicioso tránsito de Vargas Llosa al liberalismo no ocurrió de un día para otro. Empezó cuando radicaba en París y leía a Albert Camus y los artículos de Raymond Aron en *Le Figaro*, los cuales ponían en cuestión las posturas de su maestro Sartre y, por lo tanto, las suyas también. A la vez, involucró a dos intelectuales latinoamericanos que en esos primeros años de acercamiento al liberalismo ejercieron una gran influencia en él: el argentino Juan Bautista Alberdi y el venezolano Carlos Rangel. La lectura de ambos destacados pensadores lo obligó a cumplir una tarea imprescindible: ir a las fuentes de la doctrina liberal y profundizar en ellas metódicamente, con el rigor y la disciplina que ya eran características en él. Por ello, su paso al liberalismo no puede ser visto como una conversión inmediata, radical o fanática, como una suerte de camino de Damasco que lo subvierte todo en una fracción de segundos. Es, más bien, un tránsito, un proceso paulatino de convencimiento, que se basó en el estudio personal, el razonamiento, el trabajo intelectual y el análisis desapasionado de la realidad.

El resultado de este laborioso itinerario intelectual, vivido a lo largo de varias décadas, es lo que Vargas Llosa sintetiza pedagógicamente en *La llamada de la tribu*: una reunión de breves perfiles biográficos e ilustrativas reseñas de la obra de siete de los pensadores liberales más conspicuos que influyeron en él de manera determinante. Una vez más demuestra su habilidad como ensayista. Así, cumple también una función propedéutica y divulgadora del pensamiento liberal, en especial en América Latina, donde se desconoce o se suele obviar la amplia producción intelectual que la sustenta, incluso en contextos académicos. Como ya ha destacado, el pensamiento liberal no se agota en el terreno económico, en la defensa del libre mercado, aunque lo incluye, sino que tiene sólidas raíces filosóficas y ofrece una visión de la sociedad basada en la libertad individual como motor de la prosperidad y el desarrollo. Es también profundamente democrático y ajeno, diametralmente opuesto a cualquier tipo de dogmatismo sectario. No solo las iniciativas económicas y empresariales deben competir libremente en la sociedad, también lo deben hacer las ideas, con idéntica libertad y derecho de coexistencia. En un sistema verdaderamente liberal, no se concibe la existencia del pensamiento único, salvífico y utópico (incluido el propio liberalismo), como sucede en las dictaduras comunistas, que consideran al marxismo como el pensamiento exclusivo e intrínsecamente verdadero y donde suprimen todo tipo de disidencia, coartan la libertad de los individuos e incluso persiguen, torturan y asesinan impunemente a los que resultan más incómodos.

Vargas Llosa (2018) expresa con claridad e incluso aplica estas ideas a la acción de gobierno:

> El liberalismo no es dogmático, sabe que la realidad es compleja y que a menudo las ideas y los programas políticos deben adaptarse a ella si quieren tener éxito, en vez de intentar sujetarla dentro de esquemas rígidos, lo que suele hacerlos fracasar y desencadena la violencia política [...]. Esa tolerancia que mostraba Smith para el adversario es quizá el más admirable de los rasgos de la doctrina liberal: aceptar que ella podría estar en el error y el adversario tener razón. Un gobierno liberal debe enfrentar a la realidad social e histórica de manera flexible, sin creer que se puede encasillar a todas las sociedades en un solo esquema teórico, actitud contraproducente que provoca fracasos y frustraciones» (p. 25).

Desde esa perspectiva, el liberalismo, tal como lo entienden Vargas Llosa y los autores que examina minuciosamente, es lo opuesto a lo que alude la frase «la llamada de la tribu». De ahí que el título del libro plantee deliberadamente una relación paradójica con lo que sustenta y defiende a lo largo de sus páginas. Para ilustrarlo, Vargas Llosa (2018) ofrece un ejemplo de lo que sucede cuando la masa suprime la libertad individual. Curiosamente, este procede de un país que admira por su cultura democrática, por su respeto y apego a la ley:

> En los países civilizados, como Gran Bretaña, el llamado de la tribu se manifestaba sobre todo en esos grandes espectáculos, los partidos de fútbol o los conciertos pop al aire libre que daban en los años sesenta los Beatles y los Rolling Stones, en los que el individuo desaparecía tragado por la masa, una escapatoria momentánea, sana y catártica a las servidumbres diarias del ciudadano. Pero, en ciertos países, y no solo del tercer mundo, esa «llamada de la tribu» de la que nos había ido liberando la cultura democrática y liberal —en última instancia, la racionalidad— había ido reapareciendo de tanto en tanto debido a los terribles líderes carismáticos, gracias a los cuales la ciudadanía retorna a ser masa enfeudada a un caudillo (pp. 22-23).

Para el escritor arequipeño, en esa actitud tribal se sostienen algunas de las taras ideológicas que él combate abiertamente, como el nacionalismo y el comunismo. Es más, sobre este último afirma que es la representación más acabada del «retorno a la tribu», porque constituye:

> [...] la negación del individuo como ser soberano y responsable, regresado a la condición de parte de una masa sumisa a los dictados del líder, especie de santón religioso de palabra sagrada, irrefutable como un axioma, que resucitaba las peores formas de la demagogia y el chauvinismo (p. 23).

El fundamento

Vargas Llosa (2018) empieza su estudio con la histórica obra máxima de Adam Smith, el insigne pensador que, desde el punto de vista económico, da origen y sustento al liberalismo y es el padre de la economía moderna. Aunque es preciso señalar que combate la idea, por errónea, que Smith haya sido solo un economista. En realidad, él se veía a sí mismo como un moralista y un filósofo. Su interés por la economía procedía del «empeño en desarrollar una ciencia del hombre y explicarse el funcionamiento de la sociedad» (pp. 22-23).

El premio nobel profundiza en cómo Adam Smith, en su monumental y reconocidísima obra *La riqueza de las naciones* (1776) —«oceánico libro»—, explica la iniciativa privada a partir del egoísmo y no del altruismo, lo que contradice todos los preceptos del socialismo en el que anteriormente creía. Para Smith, es en este factor que reside el motor del progreso. La libertad individual, a través del éxito económico que procuran los emprendimientos, genera riqueza y prosperidad. En este punto, Vargas Llosa (2018) cita directamente a Smith:

> No obtenemos los alimentos de la benevolencia del carnicero, del cervecero o del panadero, sino de su preocupación por su propio interés. No nos dirigimos a sus sentimientos humanitarios, sino a su egoísmo, y nunca hablamos de nuestras necesidades, sino de sus propias ventajas (p. 23).

Pese a lo que la referencia anterior puede invitar a pensar (como también ciertos prejuicios que subsisten sobre las tesis de Smith), Vargas Llosa señala que el autor británico estaba lejos de ser alguien «cerebral y deshumanizado». Además, asegura que, de haberlo sabido, no hubiera podido comprender cómo sus planteamientos se considerarían en el futuro («por los enemigos del liberalismo y de la empresa privada») como carentes de sensibilidad y solidaridad. Las ideas que Smith sostiene en *La riqueza de las naciones* tenían la finalidad, entre otras cosas, de contribuir a erradicar la pobreza. Por ello, Smith afirmaba sin ambages lo siguiente:

> Ninguna sociedad puede ser próspera y feliz si la mayoría de sus miembros son pobres y miserables [...]. En cada negocio, la opresión del pobre supone el monopolio de los ricos, quienes, al acaparar la totalidad del comercio para sí mismos, serán capaces de obtener grandes beneficios (Vargas Llosa, 2018, pp. 51-52).

Nada hay, pues, más antiliberal y ajeno a la libre competencia que un monopolio.

Por otro lado, Smith consideraba que la educación era indispensable para una cabal competencia, y que esta debía ser financiada por el Estado, si las personas no estaban en capacidad de sufragarla. Un punto de coincidencia con el pensamiento de Vargas Llosa, quien distingue entre liberalismo y anarcocapitalismo y ha disentido de quienes propugnan la desaparición del Estado. Para el novelista, el Estado debe cumplir ciertas tareas básicas, entre ellas, dos fundamentales: la educativa y la cultural. En este punto no solo sigue la línea de Smith, sino también la de Karl Popper.

Vargas Llosa (2018) destaca también en Adam Smith (y lo hará también en el resto de autores que presenta en *La llamada de la tribu*) la distancia de cualquier atisbo de nacionalismo. Manifiesta, en ese sentido, que el capitalismo, aunque no se lo plantee explícitamente, «socava el nacionalismo, moviéndose sobre las fronteras nacionales cuando no encuentra en el propio país inversiones provechosas» (p. 57). Por ello, concluye que «el capitalismo internacional es el enemigo natural del nacionalismo».

Vargas Llosa reconoce una deuda intelectual con Smith, así como una profunda admiración por su obra. Una evidencia de ello, no exenta de cierto fetichismo, ha sido el hecho de que se haya dado tiempo para visitar la casa donde vivió y el lugar donde fue enterrado. No es la primera ni la única vez lo que ha hecho. Así ha procedido con otros autores capitales en su biografía intelectual, tanto en la literatura como en el campo de las ideas. Es una suerte de ceremonia de agradecimiento dedicada a aquellos cuya obra lo ha marcado. En el caso del mítico Adam Smith es claramente un tributo a quien puso los fundamentos del liberalismo.

El liberal parcial

Mario Vargas Llosa (2018) incluye entre los autores liberales a José Ortega y Gasset, el filósofo español autor de *La rebelión de las masas* (1929). Y es interesante esta inclusión porque Ortega y Gasset fue un liberal en lo político, pero no en lo económico, lo cual para el novelista era producto de una «limitación generacional» que le impedía sumar a su decidida «defensa del individuo y sus derechos soberanos, de un Estado pequeño y laico que estimule en vez de ahogar la libertad individual, de la pluralidad de opiniones y críticas» (p. 81), el valor de la libertad económica. Sobre el libre mercado, Ortega y Gasset profesaba «una desconfianza parecida al desdén y sobre el cual muestra a veces un desconocimiento sorprendente en un intelectual tan curioso y abierto a todas las disciplinas» (p. 81).

Pero, a su vez, rescata otros aspectos con los cuales mantiene afinidades, como su abierta enemistad frente al comunismo, al nacionalismo y al independentismo español. Ortega y Gasset fue un firme opositor del separatismo catalán y del vasco, que entonces aún estaban en ciernes, sobre todo en comparación con los de hoy. Como explica Vargas Llosa con claridad, la crítica de Ortega y Gasset al nacionalismo residía en el hecho de que identificaba esta corriente como «un típico fenómeno de esa hegemonía creciente de lo colectivo o gregario sobre lo individual» (p. 81), lo que respondía a una perspectiva absolutamente liberal, pues nada puede estar por encima de la libertad individual, mucho menos una idea de nación erigida sobre la base de conceptos como raza, religión o lengua, que para el filósofo español no pasaban de ser mitos.

Otra idea que destaca y valora en Ortega y Gasset, fundamental en su proceso de formación, es la del Estado laico. En un sistema verdaderamente democrático el Estado jamás debe ser utilizado con fines religiosos. Sin duda, ello también respondía a la distancia que Ortega y Gasset percibía entre el pensamiento liberal y el catolicismo, y a una perspectiva antropológica en la que no adjudicaba ningún papel a la figura de Dios en la vida del hombre. «La historia no está escrita, no la ha trazado de antemano una divinidad todopoderosa. Es obra solo humana y por eso "Todo, es posible en la historia —lo mismo el progreso triunfal e indefinido que la periódica regresión—"», señala Vargas Llosa (2018) al tiempo que cita al propio Ortega y Gasset (pp. 80-81).

Vargas Llosa (2018) lo define como un liberal genuino, pero limitado, «por su desconocimiento de la economía». Esto, a juicio del escritor, «lo llevó a veces, cuando proponía soluciones para problemas como el centralismo, el caciquismo o la pobreza, a postular el intervencionismo estatal y un dirigismo voluntarista totalmente ajenos a esa libertad individual y ciudadana que con tanta convicción y buenas razones defendía» (p. 91). Pero ello no impide que, al tiempo de destacar su enorme olfato político, su capacidad como periodista, analista y observador de los hechos que lo rodeaban, así como su buena pluma («Leer a Ortega es siempre un placer, un goce estético, por la belleza y desenvoltura de su estilo, claro, plástico, inteligente, culto, de un vocabulario inagotable, salpicado de ironías y al alcance de cualquier lector» [p. 88]), le adjudique un lugar especial en el desarrollo del pensamiento liberal, acaso justamente porque se concentró más en la filosofía política que en los aspectos económicos, los que, como ya se dijo, no suscribía. Exactamente al revés de lo que ha venido ocurriendo desde finales del siglo pasado. El liberalismo parcial de Ortega y Gasset, aun cuando responda a una visión incompleta, no deja de representar un aporte para nuestro tiempo. Es ese el saldo positivo que destaca Vargas Llosa:

> El pensamiento liberal contemporáneo tiene mucho que aprovechar de las ideas de Ortega y Gasset. Ante todo, redescubrir que, contrariamente a lo que parecen suponer quienes se empeñan en reducir el liberalismo a una receta económica de mercados libres, reglas de juego equitativas, aranceles bajos, gastos públicos controlados y privatización de las empresas, aquel es, primero que nada, una actitud ante la vida y ante la sociedad, fundada en la tolerancia y el respeto, en el amor por la cultura, en una voluntad de coexistencia con el otro, con los otros, y en una defensa firme de la libertad como valor supremo (p. 97).

El liberal completo

Friedrich von Hayek es uno de los tres autores, de los siete que aborda en *La llamada de la tribu*, que más admira Vargas Llosa, según propia confesión. Los otros dos son Karl Popper e Isaiah Berlin.

> A los tres comencé a leerlos entre los años setenta y ochenta del siglo pasado, cuando salía de las ilusiones y sofismas del socialismo y buscaba, entre las filosofías de la libertad, la que había desmenuzado mejor las falacias constructivistas (fórmula de Hayek) y la que proponía ideas más radicales para conseguir, en democracia, aquello que el colectivismo y el estatismo habían prometido sin poder alcanzarlo nunca: un sistema capaz de congeniar esos valores contradictorios que son la igualdad y la libertad, la justicia social y la prosperidad (Vargas Llosa, 2018, p. 99).

Una jerarquización sorprendente, sobre todo por parte de Hayek, quien fue fundamentalmente un estudioso de la teoría económica. Pero, a juicio de Vargas Llosa, fue mucho más que eso. Lo considera en esencia un intelectual, un pensador, pues sus ideas (como las de Popper, Berlin y Von Mises, otro representante de la llamada escuela austriaca) cubren campos tan diversos como la filosofía, el derecho, la sociología, la política, la psicología, la ciencia, la historia, la ética y, por supuesto, la economía. «En todos ellos hizo gala de una originalidad y un radicalismo que no tienen parangón entre los pensadores modernos. Y, siempre, manteniendo un escrupuloso respeto por la tradición clásica liberal y las formas rigurosas de la investigación académica», afirma el autor de *La ciudad y los perros* (2018, p. 105).

Un punto que Mario Vargas Llosa considera central en las tesis de Von Hayek (y en la teoría liberal en su conjunto) es el individualismo. Este alude a la libertad intrínseca de la persona humana, la cual se opone al gregarismo (la llamada de la tribu, precisamente) como determinante y superior a dicha individualidad.

> El individuo goza de soberanía y, aunque parte de lo que es se explica por el medio en que nace y se forma, hay en él una conciencia y un poder de iniciativa que lo emancipan de esa placenta gregaria y le permiten actuar libremente, de acuerdo a su vocación y talento, y, a menudo, imprimir una huella en el entorno en el que vive (Vargas Llosa, 2018, p. 111).

Y añade que en ello radica «la fuerza que dinamiza la economía de mercado, lo que hace posible el progreso». En ese sentido, Hayek discrepa de otro economista de su tiempo, John Keynes, quien consideraba que el Estado debía intervenir en la economía a través de la planificación. Para Hayek, tal como lo precisa Vargas Llosa, la planificación keynesiana coarta la ambición, que es connatural a la libertad individual, y distorsiona el mercado.

También destaca su postura acerca del respeto a la ley como un elemento íntimamente relacionado con una posición a favor del libre mercado y el concepto de la mano invisible, que aparece con Adam Smith, pero que en la práctica Hayek la incorpora a la civilización de la libertad, uno de cuyos elementos fundamentales es la libertad económica. Es decir, en este caso el capitalismo de mercado es planteado como garantía para la vigencia de la libertad política.

Curiosamente, en el Perú se vive un proceso inverso. Se avanzó en el camino de la liberalización de la economía, de la casi supresión de la actividad empresarial del Estado y de la intervención política en el mercado, pero en los últimos años se ha producido un retroceso. Y en este punto, al igual que lo hizo Hayek en su momento, Vargas Llosa dio una contribución decisiva en la batalla de las ideas. El retroceso que experimentamos en el país proviene, entre otras causas, de la ausencia de ideas claras y de la defensa de los principios que sostienen a una economía de mercado. El apoyo a la cultura de la libertad en materia económica no se ha basado en un convencimiento fundamentado. De ahí su debilidad y la facilidad con la que se le abandona. Si a ello le sumamos la ausencia de una sólida institucionalidad democrática, podemos concluir que en el Perú no se ha aplicado un programa genuinamente liberal, como el que en 1990 Mario Vargas Llosa propuso al país y que sustenta, en un sentido más amplio, en *La llamada de la tribu*.

La profunda evaluación sobre Hayek concluye con un tema que no deja de ser actual, dada la confusión que se alienta desde la izquierda entre conservadurismo y liberalismo. Claramente, Hayek no es un conservador.

> El designio de un conservador está dictado por el miedo al cambio y a lo desconocido, por su tendencia natural proclive a «la autoridad» y que por lo general padece de un gran desconocimiento de las fuerzas que mueven la economía. Tiende a ser benévolo con la coerción y con el poder arbitrario al que puede llegar a justificar si, usando la violencia, cree que alcanza «buenos fines». Esto último establece un abismo insalvable con un liberal, para quien «ni los ideales morales ni los religiosos justifican nunca la coerción», algo que creen tanto socialistas como conservadores (Vargas Llosa, 2018, pp. 136-137).

Esta es también una gran diferencia, siguiendo la ruta de Von Hayek, entre Vargas Llosa y el grupo de liberales latinoamericanos que suelen circunscribirse al campo económico. La postura liberal del novelista no se limita a los elementos que permiten el funcionamiento de una economía de mercado, sino que incorpora las libertades políticas, el respeto a los derechos humanos y otros aspectos políticos que suelen ser obviados, desdeñados e incluso atribuidos a posiciones socialistas por sectores radicales de la derecha hispanoamericana. La postura de Vargas Llosa ha sido siempre congruente. Para él, la libertad es una sola, en su contenido político y económico.

De este modo, se puede comprender el lugar prominente que Vargas Llosa le confiere a Von Hayek en el ámbito de la teoría liberal y de su propio recorrido intelectual. En particular, destaca una relación necesaria y profunda entre liberalismo y democracia. Un liberal es consciente de que «no tenemos todas las respuestas» y de que no es seguro que las respuestas que tengamos sean siempre las más justas y exactas, e, incluso, de que podamos encontrar todas las respuestas para las preguntas que nos hacemos sobre tantas cosas en tantos dominios diferentes. «Los conservadores suelen gozar de una seguridad muy firme sobre todas las cosas, algo que les impide dudar de sí mismos». Por ello, Vargas Llosa califica a un liberal, siempre siguiendo a Von Hayek, como un escéptico, condición «que le permite ser tolerante y conciliador con las convicciones y creencias de los demás, aunque sean muy diferentes de las suyas» e incluso «cambiar y superar las propias convicciones», lo que, sin duda, no hará, no querrá ni podrá hacer alguien que mire el mundo desde la lógica del conservadurismo o del socialismo, extremos que, aunque parezca increíble, más de una vez se tocan.

El filósofo de la libertad

Si algo se puede decir del legendario Karl Popper es que no es un autor sencillo ni que se pueda leer al descuido. Por ello, un hecho meritorio en Vargas Llosa no solo es haberlo estudiado con detenimiento (durante «buena parte de los últimos treinta años»), sino el haber desentrañado y expuesto con nitidez los planteamientos de quien considera «el pensador más importante de nuestra época», autor de una obra de la envergadura de *La sociedad abierta y sus enemigos* (1945), «el libro de filosofía política más fecundo y enriquecedor del siglo XX».

Se trata de un fundamentado y ambicioso alegato contra todas las teorías e ideologías que, a lo largo de la historia, se han erigido como enemigas de la libertad humana, desde los griegos hasta Marx. Para Vargas Llosa (2018), este trabajo colosal convierte a Popper «en el pensador liberal más atrevido de su tiempo», no solo porque denuncia y expone el recorrido genealógico de los autoritarismos de distinta raigambre, sino porque desentraña un elemento aún más profundo, a caballo entre la psicología humana y la antropología filosófica:

> [...] un inconsciente pánico a la responsabilidad que la libertad impone al individuo, que tiende por ello a sacrificar esta para librarse de aquella. De ahí ese nostálgico deseo de retornar al mundo colectivista, tribal, a la sociedad inmóvil y sin cambios, al irracionalismo del pensamiento mágico-religioso anterior al nacimiento del individuo, que se emancipó de la placenta gregaria de la tribu y rompió su inmovilismo mediante el comercio, el desarrollo de la razón y la práctica de la libertad (p. 146).

Para Popper, este miedo a la libertad tiene su origen en la Grecia de los filósofos clásicos. Paradójicamente, la misma cultura que legó a la humanidad la idea de la democracia es la que concibió las ideologías verticales que la contradicen. En particular, Popper le adjudica la mayor responsabilidad a Platón en la transmisión de este infausto legado. Es él quien subordina la libertad a la cultura tribal, al colectivismo, «al despotismo político, esclavista y racista del jefe supremo». Pero si bien la raíz del problema se remonta al autor de *La República*, para Popper no se trata de un mal de la antigüedad, sino de la «más peligrosa enfermedad intelectual de nuestro tiempo». De su tiempo y del nuestro, podríamos añadir.

Con Popper, Vargas Llosa tiene la misma coincidencia que con Adam Smith en torno a la importancia de la educación. Popper sostenía que la libertad económica debía complementarse con una buena educación pública y otras acciones de carácter social, como la existencia de instituciones protectoras de los sectores económicamente menos favorecidos. Por ejemplo, la jubilación, los seguros de desempleo y de accidentes de trabajo, la educación gratuita en escuelas públicas, la proscripción del trabajo infantil. Es en ese contexto que Vargas Llosa cita una frase de Popper que pocos identificarían como la de un liberal: «El poder económico puede ser casi tan peligroso como la violencia física».

Vargas Llosa define a Popper como un optimista, e hizo suyo su optimismo respecto de que el mundo actual, pese a sus limitaciones y defectos, era el mejor que le había tocado vivir a la humanidad. Alguna vez discrepó públicamente de su amigo Octavio Paz sobre este punto en particular e insistió en la certidumbre de lo afirmado por el filósofo vienés. Pero ello no implica asumir una postura acrítica respecto de la realidad que nos rodea. En la exposición de las ideas de Popper, Vargas Llosa (2018) señala que la libertad se expresa en el ejercicio de la crítica y en ella se sustenta el progreso. En esta idea se basan elementos tan diversos como el sistema democrático, la oposición a cualquier tipo de autoritarismo e incluso lo que podemos calificar como una teoría de conocimiento popperiana:

> Si todas las verdades no están sujetas al examen del «ensayo y del error», si no existe una libertad que permita a los hombres cuestionar la validez de todas las teorías que pretenden dar respuesta a los problemas que enfrentan, la mecánica del conocimiento se ve trabada y este puede ser pervertido (p. 164).

Gracias a estos planteamientos, Vargas Llosa considera que ningún otro pensador ni filósofo le ha dado a la libertad el peso y la gravitación que le confirió Popper. Son muchos los efectos positivos que el filósofo le atribuyó: formas civilizadas de existencia, creatividad cultural, adquisición del saber, capacidad de aprender de los errores y posibilidad de superarlos, rescate de la ignorancia y la confusión irracional que caracterizó a nuestros antepasados, avance de la ciencia y el conocimiento, entre otros.

Al lado de ello se encuentra lo que Popper llama la «responsabilidad individual». Esta es la que libera al ser humano de la llamada de la tribu, pues en virtud de ella es capaz de juzgar, analizar y, de ser el caso, oponerse a los abusos del poder. El hombre es, en ese sentido, plenamente libre y responsable del devenir de la sociedad, porque tiene la capacidad de transformarla, si fuera necesario. Como sostiene Vargas Llosa, «se trata de un fardo demasiado pesado para muchos hombres». Por ello, no pocos prefieren renunciar a la libertad individual para que alguna otra instancia colectiva planifique o controle sus vidas, aun cuando pueda acabar sometiéndolas.

Por ello también, al igual que Von Hayek, Popper es coherente y se opone rotundamente a la planificación. Vargas Llosa la califica como «otra bestia negra de Popper». La razón es que «conduce a la centralización del poder» y coarta la libertad de los individuos. Sin embargo, ello no quiere decir que postule la extinción del Estado. Más bien, como señala el autor de *La tía Julia y el escribidor*, lo considera «un mal necesario». Por un lado, asegura la «coexistencia, la redistribución de la riqueza que garantiza la justicia y la corrección de los abusos», pero, por otro, representa «un recorte importante de la soberanía individual y un riesgo permanente de que crezca y sea fuente de abusos que vayan socavando las bases». Un difícil equilibrio (un peligroso Leviatán, para aludir a Hobbes) que hay que vigilar y cuidar celosamente para preservar y mantener a salvo el bien mayor de la libertad.

La admiración por Popper, según cuenta Vargas Llosa (2018), lo llevó a sentir un inevitable y reverencial temblor de piernas cuando tuvo la oportunidad de visitarlo y conversar con él, pero —fiel a los principios popperianos— ello no implicó renunciar a la libertad de mantener incólume el espíritu crítico frente a sus juicios, especialmente los de carácter literario. Lo opuesto habría sido un contradictorio signo de tribalismo. Por ello, si bien en aquella ocasión sintió admiración por sus ideas en torno a Kant y el siglo XXI,

> [...] la emoción cedió a la sorpresa cuando pasamos de la filosofía y la historia a la literatura y oí a sir Karl despotricar de Kafka y de sus compatriotas Musil y Roth y explicarnos que, a esa literatura enfermiza y aburrida, él prefería las novelas sanas y amenas de Trollope (p. 200).

Aún mayor es su distancia respecto de la receta de control y planificación central que alguna vez propuso Popper para la entonces todopoderosa televisión. Está claro que Vargas Llosa coincide con la evaluación estética de sus contenidos y acaso también de sus efectos. No podría ser menos para el autor de *La civilización del espectáculo* (2012). Pero la receta del filósofo era peor que la enfermedad que buscaba combatir: «un sistema corporativo de licencias y controles a fin de evitar que los productores de programas y películas sigan alimentando la pequeña pantalla con tres venenos: "la violencia, el sexo y el sensacionalismo"» (p. 200). Sin embargo, lo fundamental no era su ineficacia ni los escalofríos que suscitaba en Vargas Llosa imaginar qué ocurriría si tal idea se llevara a la práctica, sino que iba «contra todos los postulados liberales antiestatistas y anticontrolistas y coincide a pie juntillas con las teorías constructivistas e intervencionistas de socialdemócratas, socialistas y comunistas» (p. 201) que Popper desenmascara con precisión de microcirujano en *La sociedad abierta y sus enemigos*. Prueba de que, en pro de defender la cultura de la libertad, uno puede (y debe) ser libre hasta de uno mismo. Es famosa la paradoja de Popper. En *La sociedad abierta y sus enemigos* Popper señala: «La tolerancia ilimitada debe conducir a la desaparición de la tolerancia... Tenemos, por tanto, que reclamar, en nombre de la tolerancia, el derecho a no tolerar la intolerancia».

El liberal incorregible

En un principio, Vargas Llosa leía al renombrado Raymond Aron a escondidas, como si fuera algo vergonzante o representase una inconfesada traición a su admirado Sartre, pero poco a poco el pensamiento de Aron lo fue cautivando y fue venciendo las barreras ideológicas. Al final, fue él quien lo acercó a la reflexión liberal y a ver en ella una más acertada visión de la realidad.

Y aquí arribamos a otra característica distintiva del pensamiento político de Vargas Llosa: la capacidad de autocrítica. Sus opositores y enemigos suelen considerarlo como una persona dogmática, vanidosa e intransigente. Pero nada más lejos de la realidad. Lo constatamos en el caso de la influencia de Raymond Aron. Frente a los argumentos que este esgrimía en sus artículos de opinión, el escritor tuvo la honestidad intelectual suficiente para admitir su certidumbre y rectificar ideológica y políticamente. Algo que debería distinguir a todo intelectual es la apertura para observar la realidad y evaluar si esta se ajusta a lo que pensaba anteriormente o a lo que afirmaban sus maestros y referentes. Vargas Llosa hizo esto y, ejerciendo la más amplia libertad de pensamiento, varió sus puntos de vista cuando se convenció de que era necesario. Lo suyo no fue un adoctrinamiento en el liberalismo, sino un proceso de convencimiento, a través de la profundización en la obra de pensadores como Aron y el necesario contraste con la realidad.

Consecuente con sus ideas, Aron no practicó la corrección política, sino la honestidad intelectual a cualquier costo. Vargas Llosa (2018) lo presenta como «el primer intelectual que se atrevió a afirmar que la independencia de Argelia era inevitable», postura que era obvia para quien pensaba desde una lógica liberal, puesto que hubiera sido contradictorio defender «de un lado, el liberalismo y la democracia, y, de otro, una política imperialista y colonial contra un pueblo que reclama su derecho a ser independiente» (p. 210). Como indica Vargas Llosa, un país como Francia, que se ha distinguido por promover y defender las libertades, estaba en la obligación moral de reconocer el derecho de los argelinos a la independencia. En este punto, el premio nobel ha seguido más de una vez el ejemplo de Aron. Defender la libertad y la democracia tiene costos inevitables en sociedades como la peruana, donde el autoritarismo y las dictaduras gozan de popularidad. Lo normal para más de uno es acomodarse o mantenerse en silencio táctico, pero ni Aron en Francia ni Vargas Llosa en el Perú (y en Hispanoamérica, en un sentido más amplio) han tenido ese comportamiento. Los costos personales pueden haber sido altos, pero nada sustituye el actuar sobre la base de principios.

Naturalmente, las posiciones de Aron suscitaron más de una polémica. Un blanco inevitable de ellas fueron «los pensadores radicales de izquierda de su generación», en particular Sartre, Merleau-Ponty y Althusser. En ese aspecto, Vargas Llosa lo define como «un impugnador tenaz y, durante muchos años, casi solitario, de las teorías marxistas y existencialistas» que estos encarnaban. El autodenominado «liberal incorregible» denunció más de una vez a intelectuales del pasado y de su tiempo por tener una actitud de sumisión frente al poder. Y de un modo particular a aquellos que desde la izquierda abdicaban de la independencia crítica frente al poder de la Unión Soviética y los partidos comunistas. En sentido contrario, Aron pondera al «intelectual escéptico», que es quien ejerce una necesaria libertad de pensamiento. Estos, según la cita que Vargas Llosa refiere, son los que «apagarán el fanatismo». Pero en el fondo era difícil para ellos deshacerse de la genuflexión ideológica, pues en los hechos el marxismo, tal como lo describe Aron, funcionaba como una «religión secular», característica que para el pensador francés también tuvo en su momento el nazismo. En ese sentido, la calificación de Marx sobre la religión como opio del pueblo para Aron es perfectamente aplicable al marxismo.

El denodado combate al totalitarismo de los regímenes comunistas es otro aspecto que Vargas Llosa destaca en Aron y que, al mismo tiempo, lo une a él, pues en su momento él hizo lo propio en relación con las criminales dictaduras de la Unión Soviética y Cuba.

Lo interesante es que Aron, al igual que Vargas Llosa en su ámbito, protagonizó esta valerosa lucha cuando en Europa no era una tarea fácil, porque existía una hegemonía soviética en el *establishment* cultural y en los medios de comunicación. Si bien la intelectualidad de izquierda solía acomodarse a esos intereses, Aron se oponía de modo enfático, incluso a movimientos de protesta, estudiantiles y políticos que entonces eran populares, como el llamado Mayo del 68.

El más tolerante

Con el célebre Isaiah Berlin, lo que hace Vargas Llosa es más un análisis teórico o una autopsia, analogía que a él le gusta utilizar para referirse a este desmontaje intelectual. Y, además, lo lleva a cabo con conceptos que distinguen la obra de Berlin, pero que no son fáciles de comprender, como los de la libertad positiva y negativa.

Vargas Llosa rescata en él su condición de teórico e ideólogo del liberalismo, particularmente en lo relativo al análisis del ejercicio de la libertad. La perspectiva de Berlin es esencialmente filosófica y de ella extrae conclusiones prácticas, aplicables a la vida política. Por ejemplo, considera que no existe una sola respuesta verdadera y otras erróneas para cada problema humano, sino que coexisten verdades contradictorias. De ello deriva la importancia de la libertad de elegir, así como la existencia de dos tipos de libertad que se encuentran en permanente tensión.

> Si no hay una sola respuesta para nuestros problemas sino varias, nuestra obligación es vivir constantemente alertas, poniendo a prueba las ideas, leyes, valores que rigen nuestro mundo, confrontándolos unos con otros, ponderando el impacto que causan en nuestras vidas, y eligiendo unos y rechazando otros, o, en difíciles transacciones, modificando los demás (Vargas Llosa, 2018, p. 249).

Es decir, según Berlin, la existencia de verdades contradictorias constituye una invitación a la tolerancia, a la pluralidad de opciones, a la vida democrática, en suma.

El autor de *La fiesta del Chivo* lo define como un demócrata y un liberal. Pondera su tolerancia y capacidad para admitir que «sus propias convicciones podían ser erradas y acertadas las de sus adversarios ideológicos». Por ello, no solo estudiaba a los pensadores liberales, sino también a aquellos que se ubicaban en la orilla opuesta, como el propio Marx.

> Tenía la pasión del saber y, a quienes promovían las cosas que él detestaba, como el autoritarismo, el racismo, el dogmatismo y la violencia, antes que refutarlos quería entenderlos, averiguar cómo y por qué habían llegado a identificarse con causas y doctrinas que agravaban la injusticia, la barbarie y los sufrimientos humanos (Vargas Llosa, 2018, pp. 269-270).

Es en esta tolerancia a ultranza donde se ubica el liberalismo de Berlin. No tanto así en la defensa del libre mercado. Una perspectiva parecida, aunque con grandes diferencias, a la de Ortega y Gasset. Por ello, mantuvo diferencias con los representantes de la escuela austriaca, como Hayek y Von Mises, quienes sí consideraban que el libre mercado garantizaba todo tipo de progreso, incluso más allá de lo estrictamente económico. En ese sentido, precisa que Berlin «albergó siempre dudas socialdemócratas sobre el *laissez faire*».

Vargas Llosa conoció personalmente a Isaiah Berlin, el enorme intelectual liberal, gracias al historiador inglés Hugh Thomas, quien se desempeñaba como asesor del Gobierno de Margaret Thatcher en cuestiones españolas y latinoamericanas. Thomas fue la llave que le abrió las puertas para conocer tanto a Berlin como a la propia primera ministra británica. Thomas organizó una cena, a la que Vargas Llosa fue invitado, para que Thatcher fuera interrogada por un grupo de intelectuales de nota («para enfrentar a la señora Thatcher a los tigres»), entre ellos Berlin. Gracias a este riguroso examen y al destacado desempeño de la primera ministra, Vargas Llosa incrementó aún más su aprecio por ella. «Respondía a las preguntas con claridad, sin intimidarse y sin posar, con seguridad en la mayor parte de los casos, pero, a veces, confesando sus dudas», cuenta el escritor (2018, p. 21). Concluida la reunión, fue Isaiah Berlin quien se encargó de dar el veredicto aprobatorio: «No hay nada de qué avergonzarse». Lo que, por supuesto, convalida el escritor: «Mucho para sentirse orgulloso de tener una gobernante de este temple, cultura y convicciones».

El racionalista

Vargas Llosa conoció al célebre y prolífico escritor Jean-François Revel, primero, a través de sus artículos periodísticos, pero con el transcurso del tiempo llegó a cultivar una relación de amistad con él. Y eso se produjo no solo porque, al igual que el escritor, era un defensor de la libertad en Francia, sino también porque su conducta era muy similar a la de Aron. Desde el inicio, Revel vio en la hegemonía soviética y del comunismo en Europa una gran amenaza para la democracia, y así lo alertó, como también lo hizo Vargas Llosa luego de la invasión soviética a Checoslovaquia y de las violaciones a los derechos humanos en sus satélites en América Latina, especialmente en la dictadura cubana de los Castro, sobre todo a partir del caso Padilla.

Está claro que Revel fue un liberal convicto y confeso, aunque, como advierte el premio nobel, sus opositores buscaron encasillarlo como un conservador. Calificativo que hasta hoy se utiliza desde la izquierda para poner en un mismo saco a todo aquel que se ubique en una posición de derecha o antagónica. Se les llama conservadores y liberales de manera intercambiable, cuando no son ni piensan exactamente lo mismo. En el caso de Revel, al igual que en el de Vargas Llosa, se trata de alguien que tuvo una militancia socialista en su juventud, incluso fue diputado en la década de 1960 por el partido de Mitterrand, pero luego se acercó a posiciones liberales próximas al anarquismo, aunque nunca abrazó absolutamente esta posición extrema. Vargas Llosa (2018) lo retrata subrayando características transversales a todo su recorrido político: «Toda su vida fue un republicano ateo y anticlerical, severísimo catón del espíritu dogmático de todas las iglesias y en especial de la católica, defensor del laicismo y del racionalismo heredados del Siglo de las Luces» (p. 288).

Las tesis que Revel plantea en sus libros, que Vargas Llosa califica de heterodoxos, más de una vez resultaron iconoclastas. Por ejemplo, en *La tentación totalitaria* (1976) sostuvo la idea de que el principal obstáculo para el socialismo no era el capitalismo, sino el comunismo, y en *Cómo terminan las democracias* (1983), haciendo gala de lo que el escritor llama «un pesimismo sobrecogedor», dictaminó que «el comunismo soviético prácticamente había ganado la guerra al Occidente democrático, destruyéndolo psicológica y moralmente» (p. 293). Felizmente, en este caso no acertó.

Vargas Llosa resalta la certidumbre habitual de sus análisis sobre la realidad. Por ejemplo, en lo que toca al problema de la información y su relación con la libertad, Revel considera que la gran batalla de fines del siglo pasado era aquella que debía librarse contra la censura. Pensaba que la libertad de expresión era clave y que, si esta desaparecía, todo el sistema colapsaría. Sin duda, lo que distingue a Revel y lo acerca de un modo muy particular a Vargas Llosa —a diferencia de los otros pensadores, pero con la excepción de Ortega y Gasset y Aron— es su labor infatigable como periodista. La batalla que dio a ese nivel, salvando las distancias y los contextos, fue muy similar a la que ha librado Vargas Llosa. Una batalla por defender, con valentía y a contracorriente, los principios e ideas que conforman la cultura en la libertad.

A Revel pude tratarlo, gracias a Vargas Llosa, cuando vino al Perú durante su campaña presidencial para apoyarlo, como lo hicieron otros intelectuales de distintas partes del mundo. Más adelante, lo volví a ver en Madrid, en una conferencia organizada en la primera etapa de la Fundación Internacional para la Libertad. Por último, durante la dictadura de Fujimori, persuadí a Ilse Wisotzki, rectora de la Universidad de Lima, a invitarlo y nombrarlo profesor honorario de esa casa de estudios. En aquella ocasión, modestamente tuve la oportunidad de dar el discurso de orden.

Liberalismo aplicado

Más allá de la minuciosa lectura de los grandes pensadores y exponentes liberales, Vargas Llosa, en su labor periodística y académica, ha defendido un conjunto de posturas, muchas de ellas polémicas, que se enmarcan en lo que podríamos denominar «libertades sociales». Estas conforman la otra cara de la medalla, necesaria e indisoluble, de las libertades económicas.

Una de ellas es la pena de muerte. Desde muchacho, Vargas Llosa siempre se ha opuesto a su implantación. Curiosamente, uno de los pocos pronunciamientos que firmó con sus jóvenes amigos Abelardo Oquendo y Luis Loayza, quienes nunca habían tenido vocación política[55], fue contra la pena de muerte (Cátedra Mario Vargas Llosa, 2011, p. 24). Para sostener esta posición, Vargas Llosa parte de un principio fundamental: el Estado no debe quitarle la vida al individuo. Es decir, un poder del Estado, por más que actúe dentro de un sistema democrático, no debe tener la atribución legal de suprimir la vida de una persona a través de una resolución judicial. De más está decir que se opone, y se ha opuesto también, a espantosos procesos de ajusticiamientos colectivos que han sucedido en los regímenes comunistas, como lo ha denunciado en más de una oportunidad.

55 No obstante, no tener una actividad política de carácter partidario, Oquendo, Loayza y también José Miguel Oviedo informaban con regularidad al joven Mario Vargas Llosa acerca de los acontecimientos políticos que sucedían en el país. Así, por ejemplo, cuando falleció Javier Heraud, Abelardo Oquendo le envió una carta adjuntándole un recorte periodístico del diario *La Prensa* con la noticia.

Si bien Vargas Llosa se opone a la pena de muerte, está a favor del aborto, del suicidio y de la muerte asistida. Puede parecer contradictoria la convivencia de ambas posiciones, pero no lo es para quien considera que se debe respetar la irrestricta libertad del individuo para decidir sobre su propia vida, así como impedir que el Estado la invada, la cercene y la elimine.

Puntualmente, en el caso del suicidio, considera que cualquier persona, en el más puro ejercicio de su libertad individual, tiene el derecho de quitarse la vida. Así lo evidenció en su ensayo *La utopía arcaica. José María Arguedas y las ficciones del indigenismo* (1996). Más allá del concienzudo análisis del trabajo del escritor andahuaylino, de la complejidad del mundo andino y de su intrincada biografía, Vargas Llosa (2015) no cuestiona su suicidio, respeta su radical decisión y explica cuáles pudieron haber sido las razones que lo llevaron a tomarla. Así, menciona: «Recuerdos de infancia, simpatías y aversiones literarias, ambiciones, frustraciones, padecimientos, amores, la voluntad de acuñar una imagen para la posteridad». Incluso pondera la presencia del tema del suicidio en la última de sus novelas, *El zorro de arriba y el zorro de abajo* (1971):

> Ambas cosas, el libro y la autodestrucción del autor, están visceralmente ligadas. No es casual que el texto se abra con la revelación que hace Arguedas de un primer intento de suicidio, dos años atrás, y se cierre con disposiciones sobre su manuscrito, su velatorio y su entierro para cuando, por mano propia, se vaya «bien de entre los vivos». Cosa que hizo, en efecto, disparándose dos tiros en la cabeza, después de haber escrito las últimas líneas del libro (Vargas Llosa, 1996, pp. 125 y 359).

Vargas Llosa recuerda que durante los dieciocho meses y dieciocho días que le tomó a Arguedas escribir la novela, «la decisión de suicidarse [lo] ronda». Por ello, vivía entre la depresión y el entusiasmo, lo cual se percibe a través del «clima de acabamiento, de podredumbre moral y material, de desvarío, de disolución lingüística». En todo ese periodo de creación de su última novela, afirma Vargas Llosa, Arguedas «ya había tomado la decisión de que la vida no merecía ser vivida». Una apreciación que coincide con lo que el propio Arguedas escribió en la carta que dejó a sus estudiantes de la Universidad Nacional Agraria La Molina: «Me retiro ahora porque siento, he comprobado, que ya no tengo energía e iluminación para seguir trabajando, es decir, para justificar la vida» (*El Comercio,* 29 de noviembre de 2014).

Cuando se suicidó Alan García, Vargas Llosa declaró que este había tomado esa drástica decisión fundamentalmente por razones políticas, para evadir la acción de la justicia[56], pero no cuestionó el hecho en sí. Consideró que la decisión del expresidente aprista de suicidarse formaba parte del ejercicio de su libertad individual. También afirmó que esperaba que su suicidio no interrumpiera la labor fiscal en el Perú. «Sería trágico que en la comprensible emoción que ha causado el suicidio de Alan García, la labor de aquellos jueces y fiscales se viera interrumpida o saboteada, y los contados periodistas que los apoyan fueran silenciados» (Vargas Llosa, 2024, p. 336), advirtió en su conocida «Piedra de toque» publicada en abril de 2019. Igualmente, retrató el comportamiento del expresidente:

> ¿Fue un político honesto, comparable a un José Luis Bustamante y Rivero o a Fernando Belaunde Terry, dos presidentes que salieron de Palacio de Gobierno más pobres de lo que entraron? Yo creo sinceramente que no. Lo digo con tristeza porque, pese a que fuimos

56 Antes del suicidio de García, dos personas que eran sus cercanos colaboradores se acogieron a la colaboración eficaz y denunciaron que el expresidente aprista recibió dinero ilícito proveniente de la empresa Odebrecht. Su secretario Luis Nava afirmó que fue testigo de la entrega de maletines con dinero por parte de Jorge Barata, máximo ejecutivo de esa empresa. La otra persona fue Miguel Atala, quien afirmó que él personalmente le entregaba dinero a García cuando este se lo pedía.

adversarios, no hay duda de que había en él rasgos excepcionales como su carisma y energía a prueba de fuego. Pero mucho me temo que participaba de esa falta de escrúpulos, de esa tolerancia con los abusos y excesos tan extendidos entre los dirigentes políticos de América Latina que llegan al poder y se sienten autorizados a disponer de los bienes públicos como si fueran suyos, o, lo que es mucho peor, a hacer negocios privados, aunque con ello violenten las leyes y traicionen la confianza depositada en ellos por los electores (pp. 334-335).

García planificó su suicidio de manera meticulosa. Prueba de ello son las declaraciones de su hija Carla, quien le reveló a la periodista Milagros Leiva que su padre le contó que se iba a suicidar: «Era su decisión y lo tenía muy bien pensado». Y añadió: «Específicamente conmigo lo había conversado varias veces. Quizá es lo más doloroso que le puede tocar a una hija. Se lo agradezco mucho porque a mí me agarró preparada» (*Perú 21*, 1 de marzo de 2020). Esta afirmación desbarata por completo la campaña posterior a su muerte emprendida por sus defensores, quienes falsamente acusaron a los fiscales a cargo de la investigación, a periodistas y adversarios políticos de inducirlo al suicidio[57].

Por otro lado, el suicidio como metáfora no ha sido ajeno a sus declaraciones y tomas de posición políticas. A propósito del resultado de la primera vuelta de las elecciones generales peruanas de 2011, que puso en camino de la presidencia al entonces candidato nacionalista Ollanta Humala, afín al chavismo venezolano, y a Keiko Fujimori, hija del dictador que gobernó el país en la década de 1990, el escritor

---

57 Irresponsable y falsamente, el excanciller aprista Luis Gonzales Posada dijo que lo sucedido con García es «el resultado de la campaña llevada a cabo por Pedro Cateriano y Gustavo Gorriti. Ellos han disparado la bala» (PressReader, 24 de abril de 2019). Este personaje fue cuñado del dictador Velasco. Durante la gestión de ese tirano, su silencio ante la violación de los derechos humanos fue cómplice.

sentenció: «Perú tiene dos opciones: el suicidio o el milagro» (*La Nación*, 11 de abril de 2011). Más de diez años antes, en 1999, el novelista utilizó la misma analogía para dar cuenta del camino que tomaba Venezuela en aquella ocasión. El artículo que escribió entonces lo tituló precisamente «El suicidio de una nación» (Vargas Llosa, 7 de agosto de 1999). Y en 2019, a raíz del triunfo del inepto peronista Alberto Fernández en las elecciones argentinas, afirmó que «esa vocación suicida de los argentinos es verdaderamente extraordinaria, pues ya se sabe que todos los problemas actuales del país fueron causados por el peronismo» (*Perfil*, 22 de diciembre de 2019). Igualmente, para el caso mexicano, habló de «suicidio democrático» (*Zeta Tijuana*, 28 de febrero de 2018) cuando en 2018 todo indicaba que podía ser elegido presidente el demagogo e irresponsable izquierdista Manuel López Obrador, cosa que finalmente ocurrió.

Tal ha sido el impacto del tema del suicidio en Vargas Llosa que siempre vuelve a su memoria la escena en que Madame Bovary, el personaje principal de la novela de su admirado Flaubert, se quita la vida. Así lo reveló en un diálogo con los escritores españoles Javier Marías y Arturo Pérez-Reverte:

> Dirás que es algo un poco perverso, pero ¿tú sabes qué me levanta el ánimo? Cuando estoy desmoralizado leo el suicidio de Madame Bovary, que se toma el arsénico en el cafarnaúm y hay esa descripción absolutamente genial donde se le va descomponiendo la cara, ¡hasta que le salta la lengua! La perfección de esa escena atroz, la belleza de la descripción tan precisa... (Goitia, 21 de mayo de 2017).

Pero una cosa es suicidarse y otra es lo que se denomina muerte asistida, que es un procedimiento legal que existe en algunos países. Este tema lo abordé con Mario a raíz del caso de un amigo en común, el corajudo periodista y sagaz escritor cubano Carlos Alberto Montaner, a quien le diagnosticaron una enfermedad incurable y rarísima llamada parálisis supranuclear progresiva, producto de la cual se iba a deteriorar grave e irreversiblemente su estado de salud. Para evitar el sufrimiento, Montaner decidió mudarse de Miami, donde vivía desde hace años, a Madrid, donde podía acogerse al mecanismo legal español de la muerte asistida. Incluso tuvo el tiempo para despedirse y escribir sus memorias. En ese caso, Vargas Llosa estuvo plenamente de acuerdo con la meditada decisión de Montaner, tanto en la forma como en el fondo, aunque le dolió mucho su muerte.

Precisamente, cuando se aprobó la ley de muerte asistida en España, Vargas Llosa la aplaudió decididamente y justificó este apoyo en su posición como liberal. En el artículo «El derecho de morir», señaló que «el "derecho a morir", inseparable del "derecho a vivir" que defendemos los liberales, sea al fin reconocido en España es una señal de progreso y civilización» (Vargas Llosa, 3 de enero de 2021). Los críticos de la norma aseguraban que favorecía o estimulaba el suicidio, pero el escritor no solo descartó esa opción (aun cuando no se opone al suicidio, como ya se dijo), sino que puso el acento en el ejercicio de la libertad individual para ponerle fin a una vida que, por razones del sufrimiento que produce una enfermedad incurable, se vuelve un infierno. Más bien, calificó de horrendas a las leyes que proscriben la eutanasia y «obliga [a las personas] a vivir, es decir a morir mil veces cada día, hasta que ese suplicio termine solo cuando mueran de "muerte natural"» (Vargas Llosa, 3 de enero de 2021).

En cuanto al aborto, su postura es absolutamente firme, radical y sin matices. Sin embargo, no fue un tema de su campaña presidencial en 1990. Él sometió a votación en la comisión política del Movimiento Libertad si se debía incluir en el programa de gobierno y también en el del Frente Democrático, del cual formaba parte. Pero mayoritariamente imperaron las razones políticas y de conciencia. Razón por la cual, no se aprobó su inclusión.

Sin embargo, más adelante el novelista se ha pronunciado en diversas oportunidades a favor del aborto. Concretamente, en el artículo «¿Defensa de la vida?» (Vargas Llosa, 18 de agosto de 2018), escrito luego de que el Senado argentino rechazara el proyecto de legalización del aborto dentro de las catorce semanas de gestación, Vargas Llosa se opuso frontalmente a los autodenominados «defensores de la vida» (y contrarios al desestimado proyecto legislativo), calificándolos de «partidarios de la muerte». El escritor señaló que «nadie que esté en su sano juicio puede justificar *alegremente* el aborto, y, menos que nadie, las mujeres», aludiendo al impacto que produce en la madre la experiencia del aborto. En el artículo también calificó el aborto dentro de los tres primeros meses como un «mal menor», pues lo ideal sería que hubiera más bien una adecuada educación sexual. En ese sentido, advirtió que «los adversarios más enconados de que los adolescentes reciban aquella formación sexual» son los que se oponen al derecho de las mujeres a abortar.

Recuerdo que cuando estuve con él en Madrid, yo estaba muy impactado porque había visto el video de la ecografía del nieto de mi hermano Pablo. Las imágenes eran impresionantes. Se veía a un niño absolutamente indefenso. Entonces, se lo comenté, y me dijo que habría que ver el tema de los meses y el plazo, desde cuándo se podría aplicar, pero su convicción estaba absolutamente a favor de respetar la libertad de la mujer para tomar la decisión de abortar. Para él, un liberal debe poner en primer lugar esta consideración a cualquier otra. Años después, volví a tocar el tema. Le pregunté: «¿Entonces Milei no es un liberal? Porque está en contra del aborto». «Milei es un réprobo», me respondió. «Entonces, yo también», le dije. Y se rio nomás. No quiso ubicarme en el mismo lugar del presidente argentino.

También en otros temas poco a poco ha ido marcando un punto de vista liberal con la misma franqueza. Por ejemplo, su postura a favor del matrimonio entre personas del mismo sexo. Y en este caso lo interesante es que no ha empezado a hacerlo en un momento como el actual, cuando ya está consagrado legalmente en casi todos los países europeos y la mayoría de los latinoamericanos. Vargas Llosa empezó a dar la batalla en defensa de los derechos de los homosexuales desde finales de la década de 1950 y comienzos de la de 1960, cuando se identificaba como socialista y los regímenes de izquierda perseguían a esta minoría sexual. Por eso, también se opuso a Fidel Castro, pues tenía la información de que este enviaba a los homosexuales a esos campos de concentración en Cuba que eran las conocidas Unidades Militares de Ayuda a la Producción (UMAP). Y no es que Castro haya sido un conservador en esa materia, sino que en la práctica actuaba como un carcelero. Ahora la izquierda no piensa igual y pasa rápidamente la luctuosa página de lo ocurrido en Cuba en aquellos trágicos años. Hoy apoyan el movimiento LGTB, participan en todas sus marchas, pero nunca se han atrevido a criticar abiertamente ni a condenar esas posturas salvajes de Castro y la dictadura soviética. Vargas Llosa, sin embargo, ha mantenido a lo largo del tiempo una misma postura a favor de los derechos de las minorías.

En esta línea de pensamiento, cuando en 2014 se debatió en el Perú la iniciativa del entonces congresista Carlos Bruce para aprobar la unión civil entre personas del mismo sexo, Vargas Llosa la apoyó públicamente, lo que le valió enfrentamientos con sectores adversos, entre ellos la Conferencia Episcopal Peruana, cuyos obispos lo acusaron de creerse guardián de la conciencia de otros (*El Mundo*, 22 de abril de 2014). El escritor afirmó en el artículo «Salir de la barbarie» que «el Perú tiene la oportunidad de alejarse de la "barbarie" de la homofobia» (Vargas Llosa, 2024, p. 629). Y añadió que, así, el país

> [...] comenzará a desagraviar a muchos millones de peruanos que, a lo largo de su historia, por ser homosexuales fueron escarnecidos y vilipendiados hasta extremos indescriptibles, encarcelados, despojados de sus derechos más elementales, expulsados de sus trabajos, sometidos a discriminación y a acoso en su vida profesional y privada y presentados como anormales y degenerados (p. 629).

La homosexualidad no es un tema ajeno a la novelística de Vargas Llosa. Se pueden hallar alusiones a personajes que lucen afeminados en un contexto machista, como El Esclavo en *La ciudad y los perros*, o rechazados por el entorno masculino, como Pichula Cuéllar en

Los cachorros, o cuya secreta homosexualidad se funde con su condición de antihéroes, como Fermín Zavala en *Conversación en La Catedral*; pero también un desarrollo de mayores proporciones en personajes abiertamente homosexuales como Alejandro Mayta en *Historia de Mayta* (1984) y Roger Casement en *El sueño del celta* (2010).

El escritor limeño Iván Thays (2013) señala que ambos personajes tienen en común el ser revolucionarios, estar inmersos en política, aspirar a cambiar la sociedad, ser soñadores y fracasar en sus sueños. Sin embargo, el final de cada uno es diferente, incluso opuesto.

> Las ilusiones políticas de Mayta, el revolucionario de izquierda, se desvanecen al tiempo que se desinflan las ideologías. Al final, tiene que aceptar que es un iluso y encajar la decepción. La ilusión política de Casement no desfallece nunca e, incluso, contagia a su carcelero. Muere convencido de la justicia de su causa. Uno, Casement es decapitado. El otro, Mayta, termina de heladero en carretilla (Thays, 2013).

Thays asegura que lo significativo en la coincidencia en que ambos sean homosexuales es cómo Vargas Llosa inserta esta condición personal en cada historia:

> La homosexualidad de ambos es narrada como si fuera un capítulo aparte de su vida, una interpretación, un discurso distanciado del discurso ideológico que defienden. Es decir, en ningún momento —como sí lo hace Puig— Vargas Llosa hace una relación entre la lucha política y la lucha sexual. Ninguno de ellos es un defensor de sus ideales sexuales, sino que, al contrario, se avergüenzan de ellos (Thays, 2013).

No han faltado quienes han criticado, generalmente desde la izquierda, que al retrato de un trotskista fracasado como Mayta, Vargas Llosa haya sumado el rasgo de la homosexualidad. Como subraya Thays, lo consideran una caricaturización innecesaria e incluso malévola. Pero tal observación parece más bien revelar que no admiten o no les resulta verosímil la imagen de un guerrillero homosexual, como si fueran condiciones mutuamente excluyentes. Lo que sin duda refleja más el tradicional machismo de izquierda, que en el fondo no está tan superado como se pregona, que la intención del novelista por desdibujar una militancia política que no comparte.

Lo que está claro es que la inclusión de personajes homosexuales en la obra de Vargas Llosa no es un tema que el escritor tome a la ligera. Lo hace con la misma seriedad que aborda sus derechos fuera de la ficción. Por ejemplo, sobre Roger Casement, el reputado académico Efraín Kristal (2018), en su documentado y exhaustivo análisis de la obra del escritor, señala que este dedica un número considerable de páginas de la novela a sumergirse en la visión de la sexualidad del personaje:

> Su fascinación por la forma del cuerpo masculino, su sentimiento de estar reprimido sexualmente como un joven en Europa, y su despertar sexual en África y en América. Una preocupación importante de la novela se centra en el descubrimiento de un documento, los *Diarios negros*, que dan la impresión de ofrecer una cuenta detallada de su vida homosexual (Kristal, 2018, p. 444).

Por último, Vargas Llosa también se ha mostrado a favor de otras medidas de liberalización, como la legalización de las drogas, con la salvedad en este caso de que solo es posible a través de una convención internacional. En ese sentido, postula que para que ello se cristalice tiene que haber un acuerdo global, de lo contrario no podría funcionar ni evitar su actividad delictiva. En todo caso, quizá por ello, un país que admira en América Latina es Uruguay, que tiene un Estado abiertamente laico y es uno de los que ha liberalizado el consumo personal de marihuana.

En suma, Vargas Llosa jamás ha condicionado el planteamiento de estas ideas a su grado de popularidad. Las ha sostenido contra viento y marea, como dice el sugestivo título del primer libro que compiló sus artículos periodísticos. Por lo general, su firme línea de conducta ideológica y política le ha valido muchos más ataques que elogios y adhesiones, y no solo desde sectores conservadores. Lo cual se incrementa si se suma su condición agnóstica, que tampoco es del todo entendida o se le manipula interesadamente para hacerlo pasar como un ateísmo militante, que en realidad no lo distingue.

Lo destacable es su incansable persistencia por librar una franca batalla contra todo aquello que busca restringir la libertad en sus diversas manifestaciones y niveles de la vida humana. De ello dan testimonio sus artículos periodísticos, sus ensayos y conferencias, y una valiente actuación pública que siempre ha buscado ser coherente. *La llamada de la tribu* es, en ese sentido, el registro abierto y transparente de los fundamentos de un proceso personal de evolución política reflexiva, y, al mismo tiempo, uno de los mayores aportes que un escritor e intelectual hispanoamericano ha dado a la necesaria difusión de la cultura de la libertad.

Lima, 1990. Con el gran liberal Jean-François Revel en la Reunión Mundial para la Libertad, que se desarrolló en Lima durante la campaña presidencial.

Santander, España, 1991. Con su admirado y respetado referente liberal Karl Popper. *Foto inédita tomada por Pablo Hojas y adquirida para la publicación de este libro.*

Sevilla, España, abril de 1992. Con el insigne pensador liberal Isaiah Berlin en la Fundación San Telmo. *Fotografía tomada por Rosario Muñóz-Najar de Bedoya.*

CAPÍTULO 7

La campaña presidencial

El 28 de julio de 1987, el presidente Alan García anunció —sorpresivamente— en su mensaje a la nación ante el Congreso, la estatización de la banca, instituciones financieras y compañías de seguros. Fue el inicio de una hecatombe política que acabaría, a fines del quinquenio, con algo que parecía inverosímil: la virtual quiebra del Estado. Y es que se le había acabado el dinero debido a la farra fiscal vivida durante los dos primeros años a causa de una mal llamada «heterodoxia económica», que no fue otra cosa que gastar a manos llenas. Para ello, García había dilapidado irresponsablemente las reservas internacionales, confiscado abusivamente los ahorros en dólares de sus compatriotas, llenado de militantes de su partido —el APRA— y, sin necesidad alguna, ministerios y dependencias públicas (el aparato estatal resultó elefantiásico), y negado —unilateralmente— a pagar la deuda externa (lo que provocó el rompimiento con los organismos financieros internacionales). La política del «perro muerto» que aplicó nos convirtió en parias internacionales. En consecuencia, la inversión extranjera se redujo a cero. Nadie quería invertir en un país que no respetaba sus acuerdos. Así las cosas, la inflación, que ya venía del gobierno de Fernando Belaunde, empezó a descontrolarse. Los casos de corrupción, en los que estaban involucrados principalmente funcionarios de su gobierno, se hicieron cada vez más frecuentes. Miles de peruanos empezaron a irse del país en búsqueda de un mejor porvenir (al final de su gobierno fueron millones).

La receta que encontró la delirante y populista mentalidad del joven García para enfrentar esa crítica situación económica, que incluía, además, el incremento de una cada vez más violenta actividad terrorista, no fue la mejor. No buscó contener los millonarios gastos de un Estado gigantesco, tampoco poner en práctica una necesaria disciplina fiscal y el manejo prudente de las cuentas nacionales, y menos aún luchar contra la corrupción que campeaba. La receta fue más demagogia e insensatez. Y así nos la hizo saber ese 28 de julio. La culpa de todo era de las élites poderosas, representadas en los banqueros. «El sistema financiero —afirmó en su excitado discurso— es el más poderoso instrumento de concentración de fuerza económica y, por ende, de influencia política, y el mayor obstáculo a la democratización de la producción y la acumulación del excedente». E, inmediatamente, sobre la base de esa pueril argumentación llena de lugares comunes, anunció la medida totalitaria: «Por eso, en este instante, propongo al Congreso su nacionalización y estatización» (Minaya, 13 de julio de 2012).

Casi de inmediato, la mayoría del país cuestionó esta descabellada decisión. Además de su clara inconstitucionalidad —pues según la vigente Constitución de 1979, para expropiar, el Estado previamente tenía la obligación de pagar al propietario[58]—, la medida era un disparo al aire. Era buscar un chivo expiatorio. Culpar de su desastroso manejo económico a un sector que en ninguna parte del mundo

58 Artículo 125 de la Constitución de 1979:

> La propiedad es inviolable. El Estado la garantiza. A nadie puede privarse de la suya sino por causa de necesidad y utilidad públicas o de interés social, declarada conforme a ley, y previo el pago en dinero de una indemnización que debe pagarse necesariamente en dinero y en forma previa.

es míster simpatía. Nunca soñó, sin embargo, lo que le vendría más adelante.

Días después, Vargas Llosa publicó en el diario *El Comercio* de Lima el artículo «Hacia el Perú totalitario», en el que expresó su franca oposición a la iniciativa presidencial y exhortó a los peruanos a rechazarla. Advirtió con valentía y lucidez que estábamos ante «el paso más importante que se ha dado en el Perú para mantener a este país en el subdesarrollo y la pobreza y para conseguir que la incipiente democracia de que goza desde 1980, en vez de perfeccionarse, se degrade, volviéndose ficción» (Vargas Llosa, 2024, p. 324). Además, brindó una visión de país radicalmente opuesta a la que el gobernante planteó en su mensaje. Señaló que el progreso está, entre otras cosas, del lado de «la extensión de la propiedad y de la libertad al mayor número de ciudadanos», en franca oposición a «un Estado macrocefálico donde el protagonista de la actividad económica será el funcionario en vez del empresario y el trabajador; y en donde, en la mayoría de sus campos, la competencia habrá sido sustituida por el monopolio» (p. 326).

El cierre de este manifiesto contra la cuestionable medida fue una clara invitación a la acción: «Ciudadanos, instituciones y partidos democráticos debemos tratar de evitar que nuestro país —que padece ya de tantas desgracias— se convierta en una seudodemocracia manejada por burócratas incompetentes donde solo prosperará la corrupción» (p. 327). En ese momento, el novelista no era consciente de lo que sería capaz de suscitar y movilizar aquella postura principista a favor de la libertad económica. En efecto, en sus memorias diría posteriormente que escribió el artículo «para que quedara constancia de mi rechazo, pero convencido de que no serviría de nada y de que, con excepción de algunas protestas, la medida sería aprobada por el Congreso con el beneplácito de la mayoría de mis compatriotas» (Vargas Llosa, 1993, p. 40). Afortunadamente, se equivocó, como pronto lo comprobaría en carne propia él y el propio Alan García.

En el interior del país, se iniciaron movilizaciones y mítines para oponerse a la estatificación, encabezadas por los trabajadores de las instituciones involucradas. Un sector de la opinión pública —incluido Vargas Llosa— presumió que la resolución de García sería apoyada por la mayoría que pensaba que los banqueros simbolizaban el capitalismo abusivo y eran la causa del atraso de varios de los países de Iberoamérica. Sorprendido y entusiasmado sobre todo por la inesperada respuesta de los trabajadores bancarios, Vargas Llosa y sus amigos más cercanos —Luis Miró Quesada Garland, Miguel Cruchaga, Frederick Cooper y Fernando de Szyszlo, además de otros adherentes— decidieron redactar un breve pero contundente pronunciamiento público titulado «Frente a la amenaza totalitaria»[59], que el propio novelista leyó en televisión y que fue publicado en los principales diarios del país. Ahí se advertía que «la concentración del poder político y económico en el partido gobernante podría significar el fin de la libertad de expresión y, en última instancia, de la democracia» (Vargas Llosa, 1990, p. 374).

Este manifiesto generó una reacción favorable y de adhesión al escritor en buena parte de la ciudadanía. Pero el presidente García también actuó con rapidez. Organizó contramanifestaciones públicas para intentar mostrar el respaldo a su proyecto, con el aval de los sectores de izquierda, liderados por el alcalde de Lima, Alfonso Barrantes, quien, sin pudor alguno, apoyó la arbitraria medida, acaso porque esta descolocó políticamente a izquierdistas como él.

Se inició entonces un enardecido debate público que dividió a la ciudadanía y polarizó a las diferentes agrupaciones políticas, sindicales,

59 El manifiesto lo firmaron conocidos personajes, como Felipe Ortiz de Zevallos, Roberto Dañino, Blanca Varela, Gonzalo Ortiz de Zevallos, el sacerdote Harold Griffiths, y periodistas como Arturo Salazar Larraín, Carlos Espá, Patricio Ricketts, Federico Salazar y César Hildebrandt. La adhesión de este último llamó la atención por ser un hombre que parecía estar en sintonía con la medida por sus convicciones socialistas, aunque a esas alturas ya era un crítico de la gestión aprista.

empresariales y estudiantiles. Dio la impresión de que el país había vuelto a la etapa socialista, cuando era gobernado por el dictador Velasco. El virulento discurso contra los empresarios, banqueros y «explotadores» se volvió a escuchar en calles y plazas de todo el Perú.

Obligado por las circunstancias y el gran respaldo ciudadano que recabó su cívica y desinteresada intervención, el escritor aceptó la propuesta de encabezar una manifestación pública en la céntrica plaza San Martín de Lima contra la estatización promovida por García. En ese momento, gracias a la sumisa mayoría parlamentaria oficialista, la Cámara de Diputados había aprobado el proyecto ciegamente y casi sin debate, aunque no ocurrió lo propio en el Senado[60]. Allí, la oposición dio una dura batalla en defensa del orden constitucional. Esto, sumado a la toma de posición de Vargas Llosa, permitió un mayor conocimiento de los peligrosos efectos para el sistema democrático que traía consigo esta iniciativa autoritaria. Pero al final, en setiembre de 1987, la estatización se aprobó, en medio del frenesí político y mediático del APRA y sus aliados de la izquierda[61]. Ello no evitó que, para su aplicación, el régimen optara por el camino de la fuerza bruta, tomando por asalto los bancos. La imagen más salvaje de aquel abusivo acto fue la de una tanqueta de las fuerzas del orden derribando la puerta principal de la sede del Banco de Crédito del Perú en el centro

60 Aunque algunos senadores intentaron jugar un rol protagónico. Uno de los casos más singulares fue el del socialista Enrique Bernales, conocido no precisamente por su modestia intelectual y quien claramente calza dentro del calificativo vargasllosiano de «intelectual barato». Él, con evidente afán de figuración e intentando ponerse al mismo nivel de Mario Vargas Llosa, retó al escritor a un debate público sobre la estatización de la banca.

61 El diario *La República*, en su primera plana del 19 de setiembre de ese año, tituló con gran entusiasmo: «¡Por fin!». Y añadió: «Se acabó el suspenso. Senado aprobó estatización y diputados la ratifica hoy. Ley sería promulgada en el Cusco. El lunes intervendrían los bancos».

de Lima, que quedó registrada en una fotografía que dio la vuelta al mundo[62]. Estábamos, realmente, frente a una amenaza totalitaria.

La organización del mitin estuvo a cargo de gente lejana a la política, fundamentalmente independientes que se oponían a la estatificación, muchos de los cuales habían suscrito el manifiesto. Antes de la intervención preliminar del economista Hernando de Soto y la principal de nuestro afamado escritor Mario Vargas Llosa, calentaron la plaza con vivas libertarias, exhortaciones democráticas y ataques al régimen aprista el arquitecto Miguel Cruchaga, el joven abogado y periodista Enrique Ghersi, el empresario Mario Roggero y el melómano más reconocido en música salsa del país, Luis Delgado Aparicio, quienes años después, en 1990, resultarían elegidos como congresistas del Movimiento Libertad en el Frente Democrático (Fredemo).

Si bien la relación de Vargas Llosa con la política no empezó ese día, sí el contacto directo ante una multitud enfervorizada. Eso lo sobrecogió, como lo relata en sus memorias:

> Cuando subí al estrado sentí exultación y terror: decenas de miles de personas —ciento treinta mil, según la revista *Sí* [Lima, 24 de agosto de 1987]— agitaban banderas y a voz en cuello coreaban el Himno a la Libertad que había compuesto para el acto Augusto Polo Campos, el compositor más reconocido del Perú, creador de canciones e himnos que perduran hasta hoy en el sentir popular. Algo debía haber cambiado en el Perú cuando una muchedumbre así me escuchaba decir, aplaudiendo, que la libertad económica era inseparable de la libertad política, que la propiedad privada y la economía de mercado eran la única garantía del

62 Ante ello, los banqueros reaccionaron de diferentes maneras. Dionisio Romero Seminario, entonces presidente del Banco de Crédito del Perú, con sagacidad transfirió las acciones del banco a los trabajadores, y el que enfrentó la medida de forma más teatral y valiente fue el presidente del Banco Mercantil, Francisco Pardo Mesones, quien se atrincheró en su sede central, en San Isidro.

> desarrollo y que los peruanos no admitiríamos que nuestro sistema democrático «se mexicanizara» ni que el APRA se convirtiera en el caballo de Troya del comunismo en el Perú (Vargas Llosa, 1993, p. 44).

La manifestación pública fue exitosa porque fue masiva y logró el objetivo de protesta para la cual fue convocada. Vargas Llosa no solo habló contra la medida presidencial, sino que fue enfático en un discurso liberal de crítica al Estado en el campo de la economía, la defensa de la propiedad privada, la promoción de la inversión nacional y extranjera, entre otros fundamentos liberales. Estamos, acaso, ante la primera expresión en el Perú de un mensaje auténticamente liberal ante una gran multitud. Más allá de la enérgica respuesta a la estatización del sistema financiero, el rol del autor de *Los jefes* fue poner en la agenda de la discusión política los principios de la cultura de la libertad. Y lo hizo ante un país que había estado acostumbrado, desde la dictadura de Velasco, a un potente discurso estatista y populista (es decir, no tenía la garantía de contar con la aprobación popular), pero sobre todo de manera franca y valiente, pues, del otro lado, estaba un presidente y una organización política dispuestos a utilizar toda la maquinaria del Estado para destruir su figura y proclama, como sin duda lo haría desde ese momento a través de todo tipo de medios, incluidos los ilícitos.

Entusiasmados con el favorable resultado del mitin de Lima, decidieron organizar dos más: uno en Arequipa, al sur del país, y otro en Piura, al norte del Perú. Estos actos también fueron apoyados por la ciudadanía.

Los principales adherentes a las convocatorias del escritor fueron personas de clase media. Sus opositores aseguraban que los sectores populares estaban ausentes, pero en ese momento también lo estaban del sistema financiero, que aún no desarrollaba microcréditos y otras formas de inclusión que surgirían tiempo después. Se acercaron al escritor los independientes, no solo por su prestigio personal, sino porque representaba esa condición de neutralidad, independencia y distancia de los partidos políticos, que, pese a los pocos años de democracia que entonces llevaba el país, lamentablemente estaban desacreditados y no contaban con la confianza ciudadana.

Así comenzó Vargas Llosa su aventura política. Él sostiene que fue

> [...] por una razón moral. Porque las circunstancias me pusieron en una situación de liderazgo en un momento crítico de la vida de mi país. Porque me pareció que se presentaba la oportunidad de hacer, con el apoyo de una mayoría, las reformas liberales que desde los comienzos de los años setenta, yo defendía en artículos y polémicas como necesarias para salvar al Perú (Vargas Llosa, 1993, p. 46).

A partir de estos hechos, el novelista se embarcó en una travesía política que no había buscado. «Salir a manifestarse contra la nacionalización de la Banca en América Latina es —o era hasta hace muy poco— una postura insólita para un escritor latinoamericano», señaló con razón Carlos Alberto Montaner (1993) al analizar la acción política de Vargas Llosa en aquella coyuntura. Y añadió: «Además, Vargas Llosa ha puesto sobre la mesa, con toda claridad, los razonamientos que lo llevaron a encabezar la protesta contra la nacionalización: se trata —ha dicho— de un peligro totalitario» (p. 107).

El Movimiento Libertad

Culminadas las protestas contra la estatización de la banca y producido un retroceso del presidente García en su empeño inicial (aunque la ley aprobada en el Parlamento continuaba vigente), Mario Vargas Llosa retornó a Europa para reincorporarse a su actividad creadora.

En el Perú, muchos de los que trabajaron en la organización de la concentración en la plaza San Martín continuaron reuniéndose para coordinar actividades e intentar unir al grupo de simpatizantes del escritor, estimulados por algunas encuestas de opinión donde este empezaba a figurar como un personaje popular entre los posibles candidatos a la Presidencia de la República.

Algunos pensaban que, debido a la presión que surgió de un importante sector de la opinión pública, era inevitable que surgiera una alianza democrática para enfrentar al APRA y la Izquierda Unida bajo el liderazgo de Vargas Llosa. El más entusiasta con esta iniciativa fue su gran amigo, el arquitecto Miguel Cruchaga, quien se convirtió en el coordinador de las movilizaciones.

A pesar de lo prematuro que era lanzar en ese momento la candidatura presidencial de Vargas Llosa y del riesgo que se corría de desgastar su imagen pública, porque aún faltaban tres años para las elecciones generales, se tomó la determinación de organizar un movimiento que no fuera un partido político, sino una agrupación independiente —permitida por la ley electoral—, para convocar a un sector de ciudadanos que tuviera en común al menos tres características: la independencia política, la afinidad a las ideas de la libertad y la adhesión a la figura de Mario Vargas Llosa. Con base en el lema que se utilizó para convocar a los mítines, se decidió llamar a la agrupación Movimiento Libertad[63].

Se trataba de una estructura más flexible que la de un partido, cuya meta era convocar a personas de clase media, así como a comerciantes y empresarios informales. A su vez, se acordó la elaboración de un programa de gobierno eficaz y radical basado en la libertad económica para impulsar el cambio que el país requería. El objetivo primordial era detener la hiperinflación galopante[64] y modernizar el país mediante reformas liberales.

63 El logotipo del Movimiento Libertad fue diseñado por el artista plástico Fernando de Szyszlo, tal vez inspirado en el de la agrupación Solidaridad, del valiente líder polaco Lech Walesa, quien, luego de enfrentar con gran valentía al comunismo, llegó a ser presidente de su país.

64 Según estadísticas del Banco Central de Reserva del Perú, la inflación durante el primer gobierno de Alan García llegó a la astronómica cifra de 2 178 482 %.

Desde los inicios de la movilización contra la estatización de la banca, el economista Hernando de Soto fue uno de los más activos. Dirigía en el Perú el conocido Instituto Libertad y Democracia, que realizaba investigaciones sobre la economía informal en el país y acababa de publicar un exitoso libro, *El otro sendero* (1986), con la colaboración de Enrique Ghersi y Mario Ghibellini. Se pensó entonces que podía ser la persona indicada para ser el nexo con el inmenso sector informal de nuestra economía, pero tempranamente se apartó, tal vez porque pensó o se sentía con el derecho de ser él el candidato presidencial y no Mario Vargas Llosa. Algunos integrantes de su equipo, sin embargo, se quedaron a trabajar en el Movimiento Libertad. Entre ellos, Enrique Ghersi, muy versado en doctrina liberal y con marcada vocación política, quien más adelante sería secretario de ideario y cultura del Movimiento Libertad.

Pero no todo era color de rosa. En simultáneo, los adláteres de Alan García iniciaron una campaña de descrédito contra el escritor. Al regresar al Perú, vía Iquitos, capital de Loreto, que es la región amazónica más grande del país, se le denunció increíblemente por las radios y el canal estatal como difamador de la mujer selvática, por la manera en que la retrató literariamente en su novela *Pantaleón y las visitadoras*, publicada en ¡1973! Los ataques no dieron en ese momento el resultado que sus promotores calcularon, porque la visita del escritor a Iquitos fue exitosa, pero sirvió para anticipar el calibre de lo que enfrentaría a partir de ese momento.

El Movimiento Libertad inició sus actividades con la organización de unas conferencias denominadas Jornadas por la Libertad, lideradas por el diligente expresidente de la Confiep (el gremio empresarial más grande del país), Miguel Vega Alvear. La respuesta a la convocatoria fue estimulante. En estas reuniones, los invitados afines al modo de pensar de Vargas Llosa eran críticos del socialismo y del capitalismo mercantilista imperante en el país. La idea de estos coloquios era ir dándole un perfil político al Movimiento Libertad, que debía emprender la gran reforma liberal que sus fundadores deseaban. Fue la primera vez que yo participé en una actividad política de Libertad, como pronto se conoció a la agrupación. Dicté una conferencia sobre derecho constitucional. Poco tiempo después, se organizó la primera gran reunión del movimiento en Chincha, a la que también asistí.

Un grupo de damas empezó entonces un encomiable trabajo de apoyo social en los pueblos jóvenes de Lima, que se llamó Acción Solidaria. Bajo el liderazgo de Patricia de Vargas Llosa, participaron en su creación Raffaella de Balarín, Diana Álvarez Calderón, Teresa de Gruenberg, María Teresa Belaunde, Rosario Chocano, entre otras. A partir de ese momento, la esposa del escritor trabajó con gran ímpetu y energía, a pesar de la caótica coyuntura por la que atravesaba el país, especialmente en el campo de la seguridad debido al avance incontrolable del terrorismo.

A pesar de los esfuerzos de los dirigentes de Libertad por mantener la agrupación como una asociación independiente, en la práctica funcionó desde el inicio como un partido y, en ese sentido, fue muy difícil desterrar las costumbres políticas del país. Por ejemplo, el reclamo de los simpatizantes para tener un carné fue una constante a nivel nacional.

Libertad atrajo a gente nueva y ajena al quehacer político, pero también a personas con un pasado partidario. Para Vargas Llosa (1993), no llegó a ser «la institución moderna, popular y democrática que imaginé» (p. 162). Por lo pronto, el objetivo de atraer a los comerciantes y pequeños empresarios del sector informal no se cumplió. En cambio, Vargas Llosa sí permitió que muchos grupos de jóvenes trabajaran con él. Al que más espacio político le dio fue al denominado Jóvenes Turcos, proveniente de las canteras del desaparecido diario *La Prensa*, que dirigió el renombrado periodista liberal Arturo Salazar Larraín, y en el que destacaron Enrique Ghersi, Carlos Espá, Federico Salazar, Mario Ghibellini y su propio hijo, Álvaro Vargas Llosa. Aunque luego se retiraron Salazar y Ghibellini, lo que lamenté, este grupo, caracterizado por su marcada posición liberal, en ocasiones, debido a su ortodoxia y también a su inexperiencia política, puso en aprietos en muchas ocasiones al propio escritor.

El primer aniversario de Libertad se celebró en Tacna. Todavía no teníamos una organización debidamente estructurada. Las convocatorias primordialmente se basaban en la gran capacidad de atracción de Vargas Llosa. Carecíamos de una maquinaria. Recuerdo que ese día, con la puntualidad que caracteriza a Mario, él quería que el mitin celebratorio se iniciara a la hora exacta prevista, pero en ese momento no había gente. Ante el nerviosismo existente, tomé la decisión de subirme al estrado para intentar convocar a la gente y librarnos de un papelón. Afortunadamente, logré mi cometido con algunas arengas. Creo que a partir de ese hecho Mario me tomó confianza. Luego lo acompañé durante su campaña presidencial, en casi todas las giras proselitistas, y creo que estos viajes incrementaron mi admiración por su acción política. Era un momento dramático para el país. La inseguridad en la casi totalidad del interior era gravísima por el avance criminal del terrorismo y por la negligencia, ineptitud y descomunal corrupción del Gobierno aprista. La valentía de Vargas Llosa, que no se suele destacar cabalmente, probó no solo su arrojo, sino también su entrega y compromiso por el Perú.

De todos los viajes que hice con Mario, recuerdo especialmente dos: uno a Ayacucho y otro a Atico, en Arequipa. El periplo a Ayacucho se hizo cuando prácticamente esa región estaba dominada por el terror, por lo tanto, era casi imposible organizar una amplia gira allí y un mitin. Además de encontrar alojamiento seguro. Yo me tuve que alojar en la residencia del obispo Federico Richter Fernández-Prada, gracias a su caridad cristiana. El viaje de Vargas Llosa fue, desde todo punto de vista, un gran riesgo, pero él consideró que era indispensable estar allí, porque significaba ratificar su compromiso de liderar personalmente la lucha contra el terrorismo.

La violencia terrorista no cesó durante la campaña, especialmente en Ayacucho. En ese contexto, ocurrió un hecho trágico que enlutó a Libertad: el asesinato, a manos de las hordas de Sendero Luminoso, del dirigente ayacuchano Julián Huamaní Yauli. Vargas Llosa lo relata en *El pez en el agua*:

> Viajé de inmediato para asistir a su entierro y llegué cuando velaban sus restos, en una pequeña capilla ardiente levantada en el segundo piso de una antigua y oscura vivienda, el Colegio de Contadores. Fue una sensación extraña la de estar allí, contemplando la cabeza destrozada por los balazos senderistas de ese humilde ayacuchano, que, en cada uno de mis viajes a su tierra, me había acompañado en los recorridos, ceremonioso y discreto, como suelen serlo sus paisanos. Su asesinato era un buen ejemplo de la irracionalidad y crueldad estúpida de la estrategia terrorista, que no quería castigar en ese modestísimo y hasta entonces apolítico Julián Huamaní, violencia, explotación o abuso alguno, sino, simplemente, asustar con el crimen a quienes creían que las elecciones podían cambiar las cosas en el Perú. Era el primer dirigente del Movimiento Libertad que caía. ¿Cuántos otros lo seguirían? Me lo preguntaba mientras llevábamos sus restos a la iglesia, por las calles de Ayacucho, sintiendo por primera vez ese sentimiento de culpa que, sobre todo durante la segunda vuelta, me embargaría cada vez que me anunciaban que las vidas de militantes o candidatos nuestros habían sido segadas por los terroristas (p. 435).

El viaje a Atico, que yo impulsé para apoyar a un grupo de pescadores que había pedido la privatización de la empresa pública Pescaperú, fue de alto riesgo, pero no por razones de violencia, sino por las condiciones de seguridad para el aterrizaje. Como en muchos lugares del país, no había una pista de aterrizaje adecuada. Antes de llegar, el piloto de la avioneta nos advirtió que íbamos a descender en un pampón al costado de la carretera Panamericana Sur y que existía el riesgo de que una llanta se reventara, por la cantidad de piedras que había en el lugar[65]. Afortunadamente, no hubo ningún percance y pudimos realizar nuestra labor partidaria sin problemas.

---

65 Vargas Llosa, en *El pez en el agua*, hace referencias a mis intromisiones y preguntas a los pilotos sobre los lugares donde íbamos a aterrizar en la agreste geografía de nuestro país. Lo cierto es que casos como este ocurrieron en varias ocasiones. Cuando fui ministro de Defensa, quedé curado de espanto de

El Movimiento Libertad logró su inscripción electoral en el Jurado Nacional de Elecciones luego de una laboriosa campaña de recolección de firmas, que dirigió con tesón Miguel Cruchaga, quien también organizó un congreso nacional en el que se eligió a la dirigencia y se adoptó un ideario, luego de un intenso debate sobre la diferencia entre los conceptos de economía de mercado y economía social de mercado. Al final, predominó el primero de ellos, gracias a una ilustrativa y contundente intervención de Vargas Llosa, quien zanjó la discusión. También se aprobaron los lineamientos del plan de gobierno, trabajo titánico que se le encargó al respetado catedrático Luis Bustamante Belaunde. Esto permitió contar con el proyecto liberal más definido de la historia política del Perú.

Vargas Llosa sostiene que, de todas las metas que se fijaron, la que se logró a cabalidad fue la de contar con un plan de gobierno liberal. Por vez primera, una agrupación política preparó un detallado programa gubernativo para ser sometido al electorado.

El Fredemo

En 1988, Vargas Llosa inició en Lima los primeros contactos con los líderes históricos de dos de los más importantes partidos políticos peruanos: Acción Popular (AP) y el Partido Popular Cristiano (PPC). El primero fundado en 1956 y liderado desde entonces por el arquitecto Fernando Belaunde, hombre de honestidad comprobada, de reconocida oratoria y dos veces presidente de la República, y el segundo presidido desde 1966 por el prominente abogado Luis Bedoya Reyes, exitoso exalcalde de Lima y polemista de polendas. A Acción Popular se lo ubicaba en el centro y al Partido Popular Cristiano en la derecha. Así, empezó el proceso de organización del Frente Democrático, que

despejes y aterrizajes en helicópteros y aviones en los lugares más recónditos y convulsos.

tanto Belaunde como Bedoya consideraban necesario, y al que luego se sumaría la agrupación Solidaridad y Democracia (SODE), liderada por el economista Javier Silva Ruete, viejo amigo de Vargas Llosa, y en la que también estaban otros tecnócratas como Raúl Salazar y Manuel Moreyra[66]. Bedoya apoyó resueltamente la idea de una alianza, a diferencia de Belaunde, quien enfrentaba la presión de sus partidarios para que postulara nuevamente a la presidencia. Pero, tras meses de discusiones y desencuentros, los tres líderes tomaron la resolución de constituir el frente, que llegaría a ser conocido popularmente como Fredemo.

Desde el comienzo, a Vargas Llosa se le criticó el haber pactado con dos partidos tradicionales y desgastados que ya habían estado en el poder (Acción Popular había gobernado por segunda vez hacía poco, de 1980 a 1985, con el apoyo del Partido Popular Cristiano, sin mayor éxito). El Fredemo le quitó a la figura de Vargas Llosa novedad y no solo afectó su imagen de independencia, porque cierto sector de la opinión pública pensó que había sido mediatizado por los partidos políticos, sino que también tuvo que asumir el pasivo de una gestión que nunca hizo lo que él promovía, es decir, impulsar una revolución liberal. Muchos se preguntaron entonces cómo sería posible concretar el lema del «Gran Cambio» si Vargas Llosa iba de la mano de los mismos que fracasaron apenas antes de que Alan García fuera elegido presidente.

Consciente de los riesgos de este pacto, el escritor y la mayoría de quienes lo acompañaban decidieron asumirlos porque «se requería una ancha base popular» y se consideró que ambos partidos podían proporcionarla. «Si vamos separados a las elecciones —pensaba—, la división del voto de centro y de la derecha daría la victoria a la

---

66 El SODE había tenido una alianza parlamentaria con el APRA, al inicio del primer gobierno de García, en la Cámara de Diputados y el Senado. Rompió este pacto a raíz de la iniciativa totalitaria del mandatario aprista.

Izquierda Unida o al APRA», señalaría en sus memorias. Asimismo, estimó que podría contrapesar la desgastada imagen de sus socios políticos «con un liberalismo radical nunca antes postulado en el Perú. Son estas ideas las que darán novedad y frescura al Frente», afirmó. Además, con un sentido más bien práctico, consideró que esta alianza era el camino más eficiente para contar con una organización de dimensiones nacionales para enfrentar los riesgos de la campaña y la defensa del voto[67].

> Temía que tres años no fueran suficientes en un país con las dificultades del nuestro —amplias zonas afectadas por el terrorismo, pésimos o inexistentes caminos, deficientísimos medios de comunicación— para que una organización nueva, de gentes inexpertas, como el Movimiento Libertad, armase una organización con ramificaciones por todas las provincias y distritos para competir con el APRA, que, además, de su buena organización, contaba con todo el aparato del Estado y también contra una izquierda fogueada en varios procesos electorales. Por disminuidas que estén, razonaba, AP y PPC cuentan con una infraestructura nacional indispensable para ganar la elección (Vargas Llosa, 1993, p. 83).

Pero los criterios empleados por Vargas Llosa para formar el Frente Democrático no resultaron como él pensó. Cuando se iniciaron los trabajos de elaboración del plan de gobierno, que dirigió Luis Bustamante Belaunde, acompañado por Ramón Barúa, Gastón Pacheco, José Bernal y Fernando de Carpio[68], se constataron las

---

67 Para las elecciones, con el esforzado trabajo de Carlos Gamarra, Eva Arias, Diana Álvarez Calderón y otros, Miguel Cruchaga formó y capacitó a un gran número de personeros a nivel nacional para defender en las mesas de sufragio, el voto en favor del Frente Democrático.

68 Luego se incorporó a este trabajo, por sugerencia de Roberto Dañino, la abogada Beatriz Merino, en ese entonces su gran amiga. Habían coincidido como estudiantes en la Universidad de Harvard. También diferentes profesionales

diferencias ideológicas y políticas entre las tres agrupaciones. La divergencia más notoria fue con Acción Popular, que tenía como dirigentes a personas mayoritariamente opuestas a una reforma liberal en el país, tal como la propugnaba el escritor. En cambio, el PPC desde el comienzo apoyó la mayoría de propuestas, sobre todo las vinculadas al campo económico. Luis Bustamante sostiene que, debido a la perseverante labor pedagógica de Vargas Llosa a lo largo de su campaña presidencial, fue posible incorporar las propuestas económicas liberales para la imprescindible y urgente reforma del Estado fallido que dejaba Alan García como pesada herencia[69].

Pese a esta importante labor, a la larga el plan no sería tan determinante en la elección como lo hubiera querido el escritor. Así lo reconocería años después.

> Es verdad que yo y mis amigos, disputándonos a veces como perros y gatos con los aliados, sobre todo con Acción Popular, conseguimos que el programa de gobierno del Frente fuera liberal y radical. Pero, a la hora de la votación, esto pesó menos en los sectores populares que la presencia entre nosotros de caras y nombres que habían perdido credibilidad por su actuación política pasada. Y, de otro lado, fue candoroso de mi parte creer que los peruanos votarían por ideas. Votaron, como se vota en una democracia subdesarrollada, y, a veces, en las avanzadas, por imágenes, mitos, pálpitos, o por oscuros sentimientos y resentimientos sin mayor nexo con la razón (Vargas Llosa, 1993, pp. 83-84).

independientes se sumaron a la causa para elaborar acaso el programa de gobierno más sistemático y serio de nuestra historia política. En el campo económico, Raúl Salazar (SODE), y en el educativo, León Trahtemberg, ambos de reconocido predicamento.

69 Diálogo con Luis Bustamante Belaunde para la elaboración de este libro.

Por otro lado, los viajes al interior del Perú permitieron comprobar que ninguno de los dos partidos contaba con la organización que se presumía tenían a nivel nacional. No tenían locales adecuados, cuadros técnicos competentes ni algo que Vargas Llosa consideraba fundamental: gente joven. La alianza se pensó fundamentalmente para evitar el fraude electoral en las mesas de votación, teniendo en cuenta, principalmente, los antecedentes del APRA. Era un temor permanente. La realidad demostró que ni Acción Popular ni el PPC estaban en condiciones de realizar una defensa del voto por sus precarias estructuras. Agravaba la situación la frágil y temprana organización del Movimiento Libertad, con cuadros noveles en estas lides.

También hubo críticas a algunas decisiones tomadas por Vargas Llosa. Una de ellas fue la designación de su hijo Álvaro como portavoz, tal como lo cuenta él mismo en su libro *El diablo en campaña* (1991):

> Allí mi padre se jugó su carta más audaz: me nombró a mí. Yo tenía 23 años (cumpliría 24 en marzo del 90, a pocos días de la primera vuelta) [...]. Era evidente que mi edad y mi tan cercano parentesco crearían anticuerpos (p. 42).

Otro hecho que también generó polémica fue haber contratado como asesora de la campaña a la empresa experta en consultoría política y encuestas electorales Sawyer & Miller. Para algunos o para muchos, era algo frívolo. Pero, valgan verdades, realizó un trabajo muy profesional que el propio escritor consideró útil. Además, sus pronósticos poco a poco fueron cumpliéndose. Desde que comenzó su labor, el responsable del grupo, Mark Mallow Brown, le recomendó a Vargas Llosa romper con Acción Popular y el PPC, y presentarse a las elecciones de manera independiente. Pero Mario no escuchó este consejo. Mallow basaba su recomendación en las encuestas que había realizado, las que recogieron una contundente desconfianza de los sectores menos favorecidos de la población en los partidos tradicionales (Mallow Brown, pp. 88-95).

El consultor también recomendó que diariamente el candidato se reuniera con un pequeño grupo de sus más cercanos colaboradores. Así, se formó lo que se llamaría el *kitchen cabinet*[70]. Este grupo evaluaría diariamente la acción política y las tareas a realizar. Con la disciplina habitual que caracteriza a Vargas Llosa, se realizaban puntualmente y cumpliendo los horarios de manera espartana. Suele ocurrir en política que algunas de las discusiones sean estériles, y esa clase de reuniones fatigaba a Mario. Integré este grupo hasta la primera vuelta electoral. Luego, cuando pasé a ser secretario del candidato presidencial durante la segunda vuelta, formé parte del comité ejecutivo nacional de Libertad. En esta instancia, la acción ejecutiva de Mario fue un rasgo distintivo para la toma de decisiones.

Más adelante, el locuaz Enrique Ghersi aseveraría que fue un error del Movimiento Libertad aliarse con los partidos. «Nosotros pensamos que son los abuelos de la nada, los mercantilistas, los responsables del fracaso electoral. Los mercantilistas son quienes más daño le hicieron al Fredemo, contribuyendo al fracaso de la campaña», señaló. Por otro lado, afirmó que lo que hizo perder a Vargas Llosa fue abandonar el espacio político de los informales que, fue donde perdió verosimilitud (*Hoy*, 26 de junio de 1990).

Pero Mario Vargas Llosa, tal como lo expresó en *El pez en el agua*, tenía una interpretación diferente. Para él, la derrota electoral de 1990 no fue producto de la vinculación con Acción Popular y el Partido Popular Cristiano.

> Esta se debió a varios factores y, sin duda, yo tuve mucha responsabilidad en el fracaso, por centrar toda la campaña en la defensa de un programa de gobierno, descuidar los aspectos exclusivamente políticos, denotar intransigencia y mantener, de principio a fin, una transparencia

70 El término fue acuñado por los consultores. Cuando este trascendió, también fue objeto de sorna.

> de propósitos que me volvió vulnerable a los ataques y a las operaciones de descrédito y que asustó a muchos de mis iniciales partidarios. Pero la alianza con quienes habían gobernado el país entre 1980 y 1985 contribuyó a que la confianza popular en el Frente —que existió a lo largo de casi toda la campaña— fuera precaria y, en un momento dado, se eclipsara (1993, p. 85).

Ciertamente, la precaria organización del Movimiento Libertad a nivel nacional, a pesar de los esfuerzos de Miguel Cruchaga y luego de Raúl Ferrero, fue otro aspecto que contribuyó a la derrota. En varios casos se integraron políticos tradicionales o dirigentes sin respaldo popular como fue el evidente caso del Comité Departamental de Puno, por citar un ejemplo. Pero luego se conocieron aspectos del manejo interno del Frente Democrático que revelaron una relación difícil entre Fernando Belaunde, Luis Bedoya y el novelista. Sobre este punto, el escritor (1993) afirmó que «Belaunde actuó siempre —conservando, eso sí, en todo momento, las buenas formas— como si solo Acción Popular fuera el Frente y el Partido Popular Cristiano y Libertad meras comparsas» (p. 86).

De lo que nunca conversaron en detalle los tres máximos dirigentes fue de lo que sería el programa de gobierno en una eventual administración del Frente Democrático. Vargas Llosa (1993) dice que «los tres sabíamos que había puntos de vista diferentes sobre el plan de gobierno y postergábamos la discusión para un después que no llegó nunca» (p. 86).

El Frente Democrático, a pesar de las dificultades, sacó adelante el plan de gobierno, con una marcada óptica liberal. Pero a lo largo de la campaña hubo conflictos en los que predominaron los intereses partidarios y las disputas internas fueron una constante. Un sector de la ciudadanía y la prensa lo percibió, y de cierta forma, para algunos, fue un anticipo de cómo sería un eventual gobierno presidido por Vargas Llosa, bajo la presión constante de Acción Popular.

El revés municipal

Esta imagen de falta de unidad e incoherencia política del Fredemo ocasionó desconfianza en un sector del electorado. Las discrepancias entre los partidos que integraron el Frente se agudizaron pasado el año de su constitución, con motivo de la presentación de candidatos para las elecciones municipales a nivel nacional de 1989. Vargas Llosa consideraba que era importante presentar candidaturas unitarias bajo el símbolo del Frente Democrático. Acción Popular discrepaba y manifestó su deseo de presentarse a las elecciones al margen de la alianza, alegando que se trataba de elecciones comunales. El escritor, harto de las luchas intestinas e intrigas, y en vista de que los partidos no cedían en sus posturas, tomó una radical e inesperada decisión: renunció a la candidatura presidencial y retornó a Europa para retomar su actividad literaria.

La dimisión fue motivo de especulaciones, aun por quienes lo apoyaban. En junio de 1989, el también escritor Fernando Iwasaki (1992), quien había participado en los inicios de Libertad, escribió en el diario *Expreso*:

> Pocos en el Fredemo tomaron en serio su decisión de postular a la Presidencia tan solo como un imperativo de responsabilidad, y no faltaron quienes afirmaron que lo hacía por soberbia, oportunismo o pedantería [...]. Por eso, para algunos intolerantes Vargas Llosa no es un «político» y bien haría con agradecer la candidatura concedida y abstenerse de participar en lo que «no entiende» (listas parlamentarias, plan de gobierno, elecciones municipales, etc.). Ello explica por qué renunció a ser candidato presidencial del Fredemo: Vargas Llosa se niega a «entender» la política en esa forma, pues tal cosa es incompatible con la Cultura de la Libertad, la sociedad abierta, la democracia gobernante y los principios éticos del liberalismo (p. 33).

Esta sorpresiva retirada ocasionó una gran conmoción en el país. Un significativo sector de la opinión pública estimó que era el momento para que el novelista rompiera con los denominados partidos tradicionales. Pero, ante la crítica situación y preocupadas por las protestas ciudadanas, estas agrupaciones renunciaron a sus pretensiones iniciales y aceptaron la postulación a las elecciones municipales de forma unitaria, con el nombre de Frente Democrático. El escritor arequipeño, entonces, reasumió su candidatura.

En el lapso que estuvo ausente del país, Mario Vargas Llosa y los candidatos a las vicepresidencias, el arquitecto Eduardo Orrego (Acción Popular) y el doctor Ernesto Alayza Grundy (PPC), lograron un acuerdo mediante el cual los dos partidos se repartieron las candidaturas a nivel nacional, dejando de lado en las listas a los miembros o simpatizantes del Movimiento Libertad, quienes tuvieron una muy reducida participación. En un principio, un sector de la opinión pública vio este acuerdo como algo salomónico —incluido Vargas Llosa—, pero luego fue interpretado como una señal de debilidad de parte del escritor y de que, efectivamente, los partidos tradicionales tenían el control político del Frente Democrático.

En setiembre de 1988, Vargas Llosa leyó un mensaje al país a través de la radio y la televisión titulado «Por un Perú posible». En él efectuó una descarnada radiografía de la calamitosa situación económica y social a la que la gestión aprista había conducido a la nación, al aplicar recetas socialistas que habían fracasado en todos los países donde se pusieron en marcha («la política intervencionista, controlista y estatizante que el presidente Alan García expropió a la Izquierda Unida») y pidió al Gobierno que reconstruya las relaciones con el sector privado y propicie de ese modo «un auténtico clima de colaboración patriótica destinado a crear riqueza y nuevos empleos y traer por fin prosperidad al Perú». Pero señaló una condición necesaria, que, por supuesto, el régimen desoyó:

> Por eso, antes que nada, para que ese clima nazca, el Gobierno debe derogar la ley de estatización de la banca que aún está vigente. Nada contribuyó tanto como ese insensato proyecto a sembrar el temor y la

> división entre los peruanos. Y nada ha echado tanta leña al fuego de la crisis actual como la polémica que desató entre nosotros esa tentativa totalitaria, perfectamente explicable entre los marxistas partidarios por doctrina de socializar todos los medios de producción, pero no entre los demócratas convencidos del pluralismo económico como lo estuvo el propio Víctor Raúl Haya de la Torre (Vargas Llosa, 2024, pp. 485-486).

Los resultados negativos de los comicios municipales de 1990 fueron la primera llamada de alerta. En Lima, la ciudad más importante del país desde el punto de vista electoral, económico, político y social, perdió el candidato del Frente Democrático, el ingeniero Juan Incháustegui Vargas, proveniente de las filas de Acción Popular, quien estuvo acompañado por la joven lideresa del PPC, Lourdes Flores Nano, que había alcanzado protagonismo político tras su alocución el día del mitin en la plaza San Martín contra la amenaza autoritaria de Alan García. El ganador fue un independiente, un hombre de radio y televisión, un empresario sin mayor pasado político, pero que conectaba muy bien con la gente, el empresario Ricardo Belmont Cassinelli, que para ese proceso electoral fundó su propio movimiento, al que denominó Obras. Sin equipo, sin plan de gobierno, sin trayectoria en gestión pública, ¡alcanzó el 45 % de los votos! Y el candidato del Fredemo apenas llegó al 26 %.

Hasta ese momento, Belmont era una persona totalmente alejada de la política. Tenía un modesto canal de televisión, que logró rescatar (había cerrado durante el gobierno militar) y luego logró reconstituir gracias a una colecta pública que él mismo organizó, con el ofrecimiento de hacer propietarios del medio de comunicación a los que colaborasen con él en esa causa, pero a quienes nunca retribuyó como correspondía. Era un hombre sin mayores cualidades profesionales ni técnicas, pero de gran cercanía con la gente a través de un programa, primero radial y luego televisivo, llamado *Habla el pueblo*. Ahí dejaba hablar a la gente y él, de manera improvisada, iba trazando sus ideas.

Pero tenía una gran ventaja: era conocido a nivel nacional porque anualmente organizaba una colecta pública televisiva, denominada Teletón, a favor de la Clínica San Juan de Dios, dedicada al cuidado de niños con discapacidad.

Belmont, además de independiente, no creía en los partidos políticos tradicionales, a los que responsabilizaba de la postración en la que se encontraba el país. Al igual que Vargas Llosa, veía a la empresa privada como fuente generadora de la riqueza. En algún momento, llegó a decir que sus ideas eran iguales a las del escritor y que iba a votar por él para las elecciones presidenciales, pero que desconfiaba de Acción Popular y del PPC. De algún modo, era precisamente lo que el Movimiento Libertad hubiera querido tener como candidato: un empresario privado, sin pasado político.

Antes de las elecciones municipales, Belmont se llegó a reunir con Vargas Llosa. Estaba muy confiado en su victoria, y le advirtió al escritor que su alianza con los partidos era dañina. Así lo recuerda el propio Vargas Llosa (1993):

> Mis electores están sobre todo en los sectores C y D, los más bajos, me aseguró, y a quien yo les voy a quitar votos no sería al Frente sino a la Izquierda Unida. A mí, mi propia clase, la burguesía, me desprecia, porque hablo en jerga y porque me creen un inculto. En cambio, aunque sea un blanquito, los cholitos y los negros de los pueblos jóvenes me tienen mucha simpatía y votarán por mí (p. 135).

Belmont hizo una campaña inteligente, sin mayores gastos publicitarios, y contra todo pronóstico estuvo mejor en el debate electoral que Juan Incháustegui, un ingeniero dedicado a la vida académica que en teoría tenía una mejor preparación profesional que su rival. Su victoria mostró las debilidades del Frente Democrático y que el aspecto social, que muchos consideraban capital en el resultado de la elección, no fue crucial en el caso de Belmont, porque este es un «blanquito» más, pero diferente por su cercanía con los hábitos del pueblo. Más adelante, su gestión como alcalde sería muy deficiente, aunque fue reelecto. La crisis económica no lo ayudó ni tampoco contó con la cooperación del entonces presidente Alberto Fujimori. En 2009 llegó al Congreso de la República, tras el fallecimiento de Alberto Andrade, exitoso alcalde de Miraflores y luego de Lima, que fundó Somos Perú, un partido político de alcance nacional para llegar a la presidencia. En ese momento, era impensable que, décadas después, apoyaría al inepto y golpista Pedro Castillo. Un caso de involución ideológica y política surrealista.

Contra el agnóstico

Durante el desarrollo de la campaña municipal, el escritor se adelantó en hacer público su agnosticismo. Vargas Llosa creyó que era un acto de honestidad informarle a un electorado mayoritariamente católico acerca de sus convicciones religiosas. Admitió, obviamente, que era respetuoso del sentir mayoritario del país. No volvió a hablar del tema porque consideraba que debía quedar en el ámbito estrictamente personal. Tampoco lo hizo cuando sectores del Gobierno desataron una campaña de ataques contra él con el eslogan «¿Quieres tener un presidente ateo?».

Fue un asunto que luego nunca se dejó tocar y motivó múltiples y acalorados debates, artículos periodísticos y toda clase de explicaciones que tenían como propósito debilitar al escritor ante la feligresía católica. Explicar, en medio del debate político, la diferencia entre agnosticismo y ateísmo resultó estéril. Ciertamente, participaron en la polémica algunas autoridades de la Iglesia católica, como los arzobispos de Lima y Arequipa, Augusto Vargas Alzamora y Fernando Vargas Ruiz de Somocurcio, respectivamente. Ambos sacerdotes jesuitas, infructuosamente, intentaron explicar con argumentos esta diferencia.

Pero el hecho es que Vargas Llosa no ocultó su condición de agnóstico por cálculo político o electoral. Nadie en ese momento sospechó la importancia que tendría este asunto más adelante.

La propuesta

Si bien es cierto que en múltiples ocasiones Vargas Llosa expuso sus ideas, planteamientos y sugerencias, la ocasión que esperó para presentar su propuesta de gobierno fue durante la Conferencia Anual de Ejecutivos (CADE) de 1989, el foro empresarial más importante del país, donde, además, los candidatos a la Presidencia de la República solían ser invitados a presentar sus propuestas y abrir así la discusión a nivel nacional.

De los diez postulantes a la presidencia, los organizadores invitaron solo a los cuatro que, según la mayoría de las encuestadoras, tenían las mayores posibilidades de resultar elegidos. Además de Vargas Llosa, asistieron Luis Alva Castro, del APRA; Alfonso Barrantes, de Izquierda Socialista; y Henry Pease, de Izquierda Unida. Alberto Fujimori no fue invitado porque no aparecía en ninguna encuesta.

Tal vez en un caso inédito en la historia política del Perú, Vargas Llosa expuso los lineamientos de su plan de gobierno[71]. Este hecho, elogiado por muchos por ser una señal de transparencia, fue criticado inclusive en el interior del Movimiento Libertad porque daba al adversario material para dirigir sus ataques. El escritor sostenía que debía decir las cosas con toda claridad y amplitud al electorado, porque era necesario obtener un mandato claro para emprender la difícil reforma liberal que deseaba llevar adelante.

Explicó todas sus propuestas. El programa de ajuste antiinflacionario (más conocido como *shock*), la privatización de las numerosas empresas públicas quebradas a través de la difusión de la propiedad[72],

71 «Acción para el cambio». El Programa de Gobierno del Frente Democrático. Lima. Diciembre de 1989.

72 Vargas Llosa encargó a su viejo amigo Javier Silva Ruete la difícil tarea de presidir la Comisión de Privatización de las Empresas Públicas por su competencia y capacidad de trabajo, como señala en *El pez en el agua*. Pero Belaunde y Bedoya, que no habían visto con buenos ojos la presencia del SODE en el

la reducción o supresión de ministerios, la creación del sistema privado de pensiones, la reforma educativa (que no implicaba la supresión de la educación gratuita, como insidiosamente señalaron sus adversarios), la reforma del mercado liberal que incluía su flexibilización, la regulación del derecho de huelga para que fuera aprobado en votación secreta y democrática por los trabajadores, la supresión de los monopolios públicos y privados, y el cambio de la legislación agraria, que no se había modificado desde la dictadura del general Velasco.

Un tema esencial fue el agrario. El novelista quería titular a todos los campesinos y agricultores, quienes desde la reforma agraria de la dictadura de Velasco no tenían la condición de propietarios. El agro siempre fue una preocupación de Vargas Llosa. Por ello, simpatizó inicialmente con Belaunde durante su primer gobierno y luego con Velasco, pero su iniciativa era radicalmente opuesta a la de ambos. Lo que planteaba era convertir a los campesinos en propietarios con títulos legales y registrados, algo que no hicieron el expresidente en su primer gobierno ni, posteriormente, el dictador. Velasco empobreció al campesinado con su reforma agraria precipitada y con el control político de las cooperativas y Sociedades Agrícolas de Interés Social (SAIS), mediante las cuales manejó el agro, llevándolo a su destrucción económica[73].

Vargas Llosa era plenamente consciente de la problemática de los parceleros, quienes habían dividido las tierras de las cooperativas pese

---

Fredemo, terminaron por resignarse, aunque «nunca se sintieron muy felices con este aliado» (p. 368).

73 Según estudios del Instituto Peruano de Economía, la reforma agraria, de 1969 a 1980, expropió 10.5 millones de hectáreas, equivalentes al 56 % de la superficie agrícola. En este periodo, las haciendas se convirtieron en unas 1200 empresas asociativas o cooperativas. De 1970 a 1980, la productividad del agro se redujo en 17 % en el Perú, a diferencia de otros países de la región, en los que creció en este mismo periodo (Instituto Peruano de Economía, 4 de octubre de 2021).

a que esta acción carecía de valor legal, dado que la legislación vigente lo prohibía. Pero él buscaba convertirlos en propietarios.

> El movimiento de los *parceleros,* nacido de manera independiente, en contra de los partidos y sindicatos de izquierda, había sido para mí, desde hacía años, como el de los empresarios *informales,* un signo esperanzador. Que los más pobres entre los pobres hubieran optado por la propiedad privada, por emanciparse de la tutela estatal, era, aunque no lo supieran ellos mismos, una rotunda demostración de que las doctrinas colectivistas y estatistas habían sido repudiadas por el pueblo peruano y que este, a través de la dura experiencia, descubría las ventajas de la democracia liberal (Vargas Llosa, 1993, p. 364).

El escritor, no exento de idealismo, creía que su propuesta a favor de la privatización del agro sería valorada por quienes ya actuaban en esa dirección, pero sin el debido reconocimiento del Estado. Por ello, además, en la proclamación de su candidatura en Arequipa, los llamó, con los informales, «la punta de lanza de la transformación para la que pedía el voto de los peruanos». Pero el resultado de las ánforas no convalidó esta apreciación.

> Mi estrategia de campaña estuvo basada, en gran parte, en el supuesto de que parceleros e informales serían el principal sustento de mi candidatura. Es decir, en que yo conseguiría persuadir a estos sectores de que lo que ellos estaban haciendo, en las ciudades y en los campos, correspondía a las reformas que quería llevar a cabo. Fracasé sin atenuantes: la inmensa mayoría de parceleros y de informales votaron en contra de mí [más que a favor de mi adversario], atemorizados por mi prédica antipopulista, es decir, en defensa del populismo contra el que habían sido los primeros en rebelarse (Vargas Llosa, 1993, p. 364).

En cuanto al terrorismo, Vargas Llosa reiteró su compromiso de liderar personalmente su combate con la participación de la sociedad civil, especialmente en la sierra, donde ofreció organizar a las rondas o comunidades campesinas. En vista de la gravedad del problema y la crítica situación del país, el escritor consideraba que el jefe del Estado debía asumir directamente la responsabilidad de enfrentarlo, con apego a la Constitución y la ley, sin violar los derechos humanos y con absoluta participación ciudadana.

Las respuestas al mensaje directo y transparente no se hicieron esperar. Casi todos los medios de comunicación reaccionaron con desconcierto. Inmediatamente, el Frente Democrático inició una campaña publicitaria para explicar los alcances de los planteamientos expuestos. Los adversarios de Vargas Llosa emprendieron la cínica tarea de tergiversar sus propuestas. Apristas e izquierdistas iniciaron una campaña en la que se afirmaba que el escritor quería suprimir la educación gratuita y despedir a un millón de trabajadores estatales, mediante un ajuste o *shock*. En este último caso, fueron muy hábiles para aprovechar unas declaraciones de Enrique Ghersi en Chile, quien con la locuacidad que lo caracteriza había señalado la necesidad de hacer un programa de ajuste económico para detener la hiperinflación. Ghersi nunca mencionó cifra alguna de despidos en el sector estatal, pero sus declaraciones (*Diario de Santiago*, 4 de agosto de 1989) fueron deformadas grotescamente. La aclaración del Frente Democrático se demoró y cuando se difundió no convenció a un importante sector. Luego, la prensa cercana al Gobierno ayudó a convertir esta inexactitud en verdad. El APRA, por su parte, no desaprovechó la ocasión y sacó un terrorífico *spot* televisivo[74].

> En un video contra nosotros, que repetía las imágenes de *The Wall*, de Pink Floyd, el Gobierno me presentaba, desfigurado por unos colmillos

---

74 Ante una situación económica de gravedad similar, décadas después, el candidato presidencial argentino Javier Milei propuso también un ajuste económico severo, porque era la única forma de detener la inflación heredada de la pésima gestión peronista y ganó la elección presidencial.

> de Drácula, provocando un apocalíptico *shock*, en el que se cerraban las fábricas, los precios se disparaban hasta la estratosfera, los niños eran arrojados de las escuelas y los obreros de sus puestos y el país entero estallaba en una explosión nuclear (Vargas Llosa, 1993, p. 357).

Esta propaganda tuvo un efecto dañino incalculable. Fue un ataque político demoledor. La campaña llegó en ese momento a un nivel de polarización que tal vez no fue calculado adecuadamente, y creo que no se respondió a Alan García con la suficiente severidad y eficacia. Primordialmente, el Partido Aprista utilizó como táctica publicitaria el ataque permanente a las iniciativas que presentó Vargas Llosa. Empleó para ello a los medios del Estado y la prensa adicta al régimen de manera impúdica. Para la agresión política, el APRA no tenía ningún reparo en recurrir a la mentira. Por ejemplo, cuando el novelista anunció su plan de reforma educativa, inmediatamente falsearon el planteamiento, señalando que lo que pretendía el Fredemo era suprimir la gratuidad de la enseñanza. Fue otro ataque malévolo y certero, que tampoco fue refutado oportunamente.

Ante el pedido de un mandato claro, solicitado al electorado por Vargas Llosa para emprender su plan de reformas, el Gobierno y sus adláteres iniciaron una efectiva estrategia de desinformación con el fin de persuadir a la ciudadanía de que Vargas Llosa pedía poderes casi dictatoriales para gobernar. Pero, en realidad, lo que el escritor planteaba era un detallado y completo programa de reformas para enrumbar el país[75], que incluía la pacificación nacional; la lucha contra la subversión y el narcotráfico; la reforma económica; la reformulación de la política fiscal, monetaria, cambiaria, de precios, de remuneraciones y el programa de liberalización de la economía; la reforma arancelaria; el cambio financiero y la reinserción del Perú en el sistema

75 «Acción para el cambio». El Programa de Gobierno del Frente Democrático. Lima. Diciembre de 1989.

económico, financiero e internacional del cual se había apartado por la inefable decisión del Gobierno de Alan García. Pero también una lucha contra la corrupción, que durante el gobierno aprista había llegado a niveles insospechados, repartiéndose dólares y prebendas entre partidarios y amigos, provocando escándalos que aparecían en diarios, canales de televisión y revistas. Acaso a eso era lo que más temía García y, por eso, no dudó en poner toda la maquinaria estatal a su mano para sabotear la campaña electoral del escritor.

Guerra sucia

La parte decisiva de las elecciones en el Perú suele empezar los primeros días de enero, cuando se inscriben, luego de las candidaturas presidenciales, las listas de los postulantes al Congreso de la República. Para esta etapa de la contienda electoral, los candidatos al Parlamento por el Frente Democrático recibimos instrucciones y recomendaciones para que respetáramos las propuestas del candidato presidencial y no ofreciéramos cosas que ocasionaran contradicciones. También se sugirió prudencia en el gasto para no generar una sensación de dispendio del dinero ante un país que atravesaba por una crítica situación económica. Lamentablemente, estas advertencias no fueron acatadas y se inició una millonaria campaña publicitaria en los medios de comunicación, y en algunos casos con iniciativas populistas.

El presidente García no desaprovechó la ocasión para denunciar la cuantiosa campaña publicitaria y señaló que varios de los candidatos ya habían gastado más de lo que ganarían en caso de ser elegidos.

Ante ello, Vargas Llosa sostuvo que su mensaje perdió su «semblante reformista». Consideró que esta campaña publicitaria fue

> [...] un factor decisivo de debilitamiento del apoyo de ese veinte por ciento de votantes que, en las últimas semanas de la campaña, según las encuestas, cambió sus intenciones de voto hacia el ingeniero Alberto Fujimori, quien, en enero y febrero, y aún en la primera

> quincena de marzo, seguía estancado en el uno por ciento (Vargas Llosa, 1993, p. 413).

Como lo describe en sus memorias, Vargas Llosa encargó la «absorbente e ingrata» tarea del financiamiento de su campaña presidencial a Felipe Thorndike, amigo y conocido hombre de empresa, quien contó con el apoyo para este fin de Miguel Cruchaga, Luis Miró Quesada Garland, Fernando de Szyszlo, Miguel Vega Alvear y, eventualmente, de la secretaria de administración Rocío Cillóniz. El candidato no quería vincularse directamente con ninguno de los donantes para no asumir compromiso alguno.

> Prohibí a todos ellos que me dieran información alguna sobre lo que se recibía y se gastaba y les fijé, únicamente, esta regla: no aceptar dinero de gobiernos extranjeros ni de compañías (los donativos debían hacerse a título personal). Esta disposición se cumplió al pie de la letra (Vargas Llosa, 1993, p. 170).

En ese entonces, no existía ninguna ley que regulara, como ahora, el financiamiento de los partidos políticos. Ciertamente, había que dar cuenta de ello a las autoridades electorales, pero no había las restricciones de hoy. En términos generales, distintos Gobiernos y Parlamentos, incluido por supuesto el aprista, no habían tipificado como delito el financiamiento ilícito de las campañas, porque seguramente consideraban que era necesaria una flexibilidad para captar recursos económicos. Sin embargo, Vargas Llosa fue muy claro en instruir a Thorndike y su equipo en no recibir ningún tipo de aporte de dudosa procedencia, por generoso o copioso que fuera. Incluso rehusaba explícitamente tratar el tema en entrevistas o conversaciones personales. Esto también lo aclara en sus memorias (1993): «Las pocas veces que, en una entrevista, alguien me mencionó la posibilidad de una ayuda, lo interrumpí explicándole que los circuitos financieros de Libertad y del Frente no pasaban por mi casa» (p. 171). Es innegable que, como candidato, Vargas Llosa tuvo respaldo de los empresarios, pero no de todos, como afirmaba falazmente García. Había un sector empresarial que estaba acostumbrado al proteccionismo económico y quería evitar su llegada al poder porque él planteaba una economía de mercado, con libre competencia, libertad de comercio, aranceles bajos, desaparición de subsidios y de toda clase de prebendas gubernativas que había aplicado el Gobierno de García y que benefició a más de uno, aun cuando destruyó la economía nacional.

La acción violenta y demencial del terrorismo contribuyó también a la crispación del ambiente electoral. Sendero Luminoso y el MRTA intentaron frustrar el proceso con sus atentados y asesinatos. El partido de Gobierno empleó también métodos violentos para perturbar las manifestaciones públicas de Vargas Llosa.

> El APRA, retornando a los métodos que hizo famosos en la historia peruana —la piedra, la pistola y el garrote— empezó a atacar nuestros mítines con grupos de búfalos[76] que pretendían desbandarnos (Vargas Llosa, 1993, p. 414).

A partir de ese momento, el novelista empezó a pedir un «mandato» claro para realizar el «Gran Cambio», lema de su campaña.

Las encuestas que Sawyer & Miller elaboraba para uso privado del Movimiento Libertad indicaban que eran dos los asuntos que más inquietaban a los electores: terrorismo e inflación. Por lo tanto, con convicción, ambos eran recurrentes en las intervenciones del candidato presidencial. Las encuestas demostraban también que había criterios vinculados a Vargas Llosa que él debía aprovechar: «el de independiente, de modernidad y de no político».

Estos sondeos señalaban también que la adhesión era a la figura del escritor, que generaba simpatía, pero esto no significaba que las

76 A los defensistas o escoltas se les conoce como «búfalos».

candidaturas que lo apoyaban necesariamente estaban de acuerdo con su mensaje. El trabajo que debía realizarse era entonces el de convencimiento. Para ello, se diseñaron *spots* televisivos de carácter pedagógico. En uno de ellos, por ejemplo, se apreciaba a Vargas Llosa deteniendo una máquina que imprimía billetes. Esta propaganda trataba de explicar lo dañino que resultaba esta práctica (imprimir billetes sin valor) porque generaba inflación. La dirección del Frente Democrático había tomado la determinación de no tener ninguna publicidad negativa o de ataque al adversario, es decir, contra el APRA y la izquierda. Pero hubo dirigentes que dudaron sobre esta determinación. Algunos la calificaron de ingenua.

En la recta final de la campaña, las acusaciones contra Vargas Llosa fueron innumerables. Las inició César Vásquez Bazán, el patético ministro de Economía y Finanzas aprista, uno de los grandes responsables del caos hiperinflacionario que nos llevó a una hecatombe económica. Este le exigió al escritor que mostrara las declaraciones juradas del pago de sus impuestos. Al día siguiente, en un acto cómplice, el senador izquierdista Javier Diez Canseco exhibió en televisión copias de estos documentos. ¿Cómo llegaron a sus manos papeles oficiales de carácter privado, que se suponía que estaban protegidos por el secreto tributario y bajo custodia del Estado? Hasta el día de hoy no hay respuesta de esa ilicitud. Inmediatamente, basándose en esa denuncia, las autoridades competentes le iniciaron al escritor varios procesos de investigación.

A lo largo del tiempo, García usó el tema tributario como principal modo para agraviar y atacar a Vargas Llosa. En la televisión del Estado, TV Perú, se inició una sostenida campaña de descrédito, presentándolo, además, como un escritor inmoral, drogadicto, ateo, pervertido y pornógrafo. En síntesis, un monstruo. La «técnica» consistía en leer capítulos de algunas de sus novelas, como *El elogio de la madrastra* (1988), de alto contenido erótico, y luego cederle la posta a un panel de periodistas para los comentarios y ataques. Como la Constitución de 1979 (y la actual, también) permitía el control absoluto por parte del Gobierno del canal del Estado[77], nada se pudo hacer. Tampoco el Jurado Nacional de Elecciones tomó iniciativa alguna para impedir este tipo de actos. Desde el inicio de la contienda electoral, la televisión y la radio estatales estuvieron al servicio del candidato del APRA, Luis Alva Castro.

Otra de las agresiones constantes contra el novelista fue la de presentarlo como un furibundo antimilitarista. Vargas Llosa aprovechó la ocasión para exponer en el Centro de Altos Estudios Militares (CAEM) sus lineamientos generales acerca de las Fuerzas Armadas, así como su compromiso personal para liderar la lucha contra el terrorismo. Su intervención fue bien recibida, pero, al final, ante una pregunta de un periodista, el escritor respondió que su Gobierno no tendría ministros «cacasenos» ni «bribones», en alusión a los escándalos de corrupción del Gobierno aprista. Al día siguiente, la prensa no destacó su exposición. Los adjetivos calificativos que utilizó fueron el tema central de la noticia.

El novelista, sin embargo, reconoció a los medios de comunicación y periodistas que a lo largo de su convulsa campaña presidencial le dieron tribuna, informaron con veracidad y cumplieron cabalmente con su rol. Vargas Llosa menciona a los diarios *Expreso*, *El Comercio* y *Ojo*, al canal de televisión América Televisión, la revista *Oiga* y, de un modo especial, al programa televisivo *En persona*, que dirigía y conducía el incisivo periodista César Hildebrandt.

El llamado tsunami

Hasta la primera quincena de marzo de 1990, Vargas Llosa, según las encuestas de opinión, seguía en primer lugar. A un mes de las elecciones, ni los candidatos Alva Castro, del APRA, ni Henry Pease,

77 En ese entonces, el dirigente aprista y operador político de Alan García Mauricio Mulder presidió este medio de comunicación del Estado.

de Izquierda Unida, parecían amenazar su triunfo. En la penúltima encuesta de Sawyer & Miller inclusive se detectó que, a pesar de lo anticipado sobre el posible impacto negativo de la millonaria campaña publicitaria en televisión de los candidatos al Congreso, esta no afectaba la candidatura presidencial del escritor.

Las manifestaciones públicas eran grandes y, la mayoría de ellas, multitudinarias. Las últimas en Iquitos y Cusco ratificaban la sensación de victoria. Precisamente, cuando se encontraba en la Ciudad Imperial, una región que políticamente nos era adversa, donde presidiría un mitin en la plaza de Armas, Vargas Llosa recibió una llamada telefónica angustiosa de su hijo Álvaro en la que le informó que en la última encuesta de Sawyer & Miller había aparecido una sorpresa: en los barrios pobres de Lima, llamados pueblos jóvenes en el Perú, que representaban el 60 % de los votos de la capital, un desconocido candidato llamado Alberto Fujimori había pasado al APRA y a la Izquierda Unida en la intención de voto. Mark Mallow inclusive le solicitaba que se suspendiera su presentación en Cusco para trazar una nueva estrategia ante este sorpresivo fenómeno, que solo habían detectado en Lima.

El apoteósico éxito del mitin en Cusco hizo olvidar a Vargas Llosa la noticia sobre la súbita aparición del tal Fujimori. Hasta ese momento, además, nadie había representado algún peligro electoral. Pero, de regreso a Lima, el escritor confirmó lo absolutamente inesperado: el crecimiento diario de Fujimori era impresionante y se vislumbraba que lo más probable era que pasara con él a la segunda vuelta electoral o balotaje. Si algo quedaba claro en ese momento era que la guerra sucia no beneficiaba a quienes la habían propiciado, sino a Alberto Fujimori, el hasta entonces desconocido candidato de una agrupación llamada Cambio 90. Lo que no sabía Vargas Llosa era que esa era también parte de la estrategia de quienes habían creado la llamada guerra sucia. Es decir, cualquiera menos la persona que había declarado iniciar una campaña para encontrar y castigar a quienes se habían beneficiado ilegalmente con los tentáculos del Estado y llevado al país al precipicio.

Enterado también de la subida de Fujimori en las encuestas, el Gobierno cambió rápidamente su discurso político y los medios de comunicación que le eran afines repentinamente comenzaron a darle mayor espacio a esa candidatura.

El expresidente Belaunde, quien estuvo con Vargas Llosa en Cusco y observó su triunfal manifestación, le dijo: «La candidatura de Fujimori es una típica maniobra aprista para quitarnos votos» (Vargas Llosa, 1993, p. 442).

Fujimori era simultáneamente candidato al Senado. Es decir, su máxima aspiración al inicio de la campaña, en realidad, era ser elegido parlamentario. La Constitución de 1979 permitía entonces candidatear a la Presidencia de la República y al Congreso simultáneamente.

Ante esta inesperada situación, el flamante alcalde de Lima, Ricardo Belmont, decidió intervenir para apoyar a Vargas Llosa, pero su esfuerzo fue estéril. No tenía ninguna capacidad para endosar los votos que había recibido en las elecciones municipales. El panorama se mostraba difícil.

El 8 de abril de 1990 se confirmaron los pronósticos: Mario Vargas Llosa y Alberto Fujimori pasaron a la segunda ronda electoral porque ocuparon los primeros dos lugares sin que ninguno hubiera obtenido más del 50 % de los votos, requisito constitucional para ser elegido en primera vuelta. Era evidente que en la segunda vuelta a Fujimori solo le bastarían los votos del APRA y de la Izquierda Unida para ganar la elección. Era el virtual presidente.

Lo sorprendente de los resultados electorales, además del escaso número de votos de Vargas Llosa, fue la gran cantidad de votos y, por ende, de parlamentarios que obtuvo el APRA. Antes de las elecciones, ninguna encuestadora les asignó esa inesperada cantidad de escaños. En medio de la peor tragedia política y económica del gobierno de Alan García, el APRA quedó tercero y alcanzó el 22.5 % de los votos. Nunca se llegó a investigar lo que para muchos era un resultado anómalo y sospechoso. El Fredemo apenas alcanzó el 32.6 %, y el partido de Fujimori, un sorprendente 29.2 %.

Como senadores y diputados de Libertad, resultamos elegidos un pequeño grupo, porque tuvimos una cuota menor de postulantes, en comparación con Acción Popular y el PPC. Llamó la atención que no alcanzara una curul Francisco Belaunde, hermano del expresidente, quien no pudo postular por Acción Popular porque hubo una conspiración partidaria contra él. Su hermano Fernando, jefe supremo del partido, no se inmutó. Por ello, Vargas Llosa lo había incorporado como candidato de Libertad. Tampoco fue elegido Enrique Chirinos Soto, notable jurista y parlamentario arequipeño, quien tuvo una campaña publicitaria que pareció efectiva.

Segunda vuelta

Vargas Llosa, el mismo día de la elección que ganó, pero sin obtener el mandato claro que habría solicitado, tomó la determinación de renunciar a participar en la segunda vuelta. Él creía que, para evitar que el APRA copara a Fujimori, debía adelantarse y ofrecerle el plan de gobierno y el apoyo de los técnicos que habían trabajado en ese proyecto. El candidato de Cambio 90 no solo carecía de programa de gobierno, sino también de cuadros técnicos. No estaba preparado para gobernar.

Su argumento principal ante Fujimori fue el siguiente:

> Más de la mitad de los peruanos han votado por un cambio. Es evidente que no hay una mayoría a favor del cambio radical que yo propongo; el resultado indica que la mayoría se inclina por cambios moderados, graduales, por ese consenso que yo dije siempre que significaba parálisis en incongruencia con los principios. Es clarísimo que yo no soy la persona indicada para llevar a cabo esta política. Pero sería una burla la decisión de la mayoría que Cambio 90 sirviera para que el APRA continuara gobernando el Perú, cuando es evidente, también, que solo un 19 por ciento de peruanos quiere el continuismo (Vargas Llosa, 1993, p. 452).

La misma noche de la elección, Vargas Llosa redactó una carta dirigida a Fujimori, la que quería mostrársela lo más pronto posible. La determinación de renunciar a participar en la segunda vuelta electoral la tomó solo, sin el conocimiento previo de los dirigentes del Movimiento Libertad ni del Frente Democrático. El escritor, al día siguiente de conocerse los resultados electorales, llamó a Fujimori para pedirle una cita y conversar a solas con él. La reunión se concretó y en ella le planteó su idea de renunciar y le ofreció el plan de gobierno elaborado por el Frente Democrático, así como la colaboración de sus técnicos. Quedaron en que el anuncio se haría público una vez que el escritor informara su decisión a los dirigentes de Libertad y del Frente Democrático.

Casi de inmediato, el presidente Alan García llamó por teléfono al expresidente Fernando Belaunde, quien se encontraba en Moscú, para comunicarle la decisión que había adoptado Vargas Llosa. ¿Cómo se enteró García tan rápidamente de la renuncia del novelista, que se había mantenido en la más absoluta reserva? El escritor convocó entonces a sus dos compañeros de fórmula electoral, Orrego y Alayza, para informarles de su renuncia. Luego de escucharlo, el doctor Ernesto Alayza le dijo que esta sería inconstitucional porque la participación en la elección era obligatoria. Alayza tenía razón. El antecedente de las elecciones generales de 1985, en las que el candidato de Izquierda Unida, Alfonso Barrantes, renunció a favor de Alan García, no constituía un precedente legal al no haber sido constitucional.

Los miembros del Movimiento Libertad —con la excepción de Enrique Ghersi— nos opusimos a que Vargas Llosa renunciara a la contienda electoral. Fue tal la convulsión que ocurrió algo inverosímil: el cardenal y arzobispo de Lima, Augusto Vargas Alzamora, alertado de la renuncia del novelista, acudió intempestivamente a su casa en Barranco para intentar persuadirlo y sugerirle que se retractara.

Conocida la rotunda determinación del autor de *La ciudad y los perros*, se inició un debate jurídico sobre su renuncia. Fue entonces que Fujimori buscó a Vargas Llosa para decirle que su planteamiento podía ser objetado como inconstitucional y, por lo tanto, afectar el proceso electoral. En ese contexto, el presidente García envió un emisario a Vargas Llosa para tener una reunión secreta con él. Era Genaro Delgado Parker, el dueño de Panamericana Televisión, el principal canal del país. El candidato del Frente Democrático no aceptó recibirlo ni tampoco accedió a otras solicitudes posteriores. «¿Cuál podría ser el objeto de esa reunión? ¿Negociar el apoyo del voto aprista en la segunda vuelta?», luego señalaría el escritor (1993, p. 488). Era obvio que el líder aprista buscaba un pacto para más adelante tener garantizada lo que más le importaba de todo: su impunidad.

Como aquella gestión fue infructuosa, el presidente García encomendó a su partido tener un acercamiento con el Movimiento Libertad. Fue así como se celebraron reuniones entre los representantes apristas, Jorge del Castillo[78] y Abel Salinas, y los que Vargas Llosa designó, Felipe Thorndike y Miguel Vega Alvear. Los interlocutores de García pidieron fundamentalmente la presidencia del Senado para su histórico líder Luis Alberto Sánchez, obviamente, para tener el control del Parlamento y frenar posibles acusaciones constitucionales contra el entonces presidente, así como una declaración del escritor destacando algún aspecto positivo del gobierno aprista[79]. Obviamente, Vargas Llosa no aceptó las condiciones que mandó pedir Alan García.

78 Abogado y fanático defensor de Alan García.

79 Años después, Felipe Thorndike, hombre clave durante la campaña presidencial de Vargas Llosa, nos contó a Enrique Ghersi y a mí que el dirigente aprista Armando Villanueva lo había buscado para decirle que no comprendían por qué el escritor había rechazado el pacto que le garantizaba llegar a la Presidencia de la República.

Luego de la publicación de *El pez en el agua*, el exsenador Javier Alva Orlandini, de Acción Popular, nos dijo, en tono de burla, que por qué no lo habían llamado a él para negociar el pacto, que en realidad Vargas Llosa había desperdiciado una oportunidad. «Debió pactar y luego, una vez en el poder, actuar de acuerdo con lo más conveniente para el país. Si algo saben los apristas es cumplir con sus pactos», añadió en tono irónico.

Por último, luego de unos días de reflexión, Vargas Llosa revocó su decisión. El ambiente electoral en ese momento estaba extremadamente polarizado.

Para esta etapa se replanteó la estrategia. Ya no se incidiría como en la primera vuelta en el tema económico ni en la reforma del Estado. La idea en ese momento era presentar las ventajas sociales que un eventual gobierno de Vargas Llosa desarrollaría. El asesor Mark Mallow propuso una campaña negativa contra Fujimori, para obligarlo a responder acerca de los graves cargos que se le imputaban, como ser un constructor informal que evadía el pago de impuestos. Vargas Llosa no aceptó la propuesta. Dijo que «solo daría el visto bueno a aquello que significara revelar información fehaciente» (1993, p. 490).

Algunos consideraron que una campaña de ataque al rival tampoco tendría efecto, porque, con el aval de los votantes del APRA e Izquierda Unida, prácticamente Fujimori tenía la elección ganada.

Los consultores, encabezados por Mark Mallow, recomendaron que Enrique Ghersi y yo, quienes durante la primera vuelta habíamos enfrentado a los apristas e izquierdistas, nos replegáramos durante esta etapa. A partir de ese momento, me designaron para actuar también como secretario de Vargas Llosa. Mi complicada tarea consistía en leer las toneladas de cartas que le llegaban y preparar los proyectos de respuesta. Confieso que le añadía una tensión adicional el hecho de que mis textos tuvieran que pasar por la lectura y aprobación de Mario, cuya manía por una redacción perfecta es conocida. Gracias al generoso apoyo de las abnegadas secretarias del novelista, Rosi Bedoya y Lucía Muñoz-Nájar, pude cumplir con el estresante encargo.

También el Frente Democrático adoptó la decisión de disminuir su campaña publicitaria. En la primera vuelta, se habían cometido errores que los adversarios aprovecharon. Un ejemplo fue el *spot* publicitario en el que un monito aparecía «miccionando» en una repartición pública. Este hecho fue considerado por muchos como una ofensa a los funcionarios y obviamente fue aprovechado por la maquinaria mediática aprista para embestir.

Contra todo pronóstico, al interior del Frente Democrático se inició un trabajo más cordial y, según Vargas Llosa (1993), «un espíritu fraterno que no existió antes» (p. 491).

Vargas Llosa debía ahora tener una actitud más cercana con la gente para cambiar la imagen de arrogante y distante del pueblo, que según Mark Mallow se le había creado. Ahora había que profundizar más el trabajo en los pueblos jóvenes. El candidato del Frente Democrático reinició entonces su campaña prometiendo que haría «lo imposible para llegar no solo a la inteligencia, sino, también, al corazón de los peruanos» (Vargas Llosa, 1993, p. 45). Tenía que ser menos ideológico, más sencillo y cercano a la gente.

Alberto Fujimori mostró una alarmante improvisación. Había convocado a una conferencia de prensa, debido a la presión mediática para conocer su plan de gobierno, pero sorpresivamente su esposa, Susana Higuchi, se presentó ante los periodistas para disculpar la inasistencia de su marido porque se había intoxicado al comer bacalao en Semana Santa. A partir de ese momento, el uso de la mentira nunca abandonaría a Fujimori, pero nada de eso le importaría al elector.

El candidato de Cambio 90 reinició su campaña con un efectivo lema electoral: «Un presidente como tú». A pesar de tener las facciones de un japonés, en la práctica Fujimori era percibido como un «chino» cercano a la gente. En la primera vuelta electoral, su eslogan había sido «Honradez, tecnología y trabajo», que aprovechó para difundir con un *spot* televisivo en el que se le veía manejando un tractor. En esta etapa apareció, además, manejando tractores en casi todas las ciudades que visitó. ¿Cómo disponía de estos tractores en los distintos lugares del país? Evidentemente, gracias al Gobierno, que desde ese momento puso la maquinaria del Estado a su servicio. Para entonces, ya tenía un valioso apoyo económico que le permitió, entre otras cosas, el uso de un avión privado. Sin duda, el gran acierto de su campaña fue la crítica permanente a los llamados partidos tradicionales, que, debido a sus deficientes gestiones, estaban muy desacreditados y no representaban el cambio. Fue un ataque directo y certero contra Vargas Llosa y su alianza con Acción Popular y el PPC.

Comenzó entonces una virulenta arremetida contra el escritor. El tema religioso apareció con fuerza por su condición de agnóstico. Además, surgió una confrontación con algunos candidatos que Fujimori había incorporado en sus listas al Parlamento vinculados a las iglesias evangélicas, quienes fueron hábiles en usar el agnosticismo del novelista para desacreditarlo. Su candidato a la segunda vicepresidencia, Carlos García y García, era un pastor evangélico.

Pero también algunos pronunciamientos, como los del diputado electo por Arequipa, Guillermo Yoshikawa, tenían objetivos religiosos. Él, por ejemplo, pidió el voto por Fujimori a sus simpatizantes para lograr la igualdad de las Iglesias. Posteriormente, aparecieron pintas contra la Virgen y volantes contra los fieles católicos, hecho que ocasionó que los obispos hicieran un pronunciamiento público: «No es honesto manipular lo religioso para servir a fines políticos partidarios», señalaron (Vargas Llosa, 1993, p. 495).

El tema religioso se convirtió en un aspecto central de la campaña. Fujimori declaró que era católico para atenuar las críticas por su acercamiento a los evangélicos. El arzobispo de Lima, cardenal Augusto Vargas Alzamora, fue el que participó de manera más activa en el debate, señalando que condenaba la «campaña insidiosa contra nuestra fe» (Vargas Llosa, 1993, p. 500). Inclusive se organizó una procesión del Señor de los Milagros, que solo sale anualmente a las calles de Lima en octubre. Pero al interior de la Iglesia también se produjeron discrepancias. El obispo de Cajamarca, José Dammert, criticó al cardenal Vargas Alzamora porque se había dejado manipular por el Frente Democrático (*La República*, 28 de marzo de 1990).

También apareció el tema del racismo. Por un lado, se criticó a Fujimori por su condición de hijo de japonés y, por otro, a Vargas Llosa por ser parte de la minoría blanca que siempre tuvo el poder en el Perú. El propio Vargas Llosa aclaró con firmeza que Fujimori era tan peruano como él. Luego, el candidato de Cambio 90 hablaría del chinito y los cuatro cholitos para describirse a sí mismo y a su entorno político, buscando enfatizar que sus principales colaboradores eran peruanos de condición humilde, como la mayoría de electores. En el Perú, se suele usar el gentilicio *chino* para referirse a cualquier persona con rasgos orientales, acaso porque resulta más fácil reconocer a un chino que a un japonés, coreano o de otra nacionalidad o procedencia asiática, y por la importante cantidad de peruanos de ese origen. Por ello, al identificarse así, Fujimori se aproximó aún más al ciudadano común y corriente, que de manera casi inmediata empezó a llamarlo por el apelativo de el Chino.

Los intelectuales baratos de la izquierda emplearon el tema del racismo como un argumento central de la derrota de Vargas Llosa. Inclusive trataron de tildar al propio candidato de racista. Sin duda, esto se trató de una estrategia política para atacar y minar al escritor. Cualquier persona medianamente informada que ha leído su obra sabe que el tema de las diferencias raciales y la diversidad cultural del país ha sido para él una preocupación constante. Por ello, esta dramática y compleja situación la ha retratado sin utilización política y, a veces, hasta con crudeza. En cambio, la izquierda sí usó con fines políticos e ideológicos el tema de la diversidad racial en el Perú para acentuar las diferencias. El tema étnico fue usado por la izquierda como arma de agresión para lograr ventajas electorales, siendo consecuentes con el trasfondo marxista de la lucha de clases que subyace en sus diversas posturas. Vargas Llosa, por su parte, en sus mensajes por distintas plazas, afirmó con convicción que la riqueza del país estaba basada en su diversidad cultural, racial, geográfica y de otros órdenes. Si algo se puede rescatar, es que el novelista sí cree en el Perú de todas las sangres de Arguedas. Como lo afirma en *El pez en el agua*, la elección de Ricardo Belmont como alcalde de Lima demostró que el aspecto étnico no fue factor determinante. Como tampoco lo sería, décadas después, en la elección de Pedro Pablo Kuczynski.

Repentinamente, el periodista César Hildebrandt y la revista *Caretas*, que cambió de línea para la segunda vuelta, hicieron una denuncia sobre el aún desconocido Fujimori: en los Registros Públicos aparecían numerosos inmuebles a su nombre y de su esposa, Susana Higuchi. Lo primero que se denunció fue una supuesta evasión tributaria en este millonario negocio inmobiliario de la pareja. Como consecuencia de ello, el escándalo mediático no se hizo esperar. Fue a raíz de este hecho que apareció en el entorno íntimo de Fujimori un personaje que a partir de ese momento se convertiría en su mano derecha: Vladimiro Montesinos[80]. Este intervino obstruyendo el avance de la investigación que había iniciado la Fiscalía sobre la acusación periodística, hecho que fue determinante para que Fujimori confiara plenamente en él. Curiosamente, la estrategia que utilizó Montesinos no fue calmarlo, sino hacerle creer que su vida estaba bajo amenaza y que, por lo tanto, debía mudarse a un lugar de seguridad plena. Fue así como, de manera inverosímil, Fujimori terminó alojándose en el Círculo Militar del Ejército. Desde entonces, Montesinos participará activamente en la guerra sucia contra Vargas Llosa.

El propósito político y electoral de la izquierda fue evitar a toda costa el triunfo de Vargas Llosa. No le importó votar por un personaje sin trayectoria democrática y absolutamente desconocido, improvisado, con un partido político inexperto, sin programa de gobierno ni cuadros técnicos. Aunque después del golpe del 5 de abril de 1992, la izquierda se convirtió en una fuerza opositora, participó en las

80 Vladimiro Montesinos era un capitán del Ejército expulsado por divulgar secretos militares a la CIA para beneficio de Ecuador, país que entonces tenía con el Perú un diferendo sobre la demarcación de la frontera norte. Por ello, Montesinos estaba impedido de ingresar a instalaciones militares, aunque producto de la injerencia en el proceso electoral del Servicio de Inteligencia Nacional (SIN), bajo la jefatura del general Edwin Díaz, venció ilícitamente esta prohibición. En los años posteriores a su baja del Ejército, Montesinos se graduó de abogado y ejerció esta profesión defendiendo a narcotraficantes y clientes de dudosa reputación. Fue así como estableció una red de contactos que le permitió obtener delictivamente el expediente de la denuncia tributaria contra Fujimori.

elecciones para redactar la Constitución de 1993, sin asumir la responsabilidad de haberlo llevado al poder[81].

En las semanas previas a la segunda vuelta, las encuestas de opinión ya reflejaban una tendencia a favor de Alberto Fujimori. De Apoyo S. A., la principal encuestadora del país, le dijeron a Jorge Salmón, publicista de la campaña del Frente Democrático, que parecía que no había nada que hacer, que el crecimiento de Fujimori era una tendencia incontenible.

Cerca del cierre de campaña, se debía realizar un debate entre los dos candidatos presidenciales. Nunca se había organizado uno en el país. Desde que se planteó su necesidad, Fujimori hizo todos los esfuerzos posibles para dilatarlo o intentar que no se realizara. Fue debido a la presión de la opinión pública y los medios de comunicación que el evento se pudo concretar.

Los negociadores de las reglas y la agenda del debate por parte del Fredemo —Luis Bustamante, Alberto Borea y Álvaro Vargas Llosa— pactaron que se trataran los siguientes temas: pacificación nacional, programa económico, desarrollo agrario, educación, trabajo, informalidad y rol del Estado. Mario Vargas Llosa me designó como su representante para que participara en la etapa de ejecución final del debate y se cumpliera con lo pactado. Fujimori, por su parte, nombró a Víctor Díaz Lau como su delegado. El sacerdote jesuita Juan Julio Wicht fue el responsable encargado por la Universidad del Pacífico para celebrar el evento. Desde que se inició la primera reunión de coordinación, estaba claro que el objetivo de Fujimori era obstruir y tratar de evitar el debate a como diera lugar. El momento más crítico fue cuando el entonces ministro del Interior aprista, un siniestro personaje llamado Agustín Mantilla, nos hizo saber que los partidarios de Fujimori le habían solicitado simular un corte eléctrico el día del

81 Algo muy parecido ha ocurrido recientemente con el golpista y corrupto Pedro Castillo.

evento para evitar su realización. En esa época era casi normal la interrupción del suministro eléctrico por atentados terroristas.

Por último, Fujimori se presentó a debatir con todas sus intervenciones previamente escritas. Se limitó a leer cada una de ellas. Prácticamente, no se salió de su libreto. Este hecho, criticado por muchos, incluido el propio Vargas Llosa (1993, p. 517), ya que evitó un debate fluido, benefició a Fujimori porque no cometió errores ni corrió riesgo alguno frente a un adversario que para esta clase de actos tenía mayor experiencia y preparación.

Las intervenciones del ingeniero Fujimori fueron una reiteración de lo que dijo en la etapa final de su campaña: criticó el llamado *shock* o ajuste económico para detener la hiperinflación que dejaba el calamitoso gobierno aprista. Según él, esta medida iba a dejar en la calle a un millón de personas. También repitió la falsedad atribuida a Vargas Llosa de suprimir la educación gratuita. Utilizó el ataque directo, acusando al escritor de pornógrafo y drogadicto, y recordándole su participación en la Comisión Uchuraccay. La parte más efectista de su intervención fue cuando enseñó la primera página de un ejemplar que supuestamente había impreso con anterioridad al debate el diario popular *Ojo*, perteneciente al Grupo Epensa, que apoyaba al escritor y en el que se daba como ganador del debate al novelista.

A diferencia de Fujimori, Vargas Llosa habló sin papel y aprovechó la oportunidad de la transmisión televisiva en cadena nacional para explicar las medidas de su plan de gobierno. Su intervención tuvo un tono más académico que político y, prácticamente, no recurrió al ataque.

El día de la elección, las encuestas se volvieron a equivocar. Fujimori no obtuvo una ventaja frente a Vargas Llosa superior a la prevista, pero, inmediatamente, el escritor reconoció el triunfo de su adversario y fue a visitarlo personalmente. Todo había concluido.

En esta segunda vuelta electoral, Alberto Fujimori obtuvo 4 489 897 de votos, equivalente al 62.4 %, y Mario Vargas Llosa, 2 708 291, el 37.6 % (Tuesta Soldevilla, 1994, pp. 149, 155).

El leal reconocimiento

Vargas Llosa no objetó el resultado ni denunció irregularidad o ilegalidad alguna, a pesar de las macizas evidencias. Por el contrario, apenas la televisión dio los primeros resultados —sin esperar el cómputo oficial—, acudió a felicitar al candidato de Cambio 90.

El 10 de junio de 1990, dio el siguiente mensaje a la nación:

> Según las encuestas hechas al finalizar las elecciones en el centro de votación, una mayoría inequívoca ha favorecido a mi adversario. Respetuoso de los usos de la democracia, acato la decisión del pueblo peruano. Felicito al ingeniero Alberto Fujimori por su victoria y, en mi nombre, en el del Movimiento Libertad, en el del Frente Democrático y en el de todos ustedes, le deseo éxito en la difícil responsabilidad que le ha confiado el pueblo peruano.
>
> Queridos compatriotas, de esta manera termina una campaña electoral que ha sido larga, áspera y, como no podía ser menos en un país con los problemas del nuestro, violenta. Rindamos un homenaje a todos los que cayeron en el curso de estos meses por obra del fanatismo y de la intolerancia. No les preguntemos a esas peruanas y a esos peruanos que cayeron por su carnet de militancia ni por su ideología. Todos ellos son nuestros mártires. Todos ellos son los héroes de nuestra democracia. Es preciso ahora, es imprescindible, que cicatricen las heridas. Es impostergable que se evaporen las susceptibilidades, los resentimientos, las enemistades, inevitables en todo proceso electoral. Y es nuestra obligación, la obligación de todos los peruanos que queremos un futuro mejor para el Perú, poner nuestro granito de arena para restablecer la armonía, el sosiego, la coexistencia de la familia peruana. De ello depende que se consolide lo mejor que tenemos: esta frágil democracia y, también, que no fracase este nuevo gobierno.
>
> Quiero agradecer a mis aliados en el Frente Democrático: a Acción Popular, al Partido Popular Cristiano, a Solidaridad y Democracia, por la confianza que me brindaron y por todo el apoyo que me dieron, desde sus líderes, el arquitecto Fernando Belaunde Terry, el doctor

Luis Bedoya Reyes, los doctores Javier Silva Ruete y Manolo Moreyra, hasta los más modestos y humildes militantes de estas fuerzas políticas. Agradezco de todo corazón la buena compañía de Eduardo Orrego y de Ernesto Alayza Grundy en la plancha presidencial.

Y he dejado para el final —como señala la buena educación— a mi propia familia: a las amigas y a los amigos del Movimiento Libertad. Que los nombre al final, amigas y amigos del Movimiento Libertad, no significa que no sean ustedes los primeros en mi cariño y en mi gratitud. Nadie sabe mejor que yo lo mucho que les debo, lo mucho que les debe nuestra patria, lo mucho que les debe la causa de la libertad.

No puedo nombrarlos a todos. Ni siquiera conozco las caras y los nombres de todas las mujeres y los hombres que desde hace dos años y medio me acompañan en el Movimiento Libertad. Pero yo sé que detrás de la movilización, de los Comités Distritales, de Acción Solidaria, de Iniciativas de la Mujer, de Juventud, de todos esos organismos que parecen, dichos así, meros nombres, hay un enorme movimiento de generosidad, de idealismo, de trabajo oscuro, abnegado y paciente para construir un futuro mejor para el Perú.

Amigas y amigos del Movimiento Libertad, una democracia está hecha de victorias y de derrotas electorales, y ambas contribuyen por igual al funcionamiento de una democracia. Pero el trabajo que en estos dos años y medio ustedes han llevado a cabo no ha estado hecho de derrotas, sino solo de victorias. Y yo sé, y estoy seguro de que algún día también el Perú lo sabrá y lo reconocerá; que estas semillas que hemos sembrado juntos en estos dos años y medio continuarán germinando y terminarán por dar esos buenos frutos que nosotros queremos para el Perú: los de la modernidad, los de la justicia, los de la prosperidad, los de la paz, los de la libertad.

¡Que viva el Perú! Muchas Gracias.

Lima, 10 de junio de 1990[82].

---

82 Consta en el archivo de Mario Vargas Llosa, ahora en la Universidad de Princeton. «Palabras de despedida luego de la segunda vuelta electoral». Local del Movimiento Libertad.

Vargas Llosa renunció al Movimiento Libertad (la presidencia de la agrupación la asumió Luis Bustamante Belaunde) y adoptó, a partir de ese momento, una actitud prudente y responsable. Era consciente de que el país estaba deshecho y demandaba una tregua para que el nuevo gobierno pudiera acometer una labor que debía ser descomunal.

En su reflexión personal, hecha muchos años después, el novelista reconoció que su verdadera vocación era la literatura y las ideas políticas; no así, la actividad política de carácter electoral:

> Terminé por descubrir que yo era la negación de lo que debe ser un político: un político debe tener una gran pasión por la política y yo no la tenía porque mi gran amor siempre ha sido la literatura. Esa fue una de las razones importantes de mi fracaso como político (Vargas Llosa, 2017, p. 197).

Las vilezas

Culminada la etapa electoral en el país y recién instalado el nuevo Gobierno y el Congreso de la República, el diputado Fernando Olivera y el periodista César Hildebrandt denunciaron públicamente que durante el mandato de Alan García se había realizado un espionaje telefónico contra diversos líderes políticos, entre los cuales se encontraban los tres principales líderes del Frente Democrático: Mario Vargas Llosa, Fernando Belaunde y Luis Bedoya Reyes. Para sustentar sus acusaciones, presentaron las transcripciones de las conversaciones telefónicas de las personas que habían sido espiadas.

El tenaz diputado Olivera presentó su denuncia de manera formal ante el Senado. Esta fue admitida y el pleno acordó nombrar una comisión investigadora integrada por Javier Diez Canseco, Gastón Acurio y Alberto Borea para indagar los ilícitos actos.

El 30 de noviembre de 1990, la comisión presentó su informe final al Senado, el cual fue aprobado. La investigación realizada probó fehacientemente que, durante toda la etapa de la campaña electoral, diferentes dirigentes políticos fueron espiados por el aparato del Servicio de Inteligencia Nacional (SIN). La mayoría de los interceptados colaboraron con la indagación parlamentaria y aseveraron que las transcripciones de sus conversaciones telefónicas eran verdaderas. Así lo atestiguaron los principales involucrados, entre ellos, el expresidente Fernando Belaunde. Mario Vargas Llosa no concurrió porque se encontraba residiendo en Europa.

Por razones políticas, el informe de la comisión senatorial no tuvo mayor difusión. Apristas y fujimoristas, que eran los principales afectados, procuraron que el hecho no se destacara informativamente. Luego del golpe de Estado de Fujimori, fue mantenido en el olvido de manera impune. El propio Vargas Llosa no dio cuenta de él en *El pez en el agua*.

Pero las indagaciones parlamentarias fueron corroboradas tiempo después por Francisco Loayza, antiguo y cercano colaborador de la campaña presidencial de Alberto Fujimori. Fue él quien le presentó a Vladimiro Montesinos para que lo defendiera de las contundentes acusaciones de defraudación tributaria que se habían presentado en su contra. Relata Loayza:

> En medio de este clima cargado de ansiedad y de aristas enconadas, decidí verificar algunas relaciones y amistades dispuestas a ayudar a Cambio 90 en la segunda vuelta. Traté de mantener lo más lejos posible al APRA, al que se sindicaba como el rostro tras el velo. Conversamos largamente con Fujimori sobre la ausencia de un aparato partidario y de una estructura organizativa que nos permitiese enfrentar con relativo éxito al Frente Democrático, ya que, por los datos recibidos a través del general Edwin Díaz, del Servicio de Inteligencia Nacional, fuimos advertidos de que este movimiento se preparaba con todo para liquidarnos o para derrotarnos de manera humillante. A nuestra carencia programática e ideológica se sumaba la económica, lo que hacía mucho más complicado el panorama. En esas circunstancias, el general Edwin Díaz me propuso colaborar en todo lo relacionado con

> la información; Vladimiro Montesinos se había integrado al Servicio de Inteligencia Nacional desde aquella fecha en que yo lo llevara ante él, con documentación que poseía de la Fiscalía de la Nación sobre Sendero. Según Díaz, desde ese momento Montesinos no dejó de concurrir un solo día útil al Servicio de Inteligencia Nacional: se sentía como un pez en el agua y no despertaba sospechas en el juego en que andaba (Loayza, 1998, pp. 25-26).

No se ha podido verificar mediante ningún proceso judicial que el acercamiento entre el general Edwin Díaz y Cambio 90 haya sido por una decisión personal o una orden de algún miembro del Gobierno aprista. Solo se puede concluir que, para efectuar un acto tan delicado políticamente, se supone que debió haber contado con una autorización previa o haber informado posteriormente a sus superiores.

Loayza también da cuenta de la colaboración del SIN y Montesinos en la campaña de Fujimori:

> Días después del 12 de abril se presentó una mañana en mi apartamento Vladimiro Montesinos, a quien yo había ubicado en el SIN. Se apareció con un cúmulo de documentos para que le entregase al candidato Fujimori, tal como habíamos acordado, toda vez que yo era consciente que Fujimori no contaba con una estructura partidaria ni una organización apta para responder a la arremetida que dio inicio al Frente Democrático. Sin embargo, antes de establecer los contactos con el SIN, le hice un relato pormenorizado de lo que significaba este organismo y que el propio gobierno no le daba importancia. El ingeniero Fujimori me autorizó a establecer contactos y que nos proporcione, básicamente, toda la información relacionada con las encuestas de opinión y la evolución de estas.
>
> Entre otras notas, había unas que, supuestamente, eran transcripciones de las intervenciones telefónicas a las conversaciones de Mario Vargas Llosa, Alberto Borea, Fernando Olivera, Luis Bustamante, etc., es decir, a los cuadros más importantes del Frente Democrático.

> Asimismo, me alcanzó unas hojas que, según Montesinos, eran algunas indicaciones hechas por el propio Alan García, en las que daba pautas de manejo político al novel candidato; le sugería cómo enfrentarlo y qué asuntos era los que menos conocía Vargas Llosa.
>
> Montesinos me dijo que el general Díaz le había dicho a Alan García que había establecido contacto con Fujimori y que tenía a un cuadro suyo en el entorno del «chino», obviamente, se refería a mí. Le dije que yo no respondía a ninguna indicación de Díaz y que si él quería conversar conmigo lo que tenía que hacer era llamarme por teléfono, personalmente. Vladimiro se apuró en aclarar que el asunto era de su iniciativa; que él se había comprometido con el general Díaz a convencerme para que haya un nivel de coordinación más frecuente entre el Servicio de Inteligencia Nacional y yo, orientado a hacer posible la derrota de Vargas Llosa (Loayza, 1995, pp. 53-54).

El testimonio de Loayza sirve para ratificar de manera concluyente los hechos investigados por el Senado en cuanto a que la dirigencia de Cambio 90 tuvo en sus manos, durante la segunda vuelta electoral, los textos de las transcripciones de los diálogos telefónicos de los principales dirigentes del Frente Democrático.

Loayza (1998) incluso describe una reunión que tuvo con Vladimiro Montesinos:

> Fue a buscarme a las ocho de la noche con el pretexto de que había que afinar algunos criterios; pero que, además, existían otros temas que tocar con Fujimori sobre su campaña. Llevaba consigo varios fólderes de documentos: todos contenían conversaciones grabadas y transcritas del Frente Democrático, el APRA, la Izquierda Unida y de la Iglesia, especialmente, del Monseñor Vargas Alzamora, que según Montesinos era tío de Vargas Llosa (p. 58).

La acción delictiva del SIN no solo se limitó al espionaje telefónico, también incluyó labores de seguimiento a los dirigentes del Frente

Democrático y puso a disposición de Fujimori la infraestructura que no tenía.

El espionaje contra el Frente Democrático ratifica que no solo se usaron métodos ilícitos para derrotar electoralmente a Mario Vargas Llosa. Demuestra que el Gobierno aprista, ilegalmente, puso al servicio del candidato Fujimori medios e información para el logro de sus propósitos. Está verificado, además, que Fujimori aceptó esta ilegal colaboración.

Como consecuencia de estos hechos, ¿se puede deducir que el ingeniero Fujimori ganó solo gracias al apoyo gubernamental recibido? ¿Necesitaba el candidato de Cambio 90 de estas facilidades al margen de la ley para obtener la victoria? Como se ha afirmado, Fujimori tenía virtualmente ganada la elección presidencial, luego de los resultados de la primera ronda electoral. Bastaba el apoyo del APRA y la Izquierda Unida para obtener el triunfo. El apoyo de esas agrupaciones era casi obvio. ¿Por qué entonces se recurrió a esta práctica gansteril, vedada por la ley?

El espionaje telefónico y el apoyo del SIN a Fujimori demuestran que no estuvimos frente a elecciones limpias. Prueba, también, que el apoyo estatal constituyó un delito, razón por la cual el candidato Vargas Llosa estuvo en una situación de desventaja difícil de ser medida, sobre todo en cuanto al daño que le ocasionó a su estrategia y campaña. ¿El espionaje afectó el resultado final de la elección?

Por lo pronto, a juicio del radical político de izquierda (ya fallecido) y entonces senador y presidente de la comisión investigadora, Javier Diez Canseco, el Gobierno aprista y el SIN intervinieron ilegalmente en el proceso y afectaron su limpieza.

> Fujimori recibió sin duda la ayuda del gobierno al que iba a sustituir, la ayuda del Servicio de Inteligencia dispuesta por el propio Alan

García[83]. Creo que sin duda eso no fue limpio, más allá de los límites en términos de figura política y de características de comunicación que tenía Vargas Llosa. Pero es indudable que Fujimori tuvo la enorme ventaja de contar con esa herramienta que obviamente Vargas Llosa no tenía[84].

Lo que queda claro es que esta experiencia le fue muy útil a Fujimori y lo impactó tanto que posteriormente, cuando llegó al Gobierno, los niveles de espionaje que empleó desde el poder fueron nauseabundos, como muchos años después lo reconocería judicialmente allanándose a los cargos en su contra[85].

Luego del golpe de Estado del 5 de abril de 1992, la campaña de demolición que se inició contra Vargas Llosa fue implacable y sostenida. Para ello, los medios de comunicación que habían sido sobornados por la dictadura de Fujimori y Montesinos fueron instrumentos capitales de esta operación política de ataque[86].

83 En su segundo gobierno (2006-2011), bajo otra modalidad, también se realizó espionaje telefónico. Inclusive desde la campaña electoral que lo llevó al poder. El sonado caso Petroaudios no solo reveló este hecho, sino también la corrupción que afectó a su gestión y determinó la caída del gabinete ministerial presidido por Jorge del Castillo. Este caso fue investigado y relatado en detalle por el periodista Gustavo Gorriti en *Petroaudios: políticos, espías y periodistas detrás del escándalo* (2009).

84 Entrevista grababa por mí para una investigación académica.

85 La justicia peruana condenó a Fujimori, quien en juicio público aceptó su delito. También fueron condenados Vladimiro Montesinos y el coronel del Ejército Huamán Azcurra. Este último, sindicado, por el informe del Senado, como responsable de realizar técnicamente el espionaje.

86 Los videos que muestran cómo fueron sobornados los dueños de los principales medios de comunicación se encuentran en el Lugar de la Memoria (Lugar de la Memoria, s. f.).

Recuerdo que, en uno de los pocos viajes que efectuó el novelista al Perú durante la dictadura de Fujimori, lo acompañé a una entrevista en Panamericana Televisión. Repentinamente, antes de entrar al *set*, el flamante dueño, Ernesto Schütz Landázuri, quien le había comprado el canal a los herederos del fundador, pidió hablar con él. Mario, que también estaba con su hijo Gonzalo, accedió a la solicitud. Schütz era un viejo conocido nuestro, pues había sido secretario del distrito de La Molina del Movimiento Libertad, en Lima.

Al entrar los tres a la oficina del nuevo magnate televisivo, casi de inmediato le dijo a Vargas Llosa: «Mario, yo no estoy apoyando a la dictadura de Fujimori, como tú crees. Estoy respaldando solo lo que es positivo para el Perú. Yo ahora desde esta nueva posición trabajo por un mejor país, como lo hice por tu candidatura presidencial». Vargas Llosa solo lo escuchó. Luego tendría una áspera entrevista con la periodista Mónica Delta.

Cuando cayó la satrapía de Fujimori y el país retornó a la democracia, como viceministro de Justicia apoyé la gestión para obtener el video en el cual se observaba a Vladimiro Montesinos, el todopoderoso asesor de Fujimori, entregándole fajos de cientos de miles de dólares a Schütz.

El Movimiento Libertad también pasó por una crisis, política y económica, después del rompimiento del orden constitucional perpetrado por Fujimori. La condena principista y firme de Vargas Llosa para evitar la consolidación de la dictadura fue objeto de duras críticas públicas, entre ellas la del entonces diputado Rafael Rey, del Movimiento Libertad, quien se había convertido en un claro defensor de la dictadura fujimorista. La comisión política consideró muy grave el ataque contra el fundador y decidió pedirle su renuncia debido a su felonía (*Oiga*, 17 de agosto de 1992). A partir de ese momento, Rey se convirtió en un aliado de Fujimori. Más adelante, Luis Delgado Aparicio, también diputado del Movimiento Libertad, se incorporó al fujimorismo. Un gran dirigente empresarial arequipeño, Alfonso Bustamante, que trabajó eficazmente por Libertad en Arequipa, ocupó años después la Presidencia del Consejo de Ministros, mientras Fujimori era presidente. Fueron muchos los personajes que arriaron banderas y se sumaron a la dictadura, abandonando los postulados de Libertad y apoyando a un régimen que luego cayó en medio de innumerables denuncias de corrupción. Aquí solo tres nombres, pero no fueron los únicos. Entre todos, sin embargo, hubo uno que lamenté enormemente. Fue el de Enrique Chirinos Soto. Él era un amigo íntimo y querido de mi padre, había sido un férreo y valiente opositor de dictaduras militares, las de Odría y Velasco, y a mí me había abierto las puertas de la página editorial del diario *La Prensa*. Su dominio del derecho constitucional había estimulado en mí la vocación por ese campo del derecho. Nunca entendí su adhesión al fujimorismo.

Pero lo cierto es que el poder atrae mucho. Y a muchos. Beatriz Merino, quien fue senadora del Movimiento Libertad, fue también seducida por el fujimorismo. Aceptó ser jefa de la Sunat. Enrique Ghersi y yo le dijimos que estaba cometiendo un imperdonable y gravísimo error al ponerse al servicio de la dictadura. Así, antes de que se anunciara su nombramiento, declinó del ofrecimiento[87].

Fue, en cambio, ejemplar la defensa del orden democrático y constitucional de mis colegas diputados Juan Carlos Camacho, Alfredo Elías, Enrique Ghersi, Mario Roggero, José Tejero y Óscar Urviola. Igualmente, la de los senadores Luis Bustamante Belaunde, Raúl Ferrero Costa, Miguel Cruchaga Belaunde, Miguel Vega Alvear y Ricardo Vega Llona[88].

La incansable batalla que dio Vargas Llosa en un largo y duro proceso electoral por un mejor país fue compleja e incomprendida. Pero creo que no del todo infructuosa. Varios de sus planteamientos

87 Posteriormente, durante el gobierno de Alejandro Toledo, ocupó este cargo.

88 En la segunda administración de Alan García, Ricardo Vega Llona formó parte de un grupo de amigos que regularmente se reunía con el presidente aprista para tratar temas políticos.

económicos permitieron detener la espantosa crisis económica. Cierto es que las cosas no se hicieron tal como él deseaba. El caso más ilustrativo es el de la privatización de las empresas públicas, cuando se perdió la oportunidad de iniciar un auténtico capitalismo popular, mediante la difusión de la propiedad, lo cual permitió que los peruanos fuésemos accionistas de las empresas y concretar que el Perú fuese un país de propietarios, como lo decía su lema de campaña. Su tarea en defensa de la libertad y los derechos humanos tampoco fue estéril.

El final de sus dos más consabidos y duros adversarios políticos ha sido trágico. Alberto Fujimori[89] acabó en la cárcel, después de un largo proceso de administración de justicia, acusado de corrupción y violación de los derechos humanos, con la participación de tres Cortes: la Interamericana de Derechos Humanos, y las Supremas de Chile y el Perú. Algo excepcional. Alan García se suicidó, agobiado por las graves imputaciones de corrupción, entre ellas, las de dos de sus más íntimos colaboradores: Luis Nava, su secretario presidencial, y Miguel Atala, vicepresidente de PetroPerú durante su segundo gobierno. Ambos se acogieron a la colaboración eficaz y, ante la autoridad judicial, señalaron que había recibido dinero en efectivo[90]. Con absoluta seguridad, ni Fujimori ni García serán absueltos por la historia.

Fiel a sus principios, Vargas Llosa, luego de cada confrontación electoral o política, no cesó en su gallarda y tesonera defensa de los valores democráticos, inclusive en momentos en los cuales sus

---

89 Luego del polémico indulto que le concedió Pedro Pablo Kuczynski en 2017 y de la disputa judicial que ocasionó, el gobierno de Dina Boluarte dispuso su libertad y, a los pocos meses, en setiembre de 2024, falleció producto de un cáncer.

90 El 1 mayo de 2019, *El Comercio* publicó la noticia de la declaración de Atala con el título «Miguel Atala afirma que entregó US$ 1.312.000 a Alan García» (ver Barboza Quiroz, 1 de mayo de 2019), y el 17 de octubre del mismo año hizo lo propio con la de Nava y la tituló: «Luis Nava dice que Barata le entregó dinero a Alan García "en loncheras"» (*El Comercio*, 17 de octubre de 2019).

declaraciones estuvieron en minoría, tal como ocurrió después del golpe de Estado que dio Alberto Fujimori, en las que condenó con la firmeza que lo caracteriza como ciudadano y escritor comprometido. El papel del novelista arequipeño como defensor de la libertad y la democracia, no solo en el Perú, sí será reconocido con justicia por la historia.

Con el expresidente Fernando Belaunde Terry, líder de Acción Popular, y Luis Bedoya Reyes, exalcalde de Lima y líder del Partido Popular Cristiano, quienes constituyeron el Frente Democrático Fredemo.

Mitin de lanzamiento de su candidatura presidencial en Arequipa.

1989. Recorriendo Cajamarca durante la campaña presidencial.

En el Estadio Alejandro Villanueva junto a su esposa Patricia Llosa Urquidi.

Visita a la mina Orcopampa en Arequipa.

Mitin en Cajamarca.

1990. Mitin apoteósico en la plaza de Armas de la ciudad imperial de Cusco.

Lima, 1990. Con Vargas Llosa en la proclamación de mi candidatura a la Cámara de Diputados del Perú.

Tokio, Japón, 1989. Con Toshiki Kaifu, ex primer ministro de Japón.

Con Alberto Fujimori Fujimori, ganador de la presidencia de la República. Consecuente con sus principios y valores democráticos, Vargas Llosa reconoció el triunfo de su contendiente.

Vargas Llosa en la recta final de su campaña presidencial.

Arequipa, 1990. Su último mitin en la plaza de Armas de su tierra.

CAPÍTULO 8

Compromiso con el Perú

Acaso la circunstancia más notoria en la que Mario Vargas Llosa proclamó públicamente su indesligable vinculación y amor por el Perú tuvo lugar el 7 de diciembre de 2010, en la sala de conciertos de Estocolmo, cuando pronunció el emotivo discurso de aceptación del Premio Nobel de Literatura, «Elogio de la lectura y la ficción». Además de evocar a sus principales referentes literarios, en aquella ceremonia solemne expresó el enorme orgullo de pertenecer a un país heredero de una cultura milenaria, el mismo que José María Arguedas llamó de todas las sangres para aludir (con la fórmula que mejor lo define, según el propio nobel) a esa «suma de tradiciones, razas, creencias y culturas procedentes de los cuatro puntos cardinales» (Vargas Llosa, 7 de diciembre de 2010) que nos conforma.

Para Vargas Llosa, tal como lo señaló ese memorable día, el Perú es Arequipa, la ciudad donde nació y nunca vivió, y que al mismo tiempo representa la cultura, la lengua y la tradición familiar. Pero también es el Colegio Militar Leoncio Prado, donde pudo ampliar aquella limitada visión de país que le proporcionó «el pequeño reducto de clase media» donde pasó parte de su infancia y adolescencia. Igualmente lo es San Marcos y las células clandestinas del grupo Cahuide que propugnaban con ciego fanatismo la revolución mundial, tanto como lo son sus amigos y amigas del Movimiento Libertad, quienes, en la situación más violenta de nuestra historia, en medio de una grave crisis económica, política y social, lo apoyaron denodadamente en la «defensa de la democracia y la cultura de la libertad».

Pero sus referentes de peruanidad son incluso más profundos y personales. En el pasaje más sentido del discurso, confesó que el Perú es también Patricia, «la prima de naricita respingada y carácter indomable con la que tuve la fortuna de casarme hace 45 años» (Vargas Llosa, 7 de diciembre de 2010). Una suerte de ángel protector para él, que a través de los años le permitió gozar del espacio vital que necesitaba para entregarse de lleno a la creación literaria. «Tan generosa que, hasta cuando cree que me riñe, me hace el mejor de los elogios: "Mario, para lo único que tú sirves es para escribir"» (Vargas Llosa, 7 de diciembre de 2010).

El hecho de que, en el momento máximo de gloria que representa para un escritor recibir el consagratorio Premio Nobel, Vargas Llosa se haya referido al Perú y a sus claroscuros sociales, culturales y políticos como un elemento de identificación y definición personal revela el peso que tiene el país en su obra y recorrido vital. Un peso, también es justo reconocerlo, que, en el plano subjetivo, posee un signo ambivalente y evoca sensaciones encontradas. Por ello, como una especie de reverso de la ponderación mayormente positiva que se percibe en el discurso pronunciado en Estocolmo, no se puede dejar de considerar lo que señala en sus memorias (1993):

> Quizá decir que quiero a mi país no sea exacto. Abomino de él con frecuencia y, cientos de veces, desde joven, me he hecho la promesa de vivir para siempre lejos del Perú y no escribir más sobre él y olvidarme de sus extravíos. Pero la verdad es que lo he tenido siempre presente y que ha sido para mí, afincado en él o expatriado, un motivo constante de mortificación. No puedo librarme de él: cuando no me exaspera, me entristece, y, a menudo, ambas cosas a la vez (pp. 47-48).

Pero es gracias a esta identificación inevitable con el lugar donde se encuentran sus raíces, sin renunciar a un espíritu crítico e inconformista sobre las taras y los atavismos nacionales, que la mayoría de sus novelas se desarrollan en el Perú y logran retratar y profundizar muchas de nuestras contradictorias y dramáticas facetas. Además, ha estudiado el país detenidamente, lo ha recorrido, ha profundizado en su historia a través de las enseñanzas de maestros notables, como Raúl Porras Barrenechea («en cuya biblioteca de la calle Colina aprendí la historia del Perú», dice en la dedicatoria del ensayo sobre Arguedas), y ha discurrido alrededor de sus entresijos y complejidades en cientos de artículos y varios ensayos. Si un tema o personaje predomina en la obra de Vargas Llosa, ese es el Perú.

El ensayista

Uno de los trabajos más debatidos y cuestionados por la izquierda es *La utopía arcaica. José María Arguedas y las ficciones del indigenismo*, que publicó en 1996. En este ensayo no solo escudriña la obra de Arguedas, mostrando aprecio y admiración por las novelas que considera mejor escritas, sino también desentraña la complejidad del mundo andino, elemento ineludible cuando se profundiza en el universo creativo del escritor andahuaylino. Sin embargo, ese análisis pormenorizado del trabajo de Arguedas causa rechazo en el *establishment* de la izquierda peruana y también en críticos literarios de esa tendencia. No le perdonan que haya tomado distancia de la Revolución cubana, condenando con firmeza sus excesos totalitarios y violaciones de derechos humanos. Menos aún que, sin ser ya uno de ellos, se atreva a diseccionar la vida y obra de un escritor que consideran propio. Sin embargo, paradójicamente, la labor literaria de Arguedas adquiere dimensión internacional, en gran parte, por la intervención de Vargas Llosa. Como miembro de la Real Academia Española, promovió decididamente el conocimiento del autor de *Los ríos profundos*. Resulta, por tanto, absurdo que lo critiquen por este ensayo, habiendo sido él quien le dio el gran impulso internacional a la obra de Arguedas y contribuyó a su lectura y conocimiento más allá del país y de los círculos limitados de la izquierda peruana.

Los críticos y adversarios ideológicos de Vargas Llosa suelen menospreciar su labor ensayística, especialmente cuando trasciende el ámbito literario. Y en *La utopía arcaica* no solo realiza una exégesis literaria y pasa revista a la enrevesada biografía de Arguedas, sino también da cuenta de aspectos políticos que subyacen a las temáticas que aborda, así como de la dicotomía entre hispanismo e indigenismo. En alguna oportunidad, Luis Bedoya Reyes me dijo que los peruanos no aquilatábamos cabalmente el concienzudo trabajo como ensayista de Vargas Llosa. Y tenía razón. Se trata de una dimensión tan excepcional en su obra como la narrativa. Sin duda, puede considerarse polémica al sostener posturas con firmeza, al margen de lo que previsiblemente recabaría aplausos de la crítica o aquiescencias en los círculos culturales, pero lo que no se puede desconocer es su calidad y brillantez.

Ciertamente, la participación de Vargas Llosa en la política le ha traído numerosos ataques y no una serena evaluación de sus ensayos y opiniones ideológicas y políticas. Varios de sus rivales de todo pelaje y sin mayor reconocimiento académico intentan descalificarlo repitiendo: es un buen escritor, pero un mal político. Él los identifica muy claramente y los retrata con absoluta transparencia en *El pez en el agua*, concretamente en el capítulo XIV, titulado «El intelectual barato». El elenco de los que calzan en esa clasificación lamentablemente no es pequeño, pero si hay alguien que encarna y simboliza tal calificativo es el periodista Guillermo Thorndike, quien fue director de los diarios *La Crónica* durante el velascato, *La República* en la década de 1980 y, posteriormente, durante la campaña presidencial de 1990, *Página Libre*, que se dedicó a atacar a Vargas Llosa de manera feroz e implacable, pero no gratuita. Fue un periódico financiado por el propio Alan García, según lo reveló el periodista Humberto Ortiz Pajuelo, conocido como Beto Ortiz, quien trabajó en ese diario.

Lo cual, sin duda, explica cómo pudo gozar de una distribución nacional a gran escala, hecho infrecuente para un tabloide cuya vida útil no iba más allá de una campaña electoral, y que, además, circuló en medio de la peor crisis económica de nuestra historia propiciada por la pésima gestión de su mecenas.

En el artículo, publicado el 28 de setiembre de 2009, «Yo trabajé para Alan García», Ortiz relata un encuentro con el expresidente que ocurrió antes de su regreso al Perú, con ocasión de una entrevista televisiva. Al momento de presentarse, pues era la primera vez que se veían, se produjo un pérfido diálogo que corrobora, al mismo tiempo, varios hechos relativos a su ilícita injerencia en la campaña electoral de 1990: que financió el diario, que buscó evitar el triunfo de Vargas Llosa y que se atribuye la invención de un candidato hasta ese momento desconocido como Fujimori. Textualmente, dice lo siguiente:

> —Buenas tardes, doctor García.
>
> —¿Señor Ortiz? Buenas tardes, me han hablado mucho de usted.
>
> —Bueno, supongo que debo empezar por contarle algo sobre mi programa, cuando usted salió del Perú yo era redactor de un periódico, usted no me conoce...
>
> —Cómo no voy a conocerlo, señor Ortiz. Usted ha trabajado para mí.
>
> —¿Para usted? ¿Entonces era cierto lo que decían sobre el diario *Página Libre*?
>
> —¿Qué decían?
>
> —Que usted era el propietario.
>
> —[*Sonrisa leve y casi imperceptible*]. Bueno, no era solo mío. Cuando constatamos la fuerza que tenía Vargas Llosa en los medios, nos dimos cuenta de que la única forma de hacerle frente era poner un periódico y le encargamos al gordo Guillermo Thorndike que lo dirigiera.
>
> —Entonces, esa debilidad de Thorndike por los presidentes no es nueva.

—Sí, pues. Quién lo viera y quién lo ve, ¿no? Increíble. Pero *Página Libre* era un buen diario, alternativo, bien escrito.

—Y fue el diario que inventó a Fujimori. Recuerdo que el Gordo siempre se jactaba de eso: ¡Con *La República* inventé a Alan García y con *Página Libre* inventé a Fujimori! —decía.

—Ah, sí, ¿no? ¿Eso decía?

—Sí.

—¡Ja, ja, ja! ¡Qué buena raza, oiga!

—¿Por qué?

—[*Sonrisa amplia, casi cachosa*]. Oiga, señor Ortiz, hágame el favor: ¿quién cree usted que inventó a Fujimori?

Escritor comprometido

Pese a haber dejado atrás el socialismo en libertad o con rostro humano que enarbolaba Jean-Paul Sartre, Vargas Llosa siguió bajo la influencia del filósofo francés en un único aspecto que resulta fundamental para comprender la manera cómo concebía el rol de escritor. Es decir, alguien que, además de dedicarse a la creación literaria, debía mantener una conexión real y permanente con el entorno en que le ha tocado vivir. Conexión que no solo se expresa a través de las temáticas que aborda en sus libros, sino mediante las tomas de posición que transmite en sus artículos, ensayos, conferencias, declaraciones y otras tantas maneras de intervenir en el debate público y defender ideas y principios que considera fundamentales. Así actuó Vargas Llosa cuando se identificó con el socialismo, durante el proceso de tránsito ideológico y, finalmente, a partir del momento en el que se ubicó en los predios del liberalismo. Es desde esa perspectiva que se debe entender su labor como analista de la realidad política tanto en el Perú como en el resto del mundo. Es ese el papel de escritor comprometido que siempre ha procurado cumplir con rigor.

Y esto lo evidencia desde muy joven. Por ejemplo, cuando se convocaron las elecciones generales de 1956, tras la dictadura de Manuel

Odría, ya había transitado por las juventudes del Partido Comunista integrando el grupo Cahuide y ejercido el periodismo. También había tenido un breve paso por la Democracia Cristiana para incentivar la candidatura presidencial de José Luis Bustamante y Rivero, uno de los pocos políticos nacionales admirados por él.

En aquella campaña de 1956, miraba el país desde una perspectiva socialista y consideraba que la reforma agraria era un tema vital. Por lo tanto, fue natural que se sintiera identificado con Fernando Belaunde y sus postulados, el político que en esos años era visto como un hombre de izquierda (incluso la clase alta más reaccionaria lo consideraba comunista) y que proponía la reforma del agro. Pero el que ganó las elecciones fue Manuel Prado Ugarteche, alguien con quien el escritor no tenía ninguna afinidad. Pero eso no impidió que mantuviera el aprecio y la amistad por Raúl Porras Barrenechea, quien fue elegido senador en la lista parlamentaria del pradismo.

Pero el gobierno de Prado no acabó su mandato, un golpe militar lo interrumpió inmediatamente después de las elecciones de 1962. Según los cómputos que se conocieron, Víctor Raúl Haya de la Torre obtuvo el primer lugar con el 32.4 % de los votos, por encima de Fernando Belaunde y Manuel Odría, el dictador del ominoso ochenio. La Constitución de 1933 establecía que era necesario obtener como mínimo un tercio (33 %) de los votos para acceder a la presidencia, y que, si eso no ocurría, el Congreso debía elegir al jefe del Estado. Fue entonces, para evitar la llegada al poder del líder aprista, que el general Ricardo Pérez Godoy[91], comandante general del Ejército y presidente del Comando Conjunto de las Fuerzas Armadas, dio un golpe de

91 El periodista Fernando Carvallo me contó que el embajador Javier Pérez de Cuéllar, en París, le comentó que el día de la juramentación de la junta militar el general Pérez Godoy le preguntó sobre la precedencia y los lugares que debían ocupar para la ceremonia y asunción del Gobierno. Ante esta insólita pregunta, el destacado diplomático le respondió: «El protocolo no tiene previsto los golpes de Estado».

Estado y gobernó a título de una junta militar. La justificación —el pretexto, se diría mejor— para interrumpir la sucesión constitucional fue la existencia de un supuesto fraude perpetrado por el APRA, una especie que ya había circulado en ciertos sectores de la prensa durante la campaña electoral. En *La utopía arcaica*, Vargas Llosa (2015) la califica como «una dictadura militar breve y "benigna" que, luego de ser reemplazado Pérez Godoy por el general Nicolás Lindley, convocó a nuevas elecciones, en 1963» (p. 293). Y es ahí cuando gana Fernando Belaunde Terry, con quien el escritor continuaba simpatizando. En el ensayo sobre Arguedas, resume la propuesta política de Belaunde como algo que

> [...] parecía un proyecto reformista, decidido a realizar una reforma agraria que acabara con el gamonalismo y el latifundismo y fomentara un desarrollo económico sustentado en un ambicioso programa de obras públicas y el fortalecimiento de un capitalismo nativo, dentro de un régimen nacionalista («La conquista del Perú por los peruanos» era el eslogan del régimen) (p. 293).

Pero durante su gobierno ocurrió algo realmente impensable, sobre todo para quien había sido testigo de la implacable persecución desplegada por Odría contra el APRA cuando este detentó el poder: la alianza parlamentaria contranatura entre apristas y odriistas para obstaculizar la gestión gubernativa de Belaunde. En esos años, Vargas Llosa concedió una entrevista en la que expresó la perplejidad que sintió cuando, en uno de sus viajes al país, se encontró con que los otrora enemigos irreconciliables habían coincidido en hacer naufragar al Gobierno: «Regresar y encontrar juntos al APRA y a Odría me parece literatura fantástica», sentenció (Coaguila, 2019, p. 21). En ese diálogo, el periodista César Lévano describió al escritor como alguien interesado en los problemas que aquejan a países como el Perú, pero con la firme decisión de tomar distancia de la actividad política:

> El socialista que hay en él se duele de muchas de nuestras realidades, de muchas de nuestras injusticias e inequidades. Mas no es hombre de partido. Se siente escritor antes que nada: Otros —dice— pueden hacer política y buena literatura. Yo no (p. 21).

Aun cuando se oponía a la perversa e irresponsable oposición que apristas y odriistas realizaban desde el Congreso contra la gestión de Belaunde, Vargas Llosa, que entonces residía en París, cuestionaba algunas de las decisiones del mandatario y pronto llegó a tener una abierta distancia con su gestión. Uno de los temas de mayor discrepancia fue la forma en que combatió a la guerrilla y el trámite de la pena de muerte contra el dirigente comunista Hugo Blanco, que lo llevó a participar en un acto público de protesta en París, junto con Sartre y Simone de Beauvoir.

También expresó su dolor y homenaje cuando murió el joven poeta Javier Heraud en la acción guerrillera que ocurrió en ese momento.

Nuevas dictaduras

La conducta destructiva del APRA y del odriismo debilitó tanto a Belaunde que tuvo como corolario un nuevo golpe de Estado en 1986, encabezado por el general Juan Velasco Alvarado. Pero Vargas Llosa no condenó la ruptura del orden constitucional. La orientación izquierdista del nuevo régimen lo contuvo y no censuró el nacimiento de una nueva dictadura. Es más, simpatizó con la iniciativa de la reforma agraria planteada por Velasco. Le parecía indispensable para la transformación social del país. Incluso llegó el momento en que el dictador lo convocó a Palacio y sostuvo una reunión con él. Pero Vargas Llosa tenía como meta dedicarse solo a su tarea de escritor y no se produjeron nuevos acercamientos. Más bien, como el socialismo en libertad en el que creía se basaba en el respeto a las libertades de creación de los escritores, y a las de expresión, prensa y opinión, las tropelías y arbitrariedades del régimen propiciaron una franca y abierta discrepancia de parte del futuro premio nobel. Precisamente, cuando Velasco tomó la decisión de asaltar y confiscar los medios de comunicación, Vargas Llosa rompió con la dictadura. Y de un modo especial cuando se produjo la clausura de la revista *Caretas* y la deportación de su valiente y tenaz director, Enrique Zileri, que, además, era un medio donde el escritor colaboraba y publicaba sus columnas. Esta distancia con el autodenominado Gobierno Revolucionario de las Fuerzas Armadas continuó durante los cinco años de la dictadura de Morales Bermúdez, quien depuso a Velasco en 1975.

Existe un sector que perdona a Morales Bermúdez sus atropellos y violaciones a los derechos humanos porque sostiene que libró al país de Velasco, pero, en realidad, su gobierno fue tan dictatorial como el de aquel, aunque ligeramente diferente en materia económica. Mantuvo los medios de comunicación bajo el mismo abusivo control político, lo que, como se ha mencionado, fue uno de los factores determinantes que permitió la falta de fiscalización y escondió el conocimiento sobre la etapa de preparación del terrorismo senderista[92].

En la recta final de la dictadura de Morales Bermúdez, el amigo de la adolescencia y juventud de Vargas Llosa, Javier Silva Ruete, asumió el Ministerio de Economía. Fue famosa su frase: «Yo asumo el activo y el pasivo de la revolución». Para entonces, Vargas Llosa ya había tenido su primera estada londinense. Cuando en 1978 se inició

92 La ausencia de prensa libre, la falta de fiscalización e independencia del Poder Judicial permitieron que la corrupción gubernamental pasara casi desapercibida e impune durante las dos fases de la dictadura militar. El historiador Alfonso W. Quiroz (2013, pp. 439-440) señala que de 1970 a 1979 se tuvo la etapa más corrupta del siglo XX. Basado en el PBI por década y considerando rubros como «manejo irregular de la deuda pública», «corrupción presidencial y militar», «sobornos en las adquisiciones y los servicios públicos», entre otros, Quiroz arriba a un promedio por década. La de 1970-1979 registra 4.9, lo que la ubica incluso por encima de la de 1990, que llega a 4.5 como promedio total.

el proceso de la Asamblea Constituyente, estaba enfrascado en el estudio de los autores más influyentes del liberalismo que décadas después incluiría en su esclarecedora autobiografía intelectual *La llamada de la tribu.*

En ese momento, ocurrió un hecho que lo acercó más a la complejidad económica y social del país. Vargas Llosa entabló amistad con el economista Hernando de Soto[93], quien desde ese momento empezó a dar a conocer lo que representaba para el Perú la economía informal. Inclusive participó en una conferencia organizada por De Soto en la

93 Vargas Llosa lo retrató de así en *El pez en el agua*:

> Hernando era vanidoso y susceptible como una *prima donna* y cuando lo conocí, en 1979, recién llegado de Europa, donde había vivido buena parte de su vida, me pareció un personaje un tanto pomposo y ridículo, con su español trufado de anglicismos y galicismos y sus cursilerías aristocráticas (al apellido paterno le había añadido un coqueto «de» y por eso Belaunde se refería a él, a veces, como «ese economista con nombre de conquistador»). Pero pronto creí descubrir bajo su exterior pintoresco una persona más inteligente y moderna que el común de nuestros políticos, alguien que podía liderar una reforma liberal en el Perú y a quien, por tanto, valía la pena apoyar en su frenesí publicitario, dentro y fuera del país. Es lo que hice, creo que con mucho éxito y, también, confieso, algo de embarazo, al conocerlo más de cerca y descubrir que estaba contribuyendo a fabricarle a De Soto una imagen de intelectual que, como dicen mis paisanos, lloraba al ser superpuesta sobre el original (pp. 175-176).

El economista, entonces, se irritó descontroladamente e insultó a Vargas Llosa de un modo abyecto e indigno de una persona educada y de bien en una entrevista televisiva en el programa dominical *Panorama,* de Panamericana Televisión, canal que para entonces ya estaba al servicio de la dictadura. Obviamente, Vargas Llosa no descendió a ese nivel y guardó silencio. El Movimiento Libertad rechazó, mediante un comunicado, el insulto, al igual que la oposición democrática del Congreso. De Soto colaboró también con la dictadura de Morales Bermúdez. Su Instituto Libertad y Democracia trabajó para la dictadura de Alberto Fujimori, así como con los dos gobiernos de Alan García. A nivel internacional, cooperó con los dictadores Hosni Mubarak, de Egipto, y Muamar el Gadafi, de Libia.

recta final de la dictadura de Morales Bermúdez, a la que asistió el célebre economista liberal Friedrich von Hayek. El evento significó también una consolidación de la proximidad ideológica con el economista, que en ese momento era un público defensor de las ideas liberales. A tal punto que Vargas Llosa prologó su libro *El otro sendero*, que había escrito con Enrique Ghersi y Mario Ghibellini. Vargas Llosa ponderó positivamente el análisis de la realidad social, económica y política del Perú planteado en aquel trabajo. En particular, el estudio de la economía informal y cómo esta representaba un capitalismo popular que no era percibido por la sociedad en general e incluso por los propios trabajadores informales. Estos no tenían conciencia plena de que en la práctica actuaban como empresarios capitalistas, ni que con su esfuerzo y sin la ayuda del Estado lograban día a día generar recursos para vivir. Es decir, eran lo que hoy se denomina emprendedores.

Durante el proceso constituyente, Vargas Llosa, a través del periodista Alfredo Barnechea, sostuvo una reunión con el líder aprista Haya de la Torre. Barnechea conducía un espacio periodístico en la televisión (*Contacto directo*) en un canal secuestrado desde la dictadura militar del general Velasco y mantenido en esa vergonzosa situación en esos años por Morales Bermúdez[94]. El periodista iqueño tenía una gran simpatía, y parece que cercanía, con Haya de la Torre. Gracias a la amistad que tenía con Vargas Llosa, debido a la proximidad con la familia de su esposa, Patricia (era y es amigo desde el colegio de

94 Antes, Barnechea había colaborado con el denominado Sistema Nacional de Apoyo a la Movilización Social (Sinamos), el brazo político creado por los militares siguiendo el ejemplo de la dictadura cubana. En 1983, fue candidato por el APRA a la alcaldía de Lima sin éxito y, en 1985, fue elegido diputado por el mismo partido, pero renunció a este cuando Alan García anunció la estatización de la banca. En 1990 apoyó la candidatura presidencial de Vargas Llosa. Varias décadas después, intentó ser candidato por Unión por el Perú, partido fundado por el embajador Pérez de Cuéllar, cuando lo lideraba el izquierdista José Vega Antonio, pero finalmente se inscribió en Acción Popular y trató de llegar a la Presidencia de la República con ese partido.

su hermano Luis Llosa), le propuso reunirse con el legendario líder aprista. Animado por la curiosidad de conocer a una figura mítica de la política peruana, el novelista decidió asistir. Sin embargo, si bien el encuentro satisfizo su curiosidad histórica y política, el fundador del APRA no lo impactó especialmente.

Si bien era crítico del APRA, Vargas Llosa reconocía en Haya de la Torre a un importante intelectual de orientación socialdemócrata, aunque no tenía la misma evaluación de su trayectoria como político y líder de su partido. Pocos años después de aquel encuentro, en 1981, con ocasión de las pugnas políticas en que vivió el partido tras su fallecimiento, especialmente entre las facciones encabezadas por dos de sus líderes, Andrés Townsend y Armando Villanueva, las alas de derecha e izquierda, respectivamente, escribió el artículo «El APRA y el Perú». En él evaluó el rol de Haya de la Torre y su partido a lo largo de varias décadas de nuestra historia.

> Víctor Raúl Haya de la Torre fue un pensador político de extraordinaria hondura, acaso el más original que haya producido América Latina, el primero en todo caso en formular una ideología propia de este continente, equidistante del marxismo y del liberalismo, de contenido social avanzado y, al mismo tiempo, democrático. [...] fue un gran pensador político, pero no creo que fuera un gran político (Vargas Llosa, 2024, p. 317).

Al mismo tiempo, dejó en claro las diferencias y críticas sobre el manejo político del APRA y acerca del culto a la personalidad que Haya claramente estimuló o cuando menos toleró:

> Esta es la opinión de alguien que nunca ha sido aprista y que, por el contrario, debido a discrepancias con sus métodos, tomas de posición, pactos, conductas, en distintos momentos de su vida ha sido crítico y adversario del APRA [...]. Otro error fue el caudillismo paternalista y totémico que, en desacuerdo con su pensamiento político, que era

participacionista y democrático, ejerció Haya de la Torre dentro del APRA. Víctor Raúl fue más que el creador, inspirador, ideólogo y estratega del partido; fue asimismo autoridad infalible e inapelable, jefe omnímodo, padre y maestro de cada aprista (Vargas Llosa, 2024, pp. 318-319).

Las turbulencias de los ochenta

Vargas Llosa siguió a la distancia el proceso de elaboración de la nueva Constitución de 1979. Tras ello, nuevamente Fernando Belaunde, cuyo partido Acción Popular no había participado en el proceso electoral para la Asamblea Constituyente, se presentó en las elecciones generales de 1980 para un segundo mandato, y Vargas Llosa expresó su adhesión por él. Y va a ser durante su segunda presidencia que él tendrá una participación, no por decisión personal, sino porque la coyuntura lo obligó y también por la invitación del mandatario. El caso más visible y complicado fue la presidencia de la comisión investigadora de la matanza de Uchuraccay, el que quizá haya sido el trabajo de Vargas Llosa más vilipendiado y atacado por la izquierda, en un contexto en el que aún no había caído el muro de Berlín, el comunismo mantenía su poder político y mediático a nivel internacional y las dictaduras de la órbita soviética estaban en pleno apogeo.

En esos años, el prestigio internacional de Vargas Llosa había crecido exponencialmente. Tal vez por esa razón Belaunde empezó a verlo como un posible heredero. Incluso antes de ello, Luis Bedoya Reyes había declarado que era un potencial candidato a la Presidencia de la República, precisamente por su desbordada fama, el poder mediático que ostentaba y su rol como un activo observador y crítico de la realidad social peruana e hispanoamericana. Entonces, a través de su sobrino carnal, Miguel Cruchaga, Belaunde lo contactó para ofrecerle la Presidencia del Consejo de Ministros. Cruchaga, gran y leal amigo de Vargas Llosa y padrino de bautizo de su hija Morgana, le recomendó sumar a un grupo de personas de su confianza y también le sugirió pedir el cambio del ministro Juan Carlos Hurtado Miller, sobrino de Violeta Correa, esposa del gobernante, y uno de los causantes de la crisis política de esa coyuntura, agravada por la acción terrorista y la inflación. Cuando se reunió con Belaunde y le planteó los cambios ministeriales (Hernando de Soto, Álvaro García Sayán y otros dos nombres más), este no aceptó, entre otras razones, por el pedido de la salida de Hurtado Miller, pariente de absoluta confianza de su esposa. Fue esa una primera aproximación. Posteriormente, el presidente Belaunde le ofreció ser embajador del Perú en Washington, para que conociera más cercanamente el manejo de los organismos económicos internacionales, pero Vargas Llosa declinó.

Aunque no se concretó su participación en el Gobierno ni asumió ningún cargo público, demostró su interés por la acción política[95]. Si bien la literatura seguía siendo su vocación más profunda e irrenunciable, su otra gran pasión era, sin duda, la política.

Para las elecciones de 1985, el joven dirigente del APRA, Alan García Pérez, se perfilaba como el candidato de mayor proyección y posibilidades de ganar. Pero Vargas Llosa no simpatizaba con esa postulación, entre otras cosas, porque, cuando se debatió la devolución de los medios de comunicación a sus legítimos propietarios, tras los doce años de la dictadura militar, los apristas no apoyaron esta iniciativa. Y, a su juicio, ese era un tema central para la vigencia del Estado de derecho y el funcionamiento de la democracia. Además, García le generaba muchas dudas, por no decir desconfianza. Por ello, optó

95 Cuando el expresidente José Luis Bustamante y Rivero, en plena crisis durante el segundo gobierno de Belaunde, hizo una exhortación pública en defensa de la democracia, Vargas Llosa no dudó en acoger la iniciativa del eminente jurista arequipeño y redactó el manifiesto titulado «Movimiento en defensa de la democracia», en el que pidió a los peruanos que se sumaran a la defensa del sistema democrático recobrado en 1980. El manuscrito de este documento obra en la Biblioteca Firestone de la Universidad de Princeton.

por votar a favor de Luis Bedoya Reyes, líder y fundador del Partido Popular Cristiano, y lo anunció públicamente[96].

Por aquel tiempo, Vargas Llosa llegó a tener una reunión con García, gracias a una invitación a comer del empresario norteño Manuel Checa Solari, conocido con el apelativo de Mañé, un amigo en común que, además, había sido el primer marido de la esposa de Fernando de Szyszlo, Lila Yábar. Mañé Checa, cuando tuvo a ambos en su casa, les dijo en un momento: «Los dejo a solas para que ustedes conversen y, si pueden, se pongan de acuerdo». Pese a las buenas intenciones de Checa, el diálogo con el candidato aprista no disipó las reservas de Vargas Llosa. Pocos años después, la catastrófica gestión de su gobierno las corroboraría por completo.

Praxis política

El gobierno de Alan García significará un cambio radical en la vida del autor de *La casa verde*. Para empezar, siempre cuestionó su desastroso manejo económico. Vargas Llosa se opuso al rompimiento con la comunidad económica internacional, al populismo galopante, a la irracional resistencia a desmantelar el Estado elefantiásico y sus empresas quebradas, al proceso hiperinflacionario más desastroso de nuestra historia republicana. Pero también fue un severo crítico de otros temas cruciales, como la matanza de los penales y la estatización de la banca, que fue el paso fundamental que posteriormente lo empujó, con el apoyo de un importante sector de la ciudadanía, a postular a la Presidencia de la República.

También propició otras divergencias políticas. Por ejemplo, con el notable cuentista Julio Ramón Ribeyro, a raíz, precisamente, de la

96 Pese a ello, García le propuso un cargo diplomático. «No era rencoroso, pues, elegido presidente, me ofreció la embajada en España, que no acepté» (*ibid.*, p. 333).

estabilización de la banca, cuando el autor de *La palabra del mudo* (1973) cumplía las funciones de representante del Perú ante la Unesco, en París. Cuenta Vargas Llosa (1993) en *El pez en el agua* que «la prensa aprista difundió, con mucho bombo, unas declaraciones furibundas de Julio Ramón Ribeyro, desde París, acusándome de identificarme "objetivamente con los sectores conservadores del Perú" y oponerme "a la irrupción irresistible de las clases populares"» (p. 313). Y se pregunta entonces qué podía haber hecho que un «escritor muy decoroso, hasta entonces amigo mío», que había ocupado un puesto diplomático en la Unesco de manera ininterrumpida desde la dictadura de Velasco hasta ese punto del primer gobierno de García, «con docilidad, imparcialidad y discreción», y que se caracterizaba más bien por una personalidad apolítica y escéptica, súbitamente se convirtiera «en un intempestivo militante socialista». La razón, sostiene el escritor arequipeño, es el instinto de supervivencia diplomática.

> Así me lo hizo saber él mismo, en un mensaje que me envío en esos mismos días [y que a mí me hizo peor efecto que sus declaraciones], con su editora y amiga mía Patricia Pinilla: «Dile a Mario que no haga caso a las cosas que declaro contra él, pues solo son *coyunturales*» (p. 313).

El caso de Ribeyro llevó al escritor arequipeño a una reflexión más profunda de lo que ocurría entonces, y acaso también ahora, con los intelectuales peruanos. Advierte que la única manera de «trabajar, ganarse la vida, publicar, en cierta forma *vivir* como un intelectual» era identificarse públicamente con una posición de izquierda. Nadar a contracorriente tenía un alto costo que la mayoría (Ribeyro, por ejemplo) no estaba dispuesta a pagar. «Quien no seguía la invisible consigna se condenaba al páramo: la marginación y frustración profesional», concluye Vargas Llosa (1993, p. 314).

Desde julio de 1987, cuando Vargas Llosa se enfrentó al malhadado intento de estatización de la banca, hasta la campaña electoral de 1990, en que el escritor postuló a la presidencia, Alan García dispuso de todo un aparato de demolición, haciendo uso de los medios de comunicación del Estado para atacar implacablemente al escritor. La guerra sucia en todo su oscuro esplendor. Pero su candidatura presidencial traía una cara nueva, independiente, con un mensaje radical de transformación para salir del caos en que se encontraba el país. Porque prácticamente se vivía en un Estado fallido, con un terrorismo creciente (Sendero Luminoso y el MRTA al mismo tiempo), una hiperinflación galopante, corrupción, violaciones de los derechos humanos. Era, en síntesis, una situación realmente alarmante, de verdadero horror.

Sin embargo, se producen las elecciones y gana Alberto Fujimori en segunda vuelta. Vargas Llosa optó por reconocer, con rapidez y lealtad, la victoria de su contrincante y se apartó del quehacer político[97].

El fujimorato dictatorial

En medio de una grave denuncia de robo de donaciones provenientes de Japón, que involucraba a sus hermanos Juana, Rosa y Pedro, así como a su cuñado Víctor Aritomi, avalada, además, mediáticamente por su esposa Susana, la noche del domingo 5 de abril de 1992, Alberto Fujimori sorprendió al país con un mensaje en cadena nacional en el que anunció la disolución del Congreso. Además, descabezó el Poder

97 Hasta el golpe del 5 de abril de 1992, Mario Vargas Llosa mantuvo una postura política cautelosa. Una de las pocas ocasiones en que rompió esta prudencia fue con ocasión del contubernio entre el Partido Aprista y Cambio 90, de Alberto Fujimori, para bloquear la acusación constitucional contra Alan García por la matanza de los penales, ocurrida durante su gobierno y que en su momento el novelista denunció. En *El pez en el agua*, Vargas Llosa condenó la conducta de Mario Roggero, diputado de Libertad que no cumplió con el deber de votar en un hecho que demandaba la acción de la justicia. Este alegó un problema de salud. Además, los diputados Víctor Andrés García Belaunde, Raúl Diez Canseco, Ismael Benavides, entre otros, que fueron elegidos en la lista del Fredemo, tuvieron una conducta similar.

Judicial, cerró el entonces Tribunal de Garantías Constitucionales, destituyó al fiscal de la nación y a la contralora general de la República. Suspendió la vigencia de la Constitución de 1979 para gobernar mediante decretos. A su vez, dispuso la detención domiciliaria de Roberto Ramírez del Villar, presidente de la Cámara de Diputados, y de Felipe Osterling, presidente de la Cámara de Senadores. También ordenó la captura del expresidente Alan García, del empresario Samuel Dyer y del periodista Gustavo Gorriti. Asimismo, determinó el control de los principales medios de comunicación y la censura de las informaciones. Fue lo que denominó «Gobierno de Emergencia y Reconstrucción Nacional», nombre que buscaba enmascarar una dictadura a toda regla.

El Congreso vacó por incapacidad moral permanente a Fujimori y, como no se encontraba en el país el primer vicepresidente Máximo San Román, juramentó como presidente el segundo vicepresidente, Carlos García y García, en la casa de la diputada Lourdes Flores. Pero, a los pocos días, inexplicablemente, Carlos García y García pidió asilo político a Argentina, que se lo concedió de inmediato, y se refugió en su embajada. Por encargo del Congreso, yo viajé a Estados Unidos para apoyar el ingreso de San Román al país y acompañarlo en su retorno[98]. En Lima, el Parlamento le tomó juramento como presidente

98 El vuelo de regreso de American Airlines, que cubría la ruta Miami-Lima, no estuvo exento de sospechosos contratiempos. Los relata Felipe Osterling (2005) en sus memorias (pp. 462-463), pues en el avión, además de San Román y yo, coincidentemente viajaba su esposa. La aeronave estaba lista para despegar cuando la demoraron durante 45 minutos y, por último, la obligaron a regresar al terminal. Como los pasajeros se enteraron de que los ejecutivos de la aerolínea intentaban bajar a San Román, pretextando problemas de seguridad para aterrizar en Lima, protestaron enérgicamente y le pidieron al vicepresidente que no abandonara el avión. Osterling cita un despacho de la Associated Press, publicado en *El Comercio*, en el que se dice que aparentes funcionarios del Departamento de Estado convencieron a San Román de cambiar de vuelo y regresar al país en uno posterior, lo que finalmente hizo.

de la República. Con valentía, pero casi sin respaldo popular, San Román defendió el orden democrático.

Mientras el Congreso trabajaba por el retorno a la democracia de acuerdo con la vía constitucional, ciertos consejeros externos buscaban persuadir a Fujimori de la necesidad de encontrar una vía de normalización institucional que fuera plausible a ojos de la comunidad internacional y no le implicara perder el poder. Hernando de Soto fue el más visible de ellos. El politólogo japonés y estudioso del régimen fujimorista Yusuke Murakami (2023) señala que, aunque el economista había renunciado como asesor presidencial en enero de 1992, «empezó a dar sugerencias a Fujimori poco después de producirse el autogolpe» (p. 357). Además, refiere que, en 2017, el propio De Soto contó en una entrevista radial que «él había sugerido al presidente Fujimori una salida —aceptable para Estados Unidos— de retorno al orden constitucional en una reunión con el jefe del Estado el 13 de abril» (p. 357). Por último, a mediados de mayo de 1992, Fujimori se presentó en una asamblea extraordinaria de la OEA en Bahamas, celebrada para tratar el caso peruano[99]. Ahí planteó la salida política de convocar a elecciones para reemplazar al Congreso disuelto por la fuerza bruta por otro con poder constituyente. Lo increíble es que en el discurso justificó el golpe con el engañoso y perverso argumento de que este no había roto con el sistema democrático, sino con un supuesto sistema de poder partidario que le impedía gobernar, al que calificó de «partidocracia». El también politólogo Fernando Tuesta (1996) prueba fehacientemente que, para ello, el discurso de Fujimori copió párrafos enteros, sin citarlos, de la disertación doctoral de Michael Coppedge, un autor estadounidense que en 1988 había analizado el sistema de partidos políticos de Venezuela, no del Perú (pp. 100-104).

99 Estuve presente con el diputado Ántero Flores-Aráoz, del PPC, para llevar la voz de Congreso disuelto arbitrariamente.

Ni bien se produjo el golpe de Estado, Vargas Llosa asumió una posición radical a favor del orden constitucional, aun cuando su batalla fue minoritaria. En su afán de evitar la consolidación de la dictadura de Fujimori, pidió que no se le diera ayuda económica al país. Ello llevó a los medios de comunicación, que en ese momento estaban al servicio del fujimorato, e incluso algunos de ellos ya estaban vendidos al régimen autoritario, a desplegar una guerra feroz en su contra. Fue también un momento crítico para los partidarios del Movimiento Libertad. Tanto es así que al poco tiempo consideramos dejar la actividad de la agrupación, luego de que Vargas Llosa se acogiera a la nacionalidad española. Ante ello, este le comunicó al presidente del partido, Luis Bustamante Belaunde, que lamentaba la determinación, pero que acataría lo que la mayoría aprobara. Finalmente, se acordó el fin de la agrupación[100]. Pero si algo se puede decir y es digno de destacar de este periodo virulento y nefasto de la autocracia, fue el compromiso irreductible de Vargas Llosa, contra viento y marea, por defender los principios y valores democráticos.

Vargas Llosa no solo condenó abiertamente el golpe. Al poco tiempo, hizo lo propio con la conducta de aquellos que lo habían

---

100 Una voz discordante fue la del militante del Movimiento Libertad, Javier Gonzales Olaechea, quien declaró que el partido no se iba a atar a lo que hiciera Vargas Llosa. En 1995, Gonzales Olaechea intentó sin éxito ser elegido parlamentario en la lista del partido Unión por el Perú, que propugnaba la candidatura presidencial de Javier Pérez de Cuéllar. Cuando ocurrió el suicidio de Alan García, este hecho lo afectó notoriamente, tal como se pudo observar en el velorio del expresidente. En las elecciones generales de 2021, que ganó la dupla Pedro Castillo-Dina Boluarte como integrantes del partido izquierdista y totalitario Perú Libre, se sumó a las denuncias de fraude electoral. Cuando Pedro Castillo dio su efímero golpe de Estado y Dina Boluarte asumió constitucionalmente la presidencia, aceptó ser su ministro de Relaciones Exteriores. Luego de su retiro del gabinete, Gonzales Olaechea súbitamente dejó de ser liberal para convertirse en socialcristiano y se inscribió en el Partido Popular Cristiano, aparentemente por motivos electorales.

apoyado durante su campaña presidencial y que luego se convirtieron camaleónicamente en entusiastas y serviles colaboradores de la dictadura, y otros incluso en los nuevos mastines periodísticos del Gobierno *de facto*. En el colofón de *El pez en el agua*, Vargas Llosa se pregunta lo siguiente:

> Desde el 5 de abril de 1992 se ha iniciado en el Perú una era de confusión y de notables paradojas, muy instructiva sobre la imprevisibilidad de la historia, su escurridiza naturaleza y sus sorprendentes zigzags. Una nueva mentalidad antiestatista y anticolectivista ha cundido en vastos sectores, contagiando a muchos que, en 1987, lucharon con denuedo por la nacionalización del sistema financiero y ahora apoyan, entusiasmados, las privatizaciones y la apertura de la economía. Pero ¿cómo no deplorar que, este avance, se vea lastrado por un simultáneo repudio popular de los partidos políticos, de las instituciones, del sistema representativo y sus poderes autónomos que se fiscalizan y equilibran, y, peor todavía, con el entusiasmo de largos sectores por el autoritarismo y el caudillo providencial? (Vargas Llosa, 1993, p. 536).

Antes de ello, en el artículo «Regreso a la barbarie», publicado cuatro días después de la ruptura del orden constitucional, el escritor no solo condenó y lamentó los hechos, sino también criticó a aquel grupo de empresarios que raudamente se sumaron al respaldo de la aventura golpista.

> No me apenan, en cambio, sino me irritan —porque en ellos no hay excusa de la ignorancia, del hambre y la desesperación— esos empresarios que se han precipitado a aplaudir el golpe, convencidos de que por fin tienen en casa al Pinochet con el que soñaban (Vargas Llosa, 2024, p. 494).

Este periodo significó un cambio drástico en materia económica para el país. Fujimori abandonó los postulados de su campaña presidencial y recogió muchas de las iniciativas que Vargas Llosa había presentado al país a través de su programa de gobierno para controlar la inflación (el *shock* que Fujimori siempre negó que aplicaría), la reforma del Estado y la privatización de las empresas públicas que estaban quebradas. Lo que permitió el renacer económico del país. Sin embargo, todo ello se llevó adelante sin una auténtica y transparente gestión pública. También se perdió la oportunidad de fomentar un verdadero capitalismo popular. Un punto que resultó trágico para el país fue la lucha contra el terrorismo, que se dio en muchos casos al margen de la ley y sin respetar debidamente los derechos humanos. El país nuevamente apostó por la dictadura que, como forma de gobierno, ha sido una de las grandes tragedias de nuestra historia republicana. La toma de la Corte Suprema de Justicia, del Ministerio Público y del Tribunal de Garantías Constitucionales destruyó la institucionalidad democrática del país.

Fujimori también tuvo el control de los canales de televisión, pero no necesitó tomarlos por asalto, confiscarlos o amedrentarlos, como ocurrió durante las perversas dictaduras de Velasco y Morales Bermúdez. Sobornó a sus dueños a través de su asesor Vladimiro Montesinos. Fue esta la principal arma política para atacar y difamar a sus adversarios, obviamente, entre ellos Mario Vargas Llosa. Uno de los canales más agresivos contra el novelista fue Frecuencia Latina, de propiedad de Baruch Ivcher, acaudalado empresario de origen israelí.

Años después, cuando Fujimori y Montesinos le quitaron a Ivcher la nacionalidad peruana para tomar el control de su canal, pues el orden jurídico prohibía que los extranjeros fueran propietarios de estaciones de televisión, me contactaron para que intercediera ante Mario Vargas Llosa e hiciera una denuncia internacional sobre este atropello. Vargas Llosa aceptó el pedido sin dudar. Viajé con el periodista Gonzalo Quijandría a Verona, Italia, para que lo entrevistara. Por una cuestión de principios y defensa de la libertad de prensa, denunció a nivel internacional la tropelía. Una vez más, Vargas Llosa demostró que su acción no estaba motivada por el odio, tal como lo había sostenido y divulgado malévolamente durante años Frecuencia Latina.

En 1995 se convocaron a nuevas elecciones generales y Fujimori se presentó a la reelección por primera vez, gracias a un cambio constitucional de dudosa legalidad. El candidato más fuerte de la oposición fue nuestro prestigioso diplomático Javier Pérez de Cuéllar, ex secretario general de las Naciones Unidas. Obviamente, Vargas Llosa lo apoyó, pero este perdió, luego de una sucia campaña, e inmediatamente reconoció la victoria de Fujimori, sin presentar ningún reclamo público. Sin embargo, hubo varias irregularidades durante el proceso electoral. Una de ellas tuvo que ver con el uso de los recursos del Estado para cercar a la oposición. A mí me proporcionaron transcripciones de diálogos telefónicos de Pérez de Cuéllar que probaban que el régimen había montado un sistema de reglaje contra la oposición. Sin embargo, no era la primera vez que esta práctica delincuencial ocurría. El Servicio de Inteligencia Nacional lo había hecho en 1990 contra Vargas Llosa, por órdenes del expresidente Alan García, y con el claro propósito de favorecer la candidatura de Fujimori.

Sabiendo de la amistad del exsenador Raúl Ferrero Costa con Pérez de Cuéllar, le pedí que hablara con él para reunirnos. Así, acudimos a su casa y le entregué las transcripciones. Pérez de Cuéllar reconoció ante nosotros que eran verídicas, que todos esos diálogos habían ocurrido tal cual figuraban en ellas. Pensé que iba a denunciar el hecho, pero inexplicablemente nunca lo hizo. Fue una resignación incomprensible desde el punto de vista político. Posteriormente, cuando fue extraditado de Chile y juzgado por el delito de espionaje telefónico, se allanó y reconoció con cinismo esta conducta delictiva (*ABC Internacional*, 30 de setiembre de 2009).

Cinco años después, en 2000, se realizó la siguiente elección, en un contexto internacional y nacional muy diferente al de 1995. Sin embargo, en la primera vuelta ocurrió lo que pasó en Venezuela en 2024, entre el criminal dictador Nicolás Maduro y su opositor Edmundo González: inicialmente, las cifras dieron como ganador a Alejandro Toledo frente a Fujimori, pero luego cambiaron totalmente, de manera abrupta y fraudulenta. Recuerdo que ese día viajaba a España. Me subí al avión con la convicción de que Toledo había ganado, pero cuando aterricé en Barajas se habían invertido las cifras.

Unos meses después cayó Fujimori, gracias a la difusión del primero de los llamados vladivideos, obtenido por el congresista Fernando Olivera. Eran las filmaciones subrepticias que hacía Montesinos, el asesor todopoderoso de Fujimori, a diferentes personas que se vendían a la dictadura por cientos de miles o millones de dólares[101]. Y aquí hay que decirlo claramente: el tiempo le dio la razón a Vargas Llosa. Él anticipó que uno de los grandes riesgos y problemas de la dictadura de Fujimori y Montesinos sería la corrupción[102].

A fines de 2000, la dictadura se desmoronó por completo. Fujimori se fugó cobardemente a Brunéi, con el pretexto de asistir a una reunión de la APEC, y, tras refugiarse en Japón, renunció a la presidencia por fax.

Años después, para evitar la acción de la justicia, Fujimori postuló sin pudor alguno (y sin éxito) al Senado de Japón. Este bochornoso hecho probó que era japonés, algo que ocultó las veces que postuló a la presidencia y durante sus gobiernos. Su conducta fue también en este punto violatoria del orden constitucional y legal, porque nuestra Constitución solo permite la doble nacionalidad con España.

Por último, el inesperado e inexplicable viaje de Fujimori desde Japón a Chile, abandonando la protección japonesa y en pleno proceso

101 En la gestión de Diana Álvarez Calderón en el Ministerio de Cultura, todos los vladivideos se entregaron al archivo del Lugar de la Memoria y son de acceso público.

102 Cuando me desempeñé como viceministro de Justicia, participé en el proceso de repatriación de más de 100 millones de dólares, que los más conspicuos colaboradores de Fujimori habían depositado en la banca suiza. Fue la fiscal helvética Cornelia Cova la que descubrió la gigantesca corrupción que caracterizó al fujimorato.

electoral chileno, motivó un rápido y enérgico rechazo, especialmente de la candidata presidencial socialista Michelle Bachelet. Esto permitió su inmediata detención y posterior extradición, para luego recibir una justa y severa condena después de un largo y mediático proceso de administración de justicia, el mismo que permitió conocer en amplitud su espeluznante conducta delictiva marcada por la violación de los derechos humanos y una corrupción nunca vista en nuestra historia[103]. Un caso ilustrativo fue el pago de 15 millones de dólares que Fujimori dispuso a favor de Montesinos. Para ello, ordenó el retiro de este monto de las arcas del Estado y dispuso que se cambiara en efectivo. Cuando sus cercanos colaboradores lo alertaron de este hecho delictivo, mandó a que se restituyera el dinero al erario nacional, pero este reintegro, como lo probó la justicia y lo reconoció cínicamente el propio Montesinos ante una comisión investigadora del Parlamento (IDL-Reporteros, 26 de enero de 2015), se efectuó con billetes de diferentes cantidades y distintas series al que le había sido entregado originalmente. Este hecho prueba que Fujimori no cometió solo errores, como falsamente sostienen sus ciegos defensores, sino también flagrantes delitos de corrupción. Este fue uno de ellos.

Nueva literatura fantástica

Tras la caída y huida de Fujimori, el congresista Valentín Paniagua, de Acción Popular, asumió la Presidencia de la República, en su condición de presidente del Congreso. Empezó un breve periodo de transición, que duró algo menos de un año.

Una vez instalado en el Gobierno, Paniagua recibió presiones para restablecer la Constitución de 1979. Especialmente, de la izquierda

103 En varias ediciones del informe mundial sobre corrupción elaborado por Transparencia Internacional, Fujimori aparece como uno de los mandatarios más corruptos a nivel internacional.

más radical. Teniendo en cuenta la gravedad de la crisis y la inestabilidad política que podría haber generado esta determinación, así como incertidumbre en el ámbito económico, el presidente tomó la serena y reflexiva decisión de mantener vigente la Constitución de 1993[104], aunque luego se hicieron reformas.

Hay que resaltar que, en el Perú, al finalizar las dictaduras, generalmente la salida política para superar la crisis ha sido aprobar una nueva Constitución y aplicar la impunidad a favor de los asaltantes del poder; es decir, borrón y cuenta nueva. Paniagua, en ese aspecto, tuvo una gestión ejemplar en defensa del orden democrático y constitucional.

Naturalmente, Vargas Llosa avaló este proceso. Luego, en las elecciones generales de 2001, participó activamente apoyando la candidatura de Alejandro Toledo. Sobre todo, en la segunda vuelta electoral, cuando de una manera absolutamente inesperada compitió con Alan García.

García había estado prófugo de la justicia y fue declarado reo contumaz. Pudo regresar al país porque se acogió a la prescripción de los delitos que entonces se le imputaban. La Comisión Interamericana

104 Como en muchos países latinoamericanos, en el Perú hay políticos que creen que los problemas se resuelven aprobando nuevas constituciones. Las innumerables constituciones en diversos países del continente, incluido el nuestro, prueban lo contrario. La izquierda especialmente promueve falsamente la aprobación de una nueva constitución como vía para el cambio y el desarrollo. Sin embargo, las experiencias demuestran que en realidad usan como pretexto los cambios constitucionales para perpetuarse en el poder. El caso más ilustrativo es el de Hugo Chávez, de Venezuela, que fue elegido democráticamente, pero su dictadura, contando a su sucesor Nicolás Maduro, ya superó el cuarto de siglo.

Los continuos cambios constitucionales en América Latina solo han producido inestabilidad política y jurídica, así como sistemas democráticos débiles, impidiendo la formación de una auténtica cultura democrática en nuestras sociedades.

de Derechos Humanos, instancia a la que recurrió el expresidente, no la Corte, resolvió que los cargos contra él habían prescrito y el gobierno de Valentín Paniagua no objetó la resolución de la comisión.

Previamente, había obtenido un asilo del Gobierno de Colombia, pero en realidad había residido en París. Tras haber declarado ante la comisión investigadora del Parlamento que no tenía recursos económicos, se compró un departamento en la capital francesa[105]. Aunque el exilio suele ser la circunstancia más dura que una persona debe enfrentar fuera de su país, para él todo indica que no lo fue. Su retorno al poder, por tanto, significaría la consagración de la impunidad en el país. Sin duda, esto también fue uno de los hechos que motivó la participación de Vargas Llosa. Si bien Toledo no era un personaje absolutamente prístino, había enarbolado la lucha contra la corrupción. Y en ese momento, eso marcaba una gran diferencia con el expresidente aprista.

---

105 Por aquellos años parisinos de García, este no solo fue criticado por sus adversarios, sino también por sus compañeros apristas. Por ejemplo, el jurista y experimentado parlamentario aprista Javier Valle-Riestra, en una entrevista en América Televisión con la periodista Sol Carreño, declaró:

> Sobre Alan García tengo el peor de los conceptos. Me parece un hombre que le ha hecho un gravísimo daño al partido del pueblo, al holocausto de Haya de la Torre y a los precursores del partido del pueblo. Ha desprestigiado a los partidos políticos. Es un hombre que tiene síntomas de un enriquecimiento que no corresponde a su falta de vida profesional, a su situación social. Si una persona debe quedar proscrita de la vida política del Perú es Alan García. Yo creo que el veredicto de la historia, porque los tribunales históricos no funcionan a base de pruebas y alegatos, lo condenará (Áncash Espectáculos Gran Turismo TV 0.8, 28 de julio de 2011).

También Hernán Garrido Lecca, quien sería ministro de dos carteras durante su segunda administración, señaló: «El APRA debe expulsar a perpetuidad a Alan García» (*La República*, 26 de mayo de 1995). Dos años después, Javier Velásquez Quesquén, presidente del Consejo de Ministros durante su segundo mandato, declaró: «Alan García debe dar la cara y declarar ante la justicia» y anunció que presentaría un proyecto de ley para su extradición (*La República,* 13 de setiembre de 1997).

Su hijo Álvaro, que jugó un rol activo y leal en la campaña presidencial de 1990, al inicio también apoyó a Toledo, pero luego pasó a ser un crítico implacable del candidato de Perú Posible. El elemento fundamental que provocó su rechazo fue el llamado caso Zaraí (la hija no reconocida por el candidato, que recién en octubre de 2002, más de un año después de llegar a la presidencia, llegaría a reconocer). Aunque también pesaron otros temas relacionados con el apoyo económico del magnate George Soros. Producto de todo ello, Álvaro y el popular periodista Jaime Bayly iniciaron una campaña para pedir el voto en blanco, lo que marcó una distancia con su padre, radical y pública. El premio nobel declaró a la prensa:

> Yo lamento que por primera vez no pueda apoyar una opinión política de Álvaro. Creo que ha actuado en forma precipitada [...]. Nada de lo ocurrido me lleva a revisar mi apoyo a Toledo, a quien sigo considerando como la mejor opción para el Perú (*El País*, 24 de abril de 2001).

Años más tarde, en una entrevista con el periodista español Juan Cruz (2017), reconoció lo sensible de esta notoria discrepancia con su hijo mayor.

> Tuve que enfrentarme públicamente con él; no se frustraron las relaciones personales, pero de todas maneras fue algo muy desagradable, y muy bien aprovechado por la gente canalla. Fue un periodo muy difícil. Pero, bueno, a veces es inevitable tener divergencias muy profundas con gente que quieres (pp. 58-59).

El gobierno de Alejandro Toledo tuvo un buen inicio con el apoyo del Congreso. Le ofreció la Presidencia del Consejo de Ministros a Vargas Llosa y él declinó, pero el escritor le sugirió al prestigioso abogado Roberto Dañino, que fue nombrado en el cargo. Tampoco el autor de *Los cachorros* aceptó el ofrecimiento de ser embajador del Perú en España y retornó a su actividad creativa.

En el ámbito económico, la orientación de su administración fue muy positiva, porque impulsó los tratados de libre comercio. Pero su desordenada e irresponsable conducta en el manejo de los asuntos públicos, así como su escandaloso comportamiento privado (y el de algunos de sus más cercanos colaboradores, entre ellos el de su vicepresidente de la República, que penosamente tuvo una repercusión internacional[106]) terminaron minando gravemente su gobierno.

En medio de la gravedad de la crisis que afectaba a Toledo, asumió la Presidencia del Consejo de Ministros la exsenadora del Movimiento Libertad Beatriz Merino. Debido a su popularidad, rescató la imagen deteriorada del mandatario. A pesar de este notorio hecho, fue víctima de comentarios maledicentes sobre su vida privada e intrigas políticas, lo cual la afectó en demasía. Por ello, forzaron su caída Toledo y su aliado Olivera, quienes no soportaban que fuera más popular que ellos. Este último, además, tenía una antigua discrepancia con Merino proveniente de los años del Congreso Constituyente Democrático, cuando ella había integrado la bancada parlamentaria de su agrupación política[107]. El escándalo de su salida fue de tal magnitud que Olivera me llamó para pedirme que le gestionara una cita urgente con Mario Vargas Llosa, quien por esos días

106 El 30 de enero de 2004, el diario español *El País* publicó una nota titulada «La renuncia del vicepresidente de Perú agrava la crisis del gobierno de Toledo. Diez Canseco está acusado de aprovecharse de su cargo para beneficiar a familiares de su novia».

107 Beatriz Merino fue acusada por los congresistas Fernando Olivera y Ernesto Gamarra de recortarles el sueldo a sus trabajadores. Sin embargo, la acusación no fue motivo de investigación ni se aclaró su veracidad. Vergonzosamente, hoy es una práctica muy difundida y casi impune en el Parlamento por los llamados «mochasueldos». Desde 2016, ella es presidenta ejecutiva de la Universidad César Vallejo, con un jugoso sueldo. Ha defendido, a su manera, a César Acuña, fundador de dicho centro de estudios, en el bochornoso caso del plagio de su tesis doctoral y en el vergonzoso incidente de la pérdida de la tesis del expresidente Pedro Castillo.

se encontraba en Lima. Quería que intercediera en la solución del problema. Vargas Llosa, sin embargo, fue enfático: la única solución es que Beatriz Merino sea restituida en el cargo. Toledo no aceptó y el desgaste de su gobierno continuó profundizándose.

Según el historiador Iñigo García-Bryce (2024), el líder aprista Armando Villanueva intentó persuadir sin éxito al comandante Ollanta Humala para que diera un golpe contra Alejandro Toledo, dentro del contexto de su pavorosa situación política. Hecho que el propio Humala reveló públicamente (p. 161).

A partir de 2013, con la explosión del caso Lava Jato, se conocieron los groseros y repugnantes escándalos de corrupción de Alejandro Toledo, que implicaban la recepción de millonarios sobornos entregados por la constructora brasileña Odebrecht. Sí, el mismo que durante su campaña electoral prometió luchar contra la corrupción. Definitivamente, su ilícita acción profundizó su ya alicaída reputación. Por ello, el país tuvo que pasar por otro proceso de extradición tan vergonzoso como el de Fujimori para conseguir que respondiera por sus actos. Hoy purga prisión preventiva y está sometido a la acción de la justicia[108].

El comportamiento delictivo de Toledo no solo es condenable, sino imperdonable. Enarboló la lucha contra la corrupción y con base en ello movilizó el apoyo popular, pero cuando llegó al Gobierno traicionó lo que él mismo ofreció y el rol que la historia le demandaba como el primer gobernante democráticamente elegido luego de la corrupta dictadura de Fujimori. «Quién iba a pensar en ese momento

108 Ante la justicia peruana, Jorge Barata, máximo ejecutivo de Odebrecht en el Perú, reveló la forma —indigna para una persona que ocupó la Presidencia de la República— en que Alejandro Toledo le reclamó el pago de un soborno. Le dijo: «Oiga, Barata, paga carajo». Sin duda, algo que nunca será olvidado ni perdonado. En octubre de 2024, fue condenado a veinte años y seis meses de prisión por los delitos de colusión y lavado de activos, relacionados con los sobornos que recibió de la constructora brasileña Odebrecht.

que Toledo iba aprovechar el poder para robar», señaló Vargas Llosa consultado sobre el apoyo que brindó a su candidatura en la segunda vuelta de 2001 (Andina, 19 de julio de 2019).

Por último, el Gobierno de Estados Unidos, luego de un largo proceso, autorizó la extradición de Toledo, y el Poder Judicial lo condenó con cabal severidad a veinte años de prisión por su delictiva participación en el caso Lava Jato. Sin duda, es un hecho bochornoso para la historia del país que dos expresidentes hayan sido condenados: Fujimori y Toledo.

Una nueva historia de literatura fantástica ocurrió en 2006: Ollanta Humala y Alan García disputaron la presidencia. En aquella elección, Humala estaba plenamente alineado con el dictador venezolano Hugo Chávez, que en ese momento era el personaje más poderoso de la izquierda a nivel continental, no solo por su desmedida y megalómana personalidad, sino, sobre todo, por el poder económico proveniente del petróleo. Por ello, Vargas Llosa vio claramente que Humala representaba una amenaza para nuestro débil sistema democrático y pidió, con todos los reparos que le suscitaba García, que se votara por él.

Durante la dictadura de Fujimori, la campaña de demolición contra Vargas Llosa se centró fundamentalmente en presentarlo como una persona cuya actuación política estaba motivada por el odio. Fue una estrategia montesinista muy bien montada mediáticamente y reiterada a lo largo del tiempo. Se decía que a Vargas Llosa lo animaba el resentimiento por haber perdido con Fujimori en 1990. Pero eso no era cierto por varias razones. En primer lugar, porque durante los dos años de etapa constitucional de Fujimori, él actuó con responsabilidad: se retiró y le dejó un espacio teniendo en cuenta la gravedad de la crisis. Fue una determinación radical, pero propia de las que a lo largo de su vida ha adoptado, consecuente con su compromiso con el país. Y, en segundo lugar, porque si a alguien hubiera tenido que odiar era a García y no a Fujimori, porque fue aquel quien, usando todo su poder como gobernante, evitó que ganara las elecciones por temor a la acción de la justicia, para garantizar su impunidad. Años después, al final de su segundo gobierno, el propio García, envanecido por su poder presidencial, lo diría públicamente con total impudicia: «En el Perú el presidente tiene un poder, no puede hacer presidente al que él quisiera, pero sí puede evitar que sea presidente quien él no quiere. Yo lo he demostrado» (*Andina*, 17 de abril de 2019). Una frase que lo pintó de cuerpo entero.

Pese a ello, ante la amenaza de la instauración de una dictadura similar a la chavista, Vargas Llosa decidió apoyar a Alan García en la segunda vuelta de 2006 y pidió a los peruanos que votaran por él tapándose la nariz (RPP, 19 de diciembre de 2010), pues no ignoraba el equipaje de corrupción que traía consigo. Fue una decisión que evidenció su calidad humana y responsabilidad cívica, pero de manera especial que su actuación y decisiones no estaban motivadas por el odio, como aseguraban sus críticos y enemigos. Sin embargo, debo reconocer que en esa oportunidad no estuvimos de acuerdo. Fue la única vez que discrepamos políticamente[109].

Una vez que García fue elegido presidente, Vargas Llosa publicó el artículo «La segunda oportunidad». En él señaló la extraordinaria posibilidad de reivindicarse que tenía:

> las circunstancias internacionales y los electores peruanos le han dado, una vez más, a Alan García una oportunidad poco menos que milagrosa para que se redima de sus errores pasados y haga una gestión que enrumbe de una vez por todas al Perú por el camino de la modernidad; es decir, del progreso, la prosperidad y la libertad [...]. Si el presidente Alan García actúa con responsabilidad y renuncia a toda demagogia,

109 Como diputado, formé parte de la comisión investigadora que indagó a Alan García sobre un supuesto enriquecimiento ilícito. Luego de esta labor, mi opinión sobre García no era positiva. Tenía la convicción que la honradez no era uno de sus signos distintivos.

estos cinco años podrían ser decisivos para que el país despegue por fin... (Vargas Llosa, 2024, pp. 675-676).

Iniciado el gobierno de García, Vargas Llosa destacó la sensata política económica que emprendió, que sin duda era notoriamente diferente a la que había quebrado al Estado durante su primera aciaga administración. Ahora, el aprista aplicaba los postulados económicos de Vargas Llosa, que antes había combatido con demagogia e irresponsabilidad[110].

La victoria de García determinó una tregua política entre ellos. Mario ha contado que por esos días estuvo enfermo y el presidente le envió a un edecán para saludarlo e «hizo una declaración pública muy cariñosa». Cuando acabó la convalecencia, el escritor fue a agradecerle a García personalmente: «Fue la primera vez que nos vimos después de muchísimos años. Tuvimos una conversación cordial ahí, en Palacio de Gobierno y después nos reunimos a cenar» (RPP, 19 de diciembre de 2010).

Inicialmente, el escritor mantuvo una actitud de prudencia, pero luego, de manera inesperada, tuvo una activa participación asumiendo el reto de impulsar el Lugar de la Memoria, una labor congruente con la defensa de los derechos humanos que propugnaba. En este contexto, ocurrió la entrega del Premio Nobel de Literatura al

110 Lamentablemente, el tiempo me dio la razón. Cuando explotó el caso Lava Jato, su gobierno fue manchado por la corrupción. Nuevamente, el proyecto emblemático de sus dos gestiones, el tren eléctrico, fue motivo de pagos de sobornos. En la primera de ellas, el fiscal italiano Vittorio Paraggio y el juez británico Derek Schofield de Gran Caimán descubrieron la coima que Sergio Siragusa depositó en el Barclays Bank de ese país. También el vocal supremo instructor Hugo Sivina emitió un informe final estableciendo las responsabilidades penales del expresidente (informe final del expediente 001-95). Ver en https://es.scribd.com/document/395096154/Informe-Final-Exp-N°01-95. Y en su segunda administración, la justicia del Brasil descubrió el pago de coimas en la banca de Andorra.

novelista arequipeño y Alan García se apresuró en rendirle un homenaje. Recuerdo que por esa época estaba en España, y un día, mientras caminábamos, me dijo: «Por si acaso, te he puesto en la relación de asistentes a la cena que me va a ofrecer Alan García». Vio mi expresión de desconcierto y añadió: «No se va a atrever a vetarte»[111]. Dicho y hecho, vine al Perú y asistí al evento. He estado presente en muchas ceremonias de reconocimiento a Vargas Llosa, pero acaso ese día en Palacio escuché uno de los discursos más elogiosos sobre el escritor. García se deshizo, se derritió en elogios:

> Ilustre compatriota Mario Vargas Llosa, todo el Perú se une a nosotros en estos momentos para expresar su orgullo y su alegría por tu triunfo, por tu trabajo apasionado de tantos años. Para demostrar su homenaje, hemos creado una nueva condecoración y por largo tiempo serás el único en tenerla porque habrá que cumplir el enorme esfuerzo que has hecho en estos 50 años de trabajo para que alguien pueda merecer nuevamente esta distinción que nace para ti (Infobae, 8 de marzo de 2023).

Al oírlo, me pregunté: «¿Hasta cuándo va a durar esto?». Sabía que una adulación de ese calibre —viniendo del autor de la frase que dice que en política no hay que ser ingenuos— solo podía provenir del cálculo, del histrionismo, de la megalomanía, pero no de una sincera admiración. «Hasta que haya una situación de discrepancia», me respondí. Y así fue. La postura adoptada por Vargas Llosa en la siguiente

111 Mario sabía que había una rivalidad entre ambos. Cuando fui diputado, integré la comisión que lo investigó por un supuesto enriquecimiento ilícito. Por ello, fue el primer presidente acusado constitucionalmente por el Congreso. Luego, la publicación de mi libro *El caso García* lo irritó para siempre. Por este motivo, los apristas, años después, me persiguieron políticamente. Todas sus falsas denuncias fueron archivadas en la Fiscalía y el Poder Judicial. Absolutamente todas.

contienda electoral hizo que García olvidara rápidamente las loas que le dispensó en el gran comedor de Palacio de Gobierno.

Su segunda administración acabó embarrada por la corrupción. No fue el gobierno más exitoso de nuestra historia, como han sostenido sus fanáticos defensores. Prueba de ello es que en las siguientes elecciones en las que participó sacó un porcentaje paupérrimo: 5.83 % de los votos válidos (ONPE, 30 de mayo de 2016).

En 2019, su suicidio conmocionó a nuestro país. La primera vez, García había evadido la acción de la justicia acogiéndose a la prescripción, luego de su exilio dorado en París. La segunda, con su fatídica determinación de quitarse la vida, se produjo la extinción de la acción penal por mandato legal.

El mal menor

En las elecciones de 2011, postuló por primera vez Keiko Fujimori, la hija del dictador de los noventa. Y también volvió a presentarse Ollanta Humala. La prensa y los analistas empezaron a barajar la posibilidad de que ambos entraran a la segunda vuelta. Consultado sobre ello, Vargas Llosa comparó el catastrófico dilema electoral con dos enfermedades terminales, aunque lo consideró una hipótesis negada. «No creo que mis compatriotas vayan a ser tan insensatos de ponernos en la disyuntiva de elegir entre el sida y el cáncer terminal, que es lo que serían Humala y Keiko Fujimori», declaró en una entrevista al programa *Cuarto poder* de América Televisión (*El Universo*, 24 de mayo de 2009). Pero se equivocó. Ese fue precisamente el dilema que trajo consigo la segunda vuelta de junio de 2011.

Entonces, el escritor decidió apoyar a Humala. Recuerdo que en ese momento ambos coincidimos en Buenos Aires, donde se desarrollaba la conferencia de la Sociedad Mont Pelerin, que reúne a los liberales del mundo. Al día siguiente de conocidos los resultados de la primera vuelta electoral, mientras desayunábamos, Mario nos dijo:

> Las reglas de juego constitucionales establecen que hay que elegir entre Keiko Fujimori y Ollanta Humala. Que salga elegida la hija del dictador sería nefasto, un atraso para el país. Lo que hay que hacer es una estrategia para encauzar a Humala y que se comprometa públicamente a respetar el orden democrático y constitucional.

Fue una idea verdaderamente sagaz y riesgosa a la vez, pero, gracias a ella, se pudo organizar la suscripción por parte de Ollanta Humala, en una ceremonia realizada en la Universidad de San Marcos, de lo que se conoció como la «Hoja de ruta», un documento que señalaba puntos claros de compromiso y respeto a la Constitución y las leyes.

Cuando Vargas Llosa anunció su apoyo a Humala, casi de inmediato se produjo el quiebre con Alan García. Lo que se tradujo en un ataque permanente no solo del mandatario, sino de la derecha, en general, y del APRA, en particular. Pero también se produjo una ruptura con el diario *El Comercio*. Nueve días antes de los comicios, el escritor decidió no seguir publicando ahí sus artículos quincenales[112], debido a la línea editorial que venía desarrollando abiertamente parcializada a favor de la candidatura de Keiko Fujimori (*El Mundo*, 1 de junio de 2011). El premio nobel comunicó su decisión acusando a un

112 No fue la primera vez que decidió dejar de publicar sus columnas en un medio peruano. A fines de 1989, la revista *Caretas* publicó un editorial criticando al candidato Vargas Llosa por haber viajado a Miami. Argumentaba que se interpretaría como una adhesión a la invasión militar estadounidense a Panamá, pese a que el Movimiento Libertad había emitido un comunicado censurándola. El escritor señala en *El pez en el agua* que aquel editorial «combinaba la inexactitud y la malevolencia de una manera que me sorprendió, tratándose de esa revista. Durante muchos años yo había sido colaborador de *Caretas* y tenía a su dueño y director, Enrique Zileri, como amigo». Entonces, el 10 de enero de 1990, envió una carta al medio. Entre otras cosas, decía: «Te ruego sacar mi nombre de la lista de colaboradores de la revista, pues ya no lo soy» (pp. 379-381).

grupo de accionistas encabezados por Martha Meier Miró Quesada, candidata al Congreso en las filas de Fuerza 2011 (el membrete partidario en el que entonces postulaba la hija de Fujimori), de haber convertido los medios del grupo «en una máquina propagandística a favor de la candidatura de Keiko Fujimori». La descripción que efectuó el escritor de la conducta del diario *El Comercio*, en la carta que envió a su director Francisco Miró Quesada Rada, fue contundente:

> [...] en su afán de impedir por todos los medios la victoria de Ollanta Humala, viola a diario las más elementales nociones de la objetividad y la ética periodísticas: silencia y manipula la información, deforma los hechos, abre sus páginas a las mentiras y calumnias que pueden dañar al adversario, a la vez que en todo el grupo de medios se despide o intimida a los periodistas independientes, y se recurre a las insidias y golpes bajos de los peores pasquines que viven del amarillismo y el escándalo.

En consecuencia, tomó una categórica decisión: «No puedo permitir que mi columna *Piedra de toque* siga apareciendo en esa caricatura de lo que debe ser un órgano de expresión genuinamente libre, pluralista y democrático» (Vargas Llosa, 31 de mayo de 2011).

Por su parte, el director de *El Comercio* rechazó categóricamente las afirmaciones del premio nobel. La ruptura, sin embargo, se mantuvo. Inmediatamente después, el diario *La República* anunció que a partir del domingo 5 de junio, a solo una semana de las elecciones, «Mario Vargas Llosa entregará sus colaboraciones de manera exclusiva para todo el Perú a través de la edición dominical...». Destacó en aquella ocasión que el escritor es «de tendencia liberal, [y] ha mostrado siempre sus convicciones democráticas, enfrentándose a las dictaduras y sentando posición en defensa de los derechos humanos y del derecho que tiene todo ser humano a, principalmente eso, ejercer y disfrutar de su libertad» (*El Mostrador*, 2 de junio de 2011). Una década después, en agosto de 2021, su columna «Piedra de toque» regresó a *El Comercio*, bajo la dirección de Aurelio Arévalo Miró Quesada, quien tuvo el acierto de concretar la reconciliación entre el premio nobel y el decano de la prensa nacional. El nobel señaló en aquella ocasión:

> Me alegro de volver por tercera vez a un periódico que siempre sentí muy cerca de mis convicciones políticas. Dicen que a la tercera va la vencida y espero que mi caso confirme la regla. Comencé a colaborar en *El Comercio* hace muchos años, y espero continuar en sus páginas hasta que se me nuble la razón (*El Comercio*, 8 de agosto de 2021).

Aunque no de ese modo, pero sí producto de su retiro voluntario, el último artículo del escritor se publicó en el Perú en este diario el 17 de diciembre de 2023. Es de destacar que, en España, de manera ininterrumpida, Vargas Llosa publicó sus columnas en el diario *El País* durante treinta y tres años. Un diario más bien de centro izquierda y que, con la apertura democrática que caracteriza a la publicación y al autor, empezó la colaboración en diciembre de 1990 con el artículo «Elogio de la Dama de Hierro», dedicado a Margaret Thatcher, la primera ministra británica a la que el novelista le profesaba gran admiración.

Tiempo antes de la definición electoral de 2011, Vargas Llosa había recibido a Humala en Madrid, gracias a una gestión de Diana Álvarez Calderón, pero no le había causado mayor impacto. Sin embargo, es justo reconocer, y no lo digo porque haya sido su ministro, que, cuando llegó al poder, honró el compromiso público de respetar el orden democrático y constitucional durante su mandato, ya que de otro modo no hubiera colaborado con él[113].

113 La decisión de respetar la «Hoja de ruta» durante su gobierno tuvo un alto costo para Humala. Ni bien fue elegido, el sector de izquierda radical que lo había acompañado durante dos campañas presidenciales consecutivas lo abandonó. Entre los más notorios políticos que tomaron esa decisión estuvieron

En la gestión de Humala, Vargas Llosa actuó con prudencia, como era su costumbre. Si tuvo alguna intervención, fue esencialmente para ayudar a solucionar problemas puntuales. Fue así cuando coordinó con el escritor chileno Jorge Edwards la redacción y suscripción del pronunciamiento «El llamado a la concordia», que fue firmado por quince intelectuales del Perú y Chile. En él se exhortaba a que el litigio con Chile por la frontera marítima, que se veía en la Corte Internacional de Justicia de La Haya, fuera resuelto con arreglo al derecho internacional público. Es más, invitaba a ambas naciones a dar pasos mayores de integración:

> Si Chile y Perú comprenden la oportunidad histórica que ahora se les ofrece, la de entrar en una etapa de paz auténtica, de reconciliación verdadera, sin reservas, de amistad constructiva, creadora en todos los órdenes, contribuirán a cambiar la imagen de América Latina en el mundo actual. Y serán un ejemplo de concordia y colaboración regional (Ministerio de Relaciones Exteriores de Chile, 25 de julio de 2012).

En julio de 2012, Juan Jiménez Mayor, a quien Humala le había ofrecido la Presidencia del Consejo de Ministros, me anticipó que quería proponerme como ministro de Defensa, a raíz de mi gestión como agente ante la Corte Interamericana de Derechos Humanos por el caso Chavín de Huántar. Siendo esta una difícil decisión, conversé del tema con Vargas Llosa. Quería conocer su opinión. «Es una oportunidad para que colabores con este gobierno y siga la senda de defensa del orden democrático y constitucional, evitando que incurra en la tentación de imitar a la dictadura chavista», me dijo. Luego, tras casi tres años de haber sido ministro de Defensa, asumí la Presidencia del Consejo de Ministros, en un contexto en el que pocas personas

---

los congresistas izquierdistas Javier Diez Canseco y Verónika Mendoza, entre otros.

creyeron que iba a obtener el voto de confianza del Parlamento. Pero, de no haberlo conseguido, el presidente hubiera podido ejercer la facultad constitucional de disolver el Congreso, pues no era aún su último año de mandato, lo que a mis adversarios no les convenía. Por ello, de la noche a la mañana, dejé de ser enemigo de los fujiapristas y me convertí para ellos en un defensor de la estabilidad democrática. Recuerdo que, en ese contexto, Vargas Llosa declaró a la prensa que «el nombramiento de Cateriano ha sido inesperadamente conciliador» (Canal N, 14 de abril de 2015). Y agregó: «Pedro Cateriano tiene rabietas, pero es íntegro y preparado» (*Correo*, 14 de abril de 2015). Sin embargo, el apoyo de Fuerza Popular y del APRA, liderado por Alan García, duró poco tiempo, tal como lo había pensado.

Humala terminó su gobierno muy golpeado por las acusaciones de financiamiento ilícito durante su campaña electoral. Fue otra de las consecuencias del estallido del caso Lava Jato. Apristas y fujimoristas optaron entonces por enrostrarle a Vargas Llosa sus avales a Toledo y Humala. Una acusación engañosa, pues en una elección el que traiciona no es el votante, sino el gobernante. Es el candidato quien, al llegar al poder, comete actos ilícitos.

La segunda vuelta de las elecciones de 2016 volvió a enfrentar a Keiko Fujimori con otro candidato que recabó el apoyo de Vargas Llosa: Pedro Pablo Kuczynski. El novelista había anticipado, meses antes, en una entrevista con el periodista Jorge Ramos, de la cadena Univisión, que no quería que Keiko Fujimori fuera elegida presidenta en los comicios de 2016 y que haría campaña en ese sentido. Con un sentido de anticipación y acertado olfato político, declaró lo siguiente:

> Lo primero que va a hacer si sube al poder es sacar a Fujimori [de la cárcel], que es quien dirige su campaña y quien sería en cierta forma electo si gana las elecciones. Entonces, desde luego que voy a oponerme y defender la mejor opción entre las que se presenten (*El Comercio*, 24 de setiembre de 2014).

Pero si bien la diferencia de votos entre Humala y Keiko Fujimori en 2011 fue amplia, por lo menos para los estándares de las últimas elecciones peruanas, la de esta nueva elección resultó exigua. La presidencia se definió por unos cuantos miles de votos. Sin embargo, Keiko Fujimori obtuvo esta vez el control absoluto del Congreso. En consecuencia, el fujimorismo empezó a atacar ferozmente a PPK. Keiko no digirió su derrota e inició una campaña de demolición. Vargas Llosa, por su parte, apoyó al presidente, a quien conocía desde la época de la campaña del noventa. Hasta que empezaron a escucharse las voces de un posible indulto a Alberto Fujimori.

En ese inestable contexto, Kuczynski viajó a España y tuvo una cena privada con Vargas Llosa en casa de Isabel Preysler, que en ese momento era la pareja de Mario, luego de haberse divorciado de Patricia Llosa tras cincuenta años de matrimonio. En aquella ocasión, el novelista le advirtió a Kuczynski que, si indultaba a Alberto Fujimori, iba a cometer el peor error de su gobierno. Le dijo: «Ojalá no pases a la historia como el presidente que amnistió a un asesino y un ladrón» (Vargas Llosa, 2024, p. 768). Él, sin embargo, le aseguró que no lo iba a indultar.

Keiko Fujimori, a través de su aplastante mayoría parlamentaria, promovió una vacancia por incapacidad moral permanente. El uso político de este mecanismo vulneraba claramente el artículo 117 de la Constitución, que establece que el presidente de la República no puede ser acusado durante su mandato, salvo las excepciones previstas en el mismo dispositivo. En este caso, se le imputaban a Kuczynski supuestos actos dolosos cometidos antes de que asumiera la jefatura del Estado. Este método abusivo del fujimorismo y otros grupos menores, entre ellos el APRA, generó un rechazo popular para impedir que la prepotente medida se concretara. Gracias a esta respuesta de la ciudadanía, se logró derrotar la tentativa autoritaria. Con ocasión de este hecho, Vargas Llosa (2024) rescató el papel que cumplimos, entre otros, Rosa María Palacios, Gustavo Gorriti (renombrados y valientes periodistas) y yo (p. 766).

Durante la campaña presidencial, sin que nadie se lo pidiera, PPK había adelantado que no iba a liberar a Fujimori. Pero no cumplió con su palabra y, sorpresivamente, en plena Navidad, luego de haber salido bien librado del primer intento de vacancia, lo indultó. Entonces, Vargas Llosa fue concluyente en su crítica. Publicó el artículo «La traición de Kuczynski», en el que recordó la manera como este había incumplido la promesa que hizo a sus electores:

> Vale la pena recordar que Kuczynski ganó las elecciones presidenciales poco menos que raspando y gracias a que votaron por él todas las fuerzas democráticas, incluida la izquierda, creyéndole su firme y repetida promesa de que, si llegaba al poder, no habría indulto para el exdictador condenado a veinticinco años de cárcel por sus crímenes y violaciones a los derechos humanos (Vargas Llosa, 2024, p. 765).

Además, calificó duramente las componendas políticas realizadas subrepticiamente por PPK o encargadas a otros en su nombre, que llevaron a concretar el indulto: «Las vilezas forman parte por desgracia de la vida política en casi todas las naciones, pero no creo que haya muchos casos en los que un mandatario perpetre tantas a la vez y en tan poco tiempo» (p. 766).

Nuevamente, el país se sumió en un proceso de descomposición. Malinterpretando la Constitución, por segunda vez la oposición parlamentaria promovió la vacancia de Kuczynski por incapacidad moral permanente. Pero ante la inminencia de que esta prosperara, el jefe del Estado renunció[114].

114 Abrumado por las denuncias, Kuczynski optó por no defender la investidura presidencial que obtuvo a través del voto popular. Este sería el inicio de un largo proceso fiscal y judicial contra él. A diferencia de otros expresidentes, no fue a la cárcel, pero se le aplicó un largo arresto domiciliario y se le incautaron sus bienes inmuebles.

No contenta con la dimisión de PPK, Keiko Fujimori y su agrupación política cuestionaron la licitud del indulto a favor de su padre. Hecho que trajo como consecuencia que, con la intervención del Poder Judicial, este retornara a prisión. Simultáneamente, inició una acusación constitucional contra su hermano Kenji, quien había llegado al Congreso como el parlamentario más votado, para desaforarlo. Fue acusado de haber pactado ilícitamente su voto y el de otros legisladores cercanos a él contra la primera vacancia a cambio del indulto presidencial. Tiempo después, el Poder Judicial lo condenaría.

PPK no calculó esta incomprensible acción de Keiko Fujimori. Nunca se imaginó que podía llegar a ser capaz de objetar la gracia presidencial que favorecía a su padre y encausar a su propio hermano con tal de vacarlo. Tampoco calculó el rechazo popular y de los congresistas que lo habían apoyado con su voto.

Vargas Llosa observó a la distancia el acceso constitucional a la presidencia de Martín Vizcarra, hasta entonces vicepresidente de Kuczynski. Pero nuevamente se pronunció públicamente cuando se produjeron los intentos de boicotearlo. No hay que olvidar que Vizcarra convocó a un referéndum en el que la gente lo apoyó mayoritariamente. Pero luego, debido al enfrentamiento abierto con un Congreso adverso, que no perdía ninguna ocasión para intentar vacarlo, disolvió el Legislativo. Y Vargas Llosa se mostró de acuerdo con esa medida debido a que era constitucional. «Ha hecho bien en cerrar el Parlamento, porque era una vergüenza para el Perú. Estaba integrado por semianalfabetos y pillos. Le negaron la confianza dos veces» (TV Perú Noticias, 8 de octubre de 2019), afirmó. Así, además, lo ratificó luego el Tribunal Constitucional, aunque en un procedimiento no establecido, pues nació de una demanda competencial presentada por el entonces presidente del Congreso, Pedro Olaechea[115].

115 En el sistema parlamentario, en el que existe el derecho de disolución del Parlamento, quien zanja el enfrentamiento entre los poderes del

Pero Vizcarra no tenía partido ni celebró ninguna alianza electoral. Convocó a una elección parlamentaria en la que no participó ningún partido propio o que decidiera apoyarlo directamente[116]. Al poco tiempo, surgió una nueva crisis política. El renovado Parlamento vacó a Vizcarra a fines de 2020, en plena pandemia, y Manuel Merino, congresista de Acción Popular y presidente del Congreso, asumió temporalmente la presidencia a través de un golpe parlamentario. Algo excepcional en nuestra historia.

Estado es el pueblo a través del voto, no la Corte Suprema ni el Tribunal Constitucional.

En el Perú, los presidentes, cuando no han tenido mayoría parlamentaria propia o no las han podido organizar, han sufrido graves problemas de gobernabilidad. Por ello, la Constitución de 1979 incorporó en favor del presidente de la República la facultad de disolver la Cámara de Diputados, si esta censuraba o negaba la confianza a tres consejos de ministros. La Constitución de 1993 ratificó esta facultad presidencial, si el Congreso unicameral censura o niega la confianza a dos consejos de ministros. Pero Alberto Fujimori (1992) y Pedro Castillo (2022) no ejercieron esta potestad y optaron por dar golpes de Estado con distintos resultados. En cambio, Martín Vizcarra, quien disolvió el Congreso constitucionalmente, fue atacado ferozmente por sus adversarios y cuestionaron este acto, a pesar de que el Tribunal Constitucional resolvió la constitucionalidad de la disolución. El fracaso del mecanismo de la disolución del Congreso para solucionar los enfrentamientos entre el Ejecutivo y el Parlamento requiere una reforma urgente, a fin de establecer en su reemplazo la renovación parcial del Poder Legislativo.

116 En plena pandemia de COVID-19, el presidente Vizcarra me convocó para ocupar la Presidencia del Consejo de Ministros. Era un momento de gravedad extrema, por esa razón, acepté la propuesta. A diferencia de la anterior oportunidad y en vista de la emergencia sanitaria, la ciudadanía y la prensa creyeron que esta vez sí obtendría el voto de confianza con relativa facilidad, pero ocurrió llamativamente lo contrario. Me la negaron después de una maratónica sesión parlamentaria. En ese momento ya estaba claro que el objetivo político era el presidente Vizcarra, aunque no faltaron las voces que sostuvieron que el mandatario moqueguano me había usado para desgastar al agresivo Parlamento.

La protesta ciudadana fue de tal magnitud que el golpista Merino se vio obligado a renunciar después de pocos días en el cargo. Recuerdo que Vargas Llosa me llamó preocupado a preguntarme por la situación y le dije que las dos únicas personas que veía con la capacidad suficiente para asumir la presidencia en ese contexto eran los congresistas Gino Costa y Francisco Sagasti, ambos del Partido Morado; posición que el novelista ratificó públicamente cuando fue consultado sobre el tema. Al final, Sagasti resultó elegido nuevo presidente del Congreso y desde esa posición asumió la Presidencia de la República. Este cargo lo desempeñó con prudencia, aunque no faltaron cuestionamientos.

Después de su vacancia, Vizcarra fue acusado de haber cometido graves actos de corrupción durante su gestión como gobernador de Moquegua[117] y sus opositores, que lo destituyeron, lo responsabilizaron del gran número de fallecidos en la pandemia.

La siguiente elección también merecería el calificativo de literatura fantástica. Puso en la segunda vuelta al limitado e inexperto profesor Pedro Castillo, el candidato del partido de izquierda radical Perú Libre, y por tercera vez consecutiva a Keiko Fujimori. Nuevamente, Vargas Llosa demostró su compromiso cívico con el país. Frente a una nueva amenaza chavista y comunista encarnada por Castillo, pidió el voto por la hija del dictador que le hizo la vida imposible. Algunos han visto esto como un acto de inconsecuencia. Pero la situación no fue muy diferente a lo ocurrido en la elección de 2006, cuando el dilema era entre un Humala chavista y un Alan García que tenía el antecedente de haber destrozado el país y de la corrupción. Más bien, se trató de una nueva prueba de que Vargas Llosa no actuaba motivado por

117 José Manuel Hernández, hombre de confianza de Vizcarra cuando este lideró el gobierno regional de Moquegua y luego exministro de su Gobierno, declaró, como colaborador eficaz, que había actuado como intermediario para el pago de sobornos a favor del entonces gobernador. También ejecutivos de la empresa Obrainsa declararon en detalle, ante el Poder Judicial, cómo habían hecho las entregas del dinero.

el odio, sino haciendo un análisis frío de la realidad. Keiko Fujimori no era la candidata ideal, qué duda cabe, solo el mal menor frente a Castillo. Lamentablemente, ese es el disparadero en el que muchas veces nos coloca una segunda vuelta, sobre todo en nuestro país. Y no queda otro camino que optar. No hay término medio cuando una de las opciones es la instauración de un régimen comunista que va a suprimir la democracia, como hemos visto en otros países latinoamericanos. En ese momento, además, los peruanos teníamos una evidencia tangible de qué significaba eso, así como de los nefastos efectos de un posible gobierno alineado con la Venezuela de Maduro: más de un millón de venezolanos habían tenido que huir del infierno chavista y radicar en nuestro país. ¿Era esa una opción electoral? ¿El voto en blanco o viciado para cerrar el paso a Keiko Fujimori era la manera más eficaz de evitar que ganara Castillo? Sin duda, no lo fue.

A Vargas Llosa se le critica por haber pedido en 2021 votar por Keiko Fujimori, sobre todo, teniendo en consideración los antidemocráticos antecedentes del fujimorismo. Pero lo cierto es que los que presentaron en esa campaña electoral iniciativas golpistas fueron Pedro Castillo, Dina Boluarte y Vladimir Cerrón, líderes de un partido político con una clara orientación marxista leninista y mariateguista, que planteaba la desaparición del Tribunal Constitucional y de la Defensoría del Pueblo, así como el cambio de la Constitución sin seguir el procedimiento legal; es decir, una propuesta abiertamente golpista.

La victoria de Pedro Castillo sobre Keiko Fujimori generó serios cuestionamientos y críticas al Jurado Nacional de Elecciones. En ese contexto, trascendió una llamada telefónica que el presidente Francisco Sagasti le hizo a Mario Vargas Llosa. El novelista aclaró inmediatamente el tenor de la conversación: «No intentó influir sobre mí en lo absoluto para que la señora Fujimori aceptara el resultado» (*El Comercio*, 14 de junio de 2021). También ante las denuncias de irregularidades y fraudulencia de los partidarios de Keiko Fujimori, el autor de *El pez en el agua* pidió «esperar el resultado final» y afirmó que la palabra fraude «es muy peligrosa» (*Clarín*, 14 de junio de 2021).

Las advertencias de Vargas Llosa una vez más fueron acertadas. Además de lo desastroso de su gestión y las evidencias de corrupción, Castillo dio un golpe de Estado. Aunque resultó efímero, no dejó de ser un golpe. Y si no tuvo éxito fue, entre otras razones, porque las Fuerzas Armadas no avalaron la ruptura del orden constitucional; pero el riesgo estuvo ahí. Es decir, el tiempo ha sido, en ese sentido, muy ilustrativo. Por cuestiones de fanatismo político, se puede esgrimir que Keiko Fujimori podría haber sido igual, pero en una campaña electoral fundamentalmente se vota teniendo en cuenta lo que se propone, y en ese momento, no quiero decir hipócritamente o usando la mentira, Keiko Fujimori no formuló iniciativas golpistas. Es más, abrió un espacio para incorporar a otras personas para frenar la aventura autoritaria y golpista de Perú Libre.

Ahora, que luego los fujimoristas se hayan vuelto a comportar como si imitaran algunos de los actos que ocurrieron durante la dictadura de Alberto Fujimori es un problema posterior, lo que no elimina el hecho de que su opción haya sido el mal menor en la segunda vuelta de 2021. Al momento de votar, el elector debe hacer una evaluación de los hechos. Vargas Llosa, corriendo riesgos como este, nunca se ha callado. Precisamente ahí está su valentía y honestidad. Otros, en cambio, optaron por el silencio por ser un camino más cómodo. Por ello, a lo largo de su trayectoria, el compromiso político de Vargas Llosa ha implicado intervenir en el debate ideológico y político, así como tomar decisiones, aunque tengan costos.

Tras el golpe de Castillo, que felizmente no prosperó, Vargas Llosa aprobó la sucesión constitucional de Dina Boluarte y felicitó a las Fuerzas Armadas por no haber apoyado la aventura golpista. Algo excepcional en nuestra convulsionada historia republicana.

A raíz de la incorporación de Mario Vargas Llosa a la Academia Francesa, la presidenta Boluarte decidió otorgarle la máxima condecoración de Estado. El novelista aceptó el reconocimiento que le hicieron en Palacio de Gobierno.

Sin duda, este ha sido el periodo político más inestable de nuestra historia republicana. Prueba de ello son los seis presidentes (incluido el golpista Merino) y la innumerable cantidad de ministros que fugazmente han desempeñado sus funciones. Esta anarquía se produjo por el mal uso de la Constitución y se inició cuando, a través del ejercicio abusivo del poder del Congreso controlado por Keiko Fujimori, se forzó la caída del presidente Pedro Pablo Kuczynski[118].

El último acto público y político de carácter simbólico de Vargas Llosa fue inscribirse como militante del partido Libertad Popular, el cual fundé junto con Rafael Belaunde Llosa, Diana Álvarez Calderón, entre otros.

El ejemplo de la verdad

En sus memorias, Carlos Alberto Montaner (2019) afirma que tres peruanos han tenido una influencia ideológica y política en América Latina: José Carlos Mariátegui, con su teoría marxista; Víctor Raúl Haya de la Torre, en su concepción socialdemócrata, y, en los últimos años, Mario Vargas Llosa, como gran defensor de la doctrina liberal.

Montaner sostiene lo siguiente:

> Curiosamente, Perú había influido intensamente en la visión ideológica de los latinoamericanos con *7 ensayos de interpretación de la realidad peruana*, una visión marxista de los problemas sociales publicado por José Carlos Mariátegui en 1928, y, simultáneamente, con la creación en México, en 1924, de la Alianza Popular Revolucionaria

118 Vargas Llosa también apoyó el proceso de recolección de firmas que realizó el joven abogado Lucas Ghersi, con la colaboración de mi sobrino Pablo Cateriano Llosa, entre otros cientos de jóvenes, para evitar la convocatoria a una Asamblea Constituyente, que era una propuesta de la izquierda.

> Americana (APRA), de Víctor Raúl Haya de la Torre, una organización política peruana y transnacional que procreó pequeños partidos del mismo signo en casi todos los países del continente latinoamericano. El impulso de Perú al pensamiento liberal era la tercera vez que un movimiento incubado en Lima repercutía en otras naciones (Montaner, 2019, p. 339).

Si algo podemos señalar respecto de la acción política de Vargas Llosa en el Perú, en cualquiera de sus etapas, es que siempre ha actuado basado en sus convicciones. Incluso, como candidato a la presidencia, si bien perdió la elección, ganó la batalla ideológica y política a través de aquello que plasmó en su programa de gobierno y defendió públicamente. El respetado educador León Trahtemberg lo expresó con precisión en el artículo «Vargas Llosa ganó la tercera vuelta electoral», publicado en 2001:

> No se podrá escribir la historia moderna del Perú de fines del siglo XX sin referirse a dos personajes que se enfrentaron en las elecciones generales de 1990. Alberto Fujimori, ganador de la segunda vuelta con la que accedió al poder político, y Mario Vargas Llosa, vencedor de la primera vuelta política y de la tercera y definitiva vuelta que es la de la ética y la historia. No es casualidad que Alberto Fujimori termine su quehacer político escapando del Perú, mientras que Vargas Llosa consolida su triunfo intelectual retornando al Perú, a su casa de siempre, a la que seguramente regresará ahora con más frecuencia (Trahtemberg, 13 de enero de 2001).

Y es que, indudablemente, a pesar de lo que digan sus críticos, Vargas Llosa ha tenido una influencia notoria en la difusión del pensamiento y la defensa de la doctrina liberal en el país y el resto de América Latina. A ello ha contribuido, no cabe la menor duda, el hecho de que siempre haya hablado con la verdad.

En Argentina, Javier Milei fue elegido con un discurso duro y veraz en el que advirtió que aplicaría un *shock* como la única forma de contener la inflación. Eso mismo hizo Vargas Llosa en 1990. Él planteó el ajuste, el *shock*, mientras sus opositores, Fujimori entre ellos, lo negaron y mintieron. Salvo contadas excepciones, casi la totalidad de los candidatos que ha llegado a la presidencia en nuestro país lo ha hecho recurriendo a la mentira como modo de seducir al electorado u ocultarle sus reales intenciones. Pero esa estrategia debilita la democracia. Y, en el caso particular del Perú, ha sido letal. Por eso, también es destacable la conducta de Vargas Llosa. Él no ha renunciado a sus convicciones por intereses políticos o posibles ventajas. Siempre ha defendido principios y convicciones. Como cualquier persona, ha cometido errores y actuado en algunas ocasiones con apasionamiento, pero su comportamiento ha sido en este aspecto paradigmático. De ahí que goce de reconocimiento internacional como defensor de las libertades, aunque en un sector del Perú no recabe esa misma valoración. Sin embargo, a la postre, el respeto a Vargas Llosa va a perdurar, no solo por la trascendencia de su obra literaria, sino por el ejemplo de su valiente acción política.

1989. Con el expresidente Fernando Belaunde Terry.

Lima, 2010. En el homenaje por haber obtenido el Premio Nobel de Literatura, junto al entonces presidente Alan García en Palacio de Gobierno.

Lima, 2001. Recibiendo la Orden El Sol del Perú en el grado de Gran Cruz que le otorgó el presidente Alejandro Toledo. A la izquierda, su esposa Patricia y, a la derecha, la senora Eliane Karp.

Lima, 2010. En el homenaje por haber obtenido el Premio Nobel de Literatura, con el embajador Javier Pérez de Cuellar, ex secretario general de las Naciones Unidas y excandidato presidencial en las elecciones de 1995.

Con el presidente Ollanta Humala, en Madrid.

Lima. Con Pedro Pablo Kuczynski, quien luego sería presidente de la República.

Con el presidente Martín Vizcarra.

Con la presidenta Dina Boluarte el día que recibió la Orden El Sol del Perú en su grado máximo.

Buenos Aires, Argentina. Vargas Llosa nos anunció a Rafael Belaunde Llosa, Diana Álvarez Calderón y a mí su deseo de inscribirse simbólicamente en el partido Libertad Popular, que fundamos.

CAPÍTULO 9

Cartógrafo del poder

Recuerdo el día en que vi al secretario permanente de la Academia Sueca, Peter Englund, anunciar que el Premio Nobel de Literatura se le otorgaba a Mario Vargas Llosa. La noticia me conmocionó e inmediatamente, tras avisarle a mi padre, cogí el teléfono y llamé a Mario a Nueva York, donde había ido a dictar clases en la Universidad de Princeton.

«¡Pero cómo te has enterado tan rápido!», me contestó sorprendido. No hacía mucho tiempo que se lo habían notificado, advirtiéndole que harían el anuncio al mundo entero, pero igualmente le llamó la atención la inmediatez.

A partir de ese momento, se produjo en el país una difusión verdaderamente excepcional del hecho y un reconocimiento casi unánime a la figura de Vargas Llosa. Lo reflejaron las primeras planas de la prensa nacional del 8 de octubre, al día siguiente del anuncio. *El Comercio* tituló «Peruano universal»; *La República*, «Soy Perú»; *Correo*, «Nobel para Mario. Orgullo para el Perú»; *La Primera*, que era un tabloide de izquierda, «Grande Mario», y *Perú 21* publicó un retrato suyo de perfil a toda página con el título «Premio Nobel».

Naturalmente, la noticia tuvo una repercusión global, como lo atestiguaron las portadas de los principales diarios del mundo.

Algunos resaltaron su posición a favor de las libertades y la democracia, sostenida muchas veces a contracorriente. Por ejemplo, el diario italiano *Corriere della Sera* tituló: «Vargas Llosa Nobel contro i dispotismi» («Vargas Llosa, nobel contra el despotismo»); el alemán *Die Welt* afirmó: «Nobelpreis für einen liberalen Rebelen» («Premio Nobel para un rebelde liberal»), y *Clarín* de Argentina: «Premio Nobel a un genio que incomoda». Otros medios dieron cuenta de lo merecido del galardón. Fue el caso de los diarios colombianos *El Espectador* y *El Tiempo*. El primero tituló: «¡Por fin!»; y el segundo: «Vargas Llosa, un Nobel muy esperado». En sentido similar lo hicieron los portugueses *Informação* («Vargas Llosa o eterno favorito ganhou finalmente o Nobel da Literatura») y *Público* («Vargas Llosa o eterno candidato ganhou o Nobel»), así como el brasileño *O Globo*: «Enfim, o Nobel para Vargas Llosa» («Por fin, el Nobel para Vargas Llosa»).

En el caso de España, el logro se sintió como propio. Además, así lo dio a conocer el propio Vargas Llosa en declaraciones a la prensa: «Parte de este premio es gracias a España, porque mis novelas y editoriales han recibido una gran promoción y han obtenido una respuesta por parte de los lectores españoles» (La Vanguardia, 7 de octubre de 2010). El diario *ABC* tituló: «Nobel al español», y en el antetítulo añadió: «La Academia Sueca hace justicia con Vargas Llosa». *El Mundo* siguió una línea similar: «Vargas Llosa, sexto español con el Nobel de Literatura», y *El País* dio cuenta de sus dos nacionalidades: «El escritor hispanoperuano conquista el gran premio de las letras».

Durante décadas y en innumerables entrevistas le habían preguntado cuándo ganaría el Nobel. También se especulaba que, si no se lo habían dado a Jorge Luis Borges, Milan Kundera e incluso a escritores clásicos anteriores como León Tolstói, James Joyce y Franz Kafka, probablemente tampoco se lo darían a él. Aunque, sin duda, era un acto de justicia que lo recibiera. Demoró, pero llegó. A García Márquez se lo concedieron cuando era joven; a Vargas Llosa, en su etapa de madurez.

La Academia Sueca fundamentó su decisión en «la cartografía de las estructuras del poder y aceradas imágenes de la resistencia, la rebelión y la derrota del individuo» que distingue la obra del escritor arequipeño. A todas luces, una lectura acertada de su trabajo. Mario Vargas Llosa es un cartógrafo del poder. Muchas de sus novelas recrean el ejercicio del poder, revelan las entrañas de las dictaduras y su capacidad de envilecer diversos ámbitos de la sociedad, dan cuenta de las rebeliones que socaban las autocracias y los personajes que actúan movidos por el fanatismo político. También están aquellas que, pese a discurrir alrededor de otras facetas de la vida humana, acaban rozando la trama del poder desde ángulos impensados. Basta un breve recorrido por su obra de ficción para advertirlo.

Narrativa breve

El cuento «Los jefes» (1959) ofrece la historia de jóvenes rebeldes que terminan pagando el costo de su rebelión contra la autoridad. Efraín Kristal (2018), el gran ensayista y estudioso de su obra, dice que «los rebeldes de Vargas Llosa no son anárquicos; establecen estrictos códigos de comportamiento» (p. 95) en medio de una sociedad corrupta. En «Los jefes», se observa la pugna por el poder en el contexto de una huelga estudiantil que fracasa. Está presente la imposición de unos sobre otros, tal como también lo resalta Kristal.

José Miguel Oviedo, querido amigo y estudioso de su literatura, afirma que este primer Vargas Llosa utiliza la violencia como el modo más contundente de representar fehacientemente una realidad en continua metamorfosis (Flores, 2016, p. 62). Y es que esa era la visión del Perú que tenía desde sus años de estudiante, tanto en el colegio Leoncio Prado como en la Universidad de San Marcos.

Otro relato fundamental de la misma época es *Los cachorros* (1967). En esta breve narración aflora la diversidad social del Perú como escenario de un país injusto, donde predomina el autoritarismo. La historia truculenta de Pichula Cuéllar y su castración es un tema que atrae y que, en su momento, generó un escándalo de magnitud, no solo en los lectores, sino también en los medios de comunicación y los críticos.

El acucioso periodista cultural peruano Alfonso La Torre sostiene que «la intención crítica es obvia en este libro: la educación religiosa ha castrado a toda la generación a que alude Vargas Llosa, histórica y socialmente bien delimitada, por alusión directa a lugares y personajes populares» (Rodríguez Rea, 2011, p. 85). Hay también un severo cuestionamiento a la burguesía peruana, a la moral de las apariencias, a la violencia y al machismo, a través de un lenguaje que en su tiempo resultó atrevido. En algún momento, Vargas Llosa ha dicho que todo liberal debe ser un provocador. Acá no era liberal, pero sí abiertamente provocador.

Las primeras tres grandes

La ciudad y los perros refleja la visión de un país problemático, inmerso en el autoritarismo y sus diferencias políticas, sociales, raciales y económicas. En esta novela, Vargas Llosa disecciona el Perú desde el microcosmos leonciopradino.

Jorge Coaguila (2017), escritor y gran conocedor de la obra del nobel, señala que «su honda crítica social corresponde con la tesis de Jean-Paul Sartre sobre la literatura comprometida» (p. 28), en torno a la cual había una conciencia cabal en Vargas Llosa. Por su parte, José Miguel Oviedo (2007) califica la novela como «un material peligroso, casi subversivo», porque «no solo contenía una feroz crítica al militarismo, sino que contenía escenas de violencia sexual y muchas crudezas verbales que resultaban inaceptables para los celosos defensores del orden, la moral y las buenas costumbres» (pp. 65-66). Y es que acá Vargas Llosa reafirma su reprobación a una sociedad injusta, tal como se había apreciado claramente en su libro anterior. Es, en síntesis, un cuestionamiento a las estructuras sociales del país, a la injusticia que lo caracteriza, al modo en que se ejerce el poder, a sus autoridades despóticas.

Este es el libro con el cual salta a la fama y continúa siendo un referente hasta hoy. Kristal afirma que el tema principal de la novela es «el éxito de la institución corrupta para contribuir a la reproducción de una sociedad viciada [...]. Es una sociedad que sabe disimular la injusticia, y cuyo éxito depende, precisamente, de la indiferencia ante la transgresión» (p. 121). El lingüista Alberto Escobar, por su parte, señala que «la verdad poética y moral que contiene este libro permite que los rasgos regionales de *La ciudad y los perros*, siendo limeños y por extensión peruanos, asciendan con facilidad a una representación contemporánea que excede fronteras y explica, a su turno, el afortunado suceso del libro en el exterior» (Rodríguez Rea, 2011, pp. 50-51).

En cuanto a mí, en lo personal, me causó un gran impacto cuando de adolescente leí esta novela, y, ciertamente, lo que estos críticos concluyen es lo que un lector y admirador de Vargas Llosa aprecia a través de sus páginas.

Luego vendría *La casa verde*, una novela que desnuda la corrupción de la sociedad peruana y su sistema político. Luis Loayza, otro gran amigo de Vargas Llosa y también un fino escritor, manifiesta que al leerla sentimos, «a pesar de la sociedad injusta que describe y del destino trágico o sórdido de muchos de sus personajes, que el hombre es capaz de conservar su dignidad ante todos los desastres» (Rodríguez Rea, 2011, pp. 59-60).

La casa verde es también una visión política y social, cercana y sentida en Piura. «Los lectores nacidos en todos los lugares de Piura celebramos a Mario Vargas Llosa porque ha sabido, como pocos, expresar la entraña de nuestra región», señala Marco Martos, piurano también, escritor y académico peruano de la lengua (Flores, 2016, p. 133).

Este va a ser un rasgo distintivo de Vargas Llosa como escritor comprometido: la experiencia vivida en los lugares donde ha transitado; las impresiones que lo conmovieron, lo afectaron y lo hicieron reflexionar, las plasmó luego en sus libros.

Posteriormente, publica *Conversación en La Catedral*, cerrando la década de 1960 y con poco más de treinta años. Es la novela que termina de consagrarlo a nivel internacional, que lo catapulta más allá incluso del escenario literario y lo convierte en un fenómeno mediático cuyo crecimiento no se detendrá. Los críticos literarios la califican como novela total y la mejor lograda del realismo peruano. Destacan su técnica narrativa, gracias al desarrollo de diálogos interminables que se entremezclan en sí y generan expectativa en el lector y, al mismo tiempo, le demanda esfuerzo.

Muestra la opresión de la sociedad y los abusos que comete con ferocidad la dictadura de Odría durante su conocido ochenio; exhibe un país caótico, dependiente del dictador. A su vez, presenta un juicio severo de la dictadura como forma de gobierno, el cual obedece también a la intensa experiencia vivida en aquella etapa por Vargas Llosa.

Efraín Kristal dice que, «como *La condición humana* [de André Malraux], *Conversación en La Catedral* es una novela moral situada en un contexto político» (p. 149). Por su parte, Jorge Coaguila afirma que Vargas Llosa «retrata con maestría un país envuelto en graves problemas sociales» (p. 46). Y Oviedo relieva «la presencia de lo ideológico, propia de una novela cuyo trasfondo es político» (p. 21) y de «la primera franca incursión del autor en el campo de la novela política, que más adelante alcanzaría una presencia protagónica en su obra» (p. 17).

Conversación en La Catedral muestra, además, el fracaso individual de sus personajes y colectivo de la historia del Perú (Armas Marcelo, 2002, p. 281). Por ello, pocas novelas son tan necesarias para comprender la complejidad del Perú, sus frustraciones y el daño que las dictaduras le han infringido. Al referirse a ella, J. J. Armas Marcelo recupera unas declaraciones del propio Vargas Llosa:

> Hay que llegar a través de la política —como se puede llegar a través del amor, la muerte o cualquier otro tema— a aludir a la totalidad de la experiencia humana, ante la cual la anécdota política no es más que un episodio (Cano, 1972).

Lo curioso (lo señala Armas Marcelo) es que Vargas Llosa está aquí hablando de *La educación sentimental* de Flaubert, lo que revela la enorme influencia que ejerció el escritor francés en el proceso creativo de este libro.

En una entrevista con el periodista y escritor Raúl Tola, décadas después de la publicación de *Conversación en La Catedral* y aludiendo a la célebre pregunta de Zavalita «¿En qué momento se había jodido el Perú?», Vargas Llosa aseveró, ante los progresos que experimentaba el país producto de las reformas económicas, de las cuales él fue precursor, que «el país estaba desjodiéndose». Lamentablemente, por los vergonzosos y condenables hechos políticos que han sucedido después, todo indica que la interrogante de Zavalita sigue vigente. Esto confirma que Vargas Llosa es un observador certero de la compleja realidad social peruana. Además, muestra que su advertencia del grave problema que representan las dictaduras para nuestra historia republicana no es reciente. En eso, el novelista ha sido sumamente consecuente tanto en los años en que postulaba el socialismo en libertad como, con mayor énfasis, durante la etapa liberal. El pensamiento de Vargas Llosa no se rige por los patrones que suelen guiar la *praxis* política: mantiene una fidelidad a las ideas por encima de cualquier tipo de malentendido, compromiso personal o de facción. Por ello, combatió por igual la tiranía de Odría, la abusiva confiscación de los medios de Velasco y las violaciones a los derechos humanos del régimen de Fidel Castro. Y, posteriormente, a las dictaduras de Pinochet, Videla, Fujimori, Chávez, entre otros.

Humor político

En *Pantaleón y las visitadoras*, la corrupción, uno de los grandes males del Perú, es representada con humorismo y crudeza. Cuenta la historia de una delirante misión encargada a un capitán del Ejército (el famoso personaje Pantaleón Pantoja): establecer un servicio subrepticio de prestaciones sexuales con prostitutas para los soldados destacados en la selva peruana.

Es una obra de ficción, pero, al mismo tiempo, un duro cuestionamiento. Por esa razón, en su momento irritó a los militares y censores, quienes la interpretaron como un agravio a su institución, al militarismo y a la institucionalidad de las Fuerzas Armadas. Y cuando, en plena dictadura militar de Morales Bermúdez, apareció la película basada en la novela, la Junta de Supervigilancia de Películas, en manos del Gobierno, prohibió su exhibición.

En esa época, como lo recuerda Efraín Kristal, todavía predominaba en Vargas Llosa una concepción socialista de la realidad y creía que la sociedad capitalista debía ser liquidada para establecer el socialismo. Pero ello no fue un impedimento para que explorara un registro diferente en su novelística, como fue el uso de la sátira y la ironía. Algo que, cuando inició la redacción de la novela, lo que él denomina «el magma», no sabía que iba a alcanzar los niveles de hilaridad que logró.

Rebeldes del sertón

La guerra del fin del mundo es calificada por los especialistas literarios como otra novela total, después de *Conversación en La Catedral.* A través de la revolución de Canudos, ocurrida a fines del siglo XIX, en el nordeste brasileño, Vargas Llosa explora la realidad política de ese país y efectúa con lucidez una importante advertencia: la amenaza que representa una rebelión popular llevada adelante por un líder carismático y mesiánico.

En esta novela, con la laboriosidad que lo caracteriza, Mario deja momentáneamente el Perú como telón de fondo de su obra para introducirse en el estudio de un fenómeno brasileño: el fanatismo político religioso y sus peligros. Viaja a Brasil cautivado por este fenómeno y estudia la realidad del nordeste de ese país. Vargas Llosa afirma que fue sensible a *Os Sertões* (1902), el libro de Euclides da Cunha sobre la revolución de Canudos porque salía de un periodo crítico de desilusión ideológica. Vargas Llosa dice que si algo quiere demostrar la novela es el fracaso de las ideologías (Coaguila, 2019, p. 143).

J. J. Armas Marcelo (2002) señala que «*La guerra del fin del mundo* es un manual, incluso literario, de "latinoamericanismo", de esa manía persecutoria y terrible que el continente tiene por devorarse selváticamente» (p. 332). Y Efraín Kristal (2018) sostiene que «Vargas Llosa tuvo presentes las tesis de Isaiah Berlin sobre Tolstói en la elaboración del tema central [...]: el desencuentro entre la realidad histórica y las abstracciones humanas sobre la realidad» (p. 301). Kristal remarca también que esta novela «ha sido cuestionada por quienes usan criterios historicistas para evaluar obras de ficción y, en particular, por la crítica de la izquierda. Así, por ejemplo, Ángel Rama reprueba la visión histórica de *La guerra del fin del mundo*, aunque la considera, desde un punto de vista artístico, la mejor lograda de la literatura latinoamericana» (p. 303).

Si bien la novela se publicó en un momento en el que Vargas Llosa era ya un escritor plenamente consagrado, no faltaron críticas, «algunas hostiles», como le dijo el escritor al periodista brasileño Ricardo Setti (1988).

> Pero en general la acogida fue de una generosidad y un entusiasmo que a mí me conmovieron. Y, además, de parte del público, fue un libro que ha tenido en Brasil una enorme difusión. En ese sentido, le diría que también me sentí recompensado por lo que me había costado escribir esta novela (p. 46).

Cuando Vargas Llosa, años después, recibió el premio internacional Don Quijote de la Mancha en Madrid, España, me invitó a la ceremonia de entrega, presidida por el rey Juan Carlos I en el Palacio Real de la Zarzuela. Finalizado el evento, hubo un almuerzo para unas doce personas, y en la mesa me ubicaron al lado de la famosa escritora brasileña Nélida Piñón, a quien conocía gracias a Vargas Llosa. Entonces, no pude dejar de preguntarle, más aún porque Vargas Llosa le dedicó a ella la novela, por qué razón en Brasil, en cierto sector de la academia, esta no había tenido la gran acogida que tuvo en el resto del mundo literario. Y ella me respondió lacónicamente: «Porque muchos no toleran que un escritor extranjero haya escrito una novela de un tema de Brasil y de una forma realmente magistral, excepcional». A mí siempre me ha llamado la atención por qué nunca ha tenido Vargas Llosa un reconocimiento en el campo universitario de Brasil, a pesar de que esta novela es mayoritariamente alabada por la crítica, incluyendo gran parte de la izquierda.

El guerrillero

En *Historia de Mayta*, Vargas Llosa describe la violencia con sus objetivos criminales y la causa fanática que la impulsa. Este tema siempre lo ha impactado. Por ello, en la lectura del texto se aprecia el pasado y la actualidad de la acción violenta, empezando por el movimiento guerrillero que surgió durante el primer gobierno de Fernando Belaunde, y que incluso en su momento él defendió, y la que rodea, en los años ochenta, la creación de la novela.

Los hechos reales que sirvieron de punto de partida para *Historia de Mayta* ocurrieron en 1962, en la ciudad de Jauja, en la sierra central del Perú, en el contexto de las guerrillas de inspiración castrista que el Gobierno democrático de entonces logró sofocar. El protagonista de la novela se basa en la revuelta dirigida por Jacinto Rentería. Como lo señala Efraín Kristal (2018), un sector de la prensa de entonces estableció que no se trataba de un simple acto delincuencial, sino del inicio de una asonada revolucionaria, cuyos autores mantenían vínculos con «movimientos procubanos». En su paso a la ficción, Vargas Llosa asume esta lectura de los hechos, pero los reubica en 1958, de tal suerte que sean precursores a la Revolución cubana, y hace, además, que Mayta no muera en la intentona.

La intención de Vargas Llosa iba más allá de recrear, con alteraciones deliberadas, un suceso del pasado con presuntas connotaciones políticas que llamó su atención. Según lo dio a conocer, buscó «expresar, desde un punto de vista histórico, el significado psicológico, moral e individual de un fenómeno como el de Sendero Luminoso» (Rodríguez Rea, 2011, p. 149). Y optó por escribir una novela y no un ensayo debido a su mayor fuerza y capacidad expresiva. «La ficción es siempre más persuasiva, más ilustrativa, incluso para narrar la raíz de un problema tan real como la violencia política», declaró Vargas Llosa al diario español *ABC* (Rodríguez Rea, 2011, p. 149).

Como lo afirma Kristal (2018), *Historia de Mayta* es «su primera novela sobre la acción revolucionaria» (p. 306), pero una en la que intenta dejar en claro que «la violencia a partir de cierto momento carece ya de ideología» (Rodríguez Rea, 2011, p. 149). La historia, contada a través de un narrador que desarrolla una obsesiva investigación sobre el personaje de Mayta y su fracasado intento de revolución, le permite a Vargas Llosa ir más allá del territorio político. Kristal (2018) señala que al final la novela se acerca

> [...] a una dimensión de la vida que Vargas Llosa no había explorado hasta ese entonces en sus novelas, y a la que no regresará sino hasta *La fiesta del Chivo*: la del ser humano que se enfrenta, sin ilusiones ni fantasías, a las consecuencias de sus propias flaquezas y delitos, reconociendo que ha traicionado su propio sentido del bien y del mal (p. 325).

Esta novela también generó polémica. La crítica de izquierda la consideró como un «tratado político de derecha», calificación a la que incluso se sumó un escritor como Salman Rushdie (Kristal, 2018, p. 308). Para Vargas Llosa se trata de un juicio errado, pues procede fundamentalmente de un análisis político y no de uno estrictamente literario. Es algo recurrente: la crítica sobre la obra de Vargas Llosa siempre ha tenido una influencia política e ideológica, por no decir partidaria y proselitista. En el diálogo que el escritor sostiene con Rubén Gallo y sus estudiantes en la Universidad de Princeton (Vargas Llosa, 2017), señala que *Historia de Mayta* fue su novela más maltratada debido a que en la época en que se publicó «la izquierda no aceptaba críticas» (p. 143) y, en particular, porque «la homofobia y el prejuicio sexual estaban arraigados en la izquierda latinoamericana. En ese terreno, la izquierda era tan prejuiciosa como la derecha».

> En aquellos años la izquierda estaba como petrificada en unas verdades ideológicas de las que había manera de removerla: un mecanismo dogmático que pretendía explicarlo todo, darle respuestas a todo, y no admitía nunca sus propios errores. Cuando aparece *Mayta*, ese retrato de una izquierda que se engaña a sí misma en función de fantasías ideológicas, que no puede aceptar la realidad, provocó una tremenda irritación (p. 143).

Primeros ecos de Uchuraccay

En *¿Quién mató a Palomino Molero?* (1986), Vargas Llosa narra la manera burocrática e ilícita en que la dictadura militar silencia la muerte de un avionero, miembro de la Fuerza Aérea peruana. Aquí evalúa severamente tanto la crisis política como las fuerzas del orden. Y, además, incursiona excepcionalmente en un género: la novela policial.

Se basa en un hecho que ocurrió en la realidad y que a él lo indignó profundamente. Y, como ha sucedido con otros acontecimientos violentos de los que tomó conocimiento, se sintió motivado a novelar sobre el tema.

Es un texto que también expone nuevamente la problemática del racismo existente en la sociedad peruana. Expone la relación, rechazada por prejuicios étnicos, entre el avionero y una jovencita de raza blanca. Una vez más, se refleja en esto la capacidad del escritor para observar y retratar uno de nuestros grandes problemas. De alguna manera, esta argumentación desvirtúa aquello que insidiosamente se dijo de él durante la campaña de 1990: que nunca le había interesado el tema racial. Incluso se atrevieron a calificarlo de racista. Su obra prueba lo contrario.

Efraín Kristal (2018) sostiene que no es una novela que pretenda reconstruir los incidentes en torno a Uchuraccay, pero refleja la conmoción e impresión que le produjo la campaña vil que se montó en su contra. Se puede considerar esta novela como una especie de exorcismo literario de duras experiencias vividas, pues la escribió «meses después de que publicara el último artículo en el que respondía las calumnias de las que había sido objeto por su participación en la comisión investigadora» (p. 327).

El propio Vargas Llosa encuentra paralelismo entre la negativa de la opinión pública que aún permanece para aceptar la auténtica verdad de lo acontecido en el caso Uchuraccay y la resistencia del pueblo, en la trama de *Palomino Molero,* a creer en el suicidio del personaje de Mindreau. «Una verdad objetiva no siempre resulta creíble para el público», afirma el escritor (Vargas Llosa, 2017, p. 166). En torno a la masacre ayacuchana, el novelista sostiene que existe un esquema ideológico, un prejuicio, según el cual no cabe la idea de que un grupo de campesinos asesine a periodistas, sino que este crimen forzosamente sea obra de unos militares que actúan fuera de la ley.

> Es cierto que los militares cometieron muchos crímenes, pero no el de Uchuraccay. Es muy difícil hacer aceptar una verdad sin atenuantes. Y sin embargo esa es la verdad. Pero la verdad se volatiliza cuando se enfrenta a una opinión pública marcada por la ideología. ¿Qué sucede cuando una persona tiene ciertos esquemas ideológicos y se encuentra con una realidad que no encaja en ellos? Lo lógico sería cambiar de esquemas, pero hay gente que prefiere quedarse con sus esquemas y cambiar la realidad. Es un caso que tiene mucho que ver con la historia de Palomino Molero (Vargas Llosa, 2017, pp. 171-172).

El libro, también lo señala Kristal, tiene una influencia de Karl Popper y su doctrina de las conjeturas y refutaciones, según la cual las primeras deben pasar por el examen de las segundas. Esto es algo que no se suele destacar, pero ya Vargas Llosa en este momento no solo había roto con la Revolución cubana, sino que se había alejado del socialismo en libertad o con rostro humano al cual se adhirió durante años. Es decir, *¿Quién mató a Palomino Molero?* no solo marca su primera aproximación al género policial, sino también, como lo afirman Kristal y Armas Marcelo, refleja cómo la evolución ideológica y política influye en su creación literaria.

Enfoque cultural

En *El hablador* (1987), el nobel narra la diversidad y complejidad de la vida en la Amazonía, concretamente en la comunidad machiguenga. Vargas Llosa vuelve a un entorno, el de la selva peruana, que siempre lo ha impactado y le ha servido de contexto geográfico para otras novelas, empezando por *La casa verde*. Esta vez lo anima una aproximación diferente: el cotejo de la cultura moderna y occidental, hegemónica, frente a la cultura arcaica, que padece el avance incontenible de la primera. Para el escritor, según Kristal (2018),

> [...] la preservación de la integridad cultural de las poblaciones autóctonas puede ser una utopía, y el precio que estas tendrían que pagar para superar el oprobio del que han sido sujetos para la explotación y el abuso sería la integración al mundo moderno (p. 335).

Vargas Llosa se sumerge en una zona oculta ante los ojos de la ciudad: las comunidades selváticas. Con su habitual metodología de trabajo de campo, viaja a la Amazonía para compenetrarse con la problemática machiguenga. Ahí profundiza en aquello que los antropólogos denominan pensamiento mágico religioso y en unos personajes que llaman poderosamente su atención: los habladores, figuras esenciales de culturas orales como la machiguenga, cuya función principal es preservar y transmitir, sobre la base de narraciones, las tradiciones y mitos que las definen.

Incorpora, además, a la historia una cosa curiosa: un judío convertido a machiguenga. El novelista arequipeño considera que un peruano que pertenece a esa comunidad amazónica tiene rasgos similares con los de la comunidad judía, aunque reconoce que esta última no es primitiva ni arcaica. Este hecho le abre la posibilidad de efectuar una observación de ambas comunidades en el Perú. A su modo, cada una luce apartada, con su propia influencia religiosa y lingüística.

También describe la coexistencia en el país de culturas diversas que no están relacionadas entre sí, como la moderna occidental y la arcaica. Como en varios de sus libros, muestra no solo una preocupación política, sino ratifica, como indica Armas Marcelo, la existencia de todas las sangres.

Es importante destacar este tema porque curiosamente un sector de la izquierda ha criticado esta postura de observador político y analista de la realidad social. Pero hay en Vargas Llosa una preocupación por la diversidad. Algunos tildan este retrato de despectivo, dicen que él lo hace desde una tribuna de honor. Y no es así. El hecho de incorporar en esta complejidad a un miembro de la comunidad judía puede a algunos parecerle disparatado o criticable, pero lo que él trata de analizar son las semejanzas que existen entre comunidades no integradas totalmente. En la comunidad judía prima lo religioso; en la machiguenga, lo primitivo, lo arcaico; pero la intención del novelista en este caso es pedagógica: tratar de explicar cómo en el Perú existe esta diversidad de comunidades y de qué modo coexiste la modernidad con lo primitivo. Y, en el fondo, esta es una de las razones por las que este tipo de libros tienen un aprecio y una gran consideración internacional.

En los Andes

Lituma en los Andes (1993) recoge las vivencias en los Andes peruanos y, a su vez, la experiencia de la violencia sufrida por la demencial acción terrorista de Sendero Luminoso. Es acaso el primero de sus trabajos literarios que no solo trasluce influencias, sino que recoge de manera más directa lo que vivió cuando presidió la Comisión Uchuraccay.

Nuevamente, Vargas Llosa tiene en consideración el tema de la violencia terrorista que afligió a las comunidades indígenas, en este caso Naccos. Una situación bárbara que refleja con crudo realismo. Pero acá hay también una visión crítica que condena el ejercicio abusivo del poder de parte de militares y policías. En esta oportunidad, ya no estamos ante un Vargas Llosa socialista, que mira la realidad social y política del país desde una perspectiva sartreana. Es interesante advertir, sin embargo, que una cosa sí mantiene Vargas Llosa en este periodo de evolución ideológica: su reprobación a las conductas al margen de la ley de los miembros de las Fuerzas Armadas y la Policía Nacional. Y es que Vargas Llosa siempre ha sido exigente en el respeto a la ley para enfrentar al adversario. Para él, el fin no justifica los medios. Algo que señaló y reiteró a lo largo de su campaña presidencial, que se requería de autoridad moral para derrotar al terrorismo y que ello pasaba por un estricto apego a la ley y respeto a los derechos humanos, por desterrar completamente el uso de mecanismos salvajes y criminales para enfrentarlo.

La novela sigue una línea temática que atraviesa gran parte de su obra: las relaciones de poder del mundo militar-policial, y cómo estas reproducen y representan las que suceden en otras esferas de la sociedad peruana. Así lo señala José Miguel Oviedo (2007):

> En sucesivas novelas, Vargas Llosa ha reiterado el modelo autoritario propio de la estructura militar en otras configuraciones sociales, desde las de carácter religioso (la misión evangelizadora de *La casa verde* o la secta milenarista de *La guerra del fin del mundo*) hasta las políticas (la dictadura en *Conversación en La Catedral* o en *La fiesta del Chivo*; las agrupaciones subversivas de *Historia de Mayta* y *Lituma en los Andes*) (p. 68).

El aporte de Vargas Llosa, a juicio de Oviedo, no solo reside en el descubrimiento de que esta estructura constituye el sustrato de la realidad social del Perú, sino que al presentarla a través de diversas historias, personajes y escenarios le confiere una dimensión mayor, «que podía sentir tanto el lector local como el extranjero» (p. 68).

Como señala el destacado escritor Alonso Cueto, «la obra de Vargas Llosa es una gran exploración narrativa sobre el poder» (Flores, 2016, p. 33). Una apreciación que se evidencia también en *Lituma en los Andes*, pues el novelista arequipeño resalta la importancia del fanatismo político en las acciones terroristas y cómo los jóvenes subversivos se entregan a la causa de la violencia y la muerte.

Armas Marcelo (2002) dice que *Lituma en los Andes* es también

> [...] la descripción de otra guerra en otro fin del mundo, donde habita la superstición, donde el miedo es una respiración constante, donde el *mal* toma posesión del mito indígena y se hace cargo totalitaria y absolutamente de la *utopía arcaica* con el claro objetivo político de *regresar al pasado*... (p. 411).

La alusión implícita al ensayo de Vargas Llosa sobre la vida y obra de José María Arguedas no es gratuita. Es en ese trabajo donde el escritor vuelca su interés por el mundo andino, la complejidad de la conformación social del país, la herencia hispana e indígena, y el desencuentro entre la modernidad y lo primitivo. En *Lituma en los Andes,* tales elementos, estudiados largamente por Vargas Llosa, aparecen novelados, subyacen tras los artificios de la ficción.

Efraín Kristal destaca que la violencia inexplicable en *Lituma en los Andes* es un tema nuevo en la ficción de Vargas Llosa. Y acá de alguna manera influye su evolución ideológica. Hay otra visión de la realidad. Si bien es cierto Vargas Llosa siempre hizo hincapié en la legalidad para enfrentar al terrorismo, ahora también presenta una crítica de aquellos movimientos que pretenden llegar al poder mediante el uso ilegal e irracional de la fuerza. En esa medida, Vargas Llosa exhibe con crudeza la barbarie de la violencia. Sin duda, la traumática experiencia de Uchuraccay, como se ha mencionado, influyó en la temática de esta obra.

A Vargas Llosa se le exige excelencia absoluta y la novela total en todos sus libros. ¿Es esta novela, según los críticos, una del nivel de *La guerra del fin del mundo* o de *La fiesta del Chivo*? Ciertamente, no. Pero sí es una aproximación a una realidad que era ajena a muchos, aunque a él no. Es decir, el tema del indigenismo del Perú profundo siempre ha estado en la preocupación del novelista. Y es injusto, o responde a prejuicios ideológicos y políticos, que se intente descalificarlo cuando, entre otras cosas, ha producido dos libros sobre el tema: *Lituma en los Andes,* en el ámbito literario, y *La utopía arcaica. José María Arguedas y las ficciones del indigenismo*, en el campo del ensayo. Con el primero de ellos, Vargas Llosa ganó el premio Planeta, que es el más famoso de esta editorial, lo que da cuenta de su calidad y explica también la divulgación que llegó a tener.

El caudillo criminal

La fiesta del Chivo es el retorno de Vargas Llosa al tema de la dictadura, característico de una parte cualitativamente importante de la literatura latinoamericana. En esa línea, se inscriben obras como *Señor presidente*, de Miguel Ángel Asturias; *Yo el supremo*, de Augusto Roa Bastos, y *El otoño del patriarca*, de Gabriel García Márquez. Después de su magistral novela *Conversación en La Catedral*, sin duda escribir nuevamente acerca de la problemática de una dictadura significaba un gran reto para Vargas Llosa. Y no solo en lo literario. Era una reincidencia que tenía más riesgos que posibilidades de reconocimiento, pero el resultado fue magistral.

Esta vez la novela no trató un fenómeno político del Perú, sino de República Dominicana. Desde la primera vez que Vargas Llosa escuchó la historia de la dictadura de Rafael Leonidas Trujillo, esta lo cautivó, lo capturó. No solo por su potencial literario, sino también por su truculencia, porque reflejaba el ejercicio abusivo del poder que distingue la historia de nuestros países, pero con un totalitarismo que alcanzó límites realmente incomprensibles e injustificables, mayores ciertamente a los de Odría. Vargas Llosa (2017) percibe diferencias importantes entre los dos dictadores:

> Odría dura solo ocho años, pero Trujillo se mantiene en el poder durante treinta y uno. Odría era un mediocre, mientras que Trujillo tenía cierta grandeza, una grandeza malévola (p. 227).

La novela recurre a la historia, pero para transformarla, a tal punto que se perciben ecos de la dictadura de Fujimori, que fue el contexto temporal en que Vargas Llosa la escribió. Por lo menos, para un lector peruano existen ciertas semejanzas extraordinarias con lo que ocurría en el Perú en aquellos años, sobre todo porque incorpora personajes casi idénticos a los que formaron parte de la satrapía fujimorista. Cosa que, por supuesto, no ocurrió con los lectores dominicanos, algunos de los cuales sintieron que había inexactitudes históricas, pero esas alteraciones eran deliberadas y respondían a las claves de la ficción.

Los actos de Trujillo son presentados por Vargas Llosa sin restarle nada del salvajismo que tuvieron, especialmente los de opresión sexual. Por ello, sumergen al lector en la duda sobre si realmente sucedieron de ese modo y si es posible que exista esa degradación moral de la autoridad que representa a un país.

Hay partes de la novela que demuestran una sujeción de los colaboradores de Trujillo absolutamente imperdonable. Es un ejercicio del poder en el cual la degradación sexual llega ya no a tratos vejatorios contra las mujeres, sino absolutamente inhumanos, y los colaboradores cercanos se someten a una humillación sin límites. Esta es una descripción del dictador que ciertamente no está presente en *Conversación en La Catedral*, además de que Odría es un personaje referido más que desarrollado. Este caso es totalmente diferente. Estamos aquí ante la parte más siniestra de la novela, aquella que representa el ejercicio ignominioso del poder que caracterizó a la larga dictadura de Trujillo.

Hay también otros aspectos curiosos. Está la preocupación del dictador por el poder de la Iglesia para hacerlo caer. Un miedo que se lo despertó otro dictador, Juan Domingo Perón, quien le dijo que fueron las sotanas las que lo tumbaron. Por tanto, Trujillo dedujo que debía tenerles temor.

Vargas Llosa retrata con acritud uno de los grandes problemas políticos de América Latina: las dictaduras. Sin duda, la causa de su atraso, subdesarrollo e incultura democrática. Ciertamente, en el relato de *La fiesta del Chivo* hay una gran lucidez ideológica y política para desnudar la brutalidad casi ilimitada de la dictadura de Trujillo.

Es interesante el tema de la perversión y el ejercicio del poder bajo el concepto del pensamiento único; es decir, el dictador como dueño de la verdad. Y, como consecuencia de ello, la adulación y el endiosamiento de su figura, que deviene en una pérfida conducta delictiva. La degradación moral, la capacidad de una dictadura para envilecer a sus más cercanos colaboradores y a la sociedad en su conjunto. Por ello, los conspiradores contra Trujillo no se oponen a él por motivos ideológicos ni políticos, sino por un terrible sentimiento de culpa de haber avalado o silenciado actos inhumanos cuando fueron sus colaboradores.

Vargas Llosa escribió *La fiesta del Chivo* con base no solo en el régimen de Trujillo, sino en las similitudes que comparten todas las dictaduras latinoamericanas, incluyendo la que él conoció de primera mano. Así lo refiere en *Conversación en Princeton* (2017):

> Escribí *La fiesta del Chivo* pensando fundamentalmente en Trujillo, pero también en todas las dictaduras, que tienen mucho en común. Hay un común denominador en los sistemas totalitarios, así que aproveché también la experiencia del régimen de Odría que yo había padecido en el Perú y lo que sabía sobre las otras dictaduras de esos años [...]. Quise que mi novela resumiera la experiencia del caudillo y que mostrara cómo estos hombres fuertes expropian totalmente la soberanía nacional para asumirla a título personal. Y quería tratar un tema más delicado, que era el de la responsabilidad compartida por

> los pueblos que padecen una dictadura, por la facilidad con que los ciudadanos se acomodan al régimen, y en muchos casos lo apuntalan y lo fortalecen (p. 220).

Esa es una crítica literaria y política. Hay naturalmente una influencia, pero, en cuanto al tema del ejercicio abusivo del poder, de la brutalidad, de la degradación moral, se trata de una novela que conmueve al lector como ninguna de las anteriores. La corrupción, la culpabilidad, el trato humillante, el ultraje, todo lo que caracteriza lo más espeluznante de las dictaduras, está soberbiamente descrito en este libro.

El éxito de la novela también fue impresionante. Tuvo tal repercusión y alcance en República Dominicana que causó polémica, representó un sismo no solo literario, sino también político, pues Trujillo aún es una figura polémica en ese país.

En una ceremonia de homenaje en República Dominicana, Vargas Llosa expresó con claridad: «Podemos decir que todos los pueblos de América Latina han sentido el horror de la dictadura, pero acaso ninguna se ha sentido con tanta ferocidad y crueldad como la de Trujillo» (*Voz de América*, 28 de diciembre de 2010).

Ficción autobiográfica

Travesuras de la niña mala (2006) es una novela que tiene un contenido político en cuanto a las referencias a los gobiernos democráticos y dictatoriales que le sirven de contexto, los cuales llegan hasta el primer aciago gobierno de Alan García. También ciertamente en este libro hay una alusión a la acción terrorista de Sendero Luminoso que, sin duda, es una problemática política que recurrentemente aborda Vargas Llosa.

En la novela, que es una historia de amor que transcurre entre el Perú, Francia, Inglaterra y España, que son precisamente los países en donde él ha vivido, de alguna manera u otra vuelca otra vez su experiencia autobiográfica. Hay algunos detalles que así lo reflejan.

También se percibe un entusiasmo por lo ocurrido en la década de 1960 con la Revolución cubana. El camarada Paul, como integrante del MIR, cumple la tarea de apoyar a los jóvenes latinoamericanos que llegan a París, algo que también hizo Vargas Llosa en su juventud. Por ello, cuando el poeta Javier Heraud viajó a la capital francesa, trató de ayudarlo, de conseguirle trabajo, pero finalmente no pudo lograr su objetivo y retornó al Perú, donde tuvo el conocido final trágico.

La novela llega hasta el periodo político en que Vargas Llosa inicia su campaña presidencial. Como Zavalita en *Conversación en La Catedral*, el personaje principal, Ricardo Somocurcio, observa las injusticias sociales del país. A través de personajes como estos, el escritor sintetiza su visión del país, que es más bien pesimista. De alguna manera, en ello también influye el contexto político que atravesaba el país. Con el transcurso de los años, las cosas se perciben de manera muy diferente, sobre todo para la gente joven, que no ha vivido esa etapa, pero quienes hemos pasado por esos momentos tan duros nunca los olvidaremos. En ese sentido, esta novela refresca la memoria.

Igualmente, resulta interesante cómo Vargas Llosa logra hacer un análisis político del país a través de las frases de sus personajes literarios. La famosa frase de Zavalita («en qué momento se había jodido el Perú») no solo es la más conocida y repetida de la literatura peruana, sino aquella que mejor resume la percepción en los años de crisis, que a veces parecen empeñarse en volver una y otra vez. Frases tan contundentes como esta han estado más cercanas a la realidad de lo que sus opositores y críticos han estado dispuestos a admitir. En esto también el tiempo poco a poco le ha ido dando la razón a Vargas Llosa.

Contra el colonialismo

El sueño del celta es una novela que relata la intrincada vida de Roger Casement, un anticolonialista y defensor de la legalidad. En este libro, nuevamente aborda el tema de los derechos humanos, que inclusive abarca el tratamiento de la homosexualidad de Casement. El libro describe con dureza el salvajismo empleado por el rey Leopoldo II en su afán colonialista. Una brutalidad sin límites. Paradójicamente, el rey belga fue considerado en un momento como un soberano humanitario.

El contenido histórico de la novela es polémico y nuevamente una obra de Vargas Llosa tiene presente a la Amazonía peruana. Ciertamente hay una condena clara al colonialismo de una monarquía despótica, algo que algunos acaso no se atreverían a denunciar. Hay también una condena al nacionalismo, al irlandés y al belga, y una síntesis histórica de la rebelión, de la insurgencia contra ellos.

Lo que impresiona a Vargas Llosa es la magnitud de la tragedia humana ocurrida durante el reinado de Leopoldo II. Casement documenta las matanzas de más de diez millones de congoleños, así como el sistema de explotación y esclavitud inhumanos, que también ocurrió en la Amazonía peruana. Ambas cosas fueron motivo de la acción valerosa de Casement para denunciarlo. Además, en un contexto internacional en el que movilizarse desde el Congo hasta la selva peruana era una verdadera epopeya. Y es precisamente ese afán de búsqueda de la justicia lo que motiva al irlandés a realizar un emprendimiento absolutamente incomprendido. En la novela, Vargas Llosa resalta su acción moral, la cual, sin duda, tuvo un alto contenido político.

Cuando Vargas Llosa viajó al Congo y a la selva del Perú para investigar y documentarse de cara a la redacción de la novela, grande fue su sorpresa al descubrir que, en los lugares por los que tanto luchó, Robert Casement era casi un desconocido. E incluso en Irlanda, donde por razones de su conocida homosexualidad era una especie de héroe incómodo. Por ello, no sorprende que, cuando el escritor decidió iniciar el trabajo de la novela y luego también cuando la publicó, recibió cartas y críticas de ciudadanos belgas expresándole su desacuerdo frente al hecho de que haya desnudado el salvajismo desplegado por el rey Leopoldo en su afán colonialista. Y es que precisamente debido a la ausencia de información que existía sobre estos hechos, el monarca gozaba de una considerada reputación.

En *El sueño del celta* aparecen temáticas comunes a otras obras de Vargas Llosa, como el modernismo y el primitivismo, la esclavitud, la barbarie, el maltrato, el no considerar dignamente a la persona. Y existe, a su vez, una descripción sobre el levantamiento militar y sus consecuencias, así como la mirada de los irlandeses en torno a la opresión inglesa.

Obras finales

En relación con otros libros del escritor, en *El héroe discreto* (2013) se aprecia una visión más bien optimista y moderada, acaso influida por el cambio radical que había ocurrido en el país en los años en que la escribió. Aunque no por ello deja de enunciar las calamidades en el ámbito carcelario y la corrupción de la policía.

Una vez más, Vargas Llosa denuncia el tema de la corrupción. Si hacemos una evaluación de la línea que ha seguido su pensamiento político y las temáticas que ha abordado en su obra, veremos que la corrupción casi siempre ha estado presente. Algunos ciudadanos no comprendieron el acento que él puso durante su campaña presidencial en la lucha contra la corrupción, pero era un tema capital para él. Y de alguna manera en este libro también lo refleja. Aquí Vargas Llosa incide en presentar la corrupción como uno de los grandes males del país.

Precisamente, el origen del libro reside en un hecho corrupto que le llamó la atención al escritor: que un modesto empresario, Felícito Yanaqué, se negara a pagar cupos a un grupo de mafiosos. Pero hoy, lamentablemente, la extorsión es casi una práctica común en el país. Y acá una vez más se percibe su capacidad como observador de la realidad social y política del Perú, que incluso llega a ser prospectiva. Algo que en una lectura rápida de la novela parece intrascendente, hoy en día, en el Perú, es un tema neurálgico, que afecta la estabilidad democrática del país. Incluso, este delito ha llegado a límites tales que varios de los parlamentarios del periodo 2021-2026 han actuado como extorsionadores y, con tal de robarles el dinero a sus trabajadores, recurrieron a prácticas extorsivas.

A través del personaje de Yanaqué, Vargas Llosa resalta a los que luchan por ser decentes y representan la reserva moral del país. Esto puede parecer algo retórico o lírico en Vargas Llosa, pero en conversaciones que hemos tenido ha insistido en que uno de los problemas del Perú es la ausencia de la sanción moral. Un sujeto que ha estado preso por robar, si pertenece a un grupo determinado, luego se reincorpora al club, alterna, lo entrevistan en la televisión, declara. Y cree que esta falta de sanción moral no es algo intrascendente, sino que corroe a la sociedad.

Vargas Llosa también destaca los consensos políticos y el crecimiento económico para fortalecer la democracia y evitar la existencia de una sociedad marcada por la desigualdad. En este punto también se percibe su visión liberal, pues presenta como positivo el progreso económico del país, aunque sin dejar de criticar la corrupción. De ahí que se aprecie una visión optimista en *El héroe discreto.* No es un libro que ha tenido la resonancia internacional de otros, pero ratifica temas recurrentes de la literatura vargasllosiana.

Vargas Llosa ubica *Cinco esquinas* (2016) en los últimos años de la dictadura de Alberto Fujimori, cuando ya se conoce la mayor parte de sus actos delictivos, la degradación del país expresada en la actuación de sus autoridades. El contexto de inestabilidad política, crímenes, atentados y asesinatos es visible acá. Algunos dicen que Vargas Llosa ha tergiversado la realidad porque ya en esa etapa se había derrotado al terrorismo, pero, como se ha dicho en otros casos, se trata de una novela que no obedece a las reglas de la historia.

Un tema que reaparece es el de las personas que rodean al dictador. En este caso, la figura siniestra de Vladimiro Montesinos como elemento corruptor de los medios de comunicación. Lo que de alguna manera trae el recuerdo de la figura de Esparza Zañartu (Cayo Bermúdez en *Conversación en La Catedral*) y de Johnny Abbes en *La fiesta del Chivo.*

El papel sensacionalista de la prensa amarilla, llamada en el Perú «prensa chicha», es algo que también trata Vargas Llosa. Y es que el rol de la prensa ha sido para él un aspecto central y que siempre lo ha preocupado, tanto en la época de Odría como en la de Velasco, que fue acaso la etapa más negra para la prensa peruana, pues tomó por asalto los medios de comunicación. En este caso, hablamos de un periodo especialmente inmundo, por los sobornos que se pagaron y que se vieron reflejados en los vladivideos, algo que no solo fue impactante, sino obsceno. En la época de Odría hubo autocensura, que es algo que también Vargas Llosa ha criticado muy duramente. Es decir, había la falsa apariencia de libertad. En los años de Fujimori, se produjo un evidente proceso de degradación de los medios de comunicación.

Vargas Llosa sostiene que ocurrió algo bastante original en la dictadura de Fujimori. Las otras cosas eran normales; es decir, la violencia, la corrupción, los crímenes, la intención de perpetuarse en el poder. Todo eso es propio de las dictaduras. Pero la utilización impune de lo que él llama el amarillismo para difamar, intimidar, agraviar es algo que resalta en *Cinco esquinas.*

El país se ha demorado en superar esto. Es una etapa oscura para el periodismo, realmente vergonzosa. Un baldón. Los vladivideos fueron letales. Si bien permitieron la caída de la dictadura, mostraron también una podredumbre inimaginable. Y eso no hay que obviarlo, y Vargas Llosa en este aspecto es consciente de la importancia de denunciarlo y de recordar.

Se trata de un tema especialmente sensible para él, pues toda su vida ha sido periodista, desde los quince años, cuando empezó en *La Crónica*, hasta 2023, que publicó su última «Piedra de toque». Con la misma disciplina que se dedicó a la literatura, se ha desarrollado en el periodismo. Por ello, el tema de la función que deben cumplir los medios de comunicación es una preocupación sustancial en Vargas Llosa. Lo evidencia en una obra de ficción como *Cinco esquinas* y también en *La civilización del espectáculo.* En este ensayo, formula una contundente crítica al rol de la prensa amarilla, pero aun así no considera que sea la causa de los males, sino una consecuencia, un producto de un problema aún mayor:

> [...] una cultura que, en vez de rechazar las groseras intromisiones en la vida privada de las gentes, las reclama, pues ese pasatiempo, olfatear la mugre ajena, hace más llevadera la jornada del puntual empleado, del aburrido profesional y la cansada ama de casa. La necedad ha pasado a ser la reina y señora de la vida posmoderna y la política es una de sus principales víctimas (Vargas Llosa, 2012, p. 137).

Si bien la dictadura de Fujimori utilizó la prensa amarilla como herramienta de propaganda, tanto a su favor como para destruir política y moralmente a sus opositores, pueden existir quienes desde el lado democrático caigan en la tentación de combatirla a través de medidas que cercenen libertades mayores y el remedio, entonces, resulte peor que la enfermedad, como sostiene Vargas Llosa en *La civilización del espectáculo*. Por ello, manifiesta que «el periodismo escandaloso es un perverso hijastro de la cultura de la libertad». Y añade que «no se puede suprimir sin infligir a la libertad de expresión una herida mortal» (p. 135).

Con *Tiempos recios* (2019), Vargas Llosa retorna a lo que se ha denominado en América Latina el género novelístico de las dictaduras. Después de haber escrito *Conversación en La Catedral* y *La fiesta del Chivo*, de grandes reconocimientos internacionales ambos libros, de alguna forma este trabajo ratifica el impacto del ejercicio opresivo del poder en el pensamiento político e ideológico del novelista arequipeño.

El contexto histórico que le sirve de base para la ficción es una conspiración internacional que se produce en Guatemala, durante la Guerra Fría, para derrocar al legítimo presidente Jacobo Árbenz. Esta conspiración se sostiene en hechos falsos y se realiza con la participación del Gobierno de Dwight D. Eisenhower, de Estados Unidos, y de la CIA, en defensa supuestamente de intereses de una multinacional, la United Fruit.

Esta vez Vargas Llosa critica la acción política basada en mentiras y en la falsificación de hechos, pues se defenestró a Jacobo Árbenz bajo el pueril cargo de querer favorecer a la Unión Soviética e instaurar el comunismo en Guatemala. Algo absolutamente alejado de la realidad. A Vargas Llosa este hecho le impactó por un tema de fondo: cómo en política la mentira se puede convertir en verdad, y la facilidad con que, a través de la reiteración de los mensajes, se puede alterar y falsificar la percepción de la realidad.

Esto ha sido una constante en la política latinoamericana. Vargas Llosa sostiene que, desde el origen, desde la independencia, los primeros presidentes tenían un afán de perpetuación en el poder, buscaban no tener ninguna limitación para ejercerlo. Es uno de los grandes males latinoamericanos que subsiste a lo largo del tiempo.

Un ingenuo presidente liberal iba a establecer un enclave comunista en Guatemala, según el Gobierno estadounidense y la CIA. Pero la verdad es que no hubo ningún acto de gobierno en esa dirección. Lo que hubo fue fundamentalmente intereses económicos. El premio nobel destaca cómo estos espurios intereses empresariales pudieron llegar a afectar la estabilidad democrática y política de un país. Vargas Llosa afirma que fue una tragedia para Árbenz que, además, la izquierda latinoamericana lo defendiera, porque este hecho dio la falsa impresión de que efectivamente eran aliados y que él contaba con el apoyo de la Unión Soviética.

Tiempos recios refleja también el daño que le hizo ese golpe de Estado a la estabilidad democrática latinoamericana, porque le dio la posibilidad a Fidel Castro de radicalizarse, y de darle mayor notoriedad e influencia a su dictadura, y de que toda la monserga, la campaña del *establishment* de la izquierda contra el llamado imperialismo yanqui, tuviera algún tipo de asidero. Todo ello fue muy bien aprovechado por el sátrapa cubano.

Tiempos recios es también una defensa del liberalismo y una severa crítica contra los que atentan contra gobiernos democráticos. Acá Vargas Llosa es congruente con su manera de pensar y con su conducta política a lo largo del tiempo. Con esta denuncia a la pésima decisión y a las malas prácticas del presidente Eisenhower y la CIA, muestra que él actúa por convicción, tanto en la vida real como en la ficción, con base en principios y no en intereses. Y no hay que olvidar que uno de los principales cargos que se le ha imputado a lo largo del tiempo ha sido, de parte de la izquierda, ser agente de la CIA y defensor de los intereses estadounidenses. En esta novela, Vargas Llosa ratifica su intransigente condena a la dictadura como forma de gobierno. Para él, son malas todas las dictaduras. Las de izquierda y las de derecha merecen su repudio más firme. Tampoco hay prejuicios ideológicos en Vargas Llosa para denunciar la degradación moral en el ejercicio del poder, que en este caso no es de izquierda. Por ello, en esta novela apreciamos una denuncia firme contra el Gobierno estadounidense y la complicidad de la Iglesia católica. Vargas Llosa no es contemplativo en su crítica. Incluye también a los Gobiernos latinoamericanos que fueron secuaces del atropello democrático y constitucional en Guatemala.

El tema del poder es capital para Vargas Llosa. Atraviesa su obra de extremo a extremo. Para Alonso Cueto,

> [...] es el centro en torno al cual convergen las voluntades y limitaciones de sus personajes. Estos transgreden o evaden el poder, o hacen todo ello al mismo tiempo. El deseo, la violencia, la transgresión, el sueño giran en torno al poder como situación original de la vida social y privada. En ese sentido, es la fuente esencial de su universo narrativo, la fuente sagrada en torno a la cual convergen sus habitantes (2011).

La cartografía del poder que Vargas Llosa despliega a lo largo de su obra, y que ponderó la Academia Sueca al concederle el Premio Nobel de Literatura, refleja también su gran pasión por la política y una genuina preocupación por que vivamos dignamente en América Latina. Vargas Llosa no solo ha sido un cartógrafo del poder en el Perú. Lo atestiguan los casos de Brasil, República Dominicana y Guatemala que con tanta maestría llevó a la ficción. La totalidad de su obra ratifica la seriedad con la que desde joven asumió el rol de escritor comprometido. Un elemento central en su narrativa y al mismo tiempo indesligable de su vocación literaria.

Con la famosa escritora brasilena Nélida Piñón, ganadora del Premio Príncipe de Asturias, a quien le dedicó también su novela total *La guerra del fin del mundo.*

Madrid, 1981. Con el rey Juan Carlos de España en el Palacio de la Zarzuela.

1986. Recibiendo el Premio Príncipe de Asturias.

Con Efraín Kristal, Enrique Krauze y el autor de este libro.

Estocolmo, Suecia, 2010. El día que recibió el Premio Nobel de Literatura. A partir de ese momento, la Academia Sueca lo definió como «cartógrafo del poder».

Estocolmo, Suecia, 2010. Con el autor de esta biografía y la mítica Carmen Balcells.

CAPÍTULO 10

Ciudadano del mundo

Aprender a leer, gracias a la enseñanza de su profesor el hermano Justiniano[119], ha sido lo más importante que le ocurrió a Vargas Llosa. Así lo ha reconocido en repetidas ocasiones. La lectura le permitió cultivarse, tener una amplitud de criterio, formarse con mayor libertad. Gracias a los textos que absorbió desde pequeño, tuvo una educación muy diferente a la de cualquier otro niño de su tiempo. Los libros significaron para él no solo una fuente de información, sino también un modo intenso y vívido de descubrir y conocer el mundo, lo que a la postre resultó decisivo en su proceso formativo y en la toma de decisiones. Motivado por los autores franceses, por ejemplo, llegó a la conclusión de que si quería ser escritor, debía ir a Francia, especialmente a París. Y, cuando finalmente concretó ese sueño, no solo tomó conciencia de su condición de latinoamericano, como ya se ha relatado, sino que paulatinamente fue transformando su visión de las cosas.

119 Vargas Llosa señala en *El pez en el agua* que fue en las clases del hermano Justiniano, en el colegio La Salle, en Cochabamba, Bolivia, donde aprendió a leer. Su madre lo había matriculado a los cinco años, uno antes de lo que entonces se recomendaba (p. 17).

La primera etapa en España, cuando empezó a estudiar y trabajar como novelista, amplió considerablemente su percepción del mundo, a pesar de la condenable dictadura de Francisco Franco, que practicó la censura impunemente. Luego, su paso por Francia y la estada en Inglaterra terminaron por modelar su evolución ideológica y política. En algún momento, Vargas Llosa ha sostenido que la cultura es una manera de llegar a ser y sentirse ciudadano del mundo. En su caso, esto se vio enriquecido por su infatigable labor creativa e intelectual. Desde el punto de vista de la entrega y la pasión por el trabajo, ha sido siempre un tenaz obrero del pensamiento y la palabra. No solo porque escribía invariablemente todos los días[120], sino porque también se daba tiempo para participar en jornadas culturales, congresos, debates literarios y políticos. Con el transcurso de los años, el crecimiento de su fama y el continuo reconocimiento de la enorme calidad de su obra se fue convirtiendo en un fenómeno literario y mediático cuya dimensión no ha sido alcanzada por ningún otro intelectual ni escritor peruano. Vargas Llosa es claramente el peruano más universal.

Además de esta vida sin pausa, su manera de ser —su ser natural, como diría mi querido padre— le ha permitido moverse con voz propia y enfática en el centro del debate intelectual, político y literario. La polémica ha sido de algún modo un terreno habitual para él, al mismo tiempo que una manera de no rehuir los temas críticos y sentar posiciones ahí donde otros han preferido la indefinición o la comodidad de la media voz. Y ha sostenido varios debates a lo largo de su carrera: los más mediáticos con Günter Grass, Mario Benedetti y otros en torno a la dicotomía hispanismo-indigenismo, o a su irreductible

120 Recuerdo que, cuando fue ingresado de emergencia durante la pandemia de COVID-19 al hospital Ruber, en Madrid, en medio de su agonía respiratoria, pidió una computadora para escribir su «Piedra de toque» y cumplir con su compromiso quincenal con el diario *El País*. Nadie pudo oponerse a esa volcánica determinación arequipeña y la columna se publicó.

condena de cualquier forma de nacionalismo y populismo. También han sido notorios los desafíos y las corridas, como ocurrió con el déspota Hugo Chávez. Todo ello también contribuyó a convencerlo de que efectivamente era un ciudadano del mundo.

El novelista arequipeño no se ha sentido extranjero en ningún país donde ha vivido. Su empeño por aprender idiomas es un rasgo que no se suele destacar, pero sin duda ha colaborado con esta notable capacidad de adaptación. A tal punto que, después de su campaña presidencial, cuando ya hablaba inglés y francés con solvencia, tenía conocimientos de portugués e italiano y era un escritor absolutamente consagrado, decidió mudarse a Berlín para estudiar el alemán. También ha sido importante su activa participación como profesor visitante o conferencista en diversas universidades del mundo, desde Puerto Rico hasta España, Francia e Inglaterra, pasando por las más prestigiosas universidades estadounidenses, como Princeton, Harvard y Georgetown. Un bagaje académico que, entre otras cosas, le ha permitido convertirse en un lúcido observador de la escena internacional.

Siempre me he preguntado por qué suele estar tan bien informado Vargas Llosa del acontecer político. Más allá del tiempo que le dedica a la lectura de la prensa internacional, está el hecho de que en cada país donde va lo reciben los presidentes, los primeros ministros, los ministros de Cultura y Educación. Son contactos que le han permitido tener acceso a valiosa información de primera mano, no solo para su propio beneficio, sino también para el de su actividad periodística. Porque no hay que olvidar que otra de sus grandes pasiones, y una que lo conecta con el mundo, es precisamente el periodismo. Por ello, ha escrito durante años una columna de opinión quincenal e incluso ha hecho trabajo de campo. Qué podría haber motivado a un escritor de su talla a viajar al Medio Oriente y escribir *Diario de Irak* o *Israel/Palestina* si no es ese impulso esencial que tiene todo cronista y reportero para recorrer el lugar de los hechos, ver la realidad con ojos de testigo y tratar de entender situaciones conflictivas a través de las voces, necesariamente antagónicas, de sus protagonistas.

En la construcción de esta identidad como ciudadano del mundo ha influido en Vargas Llosa una multiplicidad de factores y facetas: viajero infatigable, lector voraz, escritor comprometido que se involucra activamente en los grandes debates mundiales, periodista de raza. Lo demuestra una amplia agenda intelectual y temática que no conoce de límites geográficos.

La dictadura interminable

Cuando Vargas Llosa rompió con la Revolución cubana, a raíz del inaudito caso de Heberto Padilla, se convirtió en un crítico permanente de ese proceso que en un comienzo había admirado y que luego combatió con firmeza a lo largo de los años. Y lo hizo en un contexto internacional en el que todavía el comunismo y la izquierda tenían una presencia decisiva en el *establishment* intelectual.

Como actor en la política latinoamericana, Vargas Llosa ha sido un valiente crítico y opositor a la delictuosa dictadura cubana, tanto durante la larga tiranía de Fidel Castro como en la continuación de su hermano y cómplice Raúl y la que, desde 2019, encabeza el sátrapa Miguel Díaz-Canel.

En este largo proceso, el escritor ha ido evolucionando y perfilando su posición. Un tema que refleja con claridad el camino que ha seguido es su postura sobre el mal llamado bloqueo estadounidense a la isla, que es el caballo de batalla que engañosamente utiliza el régimen autoritario para justificar el fracaso económico del sistema comunista.

Inicialmente, en la década de 1960, el escritor se pronunció en contra de esta medida:

> El bloqueo que hace años impuso Washington a la isla no tenía solo como objeto privarla de las importaciones que, hasta la revolución, la habían hecho sobrevivir, sino también, y sobre todo, ponerla en cuarentena política y cultural, expulsarla de la familia latinoamericana,

> excluirla como a un leproso para evitar el contagio. El bloqueo, que en el campo material ha afectado, sin duda, seriamente la economía cubana (aunque no ha conseguido asfixiarla, como esperaban los hombres de la OEA) en el dominio cultural ha resultado un clamoroso fracaso: se trata de algo que puede enorgullecer a los intelectuales latinoamericanos (Vargas Llosa, 2009, p. 102).

Pero, años después, cuando era evidente que lo que asfixiaba al pueblo cubano no era la OEA ni el cacareado bloqueo, sino el desastroso régimen de Castro, consideró que, salvo la ayuda humanitaria para organizaciones no gubernamentales, en todo lo demás se debía presionar al régimen totalitario con la aplicación de embargos económicos. En 1994, cuando ya había abandonado su adhesión al socialismo y la prensa le preguntó sobre el régimen castrista, declaró lo siguiente:

> Creo que las sanciones económicas contra las dictaduras deben permanecer hasta que dejen de serlo y se conviertan en regímenes democráticos. Creo que es una de las maneras de ejercer presión sobre las dictaduras y de colaborar con quienes están luchando a favor del establecimiento de las democracias (Penchi, 22 de febrero de 1994).

La dictadura cubana comercia con países como China, Rusia, Alemania, España, entre otros. Inclusive realiza operaciones de importación con Estados Unidos y Canadá. El turismo casi no tiene limitaciones. Cifras oficiales prueban esta afirmación. El fracaso del modelo económico cubano es inocultable, pero sus autoridades le echan la culpa a este supuesto bloqueo. En este sentido, la propaganda comunista cubana ha tenido éxito, sobre todo en América Latina. No deja de llamar la atención también que las Naciones Unidas no hayan transparentado esta realidad. Ni tampoco que se valore la acción humanitaria de Estados Unidos al acoger al impresionante número de víctimas de la dictadura que huyen del régimen de terror.

El socialismo al que continúa apelando el Estado cubano, más de sesenta y cinco años después, aquel que también enarboló infructuosamente Ernesto «Che» Guevara, no solo ha sido ineficaz para materializar la justicia social que pregonaba, sino que es casi una especie en extinción. Lo señaló enfáticamente el escritor arequipeño en un artículo publicado veinticinco años después de la muerte de Guevara.

> Ocurre que en estos cinco lustros los acontecimientos sociales y políticos han desmentido con rudeza todo lo que el Che predicó, y empujado a la humanidad por un rumbo exactamente opuesto al que él quería. Del socialismo solo la versión aburguesada y democrática sobrevive; la que él defendió, ha sido borrada del planeta por acción de las masas que la padecían, como en Rusia y Europa central, o ha degenerado y mutado, en un extraño híbrido, como en China Popular, donde el Partido Comunista acaba de aprobar, triunfalmente, en su último congreso, la marcha indetenible del país hacia el mercado y el capitalismo bajo la dirección esclarecida —¡y única!— del marxismo-leninismo-maoísmo (Vargas Llosa, 2009, p. 159).

Sin embargo, hay un saldo que lamentar tras el inevitable desencanto y la frustración que al cabo de los años ha terminado produciendo una ideología capaz de empobrecer y oprimir inhumanamente a los pueblos que buscaba redimir. Es precisamente el otro extremo del péndulo: la indiferencia, la ausencia de motivación para impulsar cambios que, por el camino democrático, siempre son necesarios en toda sociedad.

> Es bueno que el iluminismo revolucionario y el ejemplo nihilista y dogmático del «Che» Guevara se hayan desprestigiado y que ya no movilice a los jóvenes de este tiempo la convicción que a él animó, según la cual la justicia y el progreso no dependen de los votos y las leyes aprobadas por instituciones representativas, sino de la eficacia bélica de una esclarecida y heroica vanguardia. Pero no lo es que el desencanto con el mesianismo

> y el dogma colectivista haya traído consigo, también, la desaparición del idealismo y aun del mero interés y la curiosidad por la política en las nuevas generaciones, sobre todo en esas sociedades que dan ahora sus primeros pasos en la experiencia de la libertad (Vargas Llosa, 2009, p. 160).

La acción política de Vargas Llosa en relación con Cuba también se ha manifestado en un apoyo decidido y solidario a los cubanos en el exilio. Como lo relata en sus memorias Carlos Alberto Montaner, acaso uno de sus más queridos amigos cubanos, el novelista siempre ha tenido presente la causa de este pueblo por su libertad. He sido testigo de excepción de que, en más de una oportunidad, ha sido convocado a intervenir en conferencias organizadas por el recordado líder cubano Jorge Mas Canosa en Miami. Y no solo eso, también ha sido una persona muy abierta para recibir a los cubanos y forjar relaciones de amistad con los que han tenido una presencia importante en el exilio. Por ejemplo, con el escritor Guillermo Cabrera Infante, con quien tuvo una cordialísima vinculación cuando vivió en Londres; con el propio Heberto Padilla, que años después lo visitó en Princeton y tuvieron un encuentro en el que evocaron la época en que ambos lucharon contra la dictadura cubana.

Como lo he descrito, el día en que murió Fidel Castro coincidí con Vargas Llosa en la Feria Internacional del Libro de Guadalajara. La expectativa periodística de su pronunciamiento era asombrosa. Vargas Llosa sentenció:

> Espero que esta muerte abra en Cuba un periodo de apertura, de tolerancia, de democratización. La historia hará un balance de estos cincuenta y cinco años que acaban ahora con la muerte del dictador cubano. Él dijo que la historia lo absolverá. Y yo estoy seguro de que a Fidel no lo absolverá la historia (RPP, 26 de noviembre de 2016).

Hoy podemos afirmar, con absoluta certeza, que el modelo económico y político cubano nunca fue exitoso. En una primera etapa, se sostuvo por el apoyo soviético. Mucho tiempo después, cuando ya había caído el muro de Berlín y desaparecido la Unión Soviética, vivieron gracias al apoyo de Hugo Chávez y la riqueza petrolera venezolana. Pero la prueba irrefutable del rotundo fracaso de la revolución es la gran migración cubana, que, desde que se inició esta criminal dictadura, ha sido incontenible. Esto refleja el enorme drama humano de todo un pueblo[121]. Algo similar a lo que estamos percibiendo ahora con los que huyen de Venezuela.

Este rostro despiadado de la dictadura es algo que siempre ha impresionado a Vargas Llosa, y, por eso, desde que rompió con el criminal régimen castrista, no ha dejado de apoyar la causa de la libertad del pueblo cubano. Una lucha que el premio nobel respalda sin perder la esperanza, como lo afirmó en 2020:

> El pueblo cubano desgraciadamente sufre hace sesenta años una dictadura terrible que parece haber destruido las raíces [a favor de la libertad, a favor de la democracia]; yo creo que no, yo creo que esas raíces están allí, y que en cualquier momento el pueblo cubano nos va a dar una sorpresa (*Asere*, 10 de octubre de 2020).

De Betancourt a Maduro

Vargas Llosa tiene una relación especial con Venezuela desde su etapa socialista. El Premio Rómulo Gallegos lo catapultó internacionalmente y el famoso discurso de «La literatura es fuego» que pronunció en Caracas al recibirlo lo convirtió, en un momento determinado, a ojos de la izquierda, en una suerte de vocero de la intelectualidad latinoamericana. Pero más adelante tuvo otras amistades e influencias

121 Durante la dictadura de Morales Bermúdez, cuando más de diez mil cubanos entraron a la embajada peruana en Cuba, los peruanos pudimos observar cómo los cubanos que vinieron a Lima abandonaron su país, angustiados y sin recursos.

en Venezuela. Por ejemplo, la lectura y el acercamiento a la obra de Carlos Rangel, gran liberal venezolano con quien desarrolló una cordial relación de amistad (y también con su esposa, Sofía Ímber), influyeron en su proceso de evolución ideológica y política.

Una anécdota que remite a Venezuela ilustra el impacto que producen en Vargas Llosa ciertos personajes políticos. Uno de ellos fue Rómulo Betancourt, quien había sido presidente de Venezuela en dos periodos, en la segunda mitad de la década de 1940, a través de un golpe de Estado, y por la vía constitucional, de 1959 a 1964. En una ocasión en la que Mario estaba en Caracas, a punto de salir del país, recibió una llamada de una persona que le dijo que Betancourt quería reunirse con él. El escritor aceptó la invitación. «No solo fui a su casa por una razón de cortesía, sino sobre todo por curiosidad: las figuras políticas me han producido siempre una fascinación entomológica (y, al mismo tiempo, una especie de alegría)», escribiría luego (Vargas Llosa, 1977, «Charla con un viejo zorro»). El diálogo estuvo lleno de anécdotas. Betancourt le contó cómo había sido su encuentro con los directores del diario *El Comercio* cuando había estado en Lima. Pero lo que más le impactó fue cuando le comentó que él había sido muy criticado en su país por liderar la lucha contra la guerrilla venezolana, pero que, a pesar de ello, y de todos los excesos que pudieron haberse cometido, persistió en encabezar personalmente ese combate y no delegarlo en el Ejército. «Al final, tuve éxito», concluyó el político venezolano. Esto marcó de tal modo a Vargas Llosa que, años después, durante su campaña presidencial, enfatizó la necesidad de que el presidente de la República liderara personalmente la lucha contra el terrorismo.

El escritor ha realizado muchos viajes a Venezuela y ha tenido variados contactos con este país. A diferencia del resto de América Latina, se trataba de una nación rica, con una democracia sostenida en el tiempo. Una excepción que no dejaba de llamarle la atención. A tal punto que, en el artículo en que relata su encuentro con Betancourt y refiere las elogiosas palabras que le dispensó Jean-François Revel al político venezolano («Es usted el único dirigente político sudamericano que encontró la manera de enrumbar a su país por un sendero democrático»), se pregunta si «la bonanza económica, esa prosperidad que golpea al forastero desde el aeropuerto, no ha sido el elemento decisivo para que las instituciones democráticas resultaran allí operantes» (Vargas Llosa, 1977). Pero ambas cosas, la prosperidad y la democracia, lamentablemente llegarían a su fin. Con el tiempo, la corrupción y la mala gestión pública terminarían abriéndole las puertas a un dictador como Hugo Chávez. El autor de *La señorita de Tacna* (1978) advirtió a los venezolanos, en todos los tonos posibles, que su acceso al poder constituía un gravísimo riesgo. Inclusive, en algún momento me ha contado que se lo anticipó al magnate Gustavo Cisneros, el dueño del canal de televisión que entonces era el más importante de Venezuela, pero ni él ni otros le creyeron. Como este país ya tenía, mal que bien, con todos sus defectos, una democracia consolidada, Hugo Chávez llegó al Gobierno mediante elecciones democráticas. Pero una vez instalado en el poder se convirtió en dictador.

Vargas Llosa viajó a Venezuela y sufrió los maltratos de la dictadura chavista, los insultos de la maquinaria mediática servil del tirano. Y ocurrió lo que suele pasar con todos los dictadores: se sienten dueños de la verdad, piensan que tienen el control absoluto de la situación. Por ello, Hugo Chávez retó inesperadamente a un debate a Mario Vargas Llosa. Y este, que había ido al país invitado por el Centro de Divulgación del Conocimiento Económico para la Libertad (Cedice), no dudó ni un solo segundo en aceptar el reto. La única condición que puso es que pudiera tener el mismo tiempo que Chávez en el uso de la palabra. Pero al final este terminó corriéndose, a pesar de tener un absoluto control mediático y escénico, fuerzas de choque y fanáticos partidarios que lo obedecían sin dudas ni murmuraciones.

Esa visita de Vargas Llosa a Venezuela tuvo una gran resonancia mediática. En este contexto, la aguda periodista y abogada peruana Rosa María Palacios le hizo una entrevista para la televisión en Caracas, emitida en 2009 por América Televisión, en la que explicó por qué asumía el rol, con los riesgos que traía consigo, de hacerle frente abiertamente a un régimen como el de Chávez, con todo el poder que ostentaba.

> Creo que en América Latina quienes creemos en la libertad, en la democracia, tenemos que salir a defender esos valores. Además, forma parte también de la responsabilidad intelectual, no solo de un escritor, sino del ciudadano común y corriente que no quiere vivir bajo una dictadura[122].

Pero, al mismo tiempo, era consciente de que se encontraba dentro de una minoría, que había un sector mayoritario para el cual la naturaleza democrática o dictatorial del Gobierno no representaba un tema prioritario:

> No es sorprendente, pues la verdad es que como la democracia ha sido incapaz en América Latina, con excepciones, de satisfacer los anhelos, las ilusiones, las esperanzas, los deseos, hay muchísimos pobres desencantados, que creen muy ingenuamente, muy equivocadamente, que un hombre fuerte, un caudillo, un demagogo, puede venir a resolver los problemas. Pero ¿a qué siguen? ¿Al caudillo o al socialismo? Están en contra de lo que han visto fracasar[123].

El escritor también advirtió del enorme riesgo que encerraba el hecho de que el modelo chavista venezolano y su totalitarismo se reprodujeran en otros países de la región, cosa que el propio Chávez buscaba por todos los medios, y que en algún momento llegó a concretarse. Hubo varios Gobiernos de la región que se adscribieron a lo que la

122 Entrevista realizada en Caracas, Venezuela, por Rosa María Palacios a Mario Vargas Llosa, emitida en 2009 por América Televisión.

123 *Ibid.*

propaganda chavista llamó «socialismo del siglo XXI», con consecuencias nefastas para la política y economía locales.

> Llevar a algunos de nuestros países a imitar el ejemplo venezolano, sería una verdadera tragedia, porque mal que mal la democracia está echando raíces en América Latina. Tenemos fenómenos tan interesantes como los de una izquierda democrática que está en el poder y respeta las reglas de juego de la democracia. La chilena, la uruguaya y la brasileña. Hay que reconocer que son casos realmente muy positivos para América. Porque es una izquierda que no solo respeta la democracia, sino además respeta el mercado[124].

Sin embargo, más pronto que tarde dejó de extender ese beneficio de la duda hacia algunos de los gobiernos de izquierda. Por ejemplo, al de Lula en Brasil, que en su momento hizo causa común con el de Chávez, a quien calificó de «aprendiz de dictador», y, posteriormente, con el de Maduro. En 2010, Vargas Llosa declaró a la prensa:

> Hay una contradicción entre la política interna y la política internacional de Lula. Su política interna es responsable y su política internacional es irresponsable y demagógica, al abrir las puertas de Brasil y con ellas las de América Latina a personas como (el presidente iraní, Mahmud) Ahmadineyad (*Voz de América*, 26 de mayo de 2010).

A raíz de la muerte de Hugo Chávez, el novelista alertó que no había que dejarse impresionar por el espectáculo de las muchedumbres llorosas que velaban sus restos, que era lo mismo que había ocurrido con otros tiranos, como Stalin y Trujillo. Precisó que «su popularidad suele ser enorme, irracional, pero también efímera, y el balance de su gestión infaliblemente catastrófica». El saldo de sus poco más

124 *Ibid.*

de catorce años en el poder, perfectamente extrapolable al que viene produciendo Maduro, es simplemente desastroso:

> Ese híbrido ideológico que Hugo Chávez maquinó, llamado la revolución bolivariana o el socialismo del siglo XXI comenzó ya a descomponerse y desaparecerá más pronto o más tarde, derrotado por la realidad concreta, la de una Venezuela, el país potencialmente más rico del mundo, al que las políticas del caudillo dejan empobrecido, fracturado y enconado, con la inflación, la criminalidad y la corrupción más altas del continente, un déficit fiscal que araña el 18 % del PIB y las instituciones —las empresas públicas, la justicia, la prensa, el poder electoral, las fuerzas armadas— semidestruidas por el autoritarismo, la intimidación y la obsecuencia (Vargas Llosa, 9 de marzo de 2013).

Vargas Llosa no se equivocó en su certero y prospectivo análisis sobre la amenaza autoritaria que Chávez representaba para Venezuela y el resto de América Latina. Se perpetuó en el poder y dejó como heredero a un energúmeno político, a un criminal, como Nicolás Maduro. El chavismo ha cumplido veinticinco años en el poder y, para mantenerse en él, el último fraude ha sido de tal nivel de escándalo que aquellos que siempre lo han apoyado, como Lula y Petro, forzados por el repudio internacional, han tenido que tomar cierta distancia. En el vergonzoso caso del mexicano Andrés Manuel López Obrador, que estaba en el poder cuando se produjeron los comicios de 2024, el apoyo a la dictadura ha sido incondicional. Y, como ocurrió con el caso cubano, los peruanos hemos sido testigos directos de los estragos de la tiranía venezolana. La masiva migración al Perú, a Colombia y en menor grado a otros países latinoamericanos ha sido de una terrible perversidad. Es una de las más numerosas y calamitosas a nivel mundial. ¡Cerca de ocho millones de personas han abandonado Venezuela en búsqueda de una vida mejor! Y, de ellas, más de un millón y medio están en el Perú.

Pero lo que apreciamos es que la solidaridad no es lo suficientemente activa en el ámbito internacional. Naturalmente, Vargas

Llosa siempre ha estado con los líderes de la oposición venezolana, apoyándolos con pronunciamientos, participando en congresos internacionales. Últimamente, también lo ha hecho con la valiente y ejemplar lideresa María Corina Machado[125] y Edmundo González, el presidente elegido por la gran mayoría de venezolanos. Es decir, ha sido un actor político solidario con la causa venezolana. Pero Maduro continúa en el poder, oprimiendo a sus connacionales con su brutal e incompetente dictadura. En 2017, Vargas Llosa escribió:

> Me pregunto cómo terminará sus días Nicolás Maduro: ¿igual que Fidel Castro, bien arropado por su guardia pretoriana en el cuartel misérrimo en que habrá convertido Venezuela, o entre rejas, como el general Videla en la Argentina o como Fujimori en el Perú? (Vargas Llosa, 4 de junio de 2017).

Aguardemos que no haya que esperar muchos años más para despejar la incógnita.

Tiranías centroamericanas

Pero no han sido solo las infames dictaduras cubana y venezolana las que ha criticado arduamente Vargas Llosa. También lo ha hecho en su momento con las panameñas. Por ejemplo, cuando el general

125 El 23 de octubre de 2023, cuando María Corina Machado, heroína de la democracia venezolana, había ganado las elecciones primarias para definir al candidato presidencial de la oposición que enfrentaría a Nicolás Maduro en las elecciones de 2024, Mario Vargas Llosa le dirigió una carta personal en la que le manifestó su alegría por el triunfo ocurrido en la víspera. «Son incontables las personas que estamos cruzando los dedos para que el milagro sea realidad y te veamos en la presidencia de la República», le expresó. Al final, Machado no pudo postular porque la dictadura, con la perversidad que la caracteriza, le impuso una inhabilitación política.

Omar Torrijos asaltó el poder, e instauró una dictadura de un contenido ideológico y político muy similar al del general Juan Velasco en el Perú. Clausuró partidos, deportó opositores, tomó control de los medios de comunicación. Y esto lo denunció en su momento Vargas Llosa, pero no solo se quedó en la crítica, sino que viajó a Panamá para abordarlo periodísticamente. Fue la última entrevista que brindó Torrijos, pues luego murió en un accidente aéreo. Gracias a ella, el escritor peruano pudo delinear un interesante retrato del tipo de dictador y político que era Torrijos, cercano a posiciones de izquierda, pero más por una aproximación empírica que por formación doctrinaria.

> Una fuerza de la naturaleza no puede ser «ideológica»; es, por lo común, caótica, pragmática, desconfiada de lo abstracto. Esto es para mí una buena carta de presentación en un político: los «prácticos» suelen causar menos estropicios a los países que los «teóricos». Y si de algo daba Torrijos la impresión, era de estar libre de cualquier esquematismo doctrinario, de tener una visión de la realidad social condicionada por orejeras ideológicas de cualquier índole. Su aversión a las formas se apoyaba, sin duda, en un rechazo natural a todo género de intelectualismo. En su caso, lo esencial parecían el instinto, el pálpito, la buena estrella y hasta la adivinación. Un hombre «tropical», en toda la calidez y rusticidad de la palabra, capaz, como en la célebre fotografía que dio la vuelta al mundo, de lanzarse al agua en medio de una ceremonia oficial, con uniforme, botas, sombrero y pistolas, de la emoción que lo embargó al ver en marcha la represa que inauguraba, y de hacer coexistir, en el abanico de sus amistades, sin la menor incomodidad política ni ética a Fidel Castro, el Sha, Carlos Andrés Pérez, Jimmy Carter, los sandinistas y Nelson Rockefeller (quien le regaló un par de helicópteros el día que lo conoció): de todos ellos lo oí hablar con aprecio (Vargas Llosa, 2009, p. 201).

La inesperada muerte de Torrijos permitió que el general Manuel Antonio Noriega[126], su hombre de confianza y quien había sido jefe de inteligencia, de la Dirección de Información Nacional (DIN), y de los servicios de espionaje y seguridad, concentrara el poder *de facto* en Panamá. Fue un dictador no solo nacionalista como Omar Torrijos, sino con estrechos vínculos con el narcotráfico, de un salvajismo extremo y de una nauseabunda corrupción en el ejercicio del poder. Es decir, el gorilismo en su máxima expresión. Lo que Vargas Llosa condenó y combatió permanentemente.

Si bien es cierto que desde 1990 no hay Fuerzas Armadas en Panamá, y las que hubo antes, las denominadas Fuerzas de Defensa, surgieron y se desarrollaron bajo el influjo de Torrijos y Noriega, mantiene plena vigencia la crítica que siempre ha formulado Vargas Llosa en torno al rol que han jugado las instituciones castrenses en América Latina. Para el escritor, ha sido una verdadera tragedia que nuestros países no hayan contado con unas fuerzas armadas formadas con auténticos valores democráticos. Y, en este sentido, sí vale rescatar como un modelo y no pocas veces como una excepción ejemplar, no solo para el Perú, sino para toda América Latina, la figura egregia del gran almirante Miguel Grau, defensor de la democracia, la Constitución y las leyes.

El final de Noriega fue merecido y cinematográfico. El Gobierno de Estados Unidos organizó una invasión y logró capturarlo, llevarlo a su país para juzgarlo y tenerlo preso durante diecisiete años. Luego también Francia lo condenaría y pasaría cinco años en una prisión de ese país. Diversos malévolos crímenes justificaron las condenas: violación de derechos humanos, narcotráfico, robo, tortura, lavado de activos y un largo etcétera. Vargas Llosa, por supuesto, aplaudió

126 Noriega estudió en la Escuela Militar de Chorrillos. Cuando se conmemoró un aniversario de la escuela, vino a Lima y en maletas trajo cientos de miles de dólares en efectivo como donación para que se construyera un coliseo deportivo.

la caída de Noriega. Fue ese también un motivo de discrepancia con la izquierda. Esta desvió el debate y lo criticó afirmando que había avalado la invasión a Panamá. Y es que la izquierda siempre ha tenido una facilidad para tergiversar, confundir o falsificar los hechos, mediática y políticamente. Pero Vargas Llosa ha sido claro en este punto: como ocurrió con Ceaușescu en Rumanía (por acción de una turba), lo fundamental es la caída del dictador; que acabe esa forma de gobierno violenta, brutal, salvaje e inhumana. El escritor no avaló el procedimiento de Estados Unidos; lo que destacó tajantemente fue la caída del tirano.

Noriega murió en 2017, en una prisión panameña. A raíz de ello, Vargas Llosa escribió:

> Entre la larga lista de dictadorzuelos que han envilecido la historia de América Latina, la gran mayoría murieron en su cama, ricos y hasta respetados, después de haber bañado en sangre y vergüenza a sus países y de haberlos saqueado hasta dejarlos exánimes. «Cara de Piña», uno de los más abyectos, al menos pagó buena parte de sus vilezas entre barrotes, aunque, por desgracia, no se ha podido rescatar sino un fragmento de la fortuna que levantó con sus fechorías y que ahora podrán disfrutar en paz sus descendientes (Vargas Llosa, 4 de junio de 2017).

Otro caso interesante es el de Nicaragua, que padeció las bárbaras dictaduras de los Somoza durante unos cuarenta y tres años, primero con Anastasio Somoza García, desde 1937, y luego con su hijo, Anastasio Somoza Debayle, a partir de 1967. En 1979, con la ascensión al poder del sandinismo, liderado por Daniel Ortega, hubo la esperanza de que empezaría un proceso de restauración democrática, pero lamentablemente no fue así.

En su momento, Vargas Llosa recibió con beneplácito la caída de Somoza Debayle. El hecho le permitió advertir la existencia de un fenómeno distinto al caudillismo militar latinoamericano del pasado, pero igualmente repudiable y lesivo para la región, así como desfasado.

> La dictadura de Somoza representaba ya un anacronismo en nuestros días, que son los de las dictaduras institucionales e ideológicas, sombría manifestación de modernidad finamente arraigada en América Latina, como lo advierte con una ojeada, por ejemplo, al Cono Sur. Los regímenes de un Pinochet y un Videla, de los militares uruguayos o el que presidió Banzer en Bolivia son de naturaleza distinta a los de aquellos «caudillos bárbaros» que describieron Alcides Arguedas y Francisco García Calderón y que dieron a nuestros países, en el resto del mundo, esa lastimosa imagen de republiquetas gobernadas por pistoleros. Las dictaduras institucionales e ideológicas no son, por cierto, menos sanguinarias ni menos propensas a la corrupción (inseparable de todo sistema inmunizado contra la crítica) que las folclóricas (Vargas Llosa, 2009, p. 53).

Al mismo tiempo, denunció un subproducto inevitable del poder omnívoro que ostentaron los Somoza: la corrupción desembozada.

> *The New York Times* calcula que la fortuna de la familia Somoza en tierras, empresas agrarias, marítimas y comerciales y predios urbanos, en Nicaragua, asciende a unos 500 millones de dólares. No está nada mal, como operación, si se considera que el país es uno de los más pobres del planeta, que sin duda la familia tiene una suma parecida, a buen recaudo, en el extranjero, y que el primero de la dinastía en usufructuar el poder —Tacho Somoza, padre del actual— era hace medio siglo un pobre diablo que malvivía en el pintoresco empleo de revisor de letrinas en Managua, con lo que se ganó el pomposo apodo de «Mariscal de Escusados» (Vargas Llosa, 2009, p. 54).

Pero tampoco dejó de puntualizar una responsabilidad que le cupo a Estados Unidos en el contexto de la Guerra Fría, al propiciar y apoyar golpes de Estado y dictaduras siempre y cuando estas no se alinearan con la totalitaria esfera soviética. La democracia, en este escenario, era considerada por el Gobierno estadounidense como un valor no indispensable. Para esta potencia, el objetivo de cerrarle el paso al comunismo no implicaba necesariamente la instauración de un régimen democrático o su permanencia, como ocurrió en Guatemala y Chile. En la pugna por el control geopolítico, una dictadura afín a sus intereses era suficiente y, a veces, incluso deseable.

> La responsabilidad de Estados Unidos, en el martirio que ha significado para el pueblo nicaragüense el casi medio siglo de somozato, no debe ser disimulada por quienes, como el que esto escribe, quieren para los países latinoamericanos regímenes democráticos, basados en elecciones, en los que se respeten la libertad de prensa y los partidos. La política de Washington en lo que se refiere a Nicaragua fue excepcionalmente mezquina y obtusa. Satisfechos con este aliado, que los secundaba sin chistar en los organismos internacionales, siete presidentes norteamericanos —tres republicanos y cuatro demócratas— mantuvieron buena amistad con los Somoza, a los que, a cambio de obsecuencia, prestaron ayuda financiera, armaron, condecoraron y hasta educaron en West Point (de donde son graduados el actual Anastasio y uno de sus hijos). En esos mismos años, en cambio, rompieron el principio de no-intervención —que se respetaba para favorecer a los Somoza—, Washington intervenía en Guatemala, en 1954, para deponer al gobierno de Árbenz, y en República Dominicana, en 1965, para sofocar un levantamiento popular contra la dictadura castrense que derrocó a Juan Bosch (Vargas Llosa, 2009, p. 55).

El escritor también viajó a Nicaragua. Tras el triunfo de la revolución sandinista, fue testigo de los hechos, dialogó con los principales actores. En esa época, el famoso escritor nicaragüense Sergio Ramírez, que mucho tiempo después sería distinguido con el prestigioso Premio Cervantes, formaba parte del proceso, así como Tomás Borge, él sí un radical, una persona con una formación revolucionaria que tenía como objetivo la perpetuación en el poder.

En esos primeros años del sandinismo, el premio nobel describió descarnadamente la situación extrema que se vivía en el país. Visto en retrospectiva, parece el preludio de lo que inevitablemente acabaría decantándose en una vil dictadura.

> Las dificultades de la vida en Managua son grandes. Ellas se deben al subdesarrollo, según los sandinistas y a la revolución según los antisandinistas. (Mi impresión es que hay una responsabilidad compartida). El correo es desastroso: una carta al o del extranjero demora un mes y a veces otro tanto dentro del país. La escasez de agua es crónica (en mi hotel la cortaban dos días por semana) y el transporte, estatizado, agobiante. Para tomar un ómnibus hice una vez cola de una hora y cuarto y dentro del vehículo temí morir asfixiado (ambas cosas son usuales). Hay pocos cines y las películas que se exhiben, viejísimas: mexicanas y norteamericanas, sobre todo. La pornografía abunda. No se consiguen revistas ni periódicos ni libros extranjeros, salvo cubanos o soviéticos en español, pero las ediciones locales se han multiplicado. (En general, aun los opositores reconocen que el esfuerzo de fomento cultural es enorme). La televisión, también estatal, alterna la propaganda del régimen con las series norteamericanas de más dudoso gusto (Vargas Llosa, 1990, p. 225).

Como suele suceder en estos casos, una de las primeras víctimas de la consolidación de la tiranía sandinista fue el periodismo libre. Vargas Llosa defendió pública e internacionalmente a Pedro Joaquín Chamorro, el director del diario *La Prensa*, y cuando falleció, hizo lo propio con su esposa, la irreductible y valerosa Violeta Chamorro. En Nicaragua, le impresionó la acción de la Iglesia católica y destacó la labor de los feligreses nicaragüenses en defensa de la democracia. Años después, cayó la dictadura y brevemente hubo una primavera democrática, pero una vez más se ha instalado la dictadura nicaragüense con ferocidad, con una persecución a la Iglesia y a cualquier opositor. Una verdadera tragedia.

A diferencia de otros países, incluido Venezuela, no hay una vocería ni una oposición, que es algo que siempre destaca Vargas Llosa. En un momento de la dictadura de Hugo Chávez, llegó a decir que subsistía una oposición, que todavía había un sector de prensa libre. En el caso de Nicaragua, se trata de una dictadura salvaje que ha arrasado con todo atisbo de oposición, por mínimo que sea.

El autor de *Tiempos recios* siempre expresó su solidaridad y apoyo al consagrado escritor Sergio Ramírez y a la poeta Gioconda Belli, quienes desde el exterior combaten con arrojo y determinación la dictadura nicaragüense. Es triste decirlo, por lo menos es una percepción personalísima, pero aparentemente casi no hay interés internacional por lo que ocurre en la cruel Nicaragua. Es dramático. Pero a Vargas Llosa el tema centroamericano siempre le ha preocupado. Advierte que una de las cosas más atroces es la dictadura de Haití, que se inició con los Duvalier. Pero, en los últimos años, el proceso de deshumanización en la política nicaragüense debería motivar una reacción más firme del exterior, cosa que lamentablemente no se aprecia.

A diferencia del pasado, hoy hay menos dictaduras. Entre otras razones porque, en un momento determinado, Jimmy Carter, presidente de Estados Unidos, con lucidez y firmeza, impulsó una política de defensa de los derechos humanos y de restablecimiento de la democracia en la mayor parte de los países latinoamericanos. Pero no ha ocurrido así en Nicaragua.

Ni Allende ni Pinochet

Otro caso excepcional es el de Chile. Es por medio de la literatura que Vargas Llosa llegó a compenetrarse con la cultura de ese país, empezando por la poesía de Pablo Neruda[127]. Pero más adelante tendrá una

127 Durante la guerra de Vietnam, Pablo Neruda le solicitó a Vargas Llosa que se sumara a un pronunciamiento público que él impulsaba a favor de la paz.

especial relación de amistad con el escritor chileno Jorge Edwards, con quien coincidió en el combate a la dictadura cubana. En particular, destacó siempre lo que significó para él y el continente la publicación, en 1973, de *Persona non grata*:

> El libro impresionó porque era el primero que criticaba profundamente y de una manera muy rigurosa a la dictadura cubana. En él confesaba también sus propios temores, cuando lo llevaban a pasear de una manera impremeditada y su sensación de que pudieran extraviarlo. La obra obtuvo una enorme difusión en América Latina y contribuyó a la fama de Edwards (Infobae, 18 de marzo de 2023).

En otro momento, desarrolló una amistad con David Gallagher, crítico literario y diplomático que hizo un agudo análisis de *Conversación en La Catedral*, y con el escritor y periodista Arturo Fontaine. Otros personajes importantes son Sebastián Piñera, expresidente y multimillonario empresario[128], y también su hermano José, creador del sistema privado de pensiones, quien fue invitado a Lima durante la campaña presidencial del escritor para cooperar con el plan de gobierno y también para participar en algunos eventos importantes.

Curiosamente, Vargas Llosa siempre ha respetado el socialismo chileno, incluso en la etapa en que criticaba a la Unión Soviética. Por ejemplo, cuando los periodistas le preguntaban sobre el socialismo, él destacaba el que Dubček había impulsado en Checoslovaquia, pero también le daba un lugar al socialismo chileno. Y es que, a diferencia

128 El día que el expresidente Sebastián Piñera falleció trágicamente en un accidente aéreo, estaba caminando con Vargas Llosa en el Club de Regatas Lima. Su muerte lo afectó y me contó que, precisamente, en una oportunidad, había volado en un helicóptero piloteado por Piñera, en el lugar donde se accidentó. Durante su gestión presidencial, Mario fue condecorado por el expresidente en una emotiva ceremonia. Este participó activamente en la Fundación Internacional para la Libertad que fundó el escritor arequipeño.

de lo que ha sucedido en otros países, en los últimos años, este había mostrado tener un mayor respeto por la economía social de mercado, como también ha sucedido en mucho menor grado en Uruguay.

Si bien el autor de *La tía Julia y el escribidor* reconoció la catástrofe económica que significó el inepto gobierno de Allende, especialmente en años posteriores a su derrocamiento, cuando ya se había desencantado del socialismo, ello no implicó que dejara de condenar con firmeza el golpe de Estado y la opresiva dictadura del general Pinochet. Esto es importante destacarlo porque no solo la izquierda peruana ha calificado mentirosamente a Vargas Llosa de pinochetista. Inclusive, cuando fue admitido en la Academia Francesa, hubo un reducido grupo de intelectuales de esta institución que lo tildó arbitrariamente de pinochetista, y él tuvo que enviar una carta y aclarar el infundio. Y es que nunca ha sido un seguidor del tirano chileno, como lo aseveró en el artículo «Los dictadores», publicado en 2022:

> He renunciado a encontrar el periódico francés que publicó el texto de los cinco profesores que protestaron contra mi elección a la Academia Francesa, pero reconozco que esa protesta era legítima. No así, sin embargo, que, según los periódicos peruanos, esos profesores me tacharan de «pinochetista». Nunca lo fui. El mismo día del golpe de Pinochet, en 1973, lo ataqué duramente en la televisión francesa y debo haber firmado, además, cerca de veinte manifiestos protestando contra los crímenes cometidos por la dictadura chilena, a la que incluso fui a criticar a Santiago de Chile y a solidarizarme con sus adversarios (Vargas Llosa, 4 de enero de 2022).

Tal ha sido la reiterada campaña desplegada por un gran sector de la izquierda, sobre la falsa adhesión del escritor a la dictadura de Pinochet que, cuando Mario Vargas Llosa fue invitado durante el gobierno de la presidenta socialista Michelle Bachelet a la inauguración del Museo de la Memoria en Santiago de Chile, fue abucheado por un numeroso grupo de asistentes al ingresar al evento en compañía de Diana Álvarez Calderón y Fernando Carvallo[129], porque estos habían creído en la propaganda política que lo calificaba engañosamente como admirador de Pinochet.

El hecho de que Chile, durante esa dictadura, aplicara una política económica a favor del mercado no convirtió jamás a Vargas Llosa en un defensor ni mucho menos en admirador del siniestro general Pinochet. Por otro lado, para quien como el escritor arequipeño no hace concesiones en torno a la relación indisoluble entre libertad política y libertad económica, Pinochet no será jamás considerado como un liberal, sino simple y llanamente como un dictador. Así lo expresó en el mismo artículo:

> La más mediocre democracia es preferible a la más perfecta dictadura, estén a la cabeza de ella Pinochet o Fidel Castro. Esta es mi divisa y por eso defiendo a las imperfectas democracias frente a todas las dictaduras sin excepción. Esta es una elección muy simple y quienes me juzgan políticamente deben tenerlo en cuenta sin equivocación (Vargas Llosa, 4 de enero de 2022).

Coincido plenamente con esta postura.

Naturalmente, no fue esta la única vez en que precisó su distancia con las dictaduras de derecha. En una entrevista para el diario *Clarín* de Buenos Aires, concedida en 1998, después de la detención del dictador chileno, el periodista le señaló: «El caso de la detención de Pinochet es muy polémico...». Pero el escritor intervino inmediatamente con una tajante respuesta:

> Al contrario, es muy claro. Hay que celebrar que lo sentencien. Ojalá que un dictador, por una vez, sea castigado internacionalmente por

129 En ese momento, Álvarez Calderón y Carvallo colaboraban con Vargas Llosa en la ejecución del proyecto del Lugar de la Memoria.

> sus crímenes. Servirá de escarmiento en el futuro para que los aspirantes a dictadores lo piensen dos veces. Esa política (la caza de dictadores) debe aplicarse sin excepción a todos los tiranos comenzando por Pinochet, siguiendo con Alfredo Stroessner y terminando por Fidel Castro (*Clarín*, 22 de noviembre de 1998).

El periodista, sin embargo, insistió: «Algunos hacen la diferenciación entre la derecha y la izquierda. Los defensores de Pinochet alegan a su favor sus reformas económicas que transformaron a Chile». Y, una vez más, Vargas Llosa insistió en el lugar prominente de sus convicciones democráticas:

> Todos deben correr la misma suerte, todos, tanto los de derecha como los de izquierda. Todas las dictaduras son malas. Son una forma de barbarie que hay que erradicar de nuestros países si queremos vivir en naciones modernas y sociedades justas, libres, sin hambre, sin ignorancia. Una forma de avanzar es sancionando a los que han cometido grandes crímenes amparándose en la fuerza militar (*Clarín*, 22 de noviembre de 1998).

Esta misma idea la reiteró en un diálogo público con el liberal chileno Axel Kaiser[130], quien también le formuló una incitante pregunta en torno al general Pinochet, en el sentido de que muchos preferirían vivir bajo su dictadura («los años 80», dijo él) que bajo la de Nicolás Maduro. La respuesta de Vargas Llosa fue otra vez aplastante:

130 Este diálogo y la respuesta del novelista tuvo tal impacto que los adversarios de Kaiser lo aprovecharon para atacarlo, pero días después Vargas Llosa le concedió otra entrevista en la que el escritor señaló que él había respondido de esa forma por el tenor provocativo de su pregunta (Fundación para el Progreso, 4 de mayo de 2018).

> Esa pregunta no la acepto, porque parte de una cierta toma de posición previa: que hay dictaduras buenas o que hay dictaduras menos malas. Las dictaduras son todas malas. Algunas pueden traer unos beneficios económicos a ciertos sectores. El precio que se paga por eso es intolerable, inaceptable (*Cooperativa*, 3 de mayo de 2018).

En distintas columnas de «Piedra de toque», a lo largo del tiempo y sobre todo ya en democracia, Vargas Llosa ha destacado el ejemplar progreso económico y el desarrollo de Chile. En un momento determinado, este país tenía índices económicos semejantes a los de Portugal. Pero luego, durante el segundo gobierno de Sebastián Piñera, se produjo una llamativa y violenta protesta social que terminó explosionando la supuesta estabilidad política y el exitoso régimen económico chileno para mostrar un país dividido, con amplios sectores descontentos y dispuestos a efectuar un giro a posiciones radicales, que la comunidad internacional desconocía.

Creo que acá influyó la batalla de las ideas. La izquierda chilena ha combatido permanentemente, con firmeza, la doctrina liberal y, en especial, la economía de mercado, haciéndole creer a un importante sector de chilenos que tal desarrollo no existía realmente y que el Estado debía recuperar una presencia en la gestión pública. Es más, durante años también hubo una influencia, aunque parezca increíble, del político boliviano Álvaro García Linera, quien fue vicepresidente del catastrófico Gobierno populista y estatista presidido por Evo Morales, violador del orden constitucional de su país. Tal fue su ascendiente que, en un momento determinado, cuando Piñera dejó el poder y asumió Gabriel Boric el Gobierno y convocó a la Asamblea Constituyente, uno de los temas a discutir era, imitando el caso boliviano, convertir a Chile en un Estado plurinacional. Esto prueba que la fuerza de las ideas, el «miente, miente, que algo queda», opera, funciona. Uno de los errores de una parte de la derecha chilena fue, tal vez, el envanecimiento. Se creían ciudadanos del primer mundo y abandonaron la tarea diaria y obligada de la batalla política.

A Vargas Llosa también le llamó poderosamente la atención, como a la gran mayoría del mundo, lo que ocurrió en Chile, en años recientes. Cualquiera que haya viajado a ese país (yo lo he hecho en distintas ocasiones) ha podido apreciar, no solo por las cifras macroeconómicas, el desarrollo basado en unas políticas sustentadas en la economía de mercado y en el libre comercio. En el artículo «Los dictadores», Vargas Llosa afirmó:

> Chile ha sido, para los liberales del mundo entero, un ejemplo. Por eso nos ha sorprendido tanto la violencia de las manifestaciones en las que una muchedumbre quemó edificios y estaciones de metro. Nada parecía indicar que esta sería la respuesta popular a una economía ascendente, en la que todas las fuerzas políticas, sin excepción, parecían estar de acuerdo. Sin embargo, no era así, lo que sorprendió a todo el mundo. ¿Qué había ocurrido para que el país que parecía privilegiado en América Latina mostrara una cara tan distinta y tan feroz? (Vargas Llosa, 4 de enero de 2022).

Pero lo destacable es que, aun en circunstancias que pueden parecer contrarias a la defensa de las ideas de la libertad, Vargas Llosa no ha renunciado a la prédica de los valores democráticos por encima de los vaivenes de la política, episódicos por definición.

> Algo debía de andar mal allí cuando Boric ha obtenido una victoria tan inequívoca y clara. Sobre todo, teniendo en cuenta que las críticas de Boric han afectado a la política económica, en primer lugar, en lo que el electorado chileno parece haberle dado la razón. Es muy desconcertante, sin duda, que un país rechazara de manera tan evidente lo que parecía traerle beneficios múltiples. Pero así son las cosas de la vida política: algo tan inesperado y sorprendente como lo ocurrido en este país. En cualquier caso, esta nueva política, que corrige a la otra, debe ser puesta en marcha, aunque tenga consecuencias muy negativas para el país que parecía crecer de manera sistemática en los últimos años. Ya

tendrá tiempo Chile de corregir su error, si lo fue, y mantener los logros que alcanzó con la política que ahora ha rechazado.

Felizmente, el proceso constituyente detuvo esta tentación populista de un sector de la izquierda chilena y aparentemente se produjo una moderación que Vargas Llosa saludó, quien, además, se había mostrado en contra de cambiar la Constitución chilena. Tras calificar a la propuesta de nueva Constitución, rechazada en el plebiscito de 2022, como «un mamarracho» y ponderar aspectos como la paridad y los derechos sociales, aseguró que «el país no necesitaba más Estado». Y añadió: «La Constitución no puede prohijar el retroceso de una sociedad hacia formas muy elementales. Arrastrar a los chilenos hacia esas formas es convertir a Chile en un país africano» (*El Mercurio*, 22 de setiembre de 2022).

Al final, como a veces ocurre en política, la izquierda chilena terminó defendiendo la vigencia de la Constitución, que se redactó durante la dictadura de Pinochet.

Por esas casualidades de la vida, el fallecimiento de Pinochet coincidió con un viaje de Mario a Santiago. Las exequias se efectuaron durante el gobierno de Michelle Bachelet. Y, por supuesto, la presidenta dispuso que no tuviera honores de Estado. Algo con lo que Vargas Llosa coincidió. A diferencia de lo ocurrido en el Perú con el exdictador Alberto Fujimori, quien, pese a haber sido condenado por corrupción y violación de derechos humanos, sí tuvo una ceremonia y un entierro con honores de Estado dispuestos, paradójicamente, por la presidenta Dina Boluarte, una gobernante de izquierda como Bachelet que llegó al poder integrando la fórmula presidencial de Perú Libre, un partido marxista, leninista y mariateguista.

«Ojalá que la trágica historia de Allende y Pinochet no se repita, ni en Chile ni en un ninguna otra parte», escribió en 2006, desde la propia ciudad de Santiago (Vargas Llosa, 2009, p. 98). Un deseo que se puede extender al resto de países de la región, donde hay y ha habido más de un personaje afín a ellos.

Hecatombe peronista

Otro caso peculiar es el de Argentina, país por el cual Vargas Llosa ha tenido siempre un aprecio por su cultura. Ha destacado el hecho de que, en el pasado, este país llegó a ocupar el sétimo lugar de desarrollo económico a nivel mundial, pero, producto de malas decisiones económicas, poco a poco se fue pauperizando. La política económica de Juan Domingo Perón, el dictador argentino y figura casi mesiánica, ha sido una de las principales causas, así como el populismo y la demagogia, algo que Vargas Llosa siempre ha combatido.

Si hay un escritor argentino de renombre que se ha caracterizado por su antiperonismo, ese es el magistral Jorge Luis Borges. Autor de sentencias memorables y cargadas de ironía, Borges decía que «los peronistas no son ni buenos, ni malos, son incorregibles» (Cámpora, 11 de marzo de 2023). También señalaba: «Estoy contra el fascismo, el marxismo y el peronismo porque esos movimientos son formas del fanatismo y la estupidez» (Tomas, 2 de setiembre de 2020). En 2020, Vargas Llosa publicó *Medio siglo con Borges*, un libro de ensayos sobre el gran escritor argentino. En ese contexto, declaró a la Radio Nacional de España:

> Más que la política, detestaba a los políticos, personajes que le inspiraban poco respeto [...]. Sin embargo, eso le llevó a apoyar regímenes militares, un aspecto que hay que lamentar [...]. Su antiperonismo le llevó en un primer momento a apoyar a los militares porque habían dado un golpe contra Perón. Y desgraciadamente luego aceptó una condecoración de Pinochet, al parecer la causa de que no recibiera el Premio Nobel (Elices, 22 de junio de 2020).

Vargas Llosa ha sido consecuente a lo largo del tiempo en su crítica al peronismo en todas sus facetas, porque este también ha sido camaleónico desde el punto de vista ideológico y de acuerdo con las conveniencias. Salvando las distancias y los contextos, por la organización partidaria, los cambios ideológicos y siniestras alianzas políticas, así como el culto a la personalidad de su fundador, tiene marcadas similitudes con el aprismo. En 2019 Vargas Llosa señaló:

> Hay un flagelo que se imponen los propios argentinos y que se llama peronismo. Bueno, no es el único caso en la Historia: los alemanes con Hitler hicieron una cosa parecida y por lo menos han salido de eso. La tragedia de Argentina es que nunca ha salido de eso (*Perú 21*, 21 de agosto de 2019).

Durante la demagógica y populista presidencia de Néstor Kirchner, Vargas Llosa no dejó de visitar la Argentina y participar en eventos allí. Inclusive, con ocasión de un encuentro organizado en Rosario por la Fundación Libertad, el ómnibus que ocupaba fue agredido con piedras. En ese momento, había varios expresidentes que iban a bordo del vehículo. También ha sido víctima de amenazas de censura. Ese es otro tema que Vargas Llosa siempre ha condenado, incluida la autocensura. Y, en algunos casos, en Argentina se ha apreciado esta conducta. Durante el desastroso y corrupto gobierno de Cristina Fernández, por ejemplo, un conjunto de intelectuales, encabezado por el director de la Biblioteca Nacional, lo quisieron vetar para que no participara en la Feria del Libro de Buenos Aires, a la que, además, estaba invitado a inaugurar. Adujeron que ofendía a un gran segmento de la cultura argentina. Tuvo que intervenir la propia presidenta para encausar el entusiasmo cortesano. Como lo advirtió en ese momento Carlos Alberto Montaner, la hostilidad contra el novelista era una respuesta velada a las certeras críticas que este había dirigido a los Kirchner: «Vargas Llosa fue un grave crítico del matrimonio, sobre todo de su sorprendente aptitud para multiplicar el patrimonio familiar por vías poco ortodoxas» (*Clarín*, 15 de marzo de 2011).

El premio nobel ha sido también un activo partícipe de los debates sobre Argentina. Ha visitado el país durante muchas de sus etapas. Tuvo cercanía con el expresidente Mauricio Macri, lo apoyó, pero lamentablemente este no aplicó el ajuste económico que hoy sí está ejecutando Milei. El gradualismo de Macri no funcionó, como no ha funcionado en ninguna parte. El escritor lo señaló claramente cuando, tras su gobierno, el peronismo retornó al poder con el inútil Alberto Fernández. Pero, además, anticipó lo que finalmente ocurrió: que a las insuficientes políticas de Macri sucedería un nuevo desastre peronista.

> Yo creo que ese regreso del peronismo al poder será una catástrofe para los argentinos. Ojalá me equivoque. Ojalá la realidad no confirme mis previsiones. Yo creo que el fracaso de Macri, porque hay que llamarlo un fracaso, claramente, es muy lamentable. Tenía un equipo magnífico, que sabía perfectamente lo que había que hacer, pero quizá el gradualismo que intentó no era la mejor manera de enfrentar la crisis enorme en que dejó el peronismo a la Argentina. Quizá las reformas debieron ser mucho más radicales, porque ahora están atribuyéndole a Macri los problemas que crearon los Kirchner (Duarte, 3 de diciembre de 2019).

En las últimas elecciones optó por pronunciarse públicamente a favor de Javier Milei, porque era consciente de que, para salir de la hecatombe peronista, la única manera era ejecutar el ajuste económico que Milei había planteado a los argentinos en su camino a la Presidencia de la Nación.

Conflicto en Medio Oriente

Vargas Llosa inicialmente apoyó la intervención militar de Estados Unidos y Gran Bretaña a Irak, pero luego de su viaje a ese país cambió de opinión, tras constatar *in situ* la realidad. Impulsó también su viaje el hecho de que su hija Morgana estuviera trabajando allá en una fundación. El novelista, luego de esta cruda experiencia y verificación de los hechos, no tuvo reparos en afirmar que la invasión había sido un gravísimo error. Sin duda, una rectificación congruente con su modo de actuar cuando la realidad le demuestra lo contrario. Por ello, señaló que argumentar la existencia de armas de destrucción masiva carecía de veracidad. Sin embargo, consideró que la intervención se justificaba para que cayera la criminal dictadura de Saddam Hussein, una de las «más crueles, corruptas y vesánicas» (Vargas Llosa, 2003, p. 11). Una postura radical que, en su momento, fue contraria, por ejemplo, a la del presidente francés Jacques Chirac. La polémica medida fue criticada por su carácter unilateral y porque no fue avalada por las Naciones Unidas. Este trámite ante el organismo internacional no se realizó porque se preveía el probable voto de censura de Francia en el Consejo de Seguridad.

Vargas Llosa afirma que es peligroso sentar el precedente de la actuación militar contra las dictaduras fuera del marco de la legalidad internacional. Pero, en este caso, la única forma de desterrar una satrapía como la de Hussein era a través de la acción armada. El escritor nuevamente resalta la problemática del fanatismo y el oscurantismo religioso, así como la crueldad de una tiranía que aplicó la muerte sin compasión, saqueó y empobreció al país. La visión de Vargas Llosa y su exhortación para realizar un esfuerzo internacional por democratizar Irak es aún una asignatura pendiente. Él ha señalado que no se debe abandonar la lucha y permitir nuevas décadas de ignominia y totalitarismo. Una observación crítica formulada a principios de este siglo y que aún mantiene plena vigencia.

Ante otro drama internacional, viaja para constatar en el terreno, nuevamente en compañía de su hija y fotógrafa Morgana, si la determinación de Ariel Sharón de desalojar los asentamientos de la franja de Gaza iba a permitir la paz en la convulsionada zona. Quería también obtener información directa de las partes involucradas: israelíes y palestinos. Esta arriesgada tarea no estuvo exenta de críticas violentas, sobre todo de quienes conocían su postura sobre Israel. Vargas Llosa siempre ha manifestado que a Israel le asiste el derecho a su existencia como Estado independiente y a defenderse del fanatismo político y religioso que conspira por su desaparición. Pero no guarda silencio respecto a la política que este aplica a Palestina. Por ello, rechaza ser calificado como un antisemita, porque nunca lo ha sido. El novelista considera que la ocupación de los territorios palestinos por parte de Israel constituye un acto abusivo, así como una práctica colonialista y el principal obstáculo para la paz. En este sentido, es coherente con su modo de pensar, porque siempre ha criticado el colonialismo. Una vez más, demuestra su independencia de criterio.

Vargas Llosa (2006) denuncia también el fanatismo religioso y lo califica como «una locura y estupidez» (p. 45). Hace lo propio con el drama de los campos de refugiados y los denomina «ratoneras humanas».

En una de sus conclusiones, critica que ambas partes olviden los acuerdos de Oslo de 1993 para lograr una solución pacífica. Cuestiona la lógica de la sinrazón que reemplaza al pragmatismo y la sensatez.

Este reportaje lo marcó tanto políticamente que quiso dejar un testimonio. Por esa razón, sus crónicas las compiló en el libro *Israel/ Palestina* (2006), que de alguna forma ratifica su vocación de hombre de paz, algo que sus adversarios intentan minimizar, pero no puede pasar inadvertido.

De la dictadura soviética a la china

Hay un aspecto muy destacable en la percepción política de Vargas Llosa desde la histórica caída del muro de Berlín. Él ha reconocido en más de una ocasión que el monumental rol que jugaron Margaret Thatcher, Ronald Reagan y el papa Juan Pablo II fue clave para el fin del comunismo. Ciertamente, también influyó la política del glásnost, que Mijail Gorbachov y luego Boris Yeltsin propulsaron en la Unión Soviética. Pero Vargas Llosa también ha tenido contacto con la lucha polaca y la ha respaldado. Me acuerdo de que, cuando Lech Wałęsa inició su heroica gesta, se acercó a la Embajada de Polonia en Lima con un grupo considerable de compatriotas, entre los cuales me encontraba, para entregarle al embajador una carta de apoyo al movimiento Solidaridad que lideraba Wałęsa.

Sin duda, el hecho de que el papa haya sido polaco determinó que su visita histórica a Varsovia, donde lo acogió un mar humano, significara el comienzo del fin de la dictadura. Ante hechos como este, el dictador Wojciech Jaruzelski ya no tuvo forma de contener la explosión social. Algo similar ocurrió en Alemania, donde el hábil canciller Helmut Kohl jugó también un papel decisivo para la unificación alemana, aunque en algún momento los ingleses vieron ese proceso con reserva. Es con la caída de la llamada Cortina de Hierro que se restaura la democracia en la mayor parte de países de Europa del Este.

En el caso de la Unión Soviética, que se transformaría en Rusia, el proceso no fue igual. Hoy en día, el gobierno de Vladímir Putin no califica como democrático, según la mayoría de la comunidad internacional. Se ha alternado entre la presidencia y el cargo de primer ministro para terminar perpetuándose en el poder. Además, inició un proceso bélico que, por primera vez después de la Segunda Guerra Mundial (si descontamos los conflictos en los Balcanes), amenaza el periodo de paz que se ha vivido en Europa. Eso también Vargas Llosa lo ha denunciado. En la «Piedra de toque» del 8 de febrero de 2022, «Putin: ¿un patriota?», unos días antes de la invasión rusa a Ucrania, lo advierte con lucidez:

> Rusia dejó de ser comunista desde entonces [se refiere al momento en que «Yeltsin, un demócrata borracho y metepatas, cometió el error de promover a Putin y llevarlo al poder»], pero no es democrática ni liberal, y practica un capitalismo de amiguetes, donde, a condición de estar callado y seguir a pie juntillas las disposiciones del poder, uno puede hacerse rico y hasta billonario. Pero no trate usted de visitar el barrio de Moscú donde viven los poderosos aliados de Putin, pues una barrera policial se lo impide, como tuve ocasión de comprobar hace tres años, en que estuve allá.

Entonces, Vargas Llosa esperaba que el gobernante ruso midiera las consecuencias de un conflicto armado con Ucrania y, por extensión, con los países de la OTAN, y contuviera momentáneamente «sus ansias de resucitar el imperio soviético», porque «una tercera guerra mundial no sería limitada y sin el uso de esas armas que podrían desaparecer a un millón de personas (o muchas más) de un solo disparo». Pero las cosas, lo supimos después, lamentablemente fueron diferentes. Si bien el escritor consideraba como primera opción que las bravuconadas belicistas de Putin no pasaran de ser solo eso, en varios pasajes del artículo advirtió que todo podría ocurrir. Es más, contempló el escenario que finalmente ocurrió a partir del talante despótico y autoritario del ruso:

> También podría ocurrir que, advirtiendo las potenciales diferencias que hay en Occidente entre Estados Unidos y los países víctimas de un corte del suministro de energía, Putin se sienta con fuerzas para invadir Ucrania, a como salga. Me parece que esta opción es más difícil, pero no imposible. Los «hombres fuertes» en el poder, como él, pueden jugarse a veces el todo por el todo.

La reflexión final que plantea Vargas Llosa conviene tenerla presente cuando se evalúa el peso de los valores occidentales y la necesidad de defenderlos frente a zarpazos imperiales, aun cuando la paz sea el valor mayor que se debe preservar:

> ¿Significa esto que el resto del planeta debe inclinarse, retroceder y acatar sin más los caprichos del «patriota» que gobierna Moscú? Tampoco lo creo. Me parece que se ha llegado a un límite, y que Occidente no puede hacer más concesiones al dirigente ruso, porque sería renunciar a las cosas más admirables que ha conquistado, entre ellas la libertad y la democracia, que han dignificado la vida de millones de seres humanos. Pensamos que, en medio del caos que vivió al final del imperio, Rusia las obtendría también. Era otra fantasía.

El escritor sostiene que hoy el comunismo ya no es una amenaza, que ni siquiera lo son las dictaduras militares. Las dictaduras ideológicas son las verdaderas amenazas del presente. Él mantiene una crítica a la dictadura china. Ciertamente, esta ha suprimido la concepción económica del marxismo clásico. No es, por tanto, una dictadura comunista en cuanto al modelo económico que impulsa, en que hay competencia y una participación de inversiones de empresarios chinos, pero todo esto tiene lugar dentro de una estructura en la que el Estado controla, autoriza y planifica. No deja de ser curioso que la posición del Estado chino a nivel internacional sea la de bajar aranceles, mientras que la de Donald Trump sea pedir su elevación para evitar la competencia de ese país. Hoy en día, algunos en Occidente temen a la competencia china.

Desde que realizó su primer viaje a la Unión Soviética, a Vargas Llosa nunca le gustó el modelo de ese país, porque no se correspondía con el socialismo en libertad en el que creía. Y ahora continúa siendo crítico del sistema político ruso que encabeza Putin. Pero, en el caso chino, Vargas Llosa ha tenido una mayor cantidad de polémicas. La última y más importante se produjo con ocasión del brote de la espeluznante pandemia de COVID-19. Él culpó a la falta de transparencia y fiscalización china el que no se divulgara ni se conociera cómo había aparecido la enfermedad. Esto causó una protesta del Gobierno chino a nivel internacional. Inclusive se prohibió la venta de los libros de Vargas Llosa en dicho país.

Precisamente, la conducta del Gobierno chino en la crisis global de salud que ocasionó la COVID-19 fue para el escritor una demostración de la importancia de que no solo haya libertades económicas, sino también políticas. De haber habido una democracia en China y no un régimen comunista, por más sui géneris que parezca, el Gobierno de Xi Jinping hubiera tenido que rendir cuentas y transparentar sus decisiones. Lejos de eso, ocultó (y oculta) información que afectó la salud de su pueblo y del mundo. En una entrevista con el diario *La Tercera* de Chile, Vargas Llosa señala lo siguiente:

> El caso de China es muy interesante porque hay mucha gente asombrada con progresos que la ponían ahora como modelo: sacrificar las libertades abriendo en la economía un mercado libre. Ahora se ha demostrado que el progreso sin libertad no es progreso, y el caso de China ha sido flagrante. Un país que se ve sacudido por una pandemia así, que nace en su seno, y frente a la cual los propios dirigentes actúan de una manera autoritaria, tratando de disimular lo que sus mejores médicos denunciaron que iba a pasar. El reflejo fue el típico de un sistema autoritario: negarlo, obligar a aquellos médicos a desdecirse. Se hubieran podido ahorrar muchísimas vidas si un gobierno como el chino hubiera procedido a informar inmediatamente (Cruz, 13 de abril de 2020).

De alguna manera, esto refleja también que el novelista no ha perdido en ningún momento su conciencia crítica ni ha dejado de ser un referente, aunque él dice que esto último nunca lo ha buscado. Pero su voz, sus posturas, sus escritos siempre han generado en los últimos años, y con mayor razón luego de obtener el Premio Nobel, una resonancia internacional realmente impresionante.

Nacionalismo y populismo

Sin duda, Vargas Llosa tiene una gran vinculación con España. Se inició en su etapa juvenil, antes de llegar a Francia. Y, ya en la madurez, con el reconocimiento internacional, el prestigio ganado y su participación en el quehacer diario de la política española, ha desarrollado una estrecha relación con el país y su cultura.

Siempre ha tenido una postura clara y enfática en torno al debate entre hispanismo e indigenismo. Él ha criticado la forma colectivista que subyace en la visión del indigenismo, y ha defendido la postura de un sector importante de españoles y peruanos, como la del ilustrado historiador José Antonio del Busto, de reconocer la importancia de la vital influencia española en el proceso de desarrollo y formación del

Estado peruano, a través de aportes fundamentales como la cultura, la educación, la religión, el idioma, entre otros. Del Busto señaló: «Nosotros descendemos de los vencidos y los vencedores, pero no somos ni vencidos ni vencedores. Somos el resultado de ese encuentro. Podemos ser indigenistas o hispanistas, pero por encima de todo debemos ser peruanistas». Vargas Llosa, por su parte, llega a afirmar en algún momento que se han producido problemas de integración al interior de países como el Perú, Bolivia y Ecuador porque subsisten tensiones no resueltas de carácter social y cultural, a diferencia de Colombia, donde no se presenta ningún problema de esa índole entre bogotanos y otros sectores. Y ahora también lo vemos en México, país que, en los últimos tiempos, fundamentalmente a través del demagogo expresidente Andrés Manuel López Obrador, ha cuestionado el aporte histórico de España y le exige que pida perdón. En este punto, Vargas Llosa invariablemente ha sido claro e irrebatible.

En la inauguración del VIII Congreso Internacional de la Lengua Española que se realizó en 2019, en Córdoba, Argentina, pronunció un discurso en el que se refirió directamente a la inconsistente posición de López Obrador, quien había enviado una carta al rey de España y al papa Francisco, en la que señalaba que debían pedir perdón por la violencia que protagonizaron o permitieron tanto la Corona española como la Iglesia católica durante la conquista de México.

> Yo tengo la impresión de que el mandatario mexicano se equivocó de destinatarios —expresó el escritor—. Debió mandársela a él mismo y responderse, o respondernos, a la pregunta de por qué México, que hace cinco siglos se incorporó al mundo occidental gracias a España, y que hace 200 años es independiente y soberano, tiene todavía tantos millones de indios marginados, pobres, ignorantes y explotados. Es una pregunta que pueden hacerse prácticamente todos los presidentes latinoamericanos, porque ningún país latinoamericano ha resuelto esa injusticia proverbial (Pruneda Paz, 27 de marzo de 2019).

En el Perú también han surgido voces que, apelando a un nacionalismo trasnochado y cargado de demagogia política, han intentado negar el componente hispánico de la cultura peruana en sus doscientos años de historia republicana. Contra ellas se ha pronunciado el escritor sin ambages. En 2003, el entonces alcalde de Lima, Luis Castañeda Lossio, retiró la estatua del conquistador Francisco Pizarro de la pequeña plaza que llevaba su nombre, ubicada en una zona aledaña al Palacio de Gobierno, porque supuestamente era lesiva a la peruanidad[131]. Tras demostrar, a través del artículo titulado «Los hispanicidas», que lo que la autoridad edil llamaba «peruanidad» no era producto exclusivo ni excluyente de la herencia incaica, Vargas Llosa (2024) subrayó con acierto el indudable aporte de España.

> Pizarro y lo que llegó con él a nuestras costas —la lengua de Cervantes, la cultura occidental, Grecia y Roma, el cristianismo, el Renacimiento, la Ilustración, los Derechos del Hombre, la futura cultura democrática y liberal, etcétera— es un componente tan esencial e insustituible de la peruanidad como el Imperio de los incas, y no entenderlo así, si no es ignorancia crasa, es un sectarismo ideológico nacionalista tan crudo y fanático como el que proclamaba no hace mucho que ser alemán era ser ario puro o el que proclamaba en nuestros días que no ser musulmán es no ser árabe o que quien no es cristiano no es o no merece ser europeo (p. 618).

Al mismo tiempo, él ha cuestionado muy duramente el nacionalismo español. Considera que este es un fenómeno político que deforma la democracia, y que es tan peligroso el de izquierda como el de derecha, al igual que lo es el populismo de ambos extremos

131 Recientemente, Rafael López Aliaga, alcalde de Lima, volvió a colocar la estatua de Pizarro en la plaza de Armas de Lima, pero en otro lugar.

políticos. En lo que se refiere a España, el nacionalismo ha tenido un impacto en él porque vivió en Barcelona una etapa dorada, en la cual era imposible pensar siquiera en un nacionalismo extremo que pretendiera la separación de Cataluña, como dramáticamente sucede en la actualidad. Y esto Vargas Llosa lo ha combatido a tal punto que, habiendo prometido nunca volver a hablar en una plaza pública, cuando hubo esta gran marcha separatista, nuevamente hizo uso de la palabra en Barcelona para condenar el nacionalismo y ratificar el mal que este le hace a España y lo dañino que significa el independentismo.

Su condena al nacionalismo, en cualquiera de sus manifestaciones y procedencias, ha sido una constante en él. En el discurso de recepción del Nobel de Literatura lo manifestó: «Detesto toda forma de nacionalismo, ideología —o, más bien, religión— provinciana, de corto vuelo, excluyente, que recorta el horizonte intelectual y disimula en su seno prejuicios étnicos y racistas» (*El Diario Vasco*, 8 de diciembre de 2010). En otras ocasiones, lo ha calificado como «una ficción maligna», al tiempo que ha reconocido que ningún país está libre de padecerlo, por desarrollado, democrático e institucionalizado que sea. Lo admitió precisamente cuando Donald Trump era todavía un precandidato del Partido Republicano de cara a lo que sería su primera victoria electoral. «Es el viejo racismo de las cavernas que, desgraciadamente, siempre circula, existe incluso en las sociedades más avanzadas, y un demagogo muy enfervorizado puede llegar a contagiar a un sector muy amplio de la sociedad», afirmó en un diálogo con el periodista argentino Andrés Oppenheimer (Oppenheimer, 7 de octubre de 2015).

Concretamente, en relación con Europa, ha advertido que se trata de la amenaza más grave, así como de una regresión (*Perú 21*, 26 de agosto de 2019). Y que, además, está estrechamente vinculado con el racismo, como lo señaló en una entrevista con el diario *ABC*:

> El nacionalismo y el racismo son las dos caras de la misma moneda. Uno no puede creer que nacer en un lugar es un valor sin pensar que

> los otros son inferiores. Cuando vine en 1958 como estudiante, España era un país del tercer mundo, tenía una dictadura, vivía incomunicado. La transformación ha sido en muy poco tiempo y prodigiosa. Pasó de la dictadura a la democracia, de ser un país pobre a ser muy próspero. Algunos dirían que eso vacunó a España contra el nacionalismo y, sin embargo, hemos visto el País Vasco, Cataluña [...]. La educación fue una de las concesiones más equivocadas que hizo la España democrática, creyendo que así frenaba el nacionalismo. En el País Vasco y en Cataluña, administraciones nacionalistas han utilizado la educación como un gran instrumento de adoctrinamiento y han creado esos monstruos que son los nacionalismos (Martín Rodrigo, 24 de febrero de 2018).

En este punto, Vargas Llosa coincide plenamente con el eminente intelectual liberal Isaiah Berlin, quien sostenía que el nacionalismo era la más poderosa y quizá la más destructiva fuerza de nuestro tiempo. Afirmaba que, si la humanidad se aniquila a sí misma, lo haría mediante el estallido de la violencia nacionalista y no de la violencia social (López Blanco, febrero de 2020).

Por ello, Vargas Llosa ha apoyado decididamente a la Unión Europea. Considera que este modélico proceso de integración ha permitido no solo el desarrollo de Europa, sino un alentador y estable proceso de paz, que es una etapa histórica importante para su desarrollo. Y en distintas ocasiones, precisamente en su condición de ciudadano del mundo, se ha mostrado partidario tanto de la libre circulación de capitales como de personas, del libre pensamiento y la libertad educativa y cultural, que son aspectos que sustentan los postulados de la Unión Europea. Por ello, criticó muy duramente el llamado *brexit*. Fue un implacable opositor de esta política propugnada y concretada por el primer ministro británico Boris Johnson. Más aún, teniendo Vargas Llosa una admiración por la cultura inglesa, condenó y vio como un grave error este apartamiento del Reino Unido.

Y es que, así como el racismo suele acompañar al nacionalismo, también sucede lo propio con el populismo. En realidad, es una triada letal para la democracia. «El populismo es profundamente nacionalista. Siempre en sus raíces está el racismo, la creencia de que hay razas superiores e inferiores», ha afirmado el premio nobel (Caballero, 7 de junio de 2017). Por tanto, Vargas Llosa también ha combatido esta especie de tara política. Ha advertido que es el gran enemigo de la democracia de esta hora. Antes lo fue la utopía comunista de la sociedad perfecta, hoy es el populismo, que se enmascara tanto de izquierda como de derecha. Y, en esa medida, es un cáncer que puede destruir la democracia (Infobae, 6 de junio de 2017).

En este aspecto, hay que destacar las coincidencias de Mario Vargas Llosa con el renombrado filósofo Fernando Savater respecto del nacionalismo y el independentismo como amenazas a la estabilidad de la democracia española. A lo largo del tiempo, las coincidencias y las acciones políticas de ambos han sido reiteradas e infatigables. De ello da cuenta José Lázaro en *Vías paralelas. Vargas Llosa y Savater* (2020).

Aporte principal

La consistente batalla que ha librado Vargas Llosa como ciudadano del mundo ha sido especialmente importante en España. Durante la transición de la dictadura de Franco a la democracia, apoyó y elogió el proceso y el rol que jugaron el rey emérito Juan Carlos I y el expresidente Adolfo Suárez, así como el desarrollo económico logrado a través de los años y, posteriormente, en el marco de la Unión Europea. En su condición de escritor comprometido, ha tenido una activa participación en la política hispana y ha intervenido en distintas discusiones y jornadas electorales. Acaso el gobernante con el que más cercanía ha tenido ha sido José María Aznar. Sin embargo, no ha dejado de reconocer el papel que cumplió el socialista Felipe González debido a que no fue un enemigo de la libertad económica. El activismo político de Vargas Llosa obviamente es consecuencia de su cercanía y afecto por España, país al que le tiene una inmensa gratitud.

En cuanto a América Latina, hemos visto en los últimos años cómo ha participado activamente en los debates y procesos de elecciones presidenciales. En su momento, apoyó la victoria de Mauricio Macri en Argentina y los triunfos de Sebastián Piñera en Chile en dos ocasiones. Respaldó también las postulaciones exitosas de Luis Alberto Lacalle y de su hijo Luis Lacalle Pou en Uruguay, la de Guillermo Lasso en Ecuador y la de Javier Milei en Argentina, quien derrotó limpia y ampliamente al partido peronista.

Vargas Llosa celebró la caída del PRI en México. Dijo que, finalmente, no era la dictadura perfecta como alguna vez la calificó. En ese sentido, ha sostenido que el expresidente Ernesto Zedillo merece un justo reconocimiento a nivel internacional. Si bien es cierto que el origen de su candidatura fue antidemocrático (fue designado como postulante debido al famoso «dedazo», que imperaba en México), los del ala dura del PRI no pensaron que cambiaría radicalmente su forma de gobierno y democratizaría México. Sagazmente permitió y garantizó la acción de los partidos políticos, la libertad de prensa y fundamentalmente la realización de elecciones libres. Por ello, afirma que hay una deuda pendiente de reconocimiento a Zedillo.

El lúcido y gran escritor mexicano Enrique Krauze señaló en su momento que, «de cara al exterior, México aparentaba ser una democracia estable. Hacia adentro, el PRI controlaba y auspiciaba sindicatos, medios de comunicación y hasta grupos de oposición. Compraba voluntades y repartía subsidios» (pie de página de *El País*, 7 de julio de 1997). Era la dictadura perfecta, como dijo Mario Vargas Llosa. Esa frase lapidaria fue un banderazo a la libertad y a la democracia.

El novelista ha deplorado la reelección de Lula en Brasil y la victoria de Petro en Colombia, porque estos, junto con López Obrador, han encabezado irresponsablemente una ola de izquierda poco democrática en el continente, que no ha condenado a dictaduras como la de Maduro. Con la excepción del izquierdista Gabriel Boric en

Chile, quien ha tenido un comportamiento democrático al criticar sin reparo a la autocracia venezolana y su desvergonzado fraude electoral, aunque algunos de sus compatriotas afirmen que no ha puesto el mismo énfasis con la tiranía cubana.

Cuando ganaron todos estos candidatos, el *establishment* de la izquierda intentó burlarse de las posturas electorales de Vargas Llosa. Pero, una vez más, el tiempo le ha dado la razón, porque estos presidentes terminaron apoyando casi ciegamente y de forma penosa a Maduro en su afán de perpetuarse en el poder. Especialmente en el caso de López Obrador y tímidamente en el de Petro, tal vez por el hecho de representar a un país limítrofe. Lula, recién ante la casi unánime condena internacional por el descarado fraude, ha marcado cierta distancia.

El rol que el escritor ha cumplido en los últimos años, divulgando con convicción y empeño ejemplar el pensamiento liberal, se ha visto reforzado también por la Fundación Internacional para la Libertad, que creó con Gerardo Bongiovanni[132], Dora Ampuero, Lorenzo Bernaldo de Quirós, Rocío Guijarro, Enrique Ghersi, Ian Vásquez y su hijo Álvaro (su brazo derecho en esta entidad y un constante difusor de las ideas liberales). Esta institución le ha permitido ejercer un indudable liderazgo en la defensa de los valores democráticos. Y es que precisamente Vargas Llosa puso como condición al momento de crear la fundación que no solo se enfatizara la libertad económica, sino también la política y social. Él mismo se ha encargado de que esto sea así, gracias a su prestigio, valentía, calidad como escritor y capacidad como polemista. Ha sido, sin duda, uno de sus principales aportes que merece ser reconocido: la incansable batalla de un hombre por sus convicciones liberales. Los expresidentes José María Aznar, Mariano Rajoy, Felipe González, Mauricio

132 A Bongiovanni le dedicó su autobiografía intelectual *La llamada de la tribu*, reconociendo su labor como promotor de las ideas liberales.

Macri, Álvaro Uribe, Iván Duque, Andrés Pastrana, Sebastián Piñera, Julio María Sanguinetti, Luis Alberto Lacalle, Luis Lacalle Pou, Jorge Quiroga, Vicente Fox, Rafael Calderón, entre otros, han participado en los diversos eventos que la fundación, presidida por Vargas Llosa, ha organizado en diferentes países de Iberoamérica en defensa de la libertad.

A lo largo de los años, Vargas Llosa no ha caído en el pesimismo, sino que reiteradamente ha señalado que, en democracia, los pueblos pueden mejorar sus condiciones de vida, pero, para que ello ocurra, la participación ciudadana es fundamental. El premio nobel afirma:

> La política no es perfecta en ninguna parte, pero sí hay países donde es más decente, más honesta, más honrada que en otros. Lo ideal sería inducir a los jóvenes talentosos a que hagan política y así demostrar que puede ser una actividad creativa, que cree condiciones más humanas y más decentes para la población, sobre todo en países como los nuestros, tan profundamente atrasados. Por eso, la crítica debe hacerse desde la perspectiva de que la política no tiene necesariamente que ser corrompida, sucia, y que puede ser algo muchísimo mejor (2017, p. 192).

Coda

Ordenado como lo ha sido a lo largo de su vida, Vargas Llosa programó su retiro. El 17 de diciembre de 2023 publicó su última columna en el diario *El País* de España, que lo acogió democráticamente desde que fue invitado a colaborar por Jesús de Polanco y Juan Luis Cebrián, textos que también se divulgaban en los periódicos más importantes de América Latina. Se tituló precisamente «Piedra de toque». En ella, anunció el fin de su tarea como periodista, que inició a los quince años. Casi en simultáneo, tuvo un reencuentro familiar y se reconcilió con Patricia Llosa, quien fue su esposa durante cincuenta años, y a quien tributó un sentido y justo homenaje al dedicarle su última novela, *Le dedico mi silencio*, que fue publicada el 26 de octubre de 2023. A partir de ese momento, Vargas Llosa tiene el merecido reposo del guerrero.

Su inmensa y férrea batalla a favor de la cultura de la libertad y hacia un camino más democrático, libre y moderno, con pleno respeto de los derechos humanos, ha influido en muchísimas personas a nivel internacional, no solo en sus lectores y seguidores políticos. Esa es su gran e invalorable contribución.

Con el presidente de Uruguay Julio María Sanguinetti.

Con la líder nicaragüense y expresidenta Violeta Chamorro.

Con el liberal venezolano Carlos Rangel y su esposa Sofía Imber.

Con el expresidente de México, Ernesto Zedillo, y su esposa Patricia.

Nueva York. Con el exsecretario de Estado de Estados Unidos Henry Kissinger.

1995. Con el expresidente del Gobierno de España Adolfo Suárez.

Encuentro con el expresidente del Gobierno de España Felipe González, en el Palacio de la Moncloa, en plena campaña.
Agencia EFE, fotografía tomada por J. Cuadrado

Lima, 2007. Con el valiente líder polaco, premio nobel de la paz y expresidente de su país, Lech Walesa, en la ceremonia en la que se le confirió el título de doctor *honoris causa* de la Universidad de Lima.

Con el intelectual español Fernando Savater, con quien lo une la defensa por la libertad.
Archivo fotográfico de Fundación Internacional para la Libertad.

Con el expresidente de Chile Sebastián Piñera y el expresidente de Argentina Mauricio Macri, y sus respectivas esposas.
Archivo fotográfico de Fundación Internacional para la Libertad.

Bogotá, 2019. El autor de este libro con el expresidente de Colombia Iván Duque y Mario Vargas Llosa luego de la ceremonia de condecoración de la Orden de Boyacá en el grado de Gran Cruz al nobel peruano.
Archivo personal del autor.

Con su hija Morgana en Bagdad. *Archivo fotográfico de Morgana Vargas Llosa.*

Madrid, 2016. Homenaje a Vargas Llosa por sus ochenta años. Junto a los expresidentes Sebastián Piñera, José Manuel García-Margallo (exministro de Asuntos Exteriores de España), José María Aznar, Mariano Rajoy, Luis Alberto Lacalle, Andrés Pastrana y Álvaro Uribe.
Archivo fotográfico de la Fundación Internacional para la Libertad.

Lima, 2024 y 2025.
Sesiones de lectura.
Fotografías tomadas por Diana Álvarez Calderón.

Agradecimientos

Dejo constancia de mi especial agradecimiento a Ricardo Ramos Jaramillo, por su fraterna y valiosa colaboración; a Jorge Coaguila, por su meticulosa y profesional labor de corrección de estilo; a Eva Arias, Patricia Llosa Urquidi, Morgana Vargas Llosa, Diana Álvarez Calderón, Roberto Dañino, Luis Bustamante Belaunde, Miguel Cruchaga, Fernando Carvallo, Enrique Ghersi, Gerardo Bongiovanni y Rosario Muñoz Nájar de Bedoya, cultores de la amistad; a mi hermano Pablo, y a mis primos José Luis Ibarra Bellido y Alonso Ruiz Rosas Cateriano, por sus comentarios después de leer el texto original de este libro.

A mi sobrino Marcelo Cateriano Llosa, por su eficaz y paciente ayuda informática.

A mis primas Ximena Bellido y Pilar Bellido de Matthews, por su afectuosa ayuda en New Jersey y Princeton.

A María Fernanda Castillo, de la editorial Planeta, por confiar en este proyecto; a Alessandra Miyagi y Giancarlo Salinas, por su diligente trabajo.

A Álvaro Jugo, por su generoso y amical apoyo para la obtención de información; a la Biblioteca Firestone de la Universidad de Princeton, por haberme permitido el acceso a los archivos que posee de Mario Vargas Llosa; a Alfredo Mena, bibliotecario del Club Nacional, por su muy útil auxilio; y a Carlos Raúl Sánchez Martínez, conocido como Johnny, por su eficiente trabajo de búsqueda en el archivo fotográfico de Mario Vargas Llosa.

Naturalmente, las opiniones, testimonios, errores y omisiones son de mi responsabilidad.

Cartas y documentos

José María Arguedas

UNIVERSIDAD AGRARIA
TELEFONOS 45680 - 46490 - APARTADO 456
LA MOLINA
LIMA, PERU

13 de Noviembre de 1967.

Querido Mario:

Recibimos tus dos cartas. Muchas gracias. Espero que llegue el joven estudiante para atenderlo. Lo haré de la mejor manera posible.

Vacilé mucho en contestar si nuestro viaje se haría por vía Europa o no porque me lo consultaban. He contestado por intermedio de Santiago que deberá ser por Europa. Me disguastaba la idea de afectarlos con el costo de un pasaje más oneroso. Aunque al recibo de ésta ya habrán recibido el cable, te agradeceré que envíes unas lineas confirmando que el viaje tendrá que ser por Europa. Así tendremos la oportunidad de mirar Londres y de charlar contigo.

No puedo dejar de decirte que estoy todavía feamente preocupado con la lentitud y retrocesos perversos con que mi cabeza se recupera, lo mismo que mi ánimo. La lectura de "Cien años de soledad" me pegó un sacudón formidable. Me faltan cincuenta páginas para concluirlo. Felizmente este Gabriel irá también a los premios. !Qué bárbaro! Todo el jugo de este mundo, liberado de todo tipo de convencionalismos caldea en ese libro y se te mete a los huesos. No me ha dejado dormir, porque ando tan sensible, después de mi suicidio frustrado, como uno de los innumerables personajes de la novela. Felizmente no lo ví en Lima. Hay que conocerlo luego de leer su última novela. Te diré en confianza que hay pasajes íntegros que recogen lo que yo había soñado hacer en el nuevo libro que acaso pueda escribir todavía y cuyo título, creo que ya te dije, será "El zorro de arriba y el zorro de abajo". ¿Donde está ahora García Marquez? Si le escribes dile que seré feliz de conocerlo. No he leído todavía tu trabajo sobre su libro. Leo con gran dificultad y hasta sufrimiento. Pero si logro despegar, este viejo feliz los seguirá a Uds. - tú, García Marquez; Fuentes no me llega tanto - hablando en su lenguaje grueso; algo así como un coche antiguo que sabe quemar combustibles de este tiempo, y sigue a los muchachos, alumbrando siempre desde lejos.- No entiendo bien qué clase de trabajo has de hacer sobre mí. Pero, como has de suponer, la posibilidad de ayudarte en un trabajo así no puede ser más grata.

Ojalá pueda llegar a Londres y conocer a tus hijos y charlar con Uds. en ese restaurant típico. Te abraza

José María

Mientras leo "Cien años..." me resuena la voz con que me hablabas de García Marquez y del libro.

Mario: Te adjunto una copia de carta que enviamos a Relaciones a través de mi hermano (Chile) [illegible] si te parece prudente [illegible]

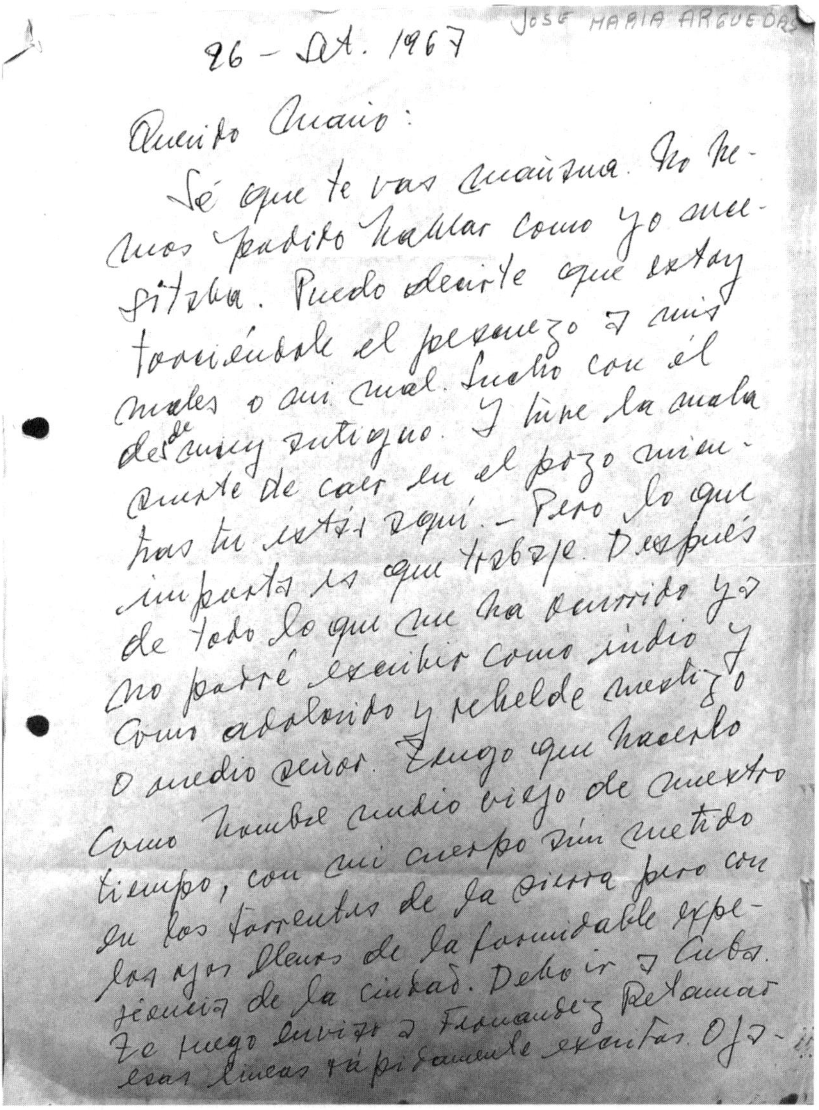

26 - Set. 1967

JOSÉ MARÍA ARGUEDAS

Querido Mario:

Sé que te vas mañana. No he-
mos podido hablar como yo me-
ditaba. Puedo decirte que estoy
torciéndole el pescuezo a mis
males o mi mal. Sueño con él
desde muy antiguo. Y tiene la mala
suerte de caer en el pozo mien-
tras tú estás aquí. — Pero lo que
importa es que trabaje. Después
de todo lo que me ha ocurrido ya
no podré escribir como indio y
como adolorido y rebelde mestizo
o medio señor. Tengo que hacerlo
como hombre medio viejo de nuestro
tiempo, con mi cuerpo sí metido
en los torrentes de la sierra pero con
los ojos llenos de la formidable expe-
riencia de la ciudad. Debo ir a Cuba.
Te ruego enviar a Fernández Retamar
esas líneas rápidamente escritas. Ojá-

Cartas del escritor José María Arguedas a Vargas Llosa que prueban la estrecha vinculación y aprecio que sentía por el novelista arequipeño. El documento obra en la Biblioteca Firestone, de la Universidad de Princeton, que posee el archivo documental del nobel.

Arguedas

já no se frustre este proyecto.

Hubiera querido conocer a tu segundo hijo y hacerle algo. Bueno. Bien sabes cuanto me estimula tanto lo que has dicho de mí, y algo más que eso tu obra y tu conducta. Nos has resultado como esos hijos que llenan todas las expectativas de los padres y verdaderamente los hacen nueva vida. Eso que no ocurre en la vida biológica puede suceder en el trabajo de creación. Mi nuevo relato, novela, se llamará definitivamente "El zorro de arriba y el zorro de abajo", tomado de los mitos de Huarochirí.

Gracias por todo, Marco. Miras con energía de acero; tú seguirás fuerte no sabemos hasta qué límites. Un recuerdo cariñoso a tu esposa; te abrazo,

José María

14 de agosto de 1969.

Querido Mario:

Ando sumamente fastidiado desde hace seis semanas. Un desventurado y gravísimo incidente familiar me ha hecho caer nuevamente en un pozo, cuando trabajaba con gran entusiasmo y lucidez. Los "Zorros" ya tienen 300 páginas, dos terceras partes. Pero ando ahora muy agobiado, sin ánimo ni recursos para intervenir en reuniones como ésta a que te han hecho venir que, por lo general, son latosas y poco provechosas. Claro que, por fortuna, tú tienes cómo dar animación y utilidad incluso a esta clase de reuniones. Espero que Angel y tú hagan de este "Congreso" algo que sirva de algo. Lástima que no haya podido venir Alberto Escobar. Pero allí ha de estar un joven excelente, chileno, Nelson Osorio, que escribió un precioso estudio sobre tu obra. Es brillante y profundo. También le echara fuego a ese congreso. Yo no puedo asistir. Mi médico me lo ha prohibido y aunque no me lo hubiera prohibido tampoco habría asistido.

No sé si te escribieron de la Editorial Forum, de Milán, pidiéndote autorización para insertar tu prólogo en la edición italiana de "Los ríos profundos". Yo les dije que te escribieran por intermedio de Sybila. Si no lo han hecho, te ruego ponerles unas lineas, con tus condiciones. Se trata, al parecer de una empresa nueva y bien equipada aunque no mucho en lo económico.- Escribele a: Goffredo Fofi.- Forum Editoriale.- V. le Montecerneri, 62.- Milán. La firma de mi contrato depende de este arreglo contigo.

Un abrazo con todo el afecto de,

José María

Lima, 2 de Julio de 1981.

Arquitecto
Fernando Belaúnde Terry
Palacio de Gobierno
LIMA

Querido Fernando:

Permítame prescindir del tratamiento protocolar en esta carta privada y de amistad. Quiero agradecerle con ella haber pensado en mí para la Embajada en Londres, propuesta que me comunicó nuestro Canciller, el Dr. Javier Arias Stella, y explicarle por qué no la he aceptado. Créame que no me ha sido fácil tomar esta decisión, pues me movían a aceptarla la solidaridad que siento hacia su gobierno y mi respeto y afecto hacia usted, y, también, la admiración que profeso a Inglaterra, la que, acaso, habría podido suplir mi inexperiencia diplomática y permitirme desempeñar el cargo con un mínimo de decoro. Sin embargo, creo que puedo servir mejor a mi país ejerciendo este oficio de escritor, que es para mí lo más importante en la vida, y para poder ejercerlo me es indispensable una independencia que, inevitablemente, se vería mermada con una función oficial. De otro lado, las responsabilidades de la Embajada me privarían de tiempo y me obligarían a relegar la literatura a un segundo plano, algo que me he jurado no hacer mientras pueda. Confío en que comprenda usted estas razones, que obedecen única y exclusivamente al compromiso que tengo con mi trabajo, y no se sienta decepcionado por mi negativa a su generosa propuesta que, una vez más, le agradezco de todo corazón.

Un cariñoso recuerdo para Violeta y para usted la amistad y el afecto de,

Mario Vargas Llosa

Carta de Vargas Llosa dirigida al expresidente de la República del Perú, Fernando Belaunde Terry, mediante la cual declina el ofrecimiento para asumir la Embajada del Perú ante el Reino Unido.
Biblioteca Firestone de la Universidad de Princeton.

GERALD R. FORD

February 22, 1989

Dear Mr. Vargas Llosa:

Betty and I cordially invite you and your spouse to join us at the eighth annual AEI World Forum. Sponsored by the American Enterprise Institute and the Vail Valley Foundation, the World Forum will take place June 22-24 in Beaver Creek, Colorado.

The World Forum is an annual gathering of leading public officials and corporate chief executives from around the world. Its aim is to further meaningful dialogue on critical economic and political issues facing today's world. Past participants have included Helmut Schmidt, Valery Giscard d'Estaing, Sir James Callaghan, and Malcolm Fraser. Your participation as a discussion leader would add greatly to the proceedings at both plenary and small group sessions. The enclosed brochure describes the World Forum very well.

We would be honored to have you join us at the World Forum. I look forward to hearing from you.

Warmest, best wishes,

Gerald R. Ford

Mr. Mario Vargas Llosa
c/o P.E.N.
62-63 Glebe Place
London S.W.3.
England

Enclosure

Invitación a Vargas Llosa firmada por el expresidente de Estados Unidos Gerald Ford, para participar en un evento académico.
Biblioteca Firestone de la Universidad de Princeton.

Nov.12

Gran jefe Inca:

el mamotreto llegó sano y salvo, pero lo retengo 24 horas para que firme el Aguila Azteca que viene esta noche de Madrid rumbo a Paris, despues de despedir a sus padres, embajadores en Portugal, quienes han regresado a México. Si esto no es internacionalismo, no sé qué otra cosa puede serlo.

El texto, en efecto, me parece excelente. Creo, sin embargo, que no servirá de nada. Fidel contestará, con la mayor fineza que le sea posible, que lo que él haga con sus escritores y artistas es asunto suyo, y que por tanto podemos irnos a la mierda. Sé de buena fuente que está disgustado con nuestra actitud respecto a Checoeslovaquia, y ahora tiene una buena oportunidad para desahogarse. Mi impresión es que está desesperado por la situación interna general y ya no está en condiciones de ver nada con serenidad.

También a mí me invitaron a la Casa de las Américas, pero le expliqué a Alejo mis inconvenientes, y pareció comprenderlo. Con franqueza, no quiero estar alli en enero, ni en ninguna otra parte, salvo frente a mi máquina de escribir. También nos invitan -- a Cortazar, a Fuentes y a mí, y supongo que a tí si estuvieras alcanzable -- a conversar en Praga con la Unión de Escritores. Sería en diciembre y me gustaría mucho ir, pero las ultimas noticias no alientan el optimismo: es evidente que la URSS está fomentando una crisis interna en Checoeslavaquia, tratando de romper la unidad que provocó el fracaso de la intervención armada, y me temo que va a conseguirlo.

Estas evidencias sombrías, sin embargo, no te dan derecho a escribirme esa carta tan deprimente. La leí en la agencia y tuve que tomarme medio litro de whisky para digerirla. A Mercedes le produjo pánico. No sé hasta qué punto fuiste consciente de haber escrito una carta de vísperas de apocalípsis.

Carta de Gabriel García Márquez a Vargas Llosa de contenido político en la cual comenta la coyuntura sobre la invasión a Checoslovaquia y la posible reacción de Fidel Castro.
Biblioteca Firestone de la Universidad de Princeton.

Tal vez yo me siento menos pesimista que tu, en general, porque soy fatalista: Nixon no puede ser peor que Johnson, Breznev no puede ser peor que Stalin, los militares del Perú no pueden ser peores que Balaunde, nada puede ser peor que nada en este mundo de mierda, y con absoluta seguridad nuestras próximas novelas serán mejores que las últimas. No veo, pues, por qué tenemos que suicidarnos ahora si no lo hicimos el año pasado.

La desacralización del boom me parece saludable. Ya sabes que ese ha sido siempre mi punto de vista, aunque comprendo que Marta Traba no lo haya hecho con intenciones sanitarias, sino simplemente porque tiene necesidad de comer y su ultimo recurso es hacer el trottoir literario. El drama de quienes no nos quieren es mucho más grave que el nuestro, pues tienen que sentarse a escribir mejores novelas que las nuestras, y ahi se les jode todo. Yo, por mi parte, estoy hasta los cojones de Gabriel García Márquez, harto de lectores noveleros, de admiradores idiotas, de periodistas imbéciles, de amigos improvisados, y ya me cansé de ser simpático y estoy aprendiendo muy bien el noble arte de mandar la gente a la mierda. Viva Marta Traba!

Me parece que mi próxima novela será víctima del éxito de la anterior. La estoy haciendo deliberadamente hermética, densa, compleja, para que solamente la soporten quienes se hayan tomado el trabajo previo de aprender literatura: es decir, nosotros mismos, y unos pocos amigos. Estoy trabajándola con mucho gusto, divirtiéndome mucho y con toda la calma de que soy capaz, y convencido de que tanto mejor será mientras más el mundo se vuelva mierda a nuestro alrededor. Creo que tendré trabajo para varios años.

Ya sabía, por tus editores, que sigues metiéndole mano a la novela. Me ha alegrado mucho saber por tu carta que lo haces sin dificultades materiales. Yo me había comprometido con Cortázar a prevenirte de que no la entregaras al editor mientras no nos pongamos de acuerdo, todos, sobre la necesidad de reconsiderar nuestros derechos de autor.Me explico: haciendo cuentas, Julio y yo llegamos a la conclusión de que los editores se han ganado una fortuna escalofriante con nuestros libros.El hecho es que siempre hemos firmado el contrato elaborado por ellos, y hay que invertir los términos, de modo que sean ellos quienes firmen contratos hechos por nosotros.El 10% es un robo, la participación del editor sobre traducciones es un robo, la participación del editor sobre Clubes de Libros y reproducciones es un robo, el control de los editores sobre las cifras reales del tiraje es un robo.Se trata de que nos pongamos de acuerdo para modificar esas clausulas dragonas, y no solo en beneficio de los escritores que se venden, sino de todos.El principal problema es de procedimiento: carecemos de un organismo gremial a traves del cual plantear las reivindicaciones. Te ruego pensar un poco en todo esto, pues en los meses próximos seguiremos conversando sobre el tema.

Otra cosa son las ediciones en los paises socialistas.Con el chantaje de que ellos son muy pobres y nosotros somos sus amigos, nos están ordeñando.Rumania solo paga 80 dólares de derechos, despues de que se ha agotado la edición, y reservándose el derecho de descontar de esos 80 dólaress el valor de las pérdidas si la edición no se vende.Los otros, tu lo sabes, pagan un 7% sobre las xxxxxxxx ventas, sin anticipo, y en moneda nacional.Por último, se reservan el derecho de mutilar el libro como les dá la gana.Yo le he dado instrucciones a Balcells de que les plantee a a los socialistas las mismas condiciones que a los capitalistas, pues es practicamente una contradicción filosófica el hecho de que los paises explotadores nos exploten menos y nos respeten más que los que se suponen no-explotadores.Por lo pronto, ya rechazamos un contrato para Polonia.Por supuesto que si el libro les interesa xx lo publicarán de todos modos, pero no está mal que se establezca desde ahora que son capaces de actos corsarios que ni loss ladrones capitalistas se atreven a cometer.No sé qué pienses tu, pero a mi la cosa me parece muy clara.

Antes de recibir tu carta ya sospechaba que no estaríasa aqui en marzo: Seix & Barral me ha pedido que te sustituya en el jurado del Biblioteca Breve. Les contesté que lo haría con mucho gusto si hacen una selección previa muy drástica y no tengo que leer más de cinco o seis originales. Lo hago sin mucha ilusión, convencido de que no habrá otro Vargas Llosa imprevisto en los próximos años, y que todo lo que viene al concurso es más o menos basura. Me consuela la idea de que por lo menos las reuniones del jurado sean divertidas.

Estamos en un hotel. Despues de buscar como locos, convinimos en amueblar un apartamento, nuevo, enorme, con jardín, en el barrio más tranquilo de la ciudad y a una cuadra del colegioxx de los niños. Tiene, además, en medio de sus lujos catalanes, un cuarto monacal donde me meteré a inflar ese dictador decrépito que cada vez se parace más a Luis Buñuel, y que hace muchos años recibió la visita de Cristobal Colón, y le ofreció un gran banquete y le procuró indios con plumas, collares de oro y frutas exóticas, para que los reyes católicos creyeran que en realidad había descubierto un Nuevo Mundo.

Los niños crecen, Mercedes compra cosas, y todos recordamos al calumniado Alvarito, el gran caballero británico que tan bien se portó en nuestra casa, aunque nadie lo crea. Ovido se repotó de Londres y nos amenaaa con visitas en diciembre. Barcelona, con su tranquila andadura de provincia Europa, tiene hoy, todavía, 22 grados de temperatura, un sol espléndido y unas angulassinconcebibles.

Un barazo del carajo,

COBO

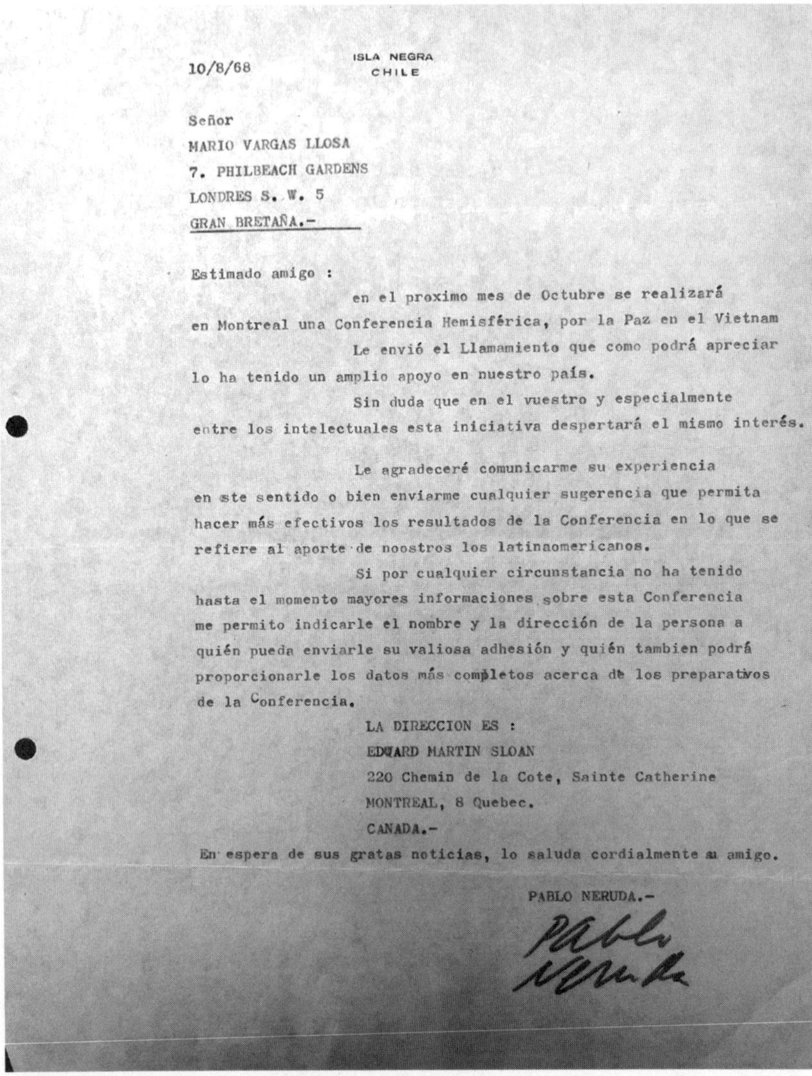

10/8/68

ISLA NEGRA
CHILE

Señor
MARIO VARGAS LLOSA
7. PHILBEACH GARDENS
LONDRES S. W. 5
GRAN BRETAÑA.-

Estimado amigo :

en el proximo mes de Octubre se realizará en Montreal una Conferencia Hemisférica, por la Paz en el Vietnam

Le envió el Llamamiento que como podrá apreciar lo ha tenido un amplio apoyo en nuestro país.

Sin duda que en el vuestro y especialmente entre los intelectuales esta iniciativa despertará el mismo interés.

Le agradeceré comunicarme su experiencia en este sentido o bien enviarme cualquier sugerencia que permita hacer más efectivos los resultados de la Conferencia en lo que se refiere al aporte de noostros los latinaomericanos.

Si por cualquier circunstancia no ha tenido hasta el momento mayores informaciones sobre esta Conferencia me permito indicarle el nombre y la dirección de la persona a quién pueda enviarle su valiosa adhesión y quién tambien podrá proporcionarle los datos más completos acerca de los preparativos de la Conferencia.

LA DIRECCION ES :
EDWARD MARTIN SLOAN
220 Chemin de la Cote, Sainte Catherine
MONTREAL, 8 Quebec.
CANADA.-

En espera de sus gratas noticias, lo saluda cordialmente su amigo.

PABLO NERUDA.-

Pablo Neruda

Carta del nobel de literatura chileno, Pablo Neruda, a Vargas Llosa solicitando su adhesión a un llamado para la paz durante la guerra de Vietnam.
Biblioteca Firestone de la Universidad de Princeton.

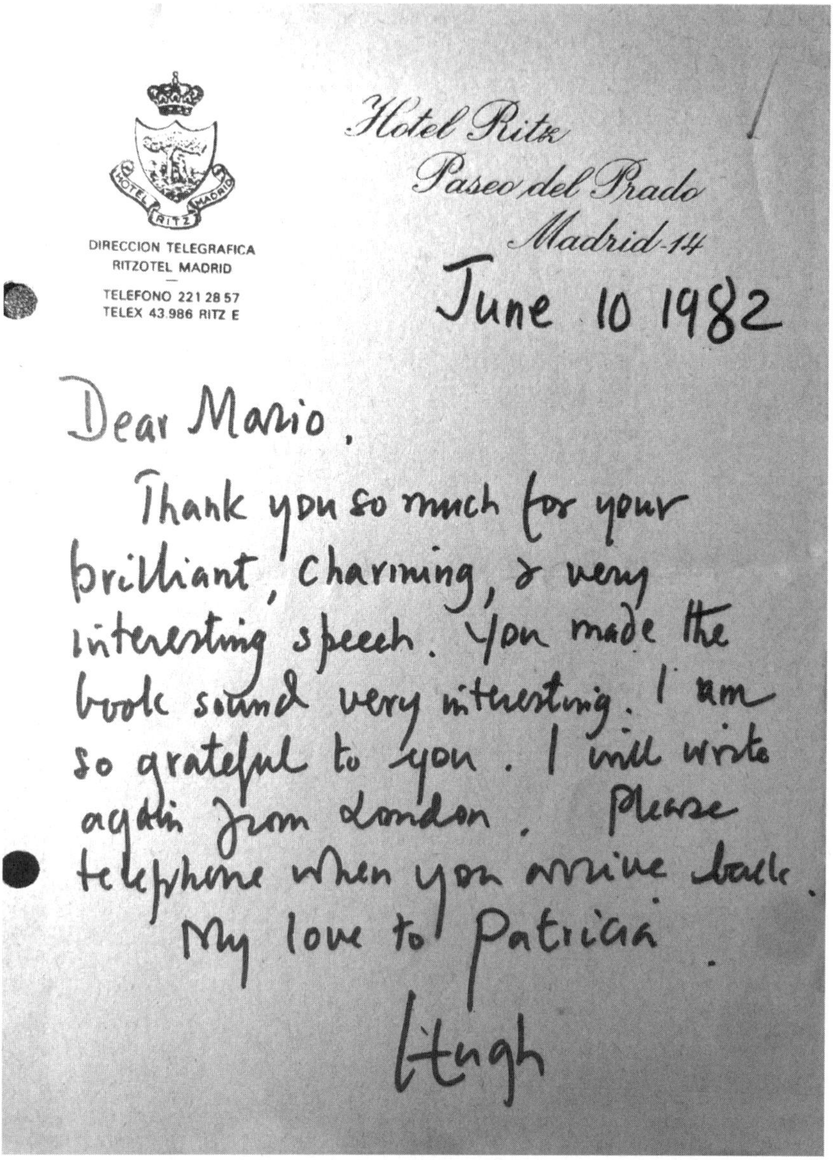
Hotel Ritz
Paseo del Prado
Madrid-14

HOTEL RITZ MADRID

DIRECCION TELEGRAFICA
RITZOTEL MADRID

TELEFONO 221 28 57
TELEX 43.986 RITZ E

June 10 1982

Dear Mario,

Thank you so much for your brilliant, charming, & very interesting speech. You made the book sound very interesting. I am so grateful to you. I will write again from London. Please telephone when you arrive back.

My love to Patricia.

Hugh

Comunicaciones cursadas por el famoso historiador británico Hugh Thomas al nobel peruano cuando este se desempeñaba como asesor de la ex primera ministra Margaret Thatcher.
Biblioteca Firestone de la Universidad de Princeton.

29 Ladbroke Grove
London W11 3BB
01-727 2288

el 17 de sept, 1982.

Querido Mario,

¿Es otra vez con nosotros?
Si la respuesta es "sí",
será posible por tú venir
aquí para charlar con
la señora primer ministra
Margaret Thatcher, el 26
de octubre a las 7.45 pm
de la tarde? Espero que
sí y que vamos verte y
Patricia quizás antes

Un abrazo de
tu buen amigo

Hugh

29 Ladbroke Grove
London W11 3BB
01-727 2288

Oct 21, 1982

Dear Mario

I am much looking forward to seeing you next week. May I first tell you who else will be here – Anthony Powell, Dan Jacobson, Nicholas Mosley, Vidia Naipaul; Stephen Spender, Philip Larkin, Alvarez; Jack Plumb the historian, Isaiah Berlin & Tony Quinton. Vanessa says a terrible embarras de richesse – a fatal recipe. On verra.

May I secretly say this? The Prime Minister emerges from the Falkland crisis alarmingly inclined to be

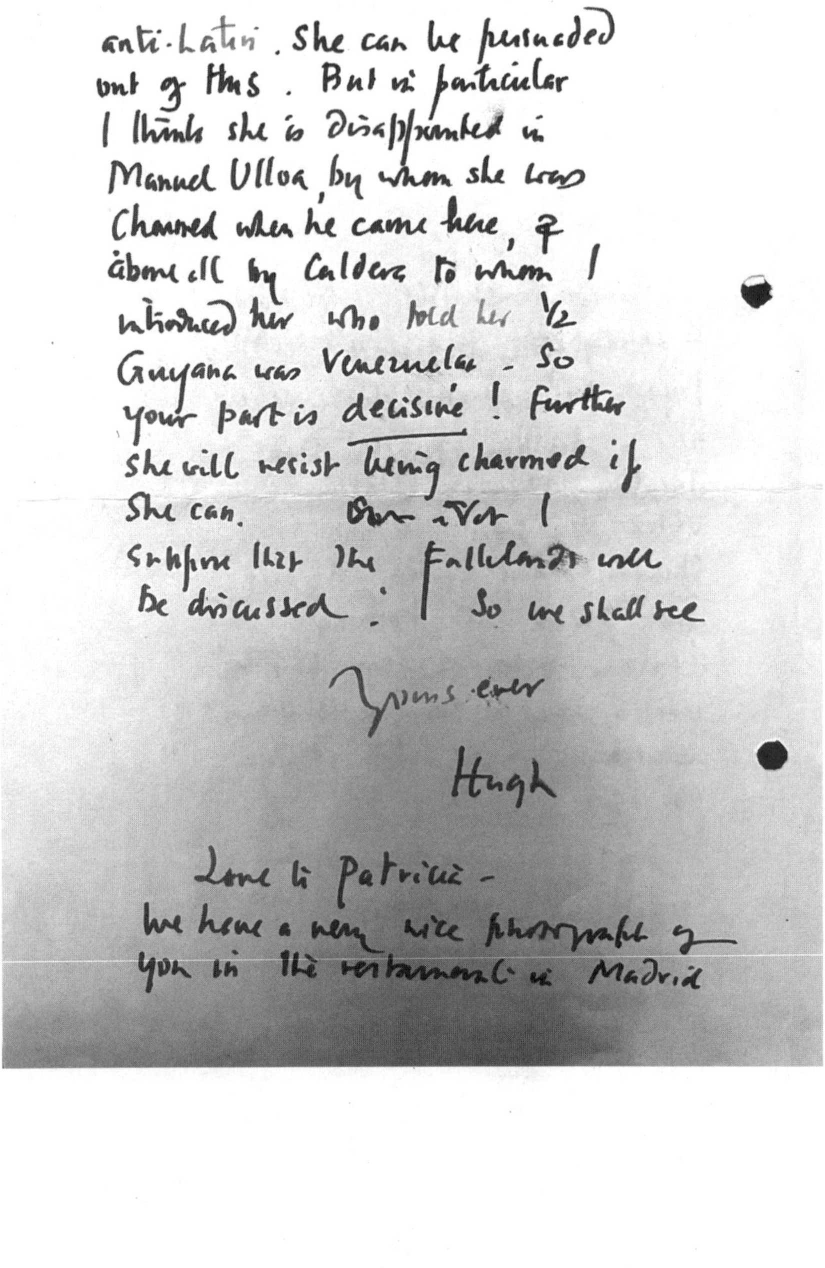

anti-Latin. She can be persuaded
out of this. But in particular
I think she is disappointed in
Manuel Ulloa, by whom she was
charmed when he came here, &
above all by Caldera to whom I
introduced her who told her 1/2
Guyana was Venezuelan. So
your part is <u>decisive</u>! Further
she will resist being charmed if
she can. However I
suppose that the Falklands will
be discussed! So we shall see

Yours ever

Hugh

Love to Patricia –
We have a very nice photograph of
you in the restaurant in Madrid

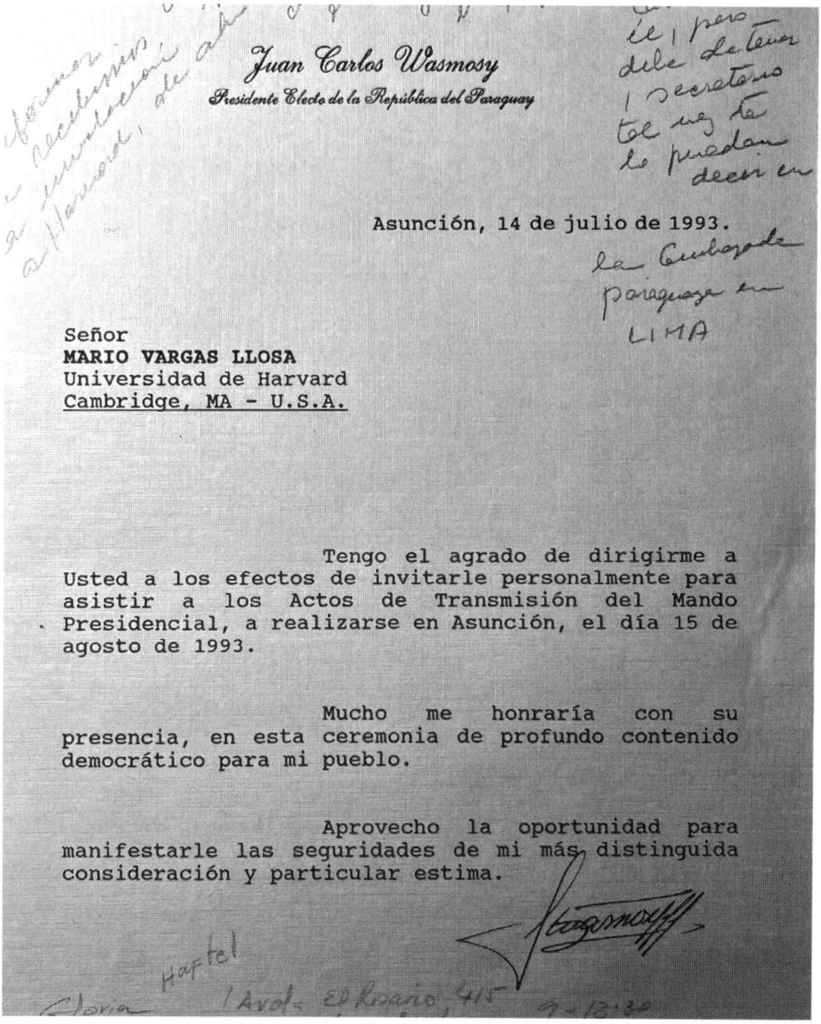

Juan Carlos Wasmosy
Presidente Electo de la República del Paraguay

Asunción, 14 de julio de 1993.

Señor
MARIO VARGAS LLOSA
Universidad de Harvard
Cambridge, MA - U.S.A.

Tengo el agrado de dirigirme a Usted a los efectos de invitarle personalmente para asistir a los Actos de Transmisión del Mando Presidencial, a realizarse en Asunción, el día 15 de agosto de 1993.

Mucho me honraría con su presencia, en esta ceremonia de profundo contenido democrático para mi pueblo.

Aprovecho la oportunidad para manifestarle las seguridades de mi más distinguida consideración y particular estima.

Carta del expresidente de la República del Paraguay Juan Carlos Wasmosy invitando a Vargas Llosa a los Actos de Transmisión del Mando Presidencial de dicho país.
Biblioteca Firestone de la Universidad de Princeton.

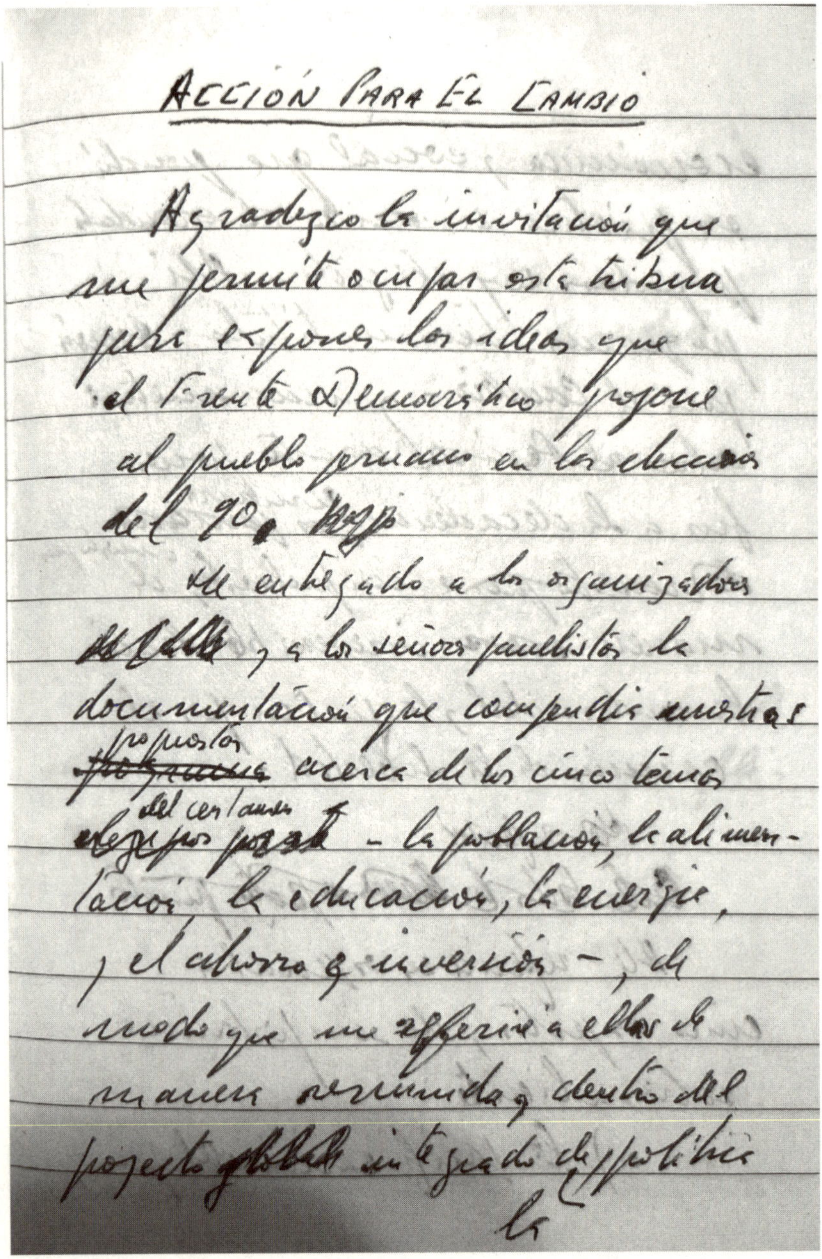

ACCIÓN PARA EL CAMBIO

Agradezco la invitación que me permite ocupar esta tribuna para exponer las ideas que el Frente Democrático propone al pueblo peruano en las elecciones del 90.

He entregado a los organizadores, a los señores panelistas la documentación que compendia nuestras propuestas acerca de los cinco temas del certamen — la población, la alimentación, la educación, la energía, y el ahorro e inversión —, de modo que me referiré a ellos de manera resumida, dentro del proyecto integrado de política la

Manuscrito de Vargas Llosa de su mensaje durante su campaña presidencial. *Biblioteca Firestone de la Universidad de Princeton.*

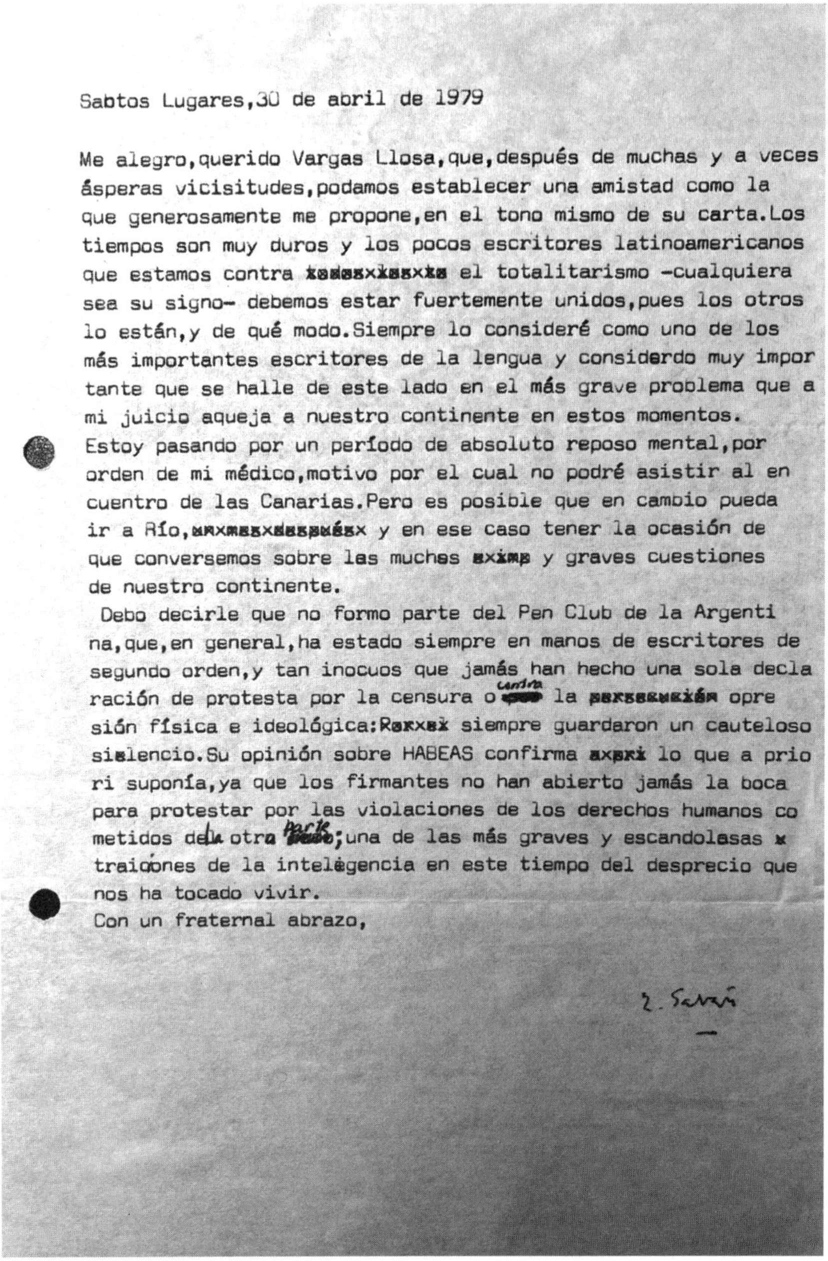

Sabtos Lugares,30 de abril de 1979

Me alegro,querido Vargas Llosa,que,después de muchas y a veces ásperas vicisitudes,podamos establecer una amistad como la que generosamente me propone,en el tono mismo de su carta.Los tiempos son muy duros y los pocos escritores latinoamericanos que estamos contra todosxlosxla el totalitarismo -cualquiera sea su signo- debemos estar fuertemente unidos,pues los otros lo están,y de qué modo.Siempre lo consideré como uno de los más importantes escritores de la lengua y considerdo muy impor tante que se halle de este lado en el más grave problema que a mi juicio aqueja a nuestro continente en estos momentos.
Estoy pasando por un período de absoluto reposo mental,por orden de mi médico,motivo por el cual no podré asistir al en cuentro de las Canarias.Pero es posible que en cambio pueda ir a Río,anxmasxdespuésx y en ese caso tener la ocasión de que conversemos sobre las muchas axime y graves cuestiones de nuestro continente.

Debo decirle que no formo parte del Pen Club de la Argenti na,que,en general,ha estado siempre en manos de escritores de segundo orden,y tan inocuos que jamás han hecho una sola decla ración de protesta por la censura o [contra] la persecución opre sión física e ideológica:Rexxex siempre guardaron un cauteloso sielencio.Su opinión sobre HABEAS confirma axpri lo que a prio ri suponía,ya que los firmantes no han abierto jamás la boca para protestar por las violaciones de los derechos humanos co metidos de la otra [parte];una de las más graves y escandolasas x traiciones de la intelegencia en este tiempo del desprecio que nos ha tocado vivir.
Con un fraternal abrazo,

E. Sabato

Carta del famoso escritor argentino Ernesto Sabato dirigida a Vargas Llosa en la que le expresa su coincidencia en la condena de los totalitarismos.
Biblioteca Firestone de la Universidad de Princeton.

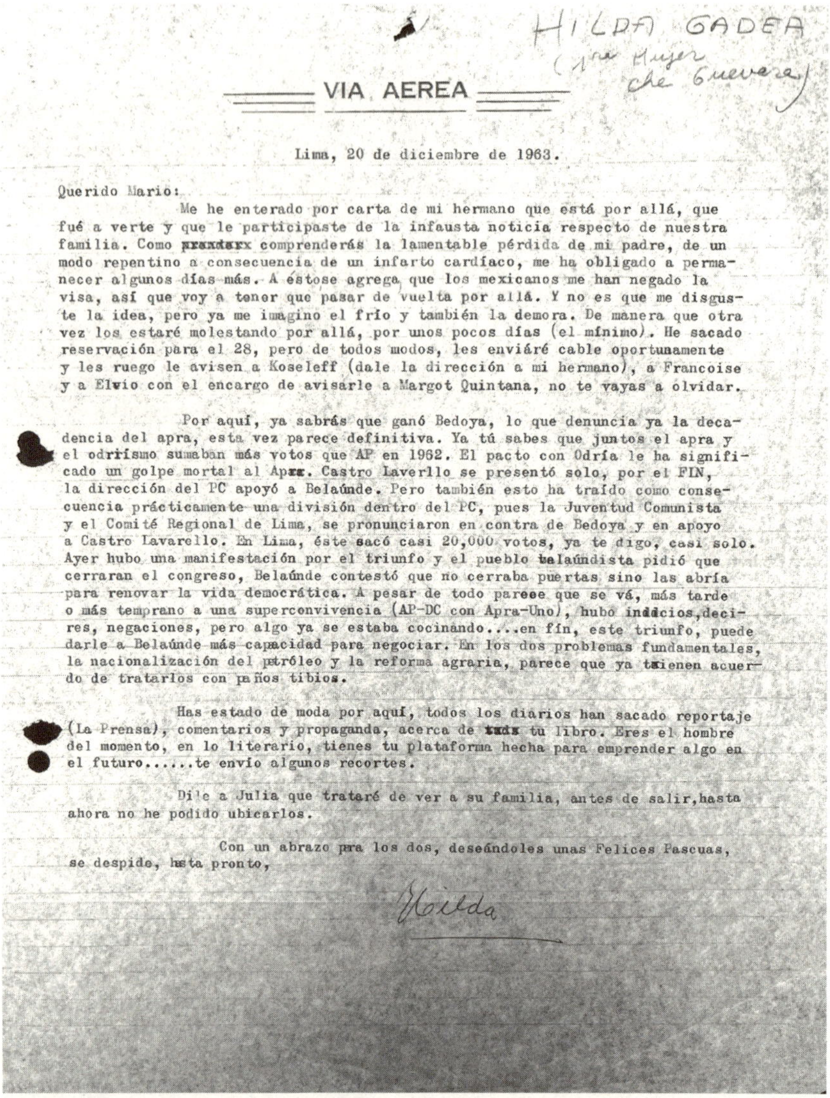

HILDA GADEA
(1ra Mujer
Che Guevara)

VIA AEREA

Lima, 20 de diciembre de 1963.

Querido Mario:

Me he enterado por carta de mi hermano que está por allá, que fué a verte y que le participaste de la infausta noticia respecto de nuestra familia. Como ~~praxdarx~~ comprenderás la lamentable pérdida de mi padre, de un modo repentino a consecuencia de un infarto cardíaco, me ha obligado a permanecer algunos días más. A éstose agrega que los mexicanos me han negado la visa, así que voy a tener que pasar de vuelta por allá. Y no es que me disguste la idea, pero ya me imagino el frío y también la demora. De manera que otra vez los estaré molestando por allá, por unos pocos días (el mínimo). He sacado reservación para el 28, pero de todos modos, les enviáré cable oportuunamente y les ruego le avisen a Koseleff (dale la dirección a mi hermano), a Francoise y a Elvio con el encargo de avisarle a Margot Quintana, no te vayas a olvidar.

Por aquí, ya sabrás que ganó Bedoya, lo que denuncia ya la decadencia del apra, esta vez parece definitiva. Ya tú sabes que juntos el apra y el odrírismo sumaban más votos que AP en 1962. El pacto con Odría le ha significado un golpe mortal al Apr~~a~~. Castro Laverllo se presentó solo, por el FIN, la dirección del PC apoyó a Belaúnde. Pero también esto ha traído como consecuencia prácticamente una división dentro del PC, pues la Juventud Comunista y el Comité Regional de Lima, se pronunciaron en contra de Bedoya y en apoyo a Castro Lavarello. En Lima, éste sacó casi 20,000 votos, ya te digo, casi solo. Ayer hubo una manifestación por el triunfo y el pueblo belaúndista pidió que cerraran el congreso, Belaúnde contestó que no cerraba puertas sino las abría para renovar la vida democrática. A pesar de todo pareee que se vá, más tarde o más temprano a una superconvivencia (AP-DC con Apra-Uno), hubo inddcios,decires, negaciones, pero algo ya se estaba cocinando....en fin, este triunfo, puede darle a Belaúnde más capacidad para negociar. En los dos problemas fundamentales, la nacionalización del petróleo y la reforma agraria, parece que ya taienen acuerdo de tratarlos con paños tibios.

Has estado de moda por aquí, todos los diarios han sacado reportaje (La Prensa), comentarios y propaganda, acerca de ~~tudx~~ tu libro. Eres el hombre del momento, en lo literario, tienes tu plataforma hecha para emprender algo en el futuro......te envío algunos recortes.

Dile a Julia que trataré de ver a su familia, antes de salir,hasta ahora no he podido ubicarlos.

Con un abrazo pra los dos, deseándoles unas Felices Pascuas, se despide, hsta pronto,

Hilda

Carta de Hilda Gadea, primera esposa de Ernesto «Che» Guevara, en la que hace comentarios sobre la coyuntura política de 1963.
Biblioteca Firestone de la Universidad de Princeton.

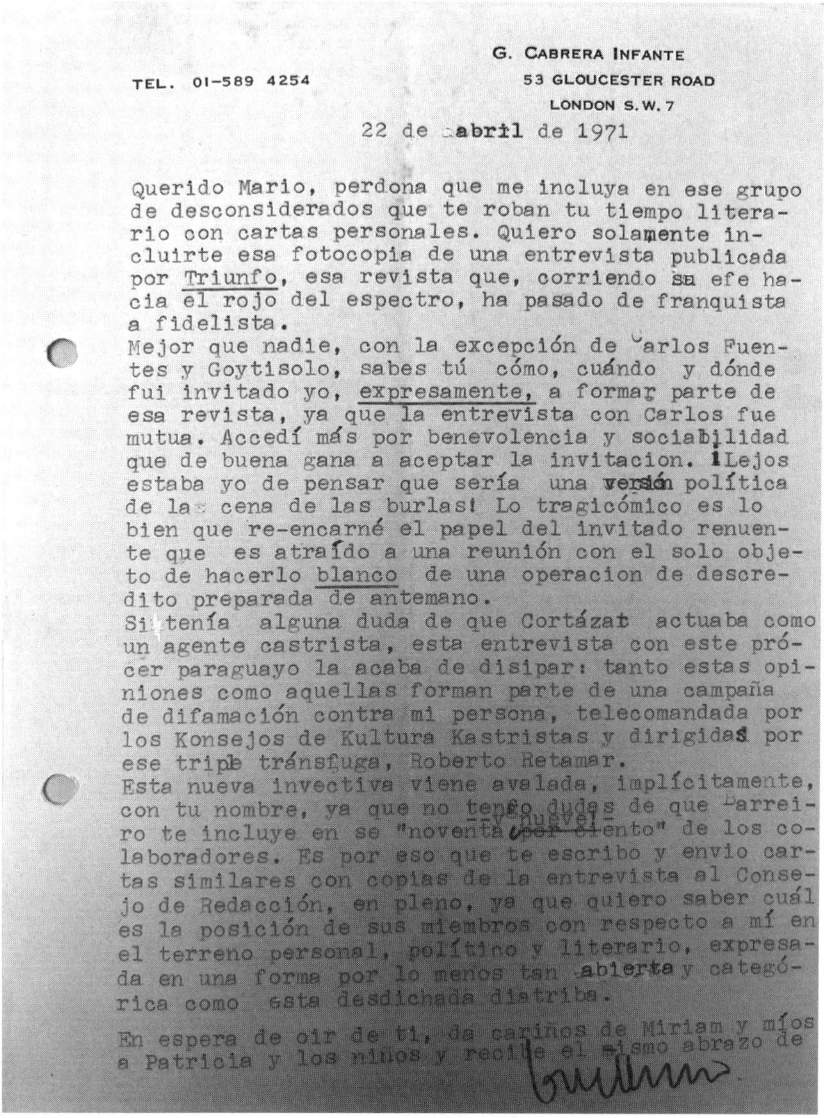

G. Cabrera Infante

TEL. 01-589 4254

53 GLOUCESTER ROAD

LONDON S.W. 7

22 de abril de 1971

Querido Mario, perdona que me incluya en ese grupo de desconsiderados que te roban tu tiempo literario con cartas personales. Quiero solamente incluirte esa fotocopia de una entrevista publicada por Triunfo, esa revista que, corriendo su efe hacia el rojo del espectro, ha pasado de franquista a fidelista.

Mejor que nadie, con la excepción de Carlos Fuentes y Goytisolo, sabes tú cómo, cuándo y dónde fui invitado yo, expresamente, a formar parte de esa revista, ya que la entrevista con Carlos fue mutua. Accedí más por benevolencia y sociabilidad que de buena gana a aceptar la invitacion. ¡Lejos estaba yo de pensar que sería una versión política de la cena de las burlas! Lo tragicómico es lo bien que re-encarné el papel del invitado renuente que es atraído a una reunión con el solo objeto de hacerlo blanco de una operacion de descredito preparada de antemano.

Si tenía alguna duda de que Cortázar actuaba como un agente castrista, esta entrevista con este prócer paraguayo la acaba de disipar: tanto estas opiniones como aquellas forman parte de una campaña de difamación contra mi persona, telecomandada por los Konsejos de Kultura Kastristas y dirigidas por ese triple tránsfuga, Roberto Retamar.

Esta nueva invectiva viene avalada, implícitamente, con tu nombre, ya que no tengo dudas de que Barreiro te incluye en se "noventa y nueve ~~por ciento~~" de los colaboradores. Es por eso que te escribo y envio cartas similares con copias de la entrevista al Consejo de Redacción, en pleno, ya que quiero saber cuál es la posición de sus miembros con respecto a mí en el terreno personal, político y literario, expresada en una forma por lo menos tan abierta y categórica como esta desdichada diatriba.

En espera de oir de ti, da cariños de Miriam y míos a Patricia y los niños y recibe el mismo abrazo de

Guillermo

Carta del escritor cubano Guillermo Cabrera Infante dirigida a Vargas Llosa en la que acusa al escritor argentino Julio Cortázar de ser agente castrista. *Biblioteca Firestone de la Universidad de Princeton.*

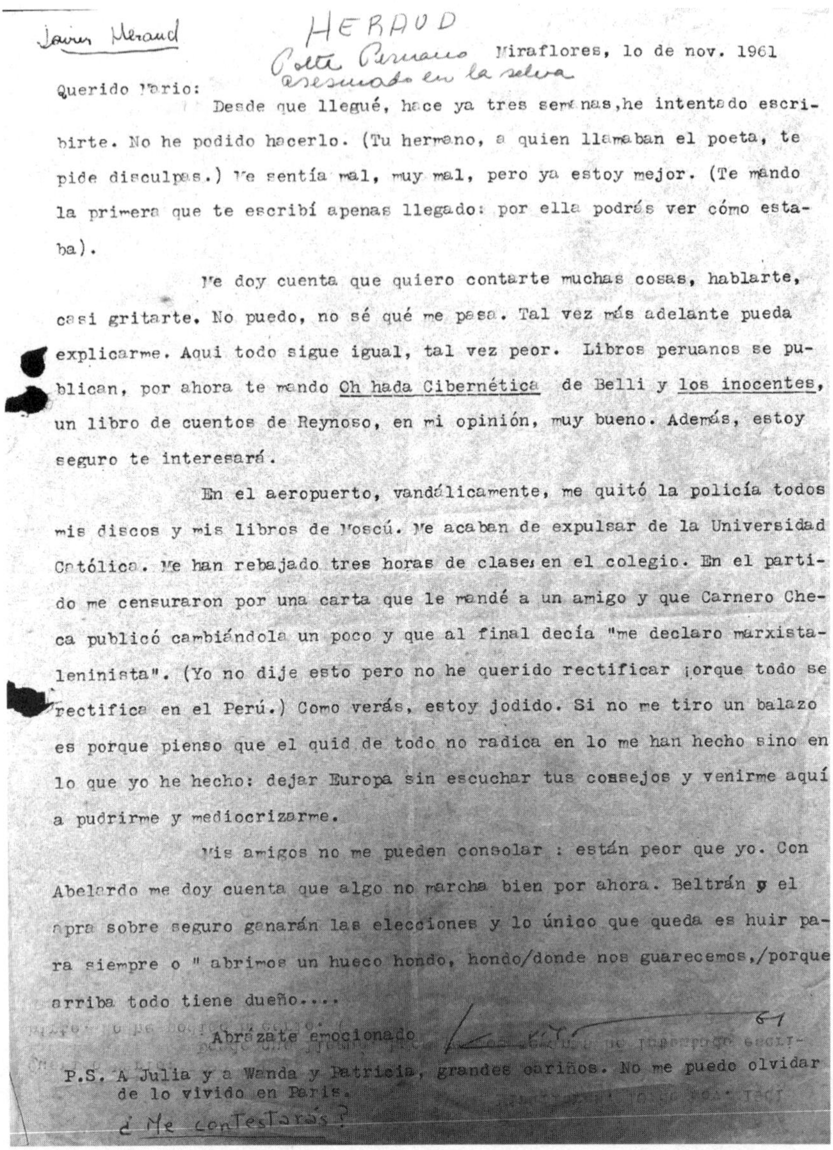

Javier Heraud
HERAUD
Poeta Peruano asesinado en la selva

Miraflores, 1o de nov. 1961

Querido Mario:

Desde que llegué, hace ya tres semanas, he intentado escribirte. No he podido hacerlo. (Tu hermano, a quien llamaban el poeta, te pide disculpas.) Me sentía mal, muy mal, pero ya estoy mejor. (Te mando la primera que te escribí apenas llegado: por ella podrás ver cómo estaba).

Me doy cuenta que quiero contarte muchas cosas, hablarte, casi gritarte. No puedo, no sé qué me pasa. Tal vez más adelante pueda explicarme. Aqui todo sigue igual, tal vez peor. Libros peruanos se publican, por ahora te mando Oh hada Cibernética de Belli y los inocentes, un libro de cuentos de Reynoso, en mi opinión, muy bueno. Además, estoy seguro te interesará.

En el aeropuerto, vandálicamente, me quitó la policía todos mis discos y mis libros de Moscú. Me acaban de expulsar de la Universidad Católica. Me han rebajado tres horas de clase, en el colegio. En el partido me censuraron por una carta que le mandé a un amigo y que Carnero Checa publicó cambiándola un poco y que al final decía "me declaro marxista-leninista". (Yo no dije esto pero no he querido rectificar porque todo se rectifica en el Perú.) Como verás, estoy jodido. Si no me tiro un balazo es porque pienso que el quid de todo no radica en lo me han hecho sino en lo que yo he hecho: dejar Europa sin escuchar tus cossejos y venirme aquí a pudrirme y mediocrizarme.

Mis amigos no me pueden consolar : están peor que yo. Con Abelardo me doy cuenta que algo no marcha bien por ahora. Beltrán y el apra sobre seguro ganarán las elecciones y lo único que queda es huir para siempre o " abrimos un hueco hondo, hondo/donde nos guarecemos,/porque arriba todo tiene dueño....

Abrázate emocionado

61

P.S. A Julia y a Wanda y Patricia, grandes cariños. No me puedo olvidar de lo vivido en Paris.

¿Me contestarás?

Carta del poeta peruano Javier Heraud a Vargas Llosa informándole sobre una requisa de libros en el aeropuerto de Lima.
Biblioteca Firestone de la Universidad de Princeton.

09/20/89 16:04 ☎ 33 70 66 M.C.J.D. C.R. 01

Presidente

República de Costa Rica

1° de agosto de 1989

Señor
Mario Vargas Llosa
Lima, Perú

Estimado señor Vargas:

Costa Rica celebra cien años de democracia en 1989. Vemos en ello una oportunidad para reflexionar sobre la democracia como fenómeno cultural, y sobre el futuro de la democracia en el mundo. Con ese propósito estamos organizando un encuentro de un grupo pequeño de intelectuales de Europa, los Estados Unidos y América Latina. La reunión tendrá lugar en San José, del 1° al 3 de noviembre de 1989.

Me complace extenderle una cordial invitación a participar en este encuentro. Estimo que sus puntos de vista serán en él sumamente importantes. He encargado su coordinación al Ministro de Cultura, Carlos Francisco Echeverría, por lo que le ruego ponerse en contacto con él, a fin de confirmar su participación y hacer los arreglos necesarios.

Con la presente le envío un documento que contiene las ideas básicas de la convocatoria. Espero que sean de su interés y que acepte acompañarnos en el encuentro.

Reciba un saludo atento y respetuoso,

Oscar Arias Sánchez

Invitación del expresidente de la República de Costa Rica y premio nobel de la paz, Óscar Arias, a Vargas Llosa a participar en un evento con motivo de los cien años de vida democrática en ese país.
Biblioteca Firestone de la Universidad de Princeton.

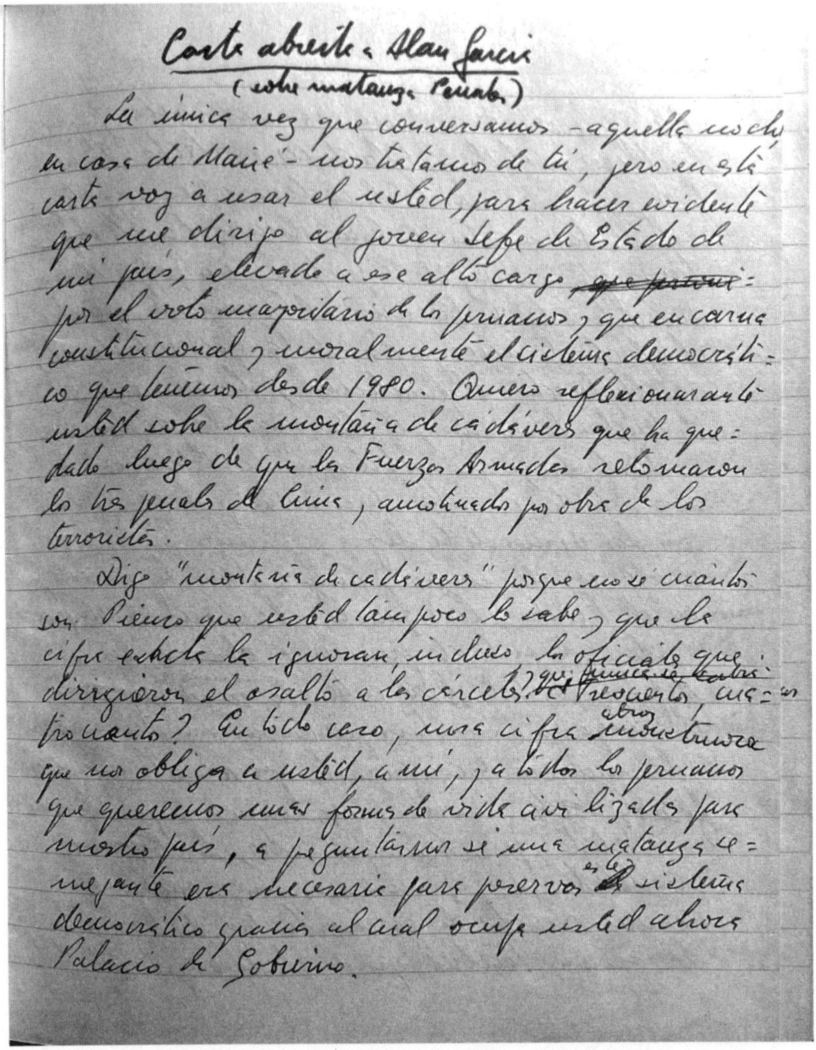

Carta abierta a Alan García
(sobre matanza penales)

La única vez que conversamos —aquella noche en casa de Mario— nos tratamos de tú, pero en esta carta voy a usar el usted, para hacer evidente que me dirijo al joven Jefe de Estado de mi país, elevado a ese alto cargo ~~que presume~~ por el voto mayoritario de los peruanos y que encarna constitucional y moralmente el sistema democrático que tenemos desde 1980. Quiero reflexionar ante usted sobre la montaña de cadáveres que ha quedado luego de que las Fuerzas Armadas retomaron los tres penales de Lima, amotinados por obra de los terroristas.

Digo "montaña de cadáveres" porque no sé cuántos son. Pienso que usted tampoco lo sabe y que la cifra exacta la ignoran, incluso los oficiales que dirigieron el asalto a las cárceles. ¿Trescientos, cuatrocientos? En todo caso, una cifra monstruosa que nos obliga a usted, a mí, y a todos los peruanos que queremos una forma de vida civilizada para nuestro país, a preguntarnos si una matanza semejante era necesaria para preservar el sistema democrático gracias al cual ocupa usted ahora Palacio de Gobierno.

Foto del documento que obra en el archivo sobre Vargas Llosa en la Biblioteca Firestone de la Universidad de Princeton, Nueva Jersey.

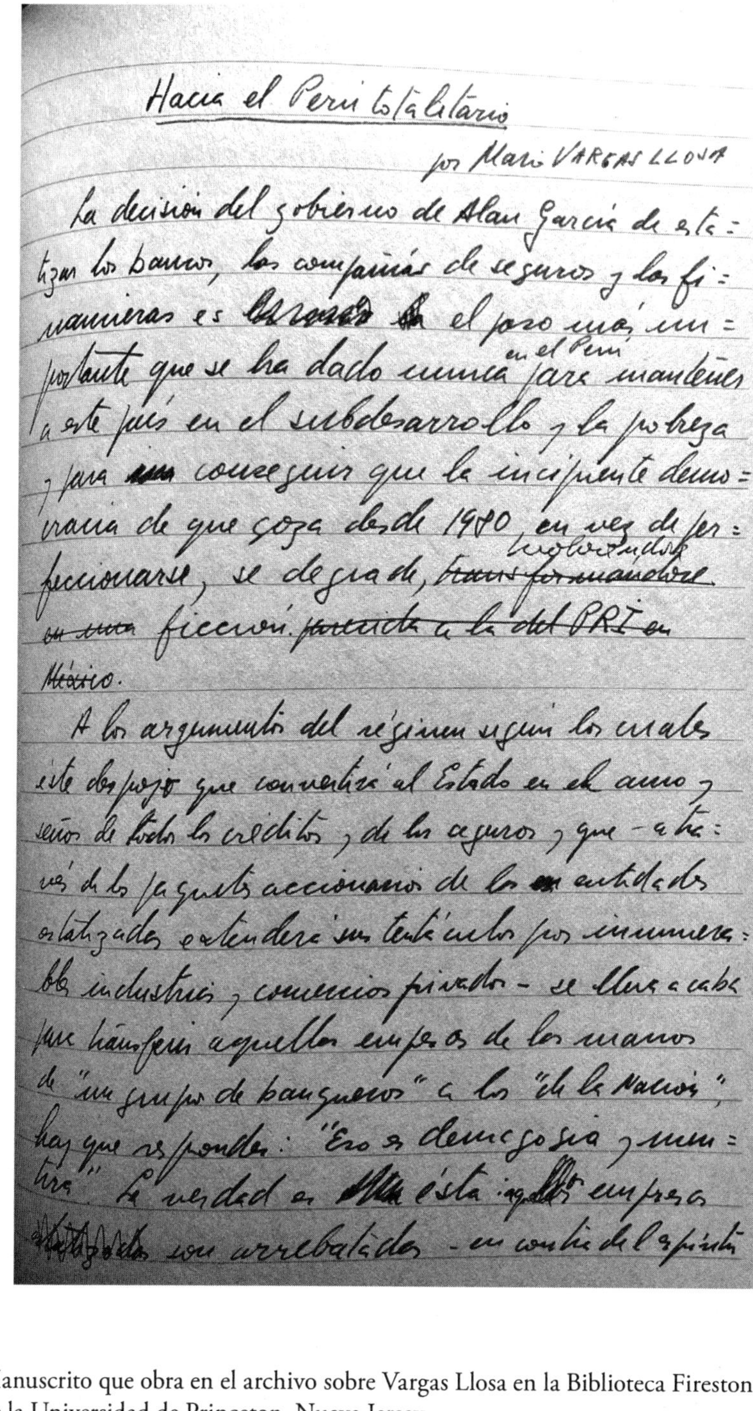
Hacia el Perú totalitario

por Mario VARGAS LLOSA

La decisión del gobierno de Alan García de estatizar los bancos, las compañías de seguros y las financieras es el paso más importante que se ha dado nunca en el Perú para mantener a este país en el subdesarrollo y la pobreza y para conseguir que la incipiente democracia de que goza desde 1980, en vez de perfeccionarse, se degrade, involucionando ficción.

A los argumentos del régimen según los cuales este despojo que convertirá al Estado en el amo y señor de todos los créditos, de los seguros, y que —a través de los paquetes accionarios de las entidades estatizadas extenderá sus tentáculos por innumerables industrias y comercios privados— se lleva a cabo para transferir aquellas empresas de las manos de "un grupo de banqueros" a los "de la Nación", hay que responder: "Eso es demagogia y mentira". La verdad es que esas empresas son arrebatadas —en contra del espíritu

Manuscrito que obra en el archivo sobre Vargas Llosa en la Biblioteca Firestone de la Universidad de Princeton, Nueva Jersey.

Índice onomástico

C

D

E

F

L

M

N

O

P

Q

R

S

T

Y

Z

Bibliografía

Libros

Aguirre, Carlos y Buynova, Kristina (2024). *Cinco días en Moscú. Mario Vargas Llosa y el socialismo soviético (1968).* Lima: Editorial Reino de Almagro.

Armas Marcelo, Juan Jesús (2002). *El vicio de escribir.* Madrid: Santillana Ediciones General.

Ayén, Xavi (2019). *Aquellos años del boom.* Buenos Aires: Alfaguara.

Basadre, Jorge (2007). *La vida y la historia.* Lima: Editorial Petroperú.

Bedoya Reyes, Luis (2018). *Joven centenario. Realidades de una vida.* Lima: Fondo Editorial del Congreso del Perú.

Bustamante y Rivero, José Luis (1949). *Tres años de lucha por la democracia en el Perú.* Buenos Aires: editor no especificado.

Cátedra Mario Vargas Llosa (2011). *Literatura. Edición facsimilar: 1958-1959.* Lima: Facultad de Letras y Ciencias Humanas de la Universidad Nacional Mayor de San Marcos.

Cateriano, Pedro (2017). *El caso García.* Lima: Planeta.

——— (2021). *Sin anestesia.* Lima: Planeta.

Chiri, Sandro y Prado, Agustín (compiladores) (2014). *Las cartografías del poder en la obra de Mario Vargas Llosa: ensayos literarios.* Lima: Fondo Editorial del Congreso del Perú.

Chirinos Soto, Enrique (1977). *Historia de la República: Perú, 1821-1978.* Lima: Editorial Andina.

Coaguila, Jorge (2017). *Vargas Llosa, la mentira verdadera*. Lima: Revuelta Editores.

——— (2019). *Mario Vargas Llosa: entrevistas escogidas*. Lima: Revuelta Editores.

Contreras, Carlos y Cueto, Marcos (2013). *Historia del Perú contemporáneo*. Lima: Instituto de Estudios Peruanos.

Cruz Ruiz, Juan (2017). *Encuentros con Mario Vargas Llosa*. Madrid: Ediciones Deliberar.

Cueto, Alonso (2003). *Mario Vargas Llosa. La vida en movimiento*. Lima: Universidad Peruana de Ciencias Aplicadas.

Flores Heredia, Gladys (editora) (2016). *La invención de la novela contemporánea. Tributo a Mario Vargas Llosa*. Lima: Editorial Cátedra Vallejo.

García-Bryce, Iñigo (2024). *Haya de la Torre y la búsqueda del poder*. Lima: Alfaguara.

Godoy, José Alejandro (2023). *Peligro: orden de disparar. Democracia y violencia en el Perú 1980-1986*. Lima: Alfaguara.

Gorriti, Gustavo (1990). *Sendero: historia de la guerra milenaria en el Perú*. Lima: Editorial Apoyo.

——— (2009). *Petroaudios: políticos, espías y periodistas detrás del escándalo*. Lima: Planeta.

Iwasaki, Fernando (1992). *Mario Vargas Llosa, entre la libertad y el infierno*. Barcelona: Estelar.

Kristal, Efraín (2018). *Tentación de la palabra: arte literario y convicción política en las novelas de Mario Vargas Llosa*. Lima: Fondo de Cultura Económica.

Loayza Galván, Francisco (1998). *El rostro oscuro del poder en el Perú*. Lima: San Borja Ediciones.

Montaner, Carlos Alberto (1989). *La agonía de América: indagaciones sobre el fracaso hispanoamericano*. Barcelona: Plaza & Janes Editores.

——— (2019). *Sin ir más lejos*. Miami: Alfaguara.

Mujica, Ramón; Martos, Marco y Cueto, Alonso (2013). *Cincuenta años de «La ciudad y los perros»: homenaje a Mario Vargas Llosa*. Lima: Editorial Santillana.

Murakami, Yusuke (2023). *El Perú en la era del chino* (tomo 1). Lima: Instituto de Estudios Peruanos.

Osterling, Felipe (2005). *Páginas del viejo armario*. Lima: Editorial Desa.

Oviedo, José Miguel (1982). *Mario Vargas Llosa: la invención de una realidad*. Barcelona: Seix Barral.

——— (2007). *Dossier Vargas Llosa*. Lima: Editorial Taurus.

Palacios Rodríguez, Raúl (2005). *Historia de la República del Perú (1933-2000)* (tomo 18). Lima: Empresa Editora *El Comercio*.

Quiroz, Alfonso W. (2013). *Historia de la corrupción en el Perú*. Lima: Instituto de Estudios Peruanos.

Rodríguez Rea, Miguel Ángel (editor) (2011). *Mario Vargas Llosa y la crítica peruana*. Lima: Universidad Ricardo Palma.

Setti, Ricardo A. (1988). *Diálogo con Vargas Llosa*. San José: Editorial Kosmos.

Tuesta Soldevilla, Fernando (1994). *Perú político en cifras*. (2.ª ed.). Lima: Fundación Friedrich Ebert.

——— (editor) (1996). *Los enigmas del poder: Fujimori 1990-1996*. Lima: Fundación Friedrich Ebert.

Vargas Llosa, Álvaro (1991). *El diablo en campaña*. Madrid: Aguilar.

Vargas Llosa, Mario (1964). *La ciudad y los perros*. Lima: Populibros y Seix Barral.

——— (1973a). *Los cachorros. Los jefes*. Lima: Peisa.

——— (1973b). *Pantaleón y las visitadoras*. Madrid: Seix Barral.

——— (1979). *Conversación en La Catedral*. Barcelona: Seix Barral.

——— (1981a). *La casa verde*. Barcelona: Seix Barral.

——— (1981b). *La guerra del fin del mundo*. Barcelona: Seix Barral.

——— (1983). *Contra viento y marea (1962-1982)*. Barcelona: Seix Barral.

——— (1984). *Historia de Mayta*. Barcelona: Seix Barral.

——— (1987). *El hablador*. Barcelona: Seix Barral.
——— (1990). *Contra viento y marea 3*. Lima: Peisa.
——— (1993a). *El pez en el agua*. Barcelona: Seix Barral.
——— (1993b). *Lituma en los Andes*. Ciudad de México: Planeta.
——— (1994). *Desafíos a la libertad*. Lima: Peisa.
——— (2000). *La fiesta del Chivo*. Madrid: Grupo Santillana de Ediciones.
——— (2003). *Diario de Irak*. Bogotá: Editora Aguilar.
——— (2005). *Diccionario del amante de América Latina*. Barcelona: Ediciones Paidós Ibérica.
——— (2006a). *Israel/Palestina: paz o guerra santa*. Madrid: Alfaguara.
——— (2006b). *Travesuras de la niña mala*. Lima: Alfaguara.
——— (2008). *¿Quién mató a Palomino Molero?* Lima: Alfaguara.
——— (2009). *Sables y utopías: visiones de América Latina*. Lima: Aguilar.
——— (2010). *El sueño del celta*. Lima: Alfaguara.
——— (2012). *La civilización del espectáculo*. Lima: Alfaguara.
——— (2013). *El héroe discreto*. Lima: Alfaguara.
——— (2015). *La utopía arcaica: José María Arguedas y las ficciones del indigenismo*. Barcelona: Alfaguara.
——— (2016). *Cinco esquinas*. Lima: Alfaguara.
——— (2017). *Conversación en Princeton con Rubén Gallo*. Lima: Alfaguara.
——— (2018). *La llamada de la tribu*. Barcelona: Alfaguara.
——— (2019). *Tiempos recios*. Lima: Alfaguara.
——— (2023). *Un bárbaro en París: textos sobre la cultura francesa*. Barcelona: Alfaguara.
——— (2024). *El país de las mil caras. Escritos sobre el Perú. Obra periodística II*. Barcelona: Alfaguara.
Vilela, Sergio (2003). *El cadete Vargas Llosa: la historia oculta tras «La ciudad y los perros»*. Lima: Planeta.

Artículos

«Alan García: sus mejores frases en más de 40 años de carrera política». (17 de abril de 2019). Andina. https://andina.pe/agencia/noticia-alan-garcia-sus-mejores-frases-mas-40-anos-carrera-politica-748863.aspx

«Carla García revela que su padre le contó que se iba a suicidar: "Era su decisión y lo tenía muy bien pensado"». (1 de marzo de 2020). *Perú 21*. https://peru21.pe/politica/alan-garcia-carla-garcia-revela-que-su-padre-le-conto-que-se-iba-a-suicidar-era-su-decision-y-lo-tenia-muy-bien-pensado-video-noticia#google_vignette

«Carta de sus amigos a Rafael Rey. Le piden que se aleje de Libertad».

«El peronismo acalla al premio nobel Vargas Llosa». (15 de marzo de 2011). *Clarín*. www.clarin.com/opinion/peronismo-premio-Nobel-Vargas-Llosa_0_HJqFXSTDXx.html

«Elecciones en Perú: Vargas Llosa pidió esperar el resultado final y afirmó que la palabra fraude es "muy peligrosa"» (14 de junio de 2021). *Clarín*. www.clarin.com/mundo/elecciones-peru-vargas-llosa-pidio-esperar-resultado-final-afirmo-palabra-fraude-peligrosa-_0_PjnerT3FD.html

«Flores Aráoz: "Crear Museo de la Memoria no es prioridad para el Perú"». (26 de febrero de 2009). RPP. https://rpp.pe/politica/actualidad/flores-araoz-crear-museo-de-la-memoria-no-es-prioridad-para-el-peru-noticia-166846

«Fujimori, sentenciado a seis años por espionaje telefónico y pago a congresistas». (30 de setiembre de 2009). ABC. https://www.abc.es/internacional/abci-fujimori-sentenciado-seis-anos-espionaje-telefonico-y-pago-congresistas-200909300300-103279122052_noticia.html?ref=https%3A%2F%2Fwww.abc.es%2Finternacional%2Fabci-fujimori-sentenciado-seis-anos-espionaje-telefonico-y-pago-congresistas-200909300300-103279122052_noticia.html

«Gorriti teme por su vida». (24 de abril de 2019). PressReader. www.pressreader.com/panama/critica/20190424/ 282059098407226

«José María Arguedas: un escritor que no soportó el mundo». (29 de noviembre de 2014). *El Comercio.* https://elcomercio.pe/blog/huellasdigitales/2014/11/jose-maria-arguedas-un-escritor-que-no-soporto-el-mundo/

«La Iglesia católica acusa a Vargas Llosa de creerse "guardián de la conciencia de los otros"». (22 de abril de 2014). *El Mundo.* www.elmundo.es/internacional/2014/04/22/5356c3d222601dd4278b4579.html

«La renuncia del vicepresidente de Perú agrava la crisis del Gobierno de Toledo». (30 de enero de 2004). *El País.* https://elpais.com/internacional/2004/01/31/actualidad/1075503601_850215.html

«La tremenda "pullita" que le tiró Vargas Llosa a Raúl Castro y Díaz-Canel». (10 de octubre de 2020). Asere. www.asere.com/la-tremenda-pullita-que-le-tiro-vargas-llosa-a-raul-castro-y-diaz-canel/

«Luis Nava dice que Barata le entregó dinero a Alan García "en loncheras"». (17 de octubre de 2019). *El Comercio.* https://elcomercio.pe/politica/odebrecht-luis-nava-dice-que-barata-le-entrego-dinero-a-alan-garcia-en-loncheras-noticia/

«Mario Vargas Llosa compara al peronismo con los nazis». (21 de agosto de 2019). *Perú 21.* https://peru21.pe/mundo/mario-vargas-llosa-compara-peronismo-nazis-28887-noticia#google_vignette

«Mario Vargas Llosa confirma su apoyo a Toledo y desautoriza la denuncia de su hijo». (24 de abril de 2001). *El País.* https://elpais.com/diario/2001/04/25/internacional/988149601_850215.html

«Mario Vargas Llosa dijo que el populismo es "la enfermedad de la democracia"». (6 de junio de 2017). Infobae. www.infobae.com/america/america-latina/2017/06/06/mario-vargas-llosa-dijo-que-el-populismo-es-la-enfermedad-de-la-democracia/

«Mario Vargas Llosa elogió a Jorge Edwards: "Contribuyó mucho al alcance mundial de la literatura latinoamericana"». (18 de marzo de 2023). Infobae. www.infobae.com/america/cultura/2023/03/18/

mario-vargas-llosa-elogio-a-jorge-edwards-contribuyo-mucho-al-alcance-mundial-de-la-literatura-latinoamericana/

«Mario Vargas Llosa en *El Comercio* desde este domingo 8». (8 de agosto de 2021). *El Comercio.* https://elcomercio.pe/politica/actualidad/mario-vargas-llosa-en-el-comercio-desde-este-domingo-8-noticia/

«Mario Vargas Llosa habla de su reconciliación con Alan García». (19 de diciembre de 2010). RPP. https://rpp.pe/politica/actualidad/mario-vargas-llosa-habla-de-su-reconciliacion-con-alan-garcia-noticia-320441

«Mario Vargas Llosa y el día que Alan García lo condecoró tras varios años de enemistad». (8 de marzo de 2023). Infobae. www.infobae.com/peru/2023/03/09/mario-vargas-llosa-y-el-dia-que-alan-garcia-lo-condecoro-tras-varios-anos-de-enemistad/?outputType=amp-type

«Mario Vargas Llosa: "A Fidel Castro no lo absolverá la historia"». (26 de noviembre de 2016). RPP. https://rpp.pe/mundo/latinoamerica/mario-vargas-llosa-a-fidel-castro-no-lo-absolvera-la-historia-noticia-1012697

«Mario Vargas Llosa: "El nacionalismo es la amenaza más grave para Europa"». (26 de agosto de 2019). *Perú 21.* https://peru21.pe/mundo/mario-vargas-llosa-nacionalismo-amenaza-grave-europa-191250-noticia

«Mario Vargas Llosa lanza críticas». (26 de mayo de 2010). *Voz de América.* www.vozdeamerica.com/a/mario-vargas-llosa-lanza-criticas---95013979/87367.html

«Mario Vargas Llosa: "Los chilenos votaron de una manera muy sensata al rechazar un verdadero disparate"». (22 de setiembre de 2022). *El Mercurio.* www.emol.com/noticias/Tendencias/2022/09/25/1073763/vargas-llosa-entrevista-plebiscito.html».

«Mario Vargas Llosa: Congreso de semianalfabetos y pillos era una vergüenza para el Perú». (28 de diciembre de 2010). TV Perú

Noticias. www.tvperu.gob.pe/noticias/politica/mario-vargas-llosa-congreso-de-semianalfabetos-y-pillos-era-una-verguenza-para-el-peru
«Montesinos video/Vladivideo». Lugar de la Memoria. (s. f). https://lum.cultura.pe/cdi/documento/montesinos-video-vladivideo
«MVLl sobre llamada de Sagasti: "No intentó influir sobre mí en lo absoluto para que la señora Fujimori aceptara el resultado"». (14 de junio de 2021). *El Comercio.* https://elcomercio.pe/politica/elecciones-2021-mario-vargas-llosa-francisco-sagasti-no-intento-influir-sobre-mi-en-lo-absoluto-para-que-la-senora-fujimori-aceptara-el-resultado-electoral-keiko-fujimori-nndc-noticia/
«MVLl: "El nombramiento de Cateriano ha sido inesperadamente conciliador"» (14 de abril de 2015). Canal N. https://canaln.pe/actualidad/mario-vargas-llosa-nombramiento-cateriano-ha-sido-inesperadamente-conciliador-n177469
«Ojalá que Pinochet sea castigado». (22 de noviembre de 1998). *Clarín.* www.clarin.com/ediciones-anteriores/ojala-pinochet-castigado_0_r1nl7zMyLhg.html
«Vargas Llosa condena los nacionalismos en su discurso previo a recoger el Nobel». (8 de diciembre de 2010). *El Diario Vasco.* www.diariovasco.com/v/20101208/cultura/vargas-llosa-condena-nacionalismos-20101208.html?ref=https%3A%2F%2Fwww.diariovasco.com%2Fv%2F20101208%2Fcultura%2Fvargas-llosa-condena-nacionalismos-20101208.html%3Fref%3Dhttps%3A%2F%2Fwww.diariovasco.com%2Fv%2F20101208%2Fcultura%2Fvargas-llosa-condena-nacionalismos-20101208.html
«Vargas Llosa paró en seco a Axel Kaiser por reivindicación de las "dictaduras menos malas"». (3 de mayo de 2018). *Cooperativa.* https://cooperativa.cl/noticias/pais/politica/vargas-llosa-paro-en-seco-a-axel-kaiser-por-reivindicacion-de-las/2018-05-03/083300.html

«Vargas Llosa publica en el diario *La República* tras romper con *El Comercio*». (2 de junio de 2011). *El Mostrador*. www.elmostrador.cl/noticias/mundo/2011/06/02/vargas-llosa-publica-en-el-diario-la-republica-tras-romper-con-el-comercio/

«Vargas Llosa rompe con *El Comercio* de Perú por hacer "propaganda" de Keiko Fujimori». (1 de junio de 2011). *El Mundo*. www.elmundo.es/america/2011/05/31/noticias/1306860627.html

«Vargas Llosa: "Humala es el sida y Fujimori, el cáncer"». *(24 de mayo de 2009). El Universo*. www.eluniverso.com/2009/05/24/1/1361/353B698CA-F814C77895951D4D8412880.html/

«Vargas Llosa: "La vocación suicida de los argentinos es verdaderamente extraordinaria"». (22 de diciembre de 2019). *Perfil*. www.perfil.com/noticias/actualidad/vargas-llosa-peronismo-alberto-fernandez-tragedia-para-la-argentina.phtml

«Vargas Llosa: "No quiero que Keiko sea elegida presidenta"». (24 de setiembre de 2014). *El Comercio*. https://elcomercio.pe/politica/actualidad/vargas-llosa-quiero-keiko-sea-elegida-presidenta-380560-noticia/?ref=ecr

«Vargas Llosa: "Parte del Nobel es de España"». (7 de octubre de 2010). *La Vanguardia*. www.lavanguardia.com/cultura/libros/20101007/54019439719/vargas-llosa-parte-del-nobel-es-de-espana.html

«Vargas Llosa: "Pedro Cateriano tiene rabietas, pero es íntegro y preparado"». (14 de abril de 2015). *Correo*. https://diariocorreo.pe/politica/vargas-llosa-pedro-cateriano-tiene-rabietas-pero-es-integro-y-preparado-579991/

«Vargas Llosa: "Perú tiene dos opciones, el suicidio o el milagro"». (11 de abril de 2011). *La Nación*. www.lanacion.com.ar/el-mundo/vargas-llosa-peru-tiene-dos-opciones-el-suicidio-o-el-milagro-nid1364716/

«Vargas Llosa: ciudadano del mundo». (28 de diciembre de 2010). *Voz de América*. www.vozdeamerica.com/a/vargas-llosa-literatura-nobel-112623764/93358.html

«Vargas Llosa: quién iba a pensar que Toledo iba usar el poder para robar». (19 de julio de 2019). Andina. https://andina.pe/agencia/noticia-conoce-los-pasos-para-concretar-un-proyecto-tecnologico-el-peru-850311.aspx/gob.pe/noticia-vargas-llosa-quien-iba-a-pensar-toledo-iba-usar-poder-para-robar-759348.aspx

«Video revela entrega de dinero por Montesinos Ernesto Schutz también recibió millones de la mafia». (2 de octubre de 2001). *La República*. https://larepublica.pe/politica/324207-video-revela-la-entrega-de-dinero-por-montesinos-ernesto-schutz-tambien-recibio-millones-de-la-maf

Barboza Quiroz, Karem (1 de mayo de 2019). «Miguel Atala afirma que entregó US$ 1'312.000 a Alan García». *El Comercio*. https://elcomercio.pe/politica/miguel-atala-afirma-entrego-us-1-312-000-alan-garcia-noticia-631372-noticia/

Caballero, Daniel (7 de junio de 2017). «Vargas Llosa: "El racismo está en las raíces del populismo"». *ABC*. www.abc.es/espana/abci-vargas-llosa-racismo-esta-raices-populismo-201706070309_noticia.html

Cámpora, Carlos (11 de marzo de 2023). «Jorge Luis Borges, un antiperonista incorregible». Infobae. www.infobae.com/cultura/2023/03/12/jorge-luis-borges-un-antiperonista-incorregible/

Cercas, Javier (17 de octubre de 2010). «La izquierda y Vargas Llosa». *El País*. https://elpais.com/diario/2010/10/17/opinion/1287266404_850215.html

Cruz, Juan (13 de abril de 2020). «Mario Vargas Llosa: "El progreso sin libertad no es progreso, y China es un caso flagrante"». *La Tercera*. www.latercera.com/culto/2020/04/14/mario-vargas-llosa-el-progreso-sin-libertad-no-es-progreso-y-china-es-un-caso-flagrante/#

Cueto, Alonso (2011). «Las novelas de Mario Vargas Llosa. Una teología del poder». *Estudios Públicos*, 122, 568-588. www.estudiospublicos.cl/index.php/cep/article/view/338/483

Duarte, Rodrigo (3 de diciembre de 2019). «Vargas Llosa: "El regreso del peronismo es una catástrofe, pero lo de Macri fue un fracaso"». Infobae. www.infobae.com/politica/2019/12/03/vargas-llosa-el-regreso-del-peronismo-es-una-catastrofe-pero-lo-de-macri-fue-un-fracaso/

Elices, Raquel (22 de junio de 2020). «Mario Vargas Llosa: 'Borges detestaba a los políticos'». RTVE. www.rtve.es/radio/20200622/mario-vargas-llosa-borges-detestaba-a-politicos/2020680.shtml

Goitia, Fernando (21 de mayo de 2017). «"Somos los últimos pistoleros". Javier Marías, Mario Vargas Llosa y Arturo Pérez-Reverte. Una reunión inolvidable». XL Semanal. *El Correo.* www.elcorreo.com/xlsemanal/personajes/javier-marias-muere-perez-reverte-vargas-llosa-encuentro-entrevista.html?ref=https%3A%2F%2Fwww.elcorreo.com%2Fxlsemanal%2Fpersonajes%2Fjavier-marias-muere-perez-reverte-vargas-llosa-encuentro-entrevista.html

Instituto Peruano de Economía (4 de octubre de 2021). «Medio siglo de reforma agraria en el Perú». www.ipe.org.pe/portal/medio-siglo-de-reforma-agraria-en-el-peru

López Blanco, Carlos (febrero de 2020). «El nacionalismo según Berlin». Letras Libres. https://letraslibres.com/wp-content/uploads/2020/01/Convivio-lopez-esp.pdf

Martín Rodrigo, Inés (24 de febrero de 2018). «Mario Vargas Llosa: "El nacionalismo es una fuente de racismo"». *ABC.* www.abc.es/cultura/cultural/abci-mario-vargas-llosa-nacionalismo-fuente-racismo-caras-misma-moneda-201802240140_noticia.html?ref=https%3A%2F%2Fwww.abc.es%2Fcultura%2Fcultural%2Fl

Ministerio de Relaciones Exteriores de Chile (25 de julio de 2012). «Jorge Edwards y Mario Vargas Llosa llaman a la Concordia».

Chile en el Exterior. www.chile.gob.cl/chile/blog/espana/madrid/jorge-edwards-y-mario-vargas-llosa-llaman-a-la-concordia

ONPE (30 de mayo de 2016). «Elecciones generales 2016: resultados presidenciales». www.web.onpe.gob.pe/modElecciones/elecciones/elecciones2016/PRPCP2016/Resumen-GeneralPresidencial.html#posicion

Oppenheimer, Andrés (7 de octubre de 2015). «Vargas Llosa: "El nacionalismo es una ficción maligna"». *El Nuevo Herald*. www.elnuevoherald.com/noticias/america-latina/article38012514.html

Ortiz, Beto (28 de setiembre de 2009). «Yo trabajé para Alan García». Al pie del patíbulo. https://alpiedelpatibulo.blogspot.com/2009/09/beto-ortiz-y-el-diario-pagina-libre-de.html?m=1

Penchi, Luis (22 de febrero de 1994). «Vargas Llosa insiste en que se mantenga el bloqueo contra Cuba». *La Época*, p. B14. www.bibliotecanacionaldigital.gob.cl/bnd/628/w3-article-257659.html

Pruneda Paz, Dolores (27 de marzo de 2019). «"América era una torre de Babel antes de la llegada de los europeos" y otras frases de Vargas Llosa en el Congreso de la Lengua Española». Infobae. www.infobae.com/america/cultura-america/2019/03/27/america-era-una-torre-de-babel-antes-de-la-llegada-de-los-europeos-y-otras-frases-de-vargas-llosa-en-el-congreso-de-la-lengua-espanola/

Redacción Zeta (28 de febrero de 2018). «Vargas Llosa pide a mexicanos no "cometan suicidio democrático" al votar por López Obrador». *Zeta Tijuana*. https://zetatijuana.com/2018/02/vargas-llosa-pide-a-mexicanos-no-cometan-suicidio-democratico-al-votar-por-lopez-obrador/

Thays, Iván (2013). «Cuatro arquetipos sexuales en la obra de Mario Vargas Llosa». Biblioteca Virtual Miguel de Cervantes. www.cervantesvirtual.com/obra/cuatro-arquetipos-sexuales-en-la-obra-de-mario-vargas-llosa/

Tomas, Maximiliano (2 de setiembre de 2020). «Jorge Luis Borges: las razones de un antiperonismo feroz». *La Nación*. www.lanacion.com.ar/cultura/jorge-luis-borges-razones-antiperonismo-feroz-nid2437640/

Trahtemberg, León (13 de enero de 2001). «Vargas Llosa ganó la tercera vuelta». Trahtemberg. www.trahtemberg.com/vargas-llosa-gano-la-tercera-vuelta/

Vargas Llosa, Mario (1977). «Charla con un viejo zorro». Lo Afirmativo Venezolano. https://ramosflamerich.wordpress.com/2024/06/07/mario-vargas-llosa-conversa-con-romulo-betancourt-1977/

——— (14 de junio de 1984). «Entre tocayos». *El País*. https://elpais.com/diario/1984/06/15/opinion/456098414_850215.html

——— (7 de agosto de 1999). «El suicidio de una nación». *El País*. https://elpais.com/diario/1999/08/08/opinion/934063208_850215.html?event_log=fa

——— (7 de diciembre de 2010). «Elogio de la lectura y la ficción». Fundación Nobel. www.nobelprize.org/uploads/2018/06/vargas_llosa-lecture_sp-4.pdf

——— (31 de mayo de 2011). «Carta a Francisco Miró Quesada Rada, director del diario *El Comercio*». *El Comercio*. www2.congreso.gob.pe/Sicr/GrupParlamentarios/bloquepopular.nsf/vf12web/55079ACFA4643FD4052578A100726B26/$FILE/Vargas_Llosa.pdf

——— (9 de marzo de 2013). «La muerte del caudillo». *El País*. https://elpais.com/elpais/2013/03/08/opinion/1362743193_691007.html

——— (4 de junio de 2017). «Cara de piña». *El País*. https://elpais.com/elpais/2017/06/02/opinion/1496417579_129594.html

——— (18 de agosto de 2018). «¿Defensa de la vida?». *El País*. https://elpais.com/elpais/2018/08/17/opinion/1534520449_086262.html

——— (16 de marzo de 2019). «Ciudad inmensa y triste». *El País*. https://elpais.com/elpais/2019/03/15/opinion/1552649482_430368.html

——— (3 de enero de 2021). «El derecho a morir». *La República*. https://larepublica.pe/domingo/2021/01/03/el-derecho-a-morir-por -mario-vargas-llosa
——— (4 de enero de 2022). «Los dictadores». *El Comercio*. https://elcomercio.pe/opinion/piedra-de-toque/los-dictadores-por-mario-vargas-llosa-noticia/
——— (18 de diciembre de 2023). «Piedra de toque». *El Comercio*. https://elcomercio.pe/opinion/piedra-de-toque/ultima-columna-del-premio-nobel-mvll-piedra-de-toque-por-mario-vargas-llosa-noticia

Videos

Áncash Espectáculos Gran Turismo TV 0.8 (2 de agosto de 2015). *Entrevista de Sol Carreño al jurista aprista Javier Valle-Riestra en América Televisión* [Video]. YouTube. www.youtube.com/watch?v=VGJEOP-NGLE
Angela Minaya (13 de julio de 2012). *Pamer Alan García estatización*. [Archivo de video]. YouTube. www.youtube.com/watch?v=ZmbkimFTIqw
Casa de América (9 de octubre de 2019). *Tiempos recios, de Mario Vargas Llosa* [Video]. YouTube. www.youtube.com/watch?v=6rYabLivBjo
El País (6 de julio de 2017). *Vargas Llosa rompe el silencio sobre García Márquez | Cultura*. [Video]. YouTube. www.youtube.com/watch?v=MNsE_DU3S4g
Fundación para el Progreso (4 de mayo de 2018). *Axel Kaiser y Mario Vargas Llosa | Entrevista: Liberalismo y literatura* [Video]. YouTube. www.youtube.com/watch?v=li8JNP6HbWw
IDL-Reporteros (26 de enero de 2015). *De dónde salieron los otros 15 millones*. [Archivo de video]. YouTube. www.youtube.com/watch?v=PideLQYnZWw

Marco Manuel Sánchez (28 de diciembre de 2020). *Vargas Llosa y la dictadura perfecta* (debate completo) [Video]. YouTube. www.youtube.com/watch?v=G-5aq86kylI

Universidad Diego Portales (26 de abril de 2016). *Conferencia «De la utopía a la libertad» con Mario Vargas Llosa, Premio Nobel de Literatura* [Video]. YouTube. www.youtube.com/watch?v=G6Zgq6voolo

Otras fuentes

Senado del Perú (1990). *Informe de la comisión investigadora de la interceptación y el espionaje telefónico*. Lima.

Rosario Muñoz Nájar de Bedoya (2019). *Cronología de Mario Vargas Llosa*. Actualizado al 31 de diciembre de 2019. Inédito.